법치사회와 예치국가

사회윤리적 성찰 논집

황 경 식 지음

법치사회와 예치국가

사회윤리적 성찰 논집

황경식 지음

철학과현실사

글머리에

지난 수년간 사회의 곳곳에서 나에게 부탁해 오고 그중에서 내가 선별해서 수락한 글쓰기의 흔적들을 하나로 묶어 칠순 고개를 넘어가면서 매듭 하나를 짓고자 한다. 사회의 부탁도 나의 수락도 우연히 이루어진 일은 아니기에 나의 정체성과 관련된, 혹은 나의 최근 관심사와 관련된 지표라 할 만하다. 그래서 좀 망설이다『법치사회와 예치국가』라는 제목을 선택해서 한 권의 책으로 꾸려 보았다.

근세 이후의 사회 구성체에 있어서는 법치(法治)가 필수이다. 그러나 주지하다시피 법은 구멍과 허점(loophole)이 많은 규범이다. 따라서 양심을 연마하는 윤리와 도덕이라는 규범의 보완이 필요하다. 법치사회는 필수이지만 충분하지는 못하다는 말이다. 따라서 국가의 기강은 예치(禮治)도 지향해야 하며 예치국가 또한 요청된다 할 것이다. 결국 사람 사는 곳은 법치사회이자 예치국가여야 하지 않을까?

몇 년 전 퇴임식장에서 나의 학문적 생애를 이끌어 온 화두를 정의론과 덕윤리 두 가지로 정리해 보았다. 이 두 가지 주제는 나의 학문적 정체성인 동시에 일생의 주요 관심사라 할 수 있다. 그래서 퇴임 후 첫 번째 저술로서 아카넷에서 간행한 지난번 책은『정의론과 덕윤리』라 이름했다. 이번 책『법치사회와 예치국가』역시 비슷한 맥락에서 선택되었고 또한 그렇게 이해되기를 바란다. 나의 관심은 언제나 정의론과 덕윤리 사이에서 오락가락한 셈이고 법치사회가 지향하는 가치가 정의라면 예치국가의 이념은 덕윤리를 겨냥한다고 할 수 있다.

이 책에 수록된 글들은 하나의 단일한 주제로 묶기는 어려워도 대체로 이 같은 화두와 관심을 가지고 엮어 온 나의 일관된 족적이라 할 수 있다. 나와 연고를 기긴 조직이나 인연을 맺은 사람들의 요청에 따라 내가 생각하고 정리한 글들이고 또한 그 글들 덕분에 내 생각이 성장하고 발전했기에 그러한 연고와 인연이 더없이 소중하고 고맙다. 특히 네이버와 SBS, 학술원과 한국학중앙연구원, 한국철학회와 철학연구회 등과의 연고, 그리고 그와 관련된 여러분과의 인연이 지금도 기억에 생생하게 떠오른다. 다시 한 번 감사드리며 자세한 정보는 해당 글 아래에 적어 두고서 잊지 않고자 한다.

2017년 2월, 칠순 언덕을 넘으며
꽃마을에서, 修德 황경식 적음

6

차 례

1부 공감과 배려의 윤리

법치사회와 예치국가
공감과 배려의 윤리, 대안인가 보완인가
도덕성의 위기인가, 합리성의 미숙인가
세월호 이후의 인성교육
합당한 윤리설을 찾아서

법치사회와 예치국가:

예절, 도덕, 법 규범의 관계

1. 규범의 종류와 도덕의 발달 단계

1) 규범의 정당성과 현실성

사람들이 무리를 이루어 평안히 살기 위해서는 질서가 요구된다. 규범은 바로 이 같은 질서를 지키기 위해서 성원들이 함께 약속하고 공유하는 실행 규칙이다. 일반적으로 규범에는 예절(etiquette), 도덕(morality), 법(law) 등이 있는데, 이 가운데서 가장 광범위하고 포괄적인 규범은 도덕이다. 그러나 도덕은 그것이 갖는 이념성, 추상성, 주관성 등으로 인해, 그것이 현실에 구현되기 위한 보조 규범으로서 예절과 법이 요구된다.

예절은 다소 추상적이고 주관적인 도덕의 이념을 상황에 따른 구체

* 네이버 열린연단: 문화의 안과 밖, 「윤리와 인간의 삶」, 2016.

적인 형식에 담아 일상적 삶을 가능하게 하는 관습적 규범이다. 이에 비해 법은 도덕 가운데서 지키지 않을 경우 사회적 위해가 크다고 생각되는 최소한의 규범으로서, 처벌이 뒤따르는, 강제성이 있는 규범이다. 그런데 예절과 법이 도덕의 현실적 구현을 위해 요구되는 보조 규범이기는 하나 언제나 도덕적 관점에서 그 정당성이 물어져야 한다는 점을 유념힐 필요가 있다.

사실상 우리가 태어나 가장 먼저 만나는 규범은 가정에서 부모로부터 주어지는 예절이다. 이런 의미에서 예절은 타율적 규범이라 할 수 있다. 우리가 지적으로 성장해 감에 따라 그러한 예절의 정당성을 묻게 되고 이러한 과정을 거쳐 자율적 규범으로서 도덕을 이해하게 된다. 그리고 우리는 사회생활을 통해 법규범의 존재를 알게 되는데, 법은 타율적 규범의 측면이 있긴 하나, 사람들이 사회질서의 유지를 위해 필요하다고 생각하는, 합리적 절차에 따라 제정된 사회적 약속이라는 점에서 자율적 규범의 측면이 있기도 하다.

이상적인 규범이라면 그것은 바람직한(desirable) 인간적 가치에 부합해야 하고, 가능한 한 일상에서 실행할 수 있는(workable) 특성을 지녀야 한다. 이러한 특성은 각각 규범의 정당성과 현실성이라 할 수 있을 것이다. 대체로 규범의 정당성을 위해서 도덕의 관점에서 성찰이 부단히 이루어져야 하고, 규범의 현실성을 위해서 적절한 예절과 법 규범을 향한 개선과 개조가 이루어져야 한다. 이 같은 도덕적 성찰과 실행 규범의 개선을 위한 노력은 사회 성원인 우리 모두의 공동 과제라 할 수 있을 것이다.

규범의 종류와 관련하여 한 가지 주의를 환기하면서 논의를 시작하고자 한다. 오늘날 우리가 거의 같은 의미의 개념으로 사용하고 있어 상호 교체 가능하고 그 차이에 주목하지 않는 규범으로서 도덕(道德)

과 윤리(倫理)라는 말이 있다. 사실상 이 두 개념은 공통된 함축을 갖고 있기는 하나 그것이 생겨난 사상적 맥락이나 문화적 지형으로 인해 그 차이에 주목하는 것은 특히 규범에 있어서 동서의 상이성이나 고금의 차이를 이해함으로써 규범에 대한 폭 넓고 속 깊은 견지를 갖는 데 크게 기여할 것으로 생각된다.

우선 도덕이라는 말은 원시 유가(儒家)로부터 지녀 온 유학적(儒學的) 도덕관으로서 수기치인(修己治人), 다시 말하면 자신의 인격을 수양하고 타인의 삶을 위해 봉사한다는 이념과 상관되어 있다. 우리가 타인을 돕고 세상을 좋게 만들어 도덕 사회를 이룩하기 위해서는 우선적으로 자신의 본성을 수양하여 도덕적 역량을 키우는 일이 전제되어야 한다. 그리고 자기 수양을 위해서는 인간이 가야 할 바른길이 무엇인지에 대한 인지적 각성과 더불어 그 바른길을 반복적으로 훈련함으로써 의지의 강화와 도덕적 실행력을 키우고, 인정에 바탕한 정서를 순화하고 조율함으로써 지정의(知情意)의 3원적 프로젝트로서 수양, 즉 도를 닦아야 한다. 그리고 이 같은 수양의 과정을 통해 성취한 도덕적 역량, 실행의 기술, 도덕적 내공을 덕(德)이라 부르는 것이다.

이와는 달리 윤리는 서구 문물이 전해진 이후에 서양의 'ethics'라는 말을 한문으로 번역하면서 생긴 개념으로서, 도덕 현상에 대한 보다 객관적이고 전문적이며 학술적인 연구를 가리키는 용어라 할 수 있다. 따라서 우리가 분석윤리, 메타윤리 혹은 사회윤리라는 용어를 쓰는 경우, 도덕과 같은 자기 수양적, 도덕 실천적 아우라가 없이 보다 이론적이고 학술적이며 전문적인 도덕철학의 한 분야를 가리키는 개념으로 쓰고 있는 것이다. 이상과 같이 두 가지 용어의 문화적 함축을 고려해서 그 용어를 쓰게 될 경우 우리는 두 개념과 관련된 동서 윤리학사의 배경 속에서 그것들을 입체적으로 이해하고, 그럼으로써 이 두 개념 간의 상호 보완적 관련을 통해 규범의 학술적 지평과 실행적 저변을 아울러 취할 수 있는 기회를 갖게 될 것이다.

2) 발달심리학과 도덕의 진화

발달심리학자인 프랑스의 피아제(J. Piaget)와 이를 계승하고 있는 미국의 콜버그(L. Kohlberg)는 규범의 발달 단계를 관습 이전의(pre-conventional) 단계, 관습적(conventional) 단계, 관습 이후의(post-con-ventional) 단계로 나눈다. 나아가서 이들 발달심리학자들은 인류의 계통 발생이나 개인의 개체 발생 간에 유사성이 있다는 가설 아래 이 같은 발달 이론을 인류의 진화뿐만 아니라 개인의 성장 과정에 대해서도 그대로 적용하여 도덕감의 발달 단계를 설명하고자 한다.

대체로 관습 이전의 단계와 관습적 단계를 타율적 단계라 하고, 관습 이후의 단계를 자율적 단계라 하여 도덕 발달의 단계를 양분해서 설명하기도 한다. 특히 피아제는 도덕감이 인지 능력의 발달 정도에 의해서 좌우된다고 생각하여, 인간의 인지 능력이 오감에 나타난 그대로 생각하는 질적인 사고의 단계에서는 타율적 도덕에 머무르지만 조작(operation)이 가능한 양적인 사고의 단계에 이르면 본격적인 자율적 도덕이 가능하다고 주장한다. 특히 가역적(reversible) 사고가 가능한 시점에 이르러 역지사지(易地思之)할 수 있는 능력이 생기는 단계에 도달해야 비로소 정상적인 도덕감에 눈뜨게 된다는 것이다.

또한 피아제는 인간이 계통 발생적으로나 개체 발생적으로 자기중심적(self-centered) 단계로부터 탈중심화(decentralization) 과정을 거쳐 성장해 간다고 본다. 한때 인류는 지구 중심적 사고에 고착되어 있었으나 이제는 태양 중심적 사고로 전환된 것도 비슷한 과정으로 설명될 수 있을 것이며, 추축시대(axial age)를 거치면서 지역 중심적, 부족 중심적 사고에서 인류의 보편적인 사고, 보편 윤리로 전환한 것도 비슷한 해명이 가능할 것이다. 개인적으로도 우리는 어린 시절 철저한 자기중심적 사고에 집착하지만 점차 성장하면서 탈중심화 과정을 거치게 되고 자신의 관점을 상대화하고 역지사지하는 도덕적 관점에 이르게 된다고 할 수 있다.

피아제의 발달심리학에 의거한 도덕 발달론은 콜버그에 의해 더욱 세부적으로 발전하게 된다. 콜버그는 피아제가 제시한 발달론의 3단계를 세 가지 수준(level)으로 나누고 각 수준을 다시 두 단계로 구분함으로써 모두 6단계의 발달 이론으로 발전시킨다. 그러나 콜버그의 제자인 길리건(Carol Gilligan)을 위시한 후학들은 피아제-콜버그에 의한 도덕 발달론이 지나치게 칸트주의적 입장에 편향되어 있음을 지적하고, 이를 남성 중심적, 정의론 중심적 편향이라고 해석한다. 그들은 다소 여권주의적(feminist) 입장을 취하면서 정의(justice)와 같은 경성 덕목보다는 배려(care)와 같은 연성 덕목을 최고의 미덕으로 제안한다.

하지만 필자의 생각에는 정의의 덕과 배려의 덕은 양자택일의 덕목이기보다는 서로 양립 가능할 뿐만 아니라 상보적인 미덕으로 보인다. 배려의 덕은 원래 기독교의 최고 덕목인 사랑이 특정 종교의 맥락을 벗어나 세속화되고 일상에서 쉽게 실행할 수 있게끔 현대화된 것이라 할 수 있다. 기독교 윤리에서도 사랑과 정의라는 덕목 간의 관계는 많은 논란의 대상이 되어 왔다. 그러나 많은 이들이 수용하고 있는 한 가지 결론으로서 '각자에게 그의 몫을 돌리는' 정의와 '각자에게 그의 몫 이상을 주는' 사랑은 상호 배타적이기보다는 상호 보완적인 미덕으로 이해되는 만큼, 정의와 배려 또한 그러한 맥락에서 이해하는 것이 합당하다는 생각이다.

3) 자율적 도덕과 도덕적 사고

앞서 이미 언급했지만 도덕은 크게 나누어 타율적 도덕과 자율적 도덕으로 구분될 수 있다. 어린 시절 부모에 의해 주어지는 예절은 타율적 도덕의 전형이라 할 수 있다. 그러나 사고가 성숙함에 따라 우리는 그러한 예절의 정당성에 대해 의문을 제기하고 그 합리성을 따지게 된다. 이 같은 도덕적 사고와 더불어 우리는 자율적 도덕의 단계로 들어서게 된다. 그런데 여기에서 주목할 점은 정상적인 타율적 도덕의 단계는 자율적 도덕의 기반이자 모태라는 사실이다. 우리가 처음 만나는 도덕으로서 예절 생활은 건전하고 정상적인 자율적 도덕으로 나아가는 디딤돌이 된다는 점을 잊어서는 안 될 것이다.

자율적 도덕의 핵심은 행위 주체의 자율적인 숙고와 도덕적 사고(moral thinking)에 의한 선택과 행위에 있다. 도덕적 사고가 보다 복잡한 도덕적 상황이나 선택 문제에 관련될 경우에는 도덕적 추론(moral reasoning)으로 발전하게 된다. 이와 관련해서 우리는 아리스토텔레스가 말한 실천적 삼단논법 내지 도덕적 삼단논법(practical, moral syllogism)을 살펴볼 필요가 있다. 이는 우리의 일상적인 도덕적 사고나 추론의 전형을 보이고 있기 때문이다.

도덕적 삼단논법은, 아리스토텔레스에 따르면 대전제인 일반적인 도덕 원칙과 소전제인 상황과 관련된 사실적 지식을 통해 그 상황에서 우리가 행해야 할 구체적인 도덕 판단을 결론으로서 도출하게 된다. 이러한 삼단논법의 형식에 비추어 볼 때 우리가 일상적으로 지니고 있는 도덕적 신조들(precepts)은 일반적인 도덕 원칙으로 이용되고, 당면 상황의 구체적인 사실적 지식은 합리적 판단의 기반이 되어 이로부터 합리적이고 도덕적인 행위 판단에 이르게 된다.

당면 상황에 적합한 행위 판단을 두고 한 개인의 내면에서 갈등이 있거나 서로 다른 두 사람 간에 도덕적 견해가 엇갈릴 경우 상충하는 의견을 조율하기 위해 우리는 몇 가지 관점에서 따져 볼 수가 있다. 그중 하나는 도덕적 삼단논증의 소전제, 즉 당면 상황과 관련된 사실적 지식에 대해 불일치가 있는 경우이다. 이럴 때 우리는 그동안 모르고 있었거나 잘못 알고 있는 사실이 무엇인지를 따짐으로써 보다 합리적인 판단이나 결단에 가까이 가게 된다.

그런데 이 같은 사실적 지식에 대해 온전히 합의가 이루어진다 할지라도 도덕 판단에 이견을 좁히지 못할 경우에는 대전제인 일반 원칙이 서로 다른 사례가 된다. 이럴 때는 인생관이나 가치관에 있어서 서로 입장을 달리하는 경우로서 쉽사리 합의를 도출하기 어렵기는 하나, 시간이 걸리더라도 정서적인 설득을 시도하는 등의 다른 길이 있을 수도 있을 것이다.

2. 전통사회와 동양의 예(禮), 도덕

1) 공맹(孔孟)의 유학과 덕의 윤리

동양의 전통 사상인 유학(儒學)은 그 뿌리를 공자(孔子)에 두고 있다. 공자는 인간이 본래부터 선(善)한 존재라고 생각하여 그 본성을 인(仁), 즉 인간다움에 두었다. 그뿐만 아니라 공자는 인, 즉 인간다움 내지 인간 사랑을 도덕의 제일원리로 생각하기도 했다. 이 점에 있어서 유학은 동서의 다른 종교적 가르침과 크게 다르지 않다. 동양의 전통 사상 중 하나인 불교 또한 자비를 도덕의 제일원리로 내세웠으며 서양의 종교인 기독교 역시 도덕의 제일원리를 사랑이라 했다. 이들 간에는 다소간의 차이가 있기는 해도 인간 사랑을 도덕의 제일원리로 내세우고 있다는 점에서 크게 다르지 않다고 할 수 있을 것이다.

나아가 공자는 이 같은 인간 사랑을 제대로 실현하기 위해서는 사랑의 방식이 상황에 적합해야 하고 그러기 위해서는 상황 판단을 제대로 할 수 있는 실천적 지혜로서 지(知)가 중요하다고 생각했다. 이 같은 지혜와 더불어 또 한 가지 중요한 실천적 덕목은 옳다고 생각한 바를 소신껏 실행할 수 있는 도덕적 용기, 즉 용(勇)이라고 생각했다. 도덕적 삶에 있어서 중요한 것은 올바른 것이 무엇인지를 아는 것, 즉 지혜에 못지않게 그것을 실행에 옮기는 적극적 의지, 즉 용기인 것이다. 이렇게 해서 공자는 지(知), 인(仁), 용(勇)이라는 세 가지 주덕(三主德)을 내세우게 된다.

그뿐만 아니라 공자는 인간 사랑을 제대로 현실에 구현하기 위해서는 핵심 정신인 인(仁)과 더불어 상황 적합성을 파악하고 판단하는 기준으로서 의(義)라는 덕목과 그간의 도덕 경험에 기초한 사회적 매뉴얼로서 예(禮)라는 보조 원리 내지 덕목 또한 필요하다고 생각했다. 이 같은 보조 원리 내지 덕목에 대해 언급한 것은 공자가 도덕이나 윤리에 있어서 실천이나 실행을 얼마나 중요시했는지를 알게 하는 대목이라 생각된다. 공자가 도덕 생활에 있어서 실천과 실행, 지행합일(知行合一)을 강조한 것은 그의 어록인 『논어(論語)』의 서두를 보아도 짐작이 가는 일이다. 그에 따르면 새로운 것을 배우는 것도 즐거운 일이지만 그것을 반복 훈련하고 익혀서 실행하는 일 또한 그에 못지않게 중요하고 즐거운 일이라는 것이다.

유학에서 공자를 계승한 맹자(孟子) 또한 대동소이한 가르침을 전하지만 좀 더 체계를 갖춘 설명과 더불어 각각의 덕목들에 대한 도덕 심리학적 해명을 부가한다는 점에 주목할 필요가 있다. 맹자는 도덕 생활의 4주덕(四主德)으로서 인의예지(仁義禮智)를 제시한다. 여기에서 도덕의 핵심 덕목 내지 가치는 인(仁)과 의(義)이며, 예(禮)는 인의의 정신이 상황에 적합하게 표현되는 형식 내지 덕목이라 할 수 있고, 지(智)는 여러 도덕적 덕목들과 상황적 여건 간의 적합한 관계를 인지하고 판단하는 능력으로서 실천적 지혜라 할 수 있다. 맹자의 4주덕 중 공자가 말한 용기라는 덕목이 빠진 것은 그러한 덕목을 소홀히 해서가 아니라, 홍수처럼 도도하고 당당한 기세로 온갖 유혹을 돌파해 나아가는 용기로서 호연지기(浩然之氣)를 내세워 오히려 도덕적 용기를 더욱 강하게 요청하고 있는 셈이다.

맹자 이후 유학은 순자(荀子)에 이르러 공맹처럼 인간의 본성을 선한 것으로 가정하기보다는 중립적인 입장에서 인간의 타고난 욕망을 있는 그대로 인정하면서, 그러면서도 극단적으로 법가(法家) 쪽으로 기울기보다는 유가(儒家)의 틀을 벗어나지 않는 가운데 타고난 욕망을 억제하면서도 제대로 실천할 수 있는 도덕규범으로서 예(禮) 사상을 강조하게 된다. 순자는 공맹처럼 인간의 선성(善性)을 강조하는 낙관론보다는 욕망하는 존재로서 인간의 현실을 인정하는 한편, 그렇다고 강권과 형벌에 기반한 법(法)으로 세상을 다스리기보다는 인간 스스로 예를 따르고 지키는 자율적인 도덕규범을 인정한다는 점에서 유가의 테두리를 유지하고 있는 셈이다.

공자 시절부터 유학이 중요시했던 또 한 가지 사회적 덕목은 보다 공적(公的)인 생활과 관련된 신(信), 즉 신뢰라는 덕목이다. 공자에 따르면 나라를 세우는 데 군대, 식량, 믿음이 필요한데, 그중 하나를 배제한다면 군대이고 둘을 배제한다면 식량이라고 했다. 그러나 공자는 "백성들 사이에 믿음이 없으면 나라가 설 수 없다(民 無信, 不立)"고 하여 백성들 사이에 신뢰가 중요함을 강조했다. 그래서 유가에서는 맹자의 인의예지 4주덕에 신(信)을 더해 5주덕, 즉 오상(五常)이라 하여 매우 중요시했던 것이다.

2) 인의예지와 시대적 추이

儒학의 인의예지(信)를 이해하는 데는 대체로 두 가지 방식이 있다고 생각된다. 한 가지는 체계적이고 개념적인 이해 방식으로서 앞 절에서 서술해 온 것이 이에 해당하는 방식이다. 다른 하나는 도덕체계와 사회구조의 상관성에 의거, 인의예법(지)을 시대적 추이 속에서 도덕규범의 변화로서 설명하는 일이다. 다시 말하면 사회가 복잡화, 다원화되는 과정과 관련해서 그러한 사회를 관리, 경영하기 위해서 다른 양상의 도덕규범 체계가 요구된다는 것이다.

이를테면 사회가 소규모의 단순한 공동체로서 그 성원들이 유사한 가치관을 공유하는 경우에는 인간 사랑을 의미하는 인(仁)이라는 덕목한 가지만으로도 경영, 관리할 수 있을는지 모른다. 그러나 사회가 보다 복잡화, 다원화되어 감에 따라 도덕규범의 내용이 보다 명시적이고 규칙화될 필요가 있게 된다. 인(仁)이라는 개념은 지극히 이념적이고 포괄적인 것이어서 도덕적 미결정성을 동반하게 되어 복잡한 사회질서 유지에 혼선을 가져올 우려가 있게 된다. 그래서 공자 시대에는 특히 인(仁)을 강조하는 경향이 있었지만 맹자는 인과 더불어 상황 적합성을 분간하는 기준으로서 의(義)의 개념을 더 강하게 부각시키게 된 것이 바로 그런 연유라 생각된다.

그러나 사회구조가 한층 더 복잡화, 다원화되는 순자의 시대에 이르러서는 의(義)라는 상황 적합성이라는 기준만으로도 부족하여 구체적 상황에 대처할 보다 세목에 걸친 규칙들로서 예(禮)라는 사회윤리적 기준을 요구하게 된다. 이러한 의미에서 예는 의보다 명시적이고 세목에 걸친 규칙의 윤리이자 상황윤리라 할 수 있으며, 이는 인의(仁義)에 의거한 덕치(德治)에서 법규에 의거한 법치(法治)로 전환하는 중도에 자리하는 과도기적 개념이라 할 수 있다.

도덕적 이상에 충실하고자 했던 유가에 있어서 규범의 진전은 순자의 예(禮)에서 끝이 난다. 여기에서 더 나아가면 법규범에 이르게 되는데, 더욱이 강권과 형벌에 의거한 법치 사상은 유가의 도덕적 이상주의가 용납할 수 없었던 것이다. 따라서 순자는 도덕규범이 보다 명시화, 규칙화되면서도 법가가 내세웠던 법치(法治)로까지 나아가지 않고 그러면서도 원시 유가에서 지향했던 덕치(德治)로부터도 한 걸음 나아간 예치(禮治)에 머무름으로써 유가의 틀을 고수하고자 했던 것이다.

그러나 시대가 더욱 복잡화, 다원화되어 감에 따라서 사람들의 도덕심은 더 약화되고 세상인심이 점차 탈도덕화됨에 따라 세상을 관리, 경영하는 데 있어 도덕적 처방의 위력은 점차 희박하게 된다. 그래서 도덕적 이상주의에 선 유가와 정치적 현실주의에 선 법가 간의 갈등관계는 보다 첨예하게 대립하게 된다. 유가는 법가가 지나치게 강권과 형벌에 의존함으로써 사람들의 예의, 염치 등 양심에 의거한 자율적인 규제로부터 멀어진다고 비판하며, 법가는 유가의 도덕적 처방이 지나치게 이상주의적이고 비현실적이어서 무법적인 현실을 그대로 방치한다고 비난하게 된다.

3) 예치: 덕치와 법치를 넘어서

여기에서 우리는 한국의 도덕적 현실과 관련하여 덕치(德治), 법치(法治), 예치(禮治)의 문제를 심각하게 고민해 볼 필요가 있다. 현재 우리는 형식상으로 서구의 법치 사상을 차용하고 있다. 물론 우리의 법규범은 중국의 전통적 법과는 매우 다른 규범의 형태를 띠고 있다. 예나 지금이나 법규범이란 강제에 의해 운용되며 그런 한에서 강한 구속력을 갖는 것은 사실이다. 하지만 요즘의 법규범은 기본적으로 모든 국민들의 평등한 권리의 존중에 기반해 있으며 과거와 같이 형법 위주의 치벌 만능주의도 아니다. 그렇다고 해서 우리의 법치 질서가 진정한 인간적 질서를 지향하고 사람이 살 만한 질서 형태인지는 재고해 볼 필요가 절실하다.

여기에서 우리는 조선 후기에 양대 전란으로 피폐해진 민생과 조선 사회의 도덕성 상실을 안타깝게 생각하여 나름의 사회개혁 이론을 전개했던 다산(茶山) 정약용의 입장을 이해하는 가운데 이 절을 마무리해 보고자 한다. 다산은 무도(無道)한 조선 사회의 도덕성을 회복하기 위한 처방으로서 형벌이나 강권에 의한 법가의 길을 택하지 않고 그러면서도 덕치를 내세우는 전통 유가의 도덕적 이상주의에 현실 구제의 여력이 없음을 비판하는 가운데 중도를 지향하는 순자의 예치주의(禮治主義)를 선택한 것으로 보인다. 그러나 다산은 순자보다 한 걸음 더 나아가 법규에 의거한 제도주의적 개혁을 지지하면서도 그 법규나 제도가 천리(天理)와 인정(人情)에 기반하여 도덕화, 윤리화되는 길을 모색하고자 했다. 다산은 정치, 경제, 군사, 재정, 사회의 제도 개혁안을 구체적으로 논의한 그의 저서『경세유표(經世遺表)』의 서문에서 다음과 같이 논하고 있다.

"여기에서 논의하는 것은 법(法)이다. 법이면서도 그 명칭을 예(禮)라고 한 것은 무엇 때문인가? 선왕들은 예로써 국가를 다스렸고 예로써 백성을 이끌었다. 그런데 예가 쇠퇴하자 법이라는 명칭이 생겼다. 그러나 법이란 나라를 다스리는 것도 되지 못하고 백성을 이끄는 것도 되지 못한다. 천리(天理)를 헤아려 보아서 합당하고 인정(人情[民心])에 부합하는 것을 예라고 하며 위협해서 두렵게 만들고 핍박하여 비통하게 함으로써 백성을 두렵게 만들어서 감히 범하지 못하도록 하는 것을 법이라고 한다. 선왕들은 예를 법으로 삼았고 후세의 왕들은 법으로서 법을 삼았으니 이 점이 서로 다른 것이다."

이상에서 알 수 있듯이 예라는 것은 천리(天理)와 인정(人情)에 합당한, 즉 도덕성에 입각한 법을 의미한다. 도덕적, 윤리적 법칙으로서의 법은 인간의 자연적 본성에 근거를 둔 것이며 그런 뜻에서 법과 예는 일치하는 것, 즉 '법즉례(法即禮)'임을 강조하고 있다. 자연법칙인 천리, 인정과의 조화를 무시하고 인위적인 '법즉형, 형즉법(法即刑, 刑即法)'에 의거한 통치를 배격하고 있는 것이다. 이 같은 주장은 정형(政刑)을 부정하고 덕례(德禮)만으로 통치하자고 한 것이 아니다. 법체계가 권리와 인정이라는 도덕성에 기반을 두어야 하며 그럼으로써 법이 법으로서의 타당성과 실효성을 지닐 수 있는 것이라는 뜻으로 이해된다. 예에 바탕을 두지 않는 인위적인 형벌로 백성을 협박하고 공포에 떨게 함으로써 감히 범하지 못하게 하는 비인륜적인 참혹한 법치 정치(혹은 형치 정치)만은 배제하고 있는 것이다.

3. 서구의 법, 윤리와 근대사회

1) 그리스와 기독교 사회의 덕윤리

서구의 고중세 전통사회도 동양의 전통 윤리와 마찬가지로 덕윤리를 도덕규범으로 삼고 있었다. 서구의 고대 그리스는 소규모 공동체로서 도시국가를 사회적 기반으로 하고 있었으며 이런 사회에 적합한 덕 윤리를 추구하고 있었다. 그리스 철학자, 특히 아리스토텔레스는 당시 윤리 관행과 도덕적 현실을 분석, 평가하면서 덕윤리에 대한 자신의 철학적 성찰을 전개하였다. 훌륭한 구두장이가 되려면 구두 짓는 기술을 익혀야 하고 훌륭한 피리 연주자가 되기 위해서는 피리 부는 기술을 익혀야 하듯, 인생을 훌륭하게 영위하기 위해서는 특성한 삶의 기술이 필요한 것은 당연하며 그것이 바로 덕(virtue)이라고 생각했다.

한 마리의 제비가 난다고 해서 봄이 온 것이 아니듯 우연히 한 번 선행을 한다고 해서 선인(善人)이라고 할 수는 없는 것이다. 이는 아리스토텔레스가 남긴 유명한 명언이다. 그에 따르면 선인이 되기 위해서는 선한 행위를 반복, 훈련함으로써 선행을 행할 지속적 성향으로서 덕을 갖추어야 한다. 또한 몸에 길들고 맛들인 행위는 억지로가 아니라 기꺼이 행할 수가 있다. 이런 의미에서 덕은 도덕적 실행의 역량이고 행복한 삶의 기술이라 할 수 있다. 물론 훌륭한 인생을 영위하기 위해서는 다양한 덕목을 갖추어야 하고 그러한 덕목들을 균형 있게 조정하여 당면 상황에 적절하게 구현할 수 있는 실천적 지혜(practical wisdom)라는 덕목도 기본적으로 구비해야 할 것이다.

또한 아리스토텔레스는 도덕이나 윤리에 있어서 습관 내지 습관화 (habituation)의 중요성을 주장했다. 그의 스승인 소크라테스는 "알면 행한다"고 하여 도덕적 행위에 있어서 아는 것을 중시함으로써 인지적 기능과 더불어 합리적 도덕의 중요성을 강조했다. 제대로 알면 반드시 행하게 되며 선(善)이 무엇인지 알고서도 행하지 않는 것은 어리석다고 생각했다.

그러나 아리스토텔레스는 도덕에 있어서 합리적 사고의 중요성을 수용하면서도 우리의 도덕적 현실에 있어서 좋은 것이 무엇인지를 알고서도 자제심의 결여나 의지의 나약(weakness of will)으로 인해서 각종 유혹에 넘어가기 쉬운 일상에 주목했다. 그래서 자제심을 기르고 의지를 강화하기 위해서는 반복적인 훈련에 의해 선행을 내면화, 자기화, 습관화할 필요가 있다고 생각했다. 이렇게 해서 얻어진 지속적 행위 성향으로서 덕(virtue)이야말로 도덕적 용기이자 실행의 역량이며 행복의 기술이기 때문이다.

그런데 그리스 사람들은 개인에게 필요한 덕과 국가 사회에 필요한 덕 간에 구조적 동형성을 상정했다. 다시 말하면 개인에 있어서 머리의 덕은 지혜이고 가슴의 덕은 용기이며 허리 이하의 덕은 절제인데, 이 세 가지 덕이 균형을 이루어서 상황에 적절한 도덕적 행위를 하는 인격을 갖춘 사람을 정의의 덕을 갖춘 사람이라 생각했다.

이와 마찬가지로 한 국가나 사회에 있어서도 나라를 다스리는 통치자 계층은 지혜의 덕을 갖추어야 하고 나라를 지키는 수호자 계층은 용기의 덕을 갖추어야 하고 그 밖의 일반 시민들은 절제의 덕을 갖추어야 하며, 각각의 계층들이 자신의 덕을 잘 지켜 계층 간의 조화가 이루어질 경우 그런 국가는 정의로운 국가라 할 수 있다는 것이다. 이같이 그리스인들이 가장 중요시한 지혜, 용기, 절제, 정의는 따라서 그리스의 4주덕이라 할 수 있는 것이다.

고대 그리스를 뒤이은 중세사회는 기독교가 천 년을 지배했다. 중세 교부들은 이미 그리스 사회가 강조했던 지혜, 용기, 절제, 정의의 4주덕을 세속의 덕목으로 그대로 인정하는 가운데 이에 종교적인 3주덕을 더하여 인간의 삶에 있어서 7주덕을 내세웠다. 즉, 교부들은 종교적인 3주덕인 믿음(faith), 희망(hope), 사랑(love)으로 전통적인 4주덕을 보완할 뿐만 아니라 유일신을 전제하는 기독교 신학의 기반 위에 새로운 구조로 재구성하고자 했다.

우선 믿음(信)이라는 덕은 유일신인 하느님에 대한 신앙을 전제하지만 세속적인 덕인 지혜를 보완한다고 생각했다. 모든 인간적 지식과 지혜의 기반은 사실상 믿음이며 또한 지식과 지혜를 넘어 인간을 보이지 않는 초월적 세계로까지 인도하는 것도 믿음이다. 또한 하느님 존재에 대한 믿음은 미래에 대한 희망(望)을 발견하는 원천이며 그러한 희망은 모든 긍정적 태도와 인간적 용기의 기반이기도 하다. 나아가 인간적 정의감의 심리적 기반은 인간에 대한 사랑(愛), 즉 인류애이며 사랑은 정의의 실천적 동기이기도 하다. 그리고 각자에게 그의 몫을 주고자 하는 정의와 각자에게 그의 몫 이상을 주고자 하는 사랑은 상호 보완하는 관계에 있어 정의가 최소한의 사랑이라면 사랑은 정의의 완성이라고도 할 수 있다.

2) 합리적 이기주의자들의 협정, 법

중세 봉건사회가 혈연이나 지연으로 얽힌 자연 공동체(community)였다면 근대 시민사회는 자율적 개인의 출현과 더불어 생겨난 인위적 이해집단(association)이었다. 시민사회의 윤리는 바로 이러한 이익사회를 구성하는 시민 계층의 윤리이다. 시민사회가 영리를 지향하는 생산 활동이 이루어지는 사회라 할 경우 가장 먼저 문제되는 것은 인간의 이기심(self-interest)이다. 특히 중세사회에서는 악덕으로 간주되던 이기심이 근대 시민사회에서는 덕성으로 생각되기에 이르렀다는 사실에 주목할 필요가 있다.

흔히 우리는 사회의 병증 중 하나로서 이기주의(egoism)를 가장 먼저 떠올리게 된다. 그러나 이상에서 살핀 바와 같이 전통사회가 무너질 경우 개인의 출현과 더불어 가장 먼저 문제가 되는 것이 이기심이다.

개인의 존재는 그 원초적인 형태가 바로 이기심의 주체로서 나타나기 때문이다. 이 같은 이기심이 사회적으로 용인될 수 있는 형태로 합리화되고 길들여질 경우 그것이 바로 권리(權利)의 실질적 내용이 되고 시민적 덕성의 근간을 이룬다.

각자가 이기심에 의해 자신의 이익을 추구할 경우 이를 위해 각자는 또한 상호 결합이 불가피하게 된다. 이기심은 원래 비사교적인 것이지만 그러한 비사교성은 타인과 결합할 경우, 칸트의 말을 빌리자면 '비사교적인 사교성'으로 나타나게 된다. 이기심을 실현하기 위해 타인과 결합하는 것은 이기심의 자기한정을 의미하며 이기심을 보장하기 위해 이기심의 억제가 불가피하다는 점에서 시민으로서의 덕성이 강조된다. 이러한 시민적 덕성은 타인들 간에 계약(contract)이 이루어질 경우 그 계약을 준수하는 페어플레이 정신을 뜻하기도 한다.

이기심이 악덕이 아니라 덕성으로 간주되는 과정이 근대화의 근간을 이루고 있다. 따라서 만일 우리가 진정한 근대화, 현대화를 위한다면 결코 이기심 그 자체를 매도해서는 안 된다. 역사상 우리는 아직 한 번도 진정한 개인으로서 살아 본 적이 없으며 이는 결국 우리가 아직한 번도 이기심의 주체로서 행세한 적이 없음을 뜻한다. 진솔한 이기심의 표출이 없는 곳에는 진정한 권리와 의무의 주체도 없으며 건전한 시민윤리나 시민의식의 성숙도 기대할 수 없다. 권리와 의무의 체계로서 법(法)체계나 시민윤리는 결국 이기적 개인들 간의 신사협정이요, 조정의 원리며 공존의 방도이다.

결국 우리는 이기심을 억압하거나 전통적 도덕심으로 대체하려고 해서는 안 된다. 그것은 바람직하지도 않고 가능하지도 않다. 우리는 각자의 이익을 주장하고 그것들이 상충하며 갈등하는 가운데 조정의 원리를 찾아내야 하고 그 조정의 원리가 보다 합리적인 것이 되게 함으로써 새로운 윤리와 법규범의 바탕이 되게 해야 한다. 이기심은 포기되거나 억압되어서는 안 되고 정면에서 돌파되고 극복되어야 한다. 새로운 조정의 원리에 따라 이기심을 길들이고 합리적으로 세련화하는 길만이 근대화, 현대화 이념에 부합하는 일이다.

다원적인 시민사회에서 개인이나 집단의 다양한 이해 갈등을 조정하는 것이 법규범 체계이고 정치의 일차적 과제이며 또한 시민운동의 목표이기도 하다. 정당한 법체계가 긴요할 뿐만 아니라 법체계의 엄정하고 일관된 시행 또한 요청된다. 다양한 이해관계를 조정, 수렴하여 국가적 통합을 도모하는 일에 정치의 일차적 기능이 있으며 당리와 정파를 우선시하는 오늘날의 현실정치는 이해관계의 조정에 있어 역기능만 더할 뿐이다. 시민단체 역시 법체계와 정치의 사잇길에서 다양한 이해집단의 조정자로서의 역할을 다함으로써 시민사회의 활성화에 기여해야 할 것이다.

3) 근대사회와 규칙에 기반한 의무윤리

서구 근대사회는 그야말로 서구 윤리학사에 있어서 혁명적인 전환의 시기였다고 할 수 있다. 앞서 서술한 바와 같이 전통적인 공동체 사회가 해체되고 이해를 중심으로 이합집산하는 원자적 개인들로 이루어진 근대사회는 합리적 이기주의자들 간의 약속으로서 시민법에 의거한 법의 지배(rule of low), 즉 법치사회로의 전환이 불가피한 상황이었다. 그러나 인간들 간의 복잡한 상호관계를 관리, 경영하기 위해서는 법규범만으로는 충분하지 못하며 법치사회를 보조하고 보완하는 나름의 윤리체계를 구상하지 않을 수 없었던 것이다.

그러나 법치사회를 보조하고 보완하는 새로운 윤리체계는 단순히 전통사회에 있어서와 같이 덕(德)의 윤리에 의거한 질서 원리로서는 감당하기 어려워 새 술을 담을 새로운 부대를 요청하고 있었다. 새로운 시대와 사회는 매우 복잡하면서도 가치관이 다원화되어 가는 경향을 띠고 있었던 까닭에 새로운 윤리체계 또한 도덕적 행위자들에게 보다 명시적이고 최소한의 부담을 지우는 규범체계였다. 이 같은 시대적 요청에 부응하면서 구상된 윤리가 바로 규칙의 윤리(rule ethics)이면서 동시에 의무의 윤리(duty ethics)를 지향하는 규범체계였던 것이다.

명시적이면서도 최소 윤리를 찾아 규칙에 바탕한 의무윤리를 구상하면서도 근대 윤리학자들은 크게 두 진영으로 나뉘어 상호 갈등하면서 자신의 입장을 다듬어 나갔다. 고대의 목적론에 뿌리를 두면서도 결과론(consequentialism)적인 입장에서 의무의 윤리를 모색했던 공리주의(公利主義, utilitarianism)는 정당한 행위, 규칙, 체제는 그에 따른 결과가 다수자에게 최대의 행복(happiness) 혹은 쾌락(pleasure)을 가져다 주는 것이라는 입장이다. 근대 이후 신 중심적 입장보다는 인간 중심적 입장에서 개인의 행복한 인생을 윤리 도덕의 핵심 가치로 놓았던 공리주의는 많은 사람들에게 설득력 있는 학설로서 환영을 받았다.

이에 반해서 다소 전통적인 윤리관을 반영하는 도덕적 칸트주의(Kantianism)는 행위, 규칙, 체제의 정당성이 그 결과 여부에 의해서만 정해질 수는 없다는 비결과주의적 대안을 제시하면서 공리주의에 맞섰다. 옳은 행위를 결정하는 구성요소로서 결과가 중요하지 않은 것은 아니지만 결과 이외에도 우리가 고려해야 할 비결과적인 가치들을 참작해야 하며 또한 다수자의 행복 극대화만 가지고 도덕적 정당성이 담보되는 것은 아니라는 것이다. 여하튼 근대의 윤리학은 규칙을 중심으로 한 의무윤리를 두고 칸트주의와 공리주의가 때로는 서로 격돌하고 때로는 상대의 일부를 수용하면서 발전해 간 시기였다고 할 수 있다.

그런데 우리가 인간적이고 합리적인 윤리를 추구한다면 또한 우리는 행위의 결과에 대해 무관심할 수가 없다. 그래서 칸트주의적 비결과론의 입장을 견지하면서도 로스(W. D. Ross)는 결과론자들의 주장을 일부 수용하여 절대적 의무론이 아니라 조건부(prima facie) 의무론을 전개한다. 또한 결과론에 기반을 두면서도 일부 공리주의자들은 개별 행위의 정당성을 도덕 규칙에 의거해서 묻고 다시 규칙의 정당성은 규칙의 전반적 시행 결과에 의해 결정하는 규칙 공리주의(rule-utilitarianism)로 발전한다. 오늘에 이르기까지 공리주의와 칸트주의는 다양한 버전으로 발전하면서 공방을 계속하고 있는 실정이다.

4. 덕의 윤리와 실행의 문제

1) 규범의 정당화와 동기화의 과제

규범과 관련하여 윤리학은 크게 두 가지 과제를 지니게 된다. 하나는 그 규범이 정당하다는 것을 입증하는 정당화(justification)의 과제이다. 규범의 목적은 행위를 안내하는 지침을 제시하는 일이며, 따라서 규범의 정당성이 입증될 경우 그 규범은 행위 지침으로서 설득력을 지니게 된다. 좀 더 구체적으로 설명해 보면, 어떤 도덕적 문제 상황에 당면하여 가능한 선택 대안들을 놓고 고심하고 숙고한 끝에 어떤 구체적인 도덕 판단에 이르게 될 경우, 우리는 자신이나 타인들에 대해 그 도덕 판단의 정당성을 입증할 부담을 지게 된다.

물론 구체적인 도덕 판단의 정당성을 입증하기 위해서는 다시 보다 상위의 일반적인 도덕 규칙이나 원칙의 정당화가 문제될 수 있다. 여하튼 특정한 도덕 판단이나 일반적인 도덕 원칙의 정당화는 윤리학에 있어서 가장 중요한 과제라 할 수 있다. 바로 그 같은 이유 때문에 특히 근세 이후 서구 윤리학은 칸트주의적 의무론이건 공리주의적 결과론이건 간에 바로 그러한 문제에 대한 나름의 입장을 가지고 서로 공방을 했다고 할 수 있다.

윤리학의 다른 한 가지 과제는 행위 주체들이 정당한 도덕규범을 실행할 수 있도록 독려하고 실행의 역량을 강화하는 동기화(motivation)의 과제라 할 수 있다. 동서의 전통 윤리인 덕의 윤리는 이 같은 동기화의 과제에 주력하여 특히 도덕규범을 내면화하고 자기화하는 습관(habit)의 문제에 주목했다고 할 수 있다. 특히 동양에 있어서 유학의 덕윤리는 이러한 문제를 수양론(修養論)이라는 이름으로, 그리고 불교에서는 수행론(修行論)이라는 이름으로 깊은 철학과 연구 성과가 축적되어 오늘날까지도 자기수양이나 마음공부에 참고할 큰 자원이 되고 있는 것으로 생각된다.

물론 정당화의 과제나 동기화의 과제는 상호간에 전적으로 무관할 수는 없다. 전통적인 덕의 윤리에 있어서도 주로 동기화의 문제를 많이 다루고 있기는 하나 부분적으로 정당화의 문제를 언급하고 있으며, 근세 이후 서구의 의무윤리에 있어서도 정당화의 문제에 주력하고 있기는 하나 동기화의 문제를 경시하고 있는 것은 아니다. 결국 윤리학이란 이론적 관심사에 그치지 않고 종국적으로 실천적인 목표를 지향하고 있는 까닭에 모든 윤리설들은 이 두 가지 과제로부터 전적으로 자유로울 수는 없으며 특히 실행의 문제를 소홀히 할 수가 없는 것이다.

2) 덕윤리, 습관화와 체득

도덕이나 윤리는 결국 실천이나 실행을 목표로 하고 있는 까닭에 도덕이나 윤리라는 이름 아래 이루어지는 모든 이론적 작업도 최종적으로는 직간접적으로 실천과 실행을 겨냥하고 있다 할 것이다. 고대 그리스의 덕윤리 학자인 아리스토텔레스는, 우리의 일상을 반성해 보면 우리는 도덕적으로 옳은 것이 무엇인지를 알면서도 자주 그것을 행하지 못함으로써 도덕적 실패(moral failure)를 범하고, 그래서 후회하고 회한에 잠기는 일이 비일비재한 것이 현실이라고 하였다. 따라서 아리스토텔레스에 따르면, 도덕교육에 있어서 가장 중요한 일은 반복적 훈련을 통해 올바른 길로 가게끔 습관화하고 길들임으로써 자제심과 의지를 강화하여 유혹을 돌파할 수 있는 실행의 역량을 기르는 일이라는 것이다.

동양 사상인 유학의 수양론에서는 이 같은 아리스토텔레스의 통찰을 더욱 세밀하게 논의하면서 강조하고 있다. 전술한 바와 같이 공자의 어록인 『논어』의 서두에는 "배우고 때때로 익히니 이 또한 즐겁지 아니한가"라는 유명한 구절이 나온다. 이를 공자의 의도에 비추어서 상론해 보면, 남의 지식을 받아들이고(學) 이에 자신의 자율적 사고(思)를 보태면서 배우는 일도 즐거울 뿐만 아니라, 배운 것을 때때로 반복 훈련해서 익히고(習) 행동으로 옮길 수 있다면(行) 이렇게 사는 일 이상으로 즐거운 일(悅)이 있겠는가라는 것이다.

위에 언급되고 있듯이 남의 지식을 배우되 자율적으로 생각하고 이를 반복 훈련을 통해 내면화, 자기화하여 체득(體得)하고 체화(體化)함으로써 실행의 역량을 기른다면, 그렇게 사는 인생이야말로 행복이 보장된다는 것이다. 예를 들어, 수영에 관한 책을 많이 읽었다고 해서 수영을 잘할 수 있는 것이 아니고 물속에서 수영하는 훈련을 반복함으로써 수영의 기술에 익숙하게 되면 처음에는 물이 두려움의 대상이지만 나중에는 물에서 노는 것이 즐겁기만 한 것과 같은 이치이다.

반복 훈련을 통해 자기화되고 체득된 실행 역량을 유학에서는 덕(德)이라 부른다. 따라서 덕은 도덕적 실행 능력이자 행복한 인생의 기술이라 할 만하다. 덕이 체화됨으로써 우리는 웬만한 유혹을 모두 돌파할 수 있는 용기를 갖게 되고 위기에 맞설 수 있는 내공(內功)을 갖추게 된다. 또한 우리가 그러한 덕성을 갖춘 유덕한 인격이 됨으로써, 도덕적 행위를 마지못해 억지로 하거나 의무적으로 하는 것이 아니라 자율적이고 자발적으로 기꺼이 행하여 도덕적으로 살면서도 즐거운 인생을 영위하게 된다는 것이다. 이렇게 해서 결국 우리는 도덕적 행위에 길들여지게 되는 것이다.

3) 의무윤리와 덕윤리의 보완

이미 앞에서도 지적되었지만 서구 윤리학사를 일별해 보면 서양에서도 고대에서 중세까지는 덕의 윤리가 도덕규범의 주류를 이루고 있었다. 그러나 근대에 이르러 소규모 공동체로서 전통사회는 해체되고 사회가 보다 도시화, 다원화되면서 등장한 시민사회는 그에 걸맞은 새로운 규범을 요청하게 된다. 물론 시민사회의 기본 규범은 시민법에 의거한 법의 지배 내지 법치라 할 수 있지만 윤리규범에 있어서도 법치를 보완하고 지원할 의무의 윤리 내지 규칙의 윤리가 발전하게 된다.

사회구조가 보다 복잡화, 다원화됨으로써 전통사회를 관리, 경영하던 덕의 윤리는 그것이 갖는 도덕적 미결정성(未決定性)으로 인해 규범은 더 명시적이고 최소화된 형태로 발전하게 되고 그 결과가 바로 규칙의 윤리, 의무의 윤리로 나타나게 된 것은 이미 전술한 바와 같다. 그런데 이같이 규칙에 기반한 의무윤리가 여러 측면에서 윤리학에 큰 진전을 가져온 것이 사실이긴 하나 그것이 갖는 한계 또한 간과할 수 없는 것이다. 이 점에서 우리는 근래에 이르러 서구 윤리학사에 있어서 놀라운 한 가지 사건에 주목하지 않을 수 없다. 지난 30-40여 년 동안 윤리학자들 중 일부는 근세 이후 규칙에 근거한 의무윤리가 지나치게 의무(duty)라는 개념에 집착함으로써 과거 우리가 도덕이나 윤리에 기대했던 주요한 가치나 도덕 경험의 다양성을 포기하게 되었다는 사실을 비판적으로 지적한다.

이를테면 윤리설이 지나치게 의무적(obligatory) 행위에만 집착하다 보면 도덕적 행위나 도덕 경험의 다양한 스펙트럼을 과도하게 축소하는 결과를 가져오게 된다는 것이다. 그래서 전통적으로 우리가 도덕적 행위 가운데서 그 가치를 높이 평가했던 살신성인하는 성인다운 행위(saintly action)나 위기에서 요청되는 영웅적 행위(heroic action) 등 의무 이상의 행위(supererogatory action)가 도덕의 지평에서 배제될 우려가 있게 된다.

나아가서 의무적 행위 중에서도 우리는 다양한 언어로 그것들의 미묘한 차이를 표현하고 있는데(ought, should, must 등), 이러한 다양성들을 의무라는 하나의 범주 속에 단순화시키게 된다. 또한 우리가 지나치게 도덕적 명시성을 강조하다 보면 준(準)법적인 차원, 즉 법률가적 모형(lawyer model)의 윤리관에 치우치게 되어 도덕적 행위자의 선택이나 결단의 여지를 위축시킴으로써 도덕적 상상력이나 창의성 혹은 결심의 여지를 훼손하게 되는 까닭에 예술가적 모형(artist model)의 도덕관에는 눈멀게 되는 결과를 가져오게 되는 것이다.

도덕에 대한 예술가적 모형을 배제하고 법률가적 모형에 경도됨으로써 도덕적 행위자는 의무라는 형식에 기계적으로 따르는 수동적 행위자로 전락했다. 우리의 전통적인 덕의 윤리에 있어서 도덕적 신사(moral gentleman)라 할 수 있는 군자(君子)는 통상적인 상황에서 정해진 규칙을 기계적으로 적용하는 일보다는 예외적인 상황에서 새로운 규칙을 구상하고 형성하는 보다 창의적인 측면에서 그 역량을 발휘했다고 할 수 있다.

여기에서 우리는 의무의 윤리와 덕의 윤리 간에 양자택일을 해야 한다는 식으로 생각할 필요는 없다. 오히려 두 가지 유형의 윤리가 상호 보완하는 가운데 우리의 도덕적 상상력과 창의성을 수용하면서도 규칙에 기반한 의무윤리가 갖는 현실성도 차용할 수 있는바, 제3윤리의 가능성을 구상할 기회를 선용해야 할 것이다. 앞서 지적했듯이 사회구조와 도덕체계 간의 상관성을 경시할 수는 없을 것이다. 소규모 공동체에 적합한 전통적인 도덕체계를 오늘날과 같이 더 복잡하고 다원화된 사회에 그대로 적용하려는 것은 비현실적이고 시대착오적인 발상이라 할 것이다.

그러나 보다 명시적이고 최소주의적인 의무의 윤리를 기반으로 하여 그것이 갖는 한계를 보완할 수 있는 덕의 윤리를 부분적으로 수용함으로써 의무윤리와 덕윤리가 상호 보완할 수 있는 도덕 공동체의 가능성을 타진해 보아야 할 것이다. 두 윤리 간의 상호 보완은 또한 윤리학의 과제인 정당화의 과제와 동기화의 과제도 함께 해결할 수 있는 기회인 동시에 앞서 제시했던 덕치와 법치의 사잇길로서 사람다운 삶을 가능하게 할 예치(禮治)의 길을 모색하는 일도 고심해 보는 좋은 계기가 될 것이다.

참고문헌

『논어(論語)』

『맹자(孟子)』

『순자(荀子)』

『예기(禮記)』

정약용, 『경세유표(經世遺表)』

이상은, 『유학(儒學)과 동양문화(東洋文化)』, 범학도서, 1976.

황경식, 『이론과 실천』, 철학과현실사, 1998.

황경식, 『덕윤리의 현대적 의의』, 아카넷, 2012.

제임스 R. 레스트, 문용린 외 옮김, 『도덕 발달 이론과 연구』, 학지사, 2008.

Aristotle, *Nicomachean Ethics*, BK VII.

James Stalker, *Seven Cardinal Virtues*, Nabu Press, 2012(reprinted).

A. S. Cua, *Moral Vision and Tradition*, Catholic University of America Press, 1988.

D. S. Nivison, *The Ways of Confucianism*, Chicago: Open Court, 1996.

A. MacIntyre, *After Virtue*, 2nd ed., University of Notre Dame Press, 1984.

Charles W. H. Fu, "Philosophical Reflections on the Modernization of Confucianism as Traditional Morality", 『현대사회와 전통윤리』, 고대 민족문화연구소, 1985.

공감과 배려의 윤리, 대안인가 보완인가:

의무윤리와 덕의 윤리가 보완하는 제3의 길

1. 감성적 덕과 지성적 덕의 보완

공감과 배려의 윤리를 다시 강조하는 이유의 배후에는 두 가지 뜻이 담겨 있다고 해석하면서 그 각각의 뜻에 대해서 필자 나름의 견해를 제시해 보는 것이 이 글의 기본 의도이다. 그 뜻의 하나는 오늘날 지나치게 타산적이고 지능화된 메마른 사회를 살아가면서 공감이나 배려와 같은 보다 감성적이고 정서적인 덕목이나 인간관계가 절실히 요구되고 있다는 점이다. 다른 하나의 뜻은 공감과 배려를 주요 덕목으로 하는 전통적인 덕의 윤리가 근세 이후 서구의 주류 윤리이자 오늘날 거의 보편화되다시피 한 의무의 윤리(법규 내지 규칙의 윤리)를 보완할 필요에 주목하자는 뜻이다. 이는 서구에서도 같은 맥락에서 덕윤리의 재활을 거론하는 차제에 우리에게도 무엇보다 절실한 과제일 수 있기

* 퇴계연구원 주최, 21세기 인문가치포럼 주제발표, 공감과 배려의 윤리, 2015.

때문이다. 문제를 제기한 순서대로 필자의 견해를 논구해 보고자 한다.

공감(sympathy)과 배려(caring)는 매우 감성적이고 정서적인 덕목이다. 공맹(孔孟) 사상에 있어서 기본 덕목인 인(仁)은 인간의 타고난 원천적 감성인 측은지심에 바탕한 공감과 인간 사랑(愛人)이며 또한 인간의 타고나 본질인 인간다움("仁, 人也")이고 역지사지(易地思之)를 통하여 타인을 살피고 배려할 수 있는 기반을 이룬다. 그러나 공감과 배려는 인간들 간의 정서나 감정을 중심으로 하는 감성적 덕목이라 생각된다. 따라서 이 같은 정서적 덕목이 올바른 상황, 올바른 대상, 올바른 정도로 발현되기 위해서는 일정한 인지적 능력이나 소통의 능력과 같은 지성의 도움을 전제로 할 수밖에 없다. 그래서 칸트의 표현법을 원용하면 "감성 없는 지성은 공허하고 지성 없는 감성은 맹목이다"라는 말이 이러한 맥락에서도 의미 있는 지적이 될 수 있을 것이다.

그래서 공자도 세 가지 주요 덕목(三主德)에 있어 인간의 기본 덕목인 인(仁)과 그 실행 덕목인 용(勇)에 앞서 판단력과 관련된 지(知)를 전제했다. 따라서 공자의 3주덕인 지인용(知仁勇)에서 인지적 조건인 지(知)가 전제되지 않을 경우 인(仁)도 불인(不仁)일 수 있으며 용(勇)도 불용(不勇)이나 만용이 될 수 있는 것이다. 동일한 맥락에서 맹자도 인(仁)이라는 기본 덕목이 제대로 발현되기 위해서는 상황 적합성(宜)으로서의 의(義)의 원리와 상황에 적절한 행동 양식인 예(禮)의 보완이 있어야 하며, 나아가 이같이 상황 적합성의 원리와 양식을 파악할 수 있는 인지적 능력인 지혜(智)가 선결적으로 요구된다고 했던 것이다. 이같이 공자의 지(知)나 맹자의 지(智)는 모두가 인간의 본성이나 그에 바탕한 기본 덕목을 제대로 발현하기 위한 전제로서의 인지적 요건이며 인간들 간의 올바른 소통 능력이라고도 할 수 있을 것이다.

인지적 능력이나 소통의 역량이 여의치 않을 경우 도덕적 행위의 대상인 상대방에 대한 '입장 바꾸어 생각하기', 즉 역지사지(易地思之)가 제대로 되지 못할 것이며 공감이나 배려 또한 선의의 간섭(paternalistic intervention)이 되고 말 것이다. 우리가 선의의 간섭도 절제해야 하는 이유는 설사 그것이 선의에 의한 간섭이라 할지라도 서로가 각기 의도하는 선(善), 즉 가치관이 같을 수는 없기 때문이며 더욱이 현대사회와 같이 가치 다원주의(value pluralism)를 전제할 경우 선의의 간섭도 자주 빗나간 간섭주의(paternalism)일 것이기 때문이다. 이런 이유 때문에 미성년자가 아닌 성인에 대해서까지 간섭하는 강한 간섭주의는 삼가야 할 이유가 있다 할 것이다.

최근 감성지수(EQ)의 중요성이 강조되고 있다. 지능지수(IQ)만 중시되던 메마른 현대사회에서 감성의 중요성에 다시 관심을 갖는 것은 더없이 중요한 발견이라 할 것이다. 그러나 이 같은 사실을 너무 과장하여 감성의 중요성을 배타적으로 강조하거나 이제 지성의 시대는 가고 감성의 시대가 왔다는 식으로 일방적으로 감성을 강조하는 것 또한 편향된 시각이 아닐 수 없다. 감성지수에 본격적으로 주목하게 하고 인간의 삶에 있어서 감성의 중요성에 관심을 갖게 한 대니얼 골먼(Daniel Goleman)의 저서에 소개된 개념이 원래 감성지능지수(EIQ)임을 감안할 때, 그의 저서가 갖는 진정한 의도는 지성 못지않게 감성이 조화롭게 발달하는 것이 올바른 삶으로 이끄는 이정표일 뿐만 아니라 지성 없는 감성 또한 감성 없는 지성과 마찬가지로 그릇된 삶을 유도한다는 것이다. 지성에 바탕한 감성만이 바른길을 갈 수 있는 인간적 능력이라는 것이다.

2. 최소 윤리와 최대 윤리의 보완

필자는 유교 문화권에 속하는 한국에서 40여 년간 철학자이자 윤리
학자로서, 근세 이후 서구의 주류 윤리와 우리의 전통적인 유교 윤리가
착종하는 와중에서 '이시적(異時的)인 것의 동시적 혼재'가 제기하는
갈등과 가능성을 두고 고심해 왔다. 이 같은 고심의 결과로서 필자는
수년 전에 '의무윤리와 덕의 윤리가 상보하는 제3윤리의 모색'을 부제
로 하는『덕윤리의 현대적 의의』(아카넷, 2012)라는 저서를 출간했다.
물론 이 모임, 즉 '21세기 인문가치포럼'의 주제가 '공감과 배려: 더불
어 사는 사회를 위한 조건'으로 되어 있긴 하나 실상은 전통적인 유교
윤리, 즉 공감과 배려 중심의 윤리가 서구 근세 이후의 지배적인 윤리
인 의무와 법규 중심의 윤리에 어떤 보완적 메시지를 줄 수 있는지, 나
아가 그러한 유교적 전통 윤리의 현대화를 위한 요건이 무엇인지를 성
찰하는 것으로서 이는 기왕에 필자가 고심해서 제안했던 해법의 연장
선상에 있다는 생각이다. 따라서 필자는 기왕의 저서에서 제시한 내용
을 기반으로 하고 그 이후 보완된 부분을 더하여 나름으로 오늘날 윤
리적 현황에 대한 필자의 대안을 제시해 보고자 한다.

의학에 있어서 지난 100여 년간 서양의학의 첨단적 발전은 근래에
는 생명을 좌지우지하는 정도가 신의 권능을 희롱하는 듯한 수준에 이
르렀다. 그럼에도 불구하고 서양의학의 한계와 사각지대는 어쩔 수 없
어서 근래에 이르러 비서구 의학에의 관심 또한 부인할 수가 없다. 비
서구 의학에 대한 기대가 컸던 만큼 처음에는 마치 서구 의학의 대안
이라도 되는 듯 대체의학(alternative medicine)이라는 명칭이 유행하다
가 다음에는 대안은 아니지만 서양의학의 미진한 면을 보충해 줄 것을
기대하는 보완의학(complementary medicine)이라는 다소 겸손한 용어

가 나온 후, 근래에는 이상의 두 용어를 묶어서 보완-대체의학(CAM, complementary alternative medicine), 혹은 동서 의학을 묶어 통합의학(integrative medicine)이라는 용어도 쓰이고 있는 줄 안다.

의학 이야기에 빗대어 윤리에 있어서 동양의 전통 윤리를 바라보는 필자의 견해를 밝히고자 하는 이유는 근세 이후 서구의 주류 윤리인 의무(규칙)윤리에 대해 동양의 유교 윤리는 대안 윤리이기보다는 보완적인 지위를 갖고 있다고 생각되기 때문이다. 우선 윤리학의 역사가 윤리를 요구하는 사회구조와 상관하여 변해 온 것은 주지의 사실이다. 전통사회와 같이 소규모적인 공동사회에서는 가치관을 공유하는 공동체 성원 간에 최대 윤리(maxima moralia)가 요구되고 그 실행 또한 어느 정도 가능했다. 그러나 근세 이후 성원들이 이해관계에 따라 이합집산하는 이익사회에서는 최대 윤리가 더 이상 요구될 수도 없고 실행 가능하지도 않다.

가치관의 다원화가 바탕이 된 근세 이후의 시민사회에서는 의무의 윤리(duty ethics)와 같은 최소 윤리(minima moralia)만이 요구될 수 있고 통용될 수 있는 유일한 규범이라 할 수 있다. 역사를 돌이킬 수 없는 한 근세 이후 시민사회에서 최대 윤리는 더 이상 현실성이 없는 도덕적 이상에 지나지 않는 것이라 할 수 있다.

전통적 유교 윤리는 도덕적 이상주의(moral idealism)로서 인격 수양을 위해 최선의 노력을 독려하고 타고난 도덕적 본성을 완성함으로써 종국적으로 내면적 성인을 성취하도록 권장한다. 이에 비해 최소 윤리는 일상생활 속에서 보통 사람, 즉 일반 시민들을 겨냥하는 것으로서 확립된 사회규범이나 법적 관행을 단지 외면적으로 준수하는 것을 요구할 뿐 그것을 넘어 자신의 도덕적 본성을 부단히 도야하는 것이나 그 완성을 향한 자기수양을 과도하게 요구하지 않는다. 따라서 전통적인 유교 윤리의 현대화 과제 중 하나는 현대사회를 주도해 온 도덕적 현실주의(moral realism), 즉 최소 윤리와 유교 윤리에 내재한 도덕적 이상주의인 최대 윤리의 중도를 발견하는 일이다. 전통 유교 윤리의 도덕적 가치와 교육적 함축을 포기하지 않으면서 현대사회를 관리할 필수적 최소 규범을 수용하는 길을 찾는 것이 유교 윤리의 현대화 가능성의 시금석이 된다 할 것이다.

전통 유교 윤리의 현대화에 있어 두 번째 과제는 서구에서 전통 기독교 윤리에 대한 막스 베버(Max Weber)의 비판과 같은 맥락에서 이해할 수 있다. 베버에 따르면 전통 윤리는 지나치게 내면적 동기를 강조하는 심정(心情)의 윤리에 치우쳤다면 근세가 요구하는 윤리는 보다 객관적이고 공적인 책임(責任)의 윤리로 전환해야 한다는 것이다. 행위의 가치를 나타난 결과에 의해 평가하는 근세의 결과 중심적 윤리(consequentialism) 또한 이 같은 책임 윤리와 상관된 것이라 할 수 있다. 진정 유교 윤리의 현대화를 원한다면 현대 유교학자들 역시 심정이나 동기의 순수성에 비중을 두고 유가적 성인됨을 지나치게 강조하는 전통적인 사고를 지양하고 결과 지향적인 의사 결정이나 책임을 중시하는 행위 선택의 윤리로 전환해야 할 것이다.

일반적으로 동기 중심적 윤리는 내면적 사랑을 강조하는 기독교 윤리나 내면적 성인다움을 내세우는 유교 사상에 공통된 것으로서 근세 이후 공리주의(utilitarianism) 등과 같이 합리적 의사 결정이나 행위 선택을 지향하는 결과 중심적 윤리와 구분된다. 동기나 의도가 순수하고 선량하다 해서 특정한 의사 결정이나 행위 선택이 도덕적으로 올바르다는 보장은 없으며 도덕적으로 올바른 결정이나 행위가 바람직한 결과나 공리의 극대화를 가져온다는 보장도 없다. 이 점은 특히 보다 다원화된 현대사회에서 사실로 판명되는데, 현대사회에서는 지혜로운 어떤 개인보다 소통에 바탕을 둔 집단적 지혜가 어려운 도덕 문제 해결을 위해 좀 더 효율적인 것으로 요구된다.

3. 거시 윤리와 미시 윤리의 보완

전통 윤리의 세 번째 현대화 과제는 덕윤리의 일반적 결함 중 하나로 지적되는 도덕적 미결정성(moral indeterminacy)의 배제 내지 완화와 관련된다. 덕의 윤리는 일반적으로 그 추상성으로 인해 개별 행위 지향적 상황주의(situationism)의 성향을 띠게 되어 도덕적 결정성의 제고가 과제로서 제기된다. 근세 이후 서구 윤리학을 주도해 온 의무윤리(최소화 전략)나 규칙윤리(명시화 전략)는 사실상 도덕적 결정성 제고와 관련된 것이라 할 수 있다. 일정한 상황에서 도덕규범이 요구하는 바가 단일하지 않고 다의적이거나 애매할 경우 그러한 도덕규범은 미결정성의 난점을 갖게 되는데, 일반적으로 덕의 윤리를 위시해서 상황윤리 등이 이러한 취약성을 갖는다고 알려져 있다. 일정한 상황에서 특정 덕목의 요구하는 바가 명확하지 않을 경우 성인이나 군자와 같은 도덕적 범형의 예시를 통해서도 일의적으로 도덕적 행위가 명시되기 어렵다는 점에서 이 같은 난점이 제시된다.

공자가 『논어(論語)』에서 제시한 인(仁)이나 의(義)와 같은 고차적 덕목은 다양하고 고유한 구체적 개별 상황에서 도덕적 미결정성으로부터 자유로울 수가 없다. 맹자는 이러한 미결정성 문제를 해소할 약간의 방책을 제시하였다. 우선 맹자는 인(仁)과 의(義)를 연계하며 인은 보다 포괄적인 도덕적 심성이고 의는 구체적 상황 적합성으로 규정하여 도덕적 보편성과 상황적 개별성 간의 상관성에 주목한다. 이 점을 맹자는 "인(仁)은 인간의 편안한 집(安宅)이요, 의(義)는 인간의 올바른 길

(正路)"이라고 표현하기도 한다. 나아가 맹자는 상황 적합성을 제고하기 위해 일반적 도덕원칙이나 보편적 기준(經)과 상황 적합성이나 상황적 배려(權) 문제를 구분하기도 한다. 이는 중용(中庸)과 시중(時中)의 구분과도 일맥상통한다고 할 수 있다.

물론 일부 유교 윤리학자들은 이상의 반론에 대해 이견을 제시할 수 있을 것이다. 유교 윤리는 인(仁)이나 의(義)와 같은 고차적 도덕원리를 제시할 뿐만 아니라 인간 생활의 광범위한 부문에 걸쳐 사회적으로 확립된 규칙 체계로서 예(禮)의 세목을 갖추고 있다는 주장이다.[1] 따라서 이들은 유교 윤리는 추상적 덕목만을 제시하는 단순한 덕의 윤리가 아니라 상황에 따라 덕의 정신을 세분화, 명시화하는 규칙의 윤리이기도 하다고 해석한다. 물론 덕윤리의 도덕적 미결정성을 해소하기 위한 명시화 전략으로서 예규(禮規)의 체계가 제시된 것이 사실이기는 하다. 그러나 여기에서 좀 더 중요한 문제는 규칙 체계로서 예규가 유교 윤리에서 얼마나 본질적 역할을 하는가에 관련된다. 나아가 기존의 예규 체계가 적용되기 어려운 상황에서 새로운 규칙이 창안되고 제정되는 절차가 무엇인가에 대한 검토가 이루어질 필요 또한 있을 것이다.

끝으로 한 가지 지적될 것은 전통적으로 동서를 막론하고 윤리나 도덕은 개인의 의도, 동기, 양심, 행위 등과 관련된 것으로 규정되어 왔다. 그러나 근래에 이르러 개인과 직접적 관련이 없는 제도, 체제, 구조 등도 윤리적 평가나 판단의 대상이 될 수 있다는 점에서 사회윤리(social ethics)가 논의의 초점이 되고 있다. 사회윤리 학자들은 개인이 바뀐다 할지라도 사회구조의 비리나 부조리는 척결되기 어려우며 사회구조는 나름의 발전 논리에 따라 전개되는 까닭에 사회를 바꾸기 위해

---

1) 대표적으로 Liu Yuli, *The Unity of Rule and Virtue*, 2004.

서는 제도의 변화나 '구조 개혁'이 요구된다고 주장한다. 이 같은 사회윤리 학자들의 주장에는 개인윤리와 사회윤리의 구분과 더불어 사회경제적인 거시적 관점에서는 사회윤리가 우선적으로 중요하다는 주장이 함축되어 있다 할 것이다.

이러한 사회윤리적 시각과는 대조적으로 전통적 유교 윤리에서는 사회윤리가 개인윤리의 연장선상에 있다고 간주되어 사회의 변화를 위해서는 개인의 변화가 선행되어야 한다고 생각되었다. 유교 윤리에서는 치국(治國)과 평천하(平天下)를 위해서는 수신(修身) 제가(齊家)가 선결문제로 요구되었고, 치인(治人)을 위해서는 수기(修己)가 우선적으로 요구되었으며, 외왕(外王)이 되기에 앞서 내성(內聖)을 이루기 위한 노력이 전제되어야 한다고 주장되었다. 그러나 개인이 인격적으로 원만하다고 해서 그가 사회를 경영, 관리하는 데 반드시 탁월한 지도자가 된다는 보장은 없으며, 사회의 경영, 관리를 위해서는 사회과학적 통찰을 바탕으로 하고 구조와 조직의 경영과 혁신에 정통하고 있어야 하는 것이다.

따라서 유교 윤리의 현대화를 위한 마지막 과제는 정치사회 윤리, 즉 외왕의 길이 개인윤리, 즉 내성의 길의 자연스러운 연장이고 또한 연장이어야 한다는 입론에 대한 재고와 반성이다. 전통적 유교 윤리 학자들은 각 개인의 도덕적 완성, 즉 미시 윤리(micro-ethics)가 이상적 사회의 궁극적 구현, 즉 거시 윤리(macro-ethics)를 보장하기 위한 윤리적 선결 요건이라고 간주했다. 일상의 인격 수양과 도덕적 행위에 의거한 미시 윤리가 개인적 삶의 최고 이상인 내성의 길로 나아가는 방도로 생각되는 한편, 이러한 미시 윤리가 본질적으로 덕에 의거한 정치, 즉 성인에 의거한 덕치의 거시 윤리, 외왕의 구현을 결과할 것으로 기대되고 나아가 이는 정치사회적 삶의 최고 목표로 생각되었다. 다시 말하면 미시적 실천이 전통 유교 윤리의 근본(本)이고 거시 윤리의 실현은 그 결과(末)로 생각했던 것이다.

지금까지 우리는 전통 유교 윤리의 현대화 가능성을 여러 과제에 걸쳐 검토해 왔다. 그 과제들 중에는 유교 윤리 자체 속에 불충분하지만 상당한 정도로 이미 현대화 과정을 밟는 부분도 있고 현대화가 쉽지는 않으나 서구 근대의 의무 내지 규치 윤리와 보완적 관계 속에서 기여하는 측면도 있다고 할 수 있다. 그러나 우리의 마지막 관심은 전통 유교 윤리가 부분적으로 현대화 친화적인 일면을 갖는다 할지라도 근본적이고 원리적인 측면에서 서구의 근대 윤리와 같은 새로운 윤리적 틀의 차용이 불가피하고, 그런 한에서 전통 유교 윤리는 잘해야 부분적 보완 아니면 전반적 개혁이 요구되는지를 심각하게 성찰해 보는 일이다. 이것이 사실일 경우 우리는 유교 윤리의 현대화를 묻기보다는 새로운 현대 윤리의 구상에서 전통 유교 윤리가 보완적 내지 부차적으로 기여하는 부분이 무엇인지를 물어야 함이 옳을 것이다.

끝으로 한 가지 강조하고 싶은 것은 전통적인 덕의 윤리가 오늘날 우리 사회에 있어서 갖는 도덕교육적 내지 인성교육적 함축이다. 세월호가 우리에게 일깨운 가장 소중한 도덕교육적 교훈은 바로 인성교육에 있어서 덕윤리 교육의 절실함이다. 세월호 침몰을 목격하면서 필자 스스로 항상 자책하는 것은 세월호 선장 및 선원들이 비상시 무엇을 해야 할지 그 매뉴얼을 너무나 잘 알고 있었다는 사실과 더불어 그들을 포함해서 우리 모두에게 중요한 것은 아는 것뿐만 아니라 아는 그만큼이라도 실천하고 실행하고자 하는 의지의 훈련이며 우리는 그것이 부족하다는 점이다. 이런 점에서 덕윤리가 의무윤리를 보완할 수 있는 적극적 여지가 있다 할 것이다.

공자는 『논어』의 서두에서 배우는 일(學)이 즐겁다고 하였다. 물론 공자에 있어서 배움은 남의 지식을 받아들이는 데 그치지 않고 스스로 생각하는 일(思)의 보완이 필요한 것을 놓쳐서는 안 된다. 나아가 공자는 배우는 일에 못지않게 그것을 익히는 일(習) 또한 더없이 중요하고 이 역시 즐거움의 원천이라고 하였다. 반복해서 훈련하고 익힘으로써 배운 것이 나에게 내면화, 습관화, 생활화, 자기화되어 체화(體化)되고 체득(體得)될 경우, 옳은 것을 억지로 의무적으로 행하는 것이 아니라 즐거이, 기꺼이 행할 수 있을 때 우리의 삶은 도덕적으로 올바를 뿐만 아니라 마음속 깊이 즐겁고 행복한 것이 될 수 있다는 것이다. 이런 뜻에서 필자는 덕(virtue)이 바르고 즐거운 삶의 기술(skill)임을 확신한다.

도덕성의 위기인가, 합리성의 미숙인가

1. 한국 사회, 도덕이 땅에 떨어졌는가?

근래에 우리 사회는 도덕적 위기감이 고조되면서 그 처방으로서 도덕교육 내지 인성교육에 대한 요구가 제기되고 있다. 물론 인성교육은 인간성 교육을 의미하는 것으로서 문자상으로는 도덕교육보다 그 외연이 넓은 용어이긴 하나, 도덕을 다소 광의로 해석할 경우 도덕교육과 같은 의미를 갖는다 해도 과언은 아닐 것이다. 여하튼 필자는 이 글에서 우리의 현실 문제를 진단하고 처방함에 있어서 이 같은 도덕주의적 발상은 합당한 대책이 아닐 뿐만 아니라 적절한 해결책을 구상하는 데크게 도움이 되지 않는다는 다소 극단적인 입장에서 우리의 문제를 바라보는 새로운 독법과 해법을 제안해 보고자 한다.

사회를 개혁하거나 재형성하고자 하는 사회공학적(social engineer-

---

* 황경식, 『이론과 실천』, 철학과현실사, 1998에서 재구성함.

ing) 과제에서 보다 중요한 문제는 사회적 현실의 독법과 해법에 있어 지나친 도덕주의는 삼가는 일이라 생각하며, 오히려 도덕 현상이 수반(隨伴)하고 있는 그 하부구조(infrastructure)에 주목하는 것이 사회공학의 효율성을 제고하는 접근법이 아닌가 생각된다. 도덕이란 그 자체가 원초적 사회 현상이라기보다는 다층적인 하부구조에 수반하는 파생적인 상부구조로 보인다. 물론 도덕은 다양한 하부구조에 의존해서 생기는 것이긴 하나 그러한 하부구조에 의해 완전한 환원적 설명이 불가능하며 그런 의미에서 부분적 자립성을 갖는 것이기도 하다고 생각된다.

이런 관점에서 보아 우선 우리가 경계하고자 하는 것은 우리 사회에 팽배하고 있는 지나친 도덕적 위기감이다. 최근 연속적인 몇몇 패륜아들의 출현으로 인해 찬란했던 동방예의지국의 도덕이 마치 하루아침에 땅에 떨어지기라도 한 듯 언론을 위시해서 모두가 경악하고 있다. 그러나 필자가 볼 때 이는 다혈질 사회의 일과적이고 상투적인 과민 반응이요, 논리적으로도 성급한 일반화의 오류라는 생각이 없지 않다. 역설적으로 이 같은 사태에 대해 대부분의 국민들이 보이는 엄청난 도덕적 분노와 민감성은 오히려 다수의 도덕감이 건재하고 있음을 입증해 주는 것이며, 우리의 도덕지수가 상당한 수준에 있음을 보여주는 것이라는 생각마저 든다.

또한 세계의 도처에서 역사의 페이지마다 발견될 수 있는 일을 마치 지금 바로 여기 한국에서만 벌어지는 큰일 날 사건으로 치부하는 것은 아무래도 우물 안 개구리 식의 자조적 맥락에서만 이해될 수 있는 것으로 보인다. 우리는 언제부터인가 사태를 바라보는 시각에 있어 지극히 자조적이고 냉소적으로 길들여져 있다. 냉소나 자조는 자기파괴적이고 자멸적인 심리로서 결코 개선이나 개혁의 심리적 동력이 될 수 없으며, 도덕 문제에 대한 독법이나 해법에 있어서도 별다른 도움이 되지 않는다. 요즘 흔히 거론되고 있는 '한국병'이란 이름 역시 그 발상부터가 지극히 자조적인 뉘앙스를 갖는 것으로서, 설사 자각적인 맥락에서일지라도 자조적인 자각은 생산적인 발상으로 보기가 어렵다고 생각된다.

어른들이 보기에 요즘 아이들은 버릇이 없어 보인다. 도덕주의자의 시각에서 보면 도처에서 도덕이 무너지고 있다. 그런데 진정 이것이 하나뿐인 절대 도덕이 무너지고 있다는 것을 의미한다면 세상은 문자 그대로 말세가 아닐 수 없다. 그러나 외견상 무규범 상태(anomy)로 가는 듯하지만 사실상 그것은 전통 윤리로부터 새로운 윤리로 나아가는 전환기적 혼란이거나 이미 그 속에 새로운 윤리가 태동해서 성숙되고 있는 것이라면 그다지 낭패라 할 수 없다. 어른들의 눈에는 신세대가 버릇이 없어 보일지 모르나 그들은 나름대로 새로운 버릇에 스스로 길들여지고 있으며 일부 무너지고 있는 전통 윤리는 청산되어 마땅한 것일 수도 있음에 주의해야 한다.

우리 사회뿐만 아니라 어떤 사회에 있어서도 도덕주의자들이 지적하는 현대사회의 공통된 한 가지 현상은 도덕규범이 땅에 떨어지는 그야말로 비도덕화(immoralize) 현상이 아닌가 한다. 그러나 사실상 현대사회에 대한 이러한 진단은 지극히 전통적인 도덕관에 고착된 보수적 도덕주의나 도덕의 문턱을 높이 잡는 도덕적 이상주의자의 진단일 가능성이 있다. 사실상 현대사회의 보편적인 한 가지 경향은 비도덕화에 있다기보다는 탈도덕화(amoralize)에 있다고 생각된다. 이는 전통적 도덕관에서 보면 당연히 비도덕화, 무규범화 과정으로 보일지 모르나 단순히 무규범 내지 무원칙으로 치닫는 것이라기보다는 새로운 합리적 규범의 모색으로 볼 수도 있을 것이다.

한때 모든 사회가 종교의 지배 아래 통솔되었던 시대가 있었으나 차즘 탈종교화하는 과정을 거치듯, 과거 우리의 행위를 규율하던 절대 도덕의 위력과 권위가 퇴조하는 탈도덕화 과정은 어쩌면 불가피한 추세일지도 모른다. 사실상 중세 이래 근대화 내지 현대화 과정은 탈종교화와 더불어 탈도덕화를 의미하는 것으로 해석될 수 있다. 과거 도덕주의자들이 모든 것을 도덕화(moralize)하는 데 주력했다면 근대 이후의 상황은 그로부터의 해방이라는 의미에서 탈도덕화라 할 수 있으며, 이것이 단지 무규범화, 무정부화가 아니라 권리와 의무의 체계인 법규범과 최소 도덕인 시민윤리에 바탕한 합리적 삶의 추구에 의해 인도된다고 할 경우 그것은 시대에 부응하는 또 한 가지 양태의 윤리적 모색이라고 할 수 있지 않을까.

2. 합리적 이기주의와 도덕의 하부구조

우리나라는 고대로부터 주변국들에 의해 동방예의지국이라는 칭송을 받아 왔고 조선왕조 500여 년 동안 성리학을 통한 엄정한 청교도적 도덕주의의 단련을 받아 왔다. 따라서 한국인은 그 어떤 민족보다도 도덕의식이 강한 사람들이라 생각된다. 우리만큼 도덕 문제에 민감한 반응을 보이는 국민도 드물며 개인적으로 말하면 대부분의 사람들이 나름대로 도덕적 수준을 유지하는 듯이 보인다. 이는 우리의 도덕적 자산(moral capital)이 상당한 정도로 풍요함을 입증해 주고 있는 것이 아닌가 한다. 그럼에도 불구하고 우리 사회가 심각한 도덕적 곤경으로 치닫고 있는 듯한 현상을 보인다면 그 이유는 어떻게 설명될 수 있는가?

필자는 이에 대해 우리의 현실적 곤경이 도덕성(morality)의 위기에서 유래하기보다는 합리성(rationality)의 미숙에서 연유한다고 단언하고자 한다. 한 사회의 물적 토대가 변하면 그에 부응해서 정신문화 역시 바뀌어야만 그 사회가 조화로운 발전을 이루게 된다. 사회의 하부구조가 바뀌었는데도 불구하고 상부구조는 옛날 그대로일 경우 그 사회는 각종 부조화와 역기능으로 고통당하게 된다. 필자가 보기에 우리 사회가 고심하고 있는 많은 문제들은, 하부구조는 이미 근대적 산업사회로 바뀌었음에도 그에 부응하는 합리적 근대정신(modern mind)이 성숙하지 못한 데서 생겨나는 것으로 보인다. 따라서 도덕성보다는 합리성의 시각에서 사회공학적 접근이 이루어지는 것이 마땅하리라고 생각된다.

이를테면 외국 언론에 한국이 낙태(임신중절)의 천국으로 소개된 적이 있다. 한국의 임신중절률이 세계 1위이며 한 해에 한국 여성들이 중절하는 횟수의 총합이 미국 여성들이 중절하는 횟수의 총합과 맞먹는다는 것이다. 미국 인구가 한국의 5배라면 한국 여성은 미국 여성보다 평균 5배의 임신중절을 한다는 결과이다. 이 같은 수치스러운 통계를 우리는 어떻게 설명할 수 있을 것인가? 도덕주의자들은 다시 이를 도덕성의 위기로 몰아갈지 모른다. 한국인은 생명의 존엄성에 대한 이해도 없다며 우리의 도덕 불감증을 성토하고자 할 것이다.

그러나 이에 대해 필자는 전혀 다른 설명이 가능하리라고 본다. 우리가 인간만이 아니라 모든 생명의 존엄성을 내세우는 불교와 더불어 살아온 지가 수천 년에 이른다고 보면 우리에게 생명에 대한 존엄 의식이 없다는 것은 그다지 합당한 설명이 되기 어렵다. 단지 우리와 같이 지극히 감정적인 성향을 가진데다 인생을 계획성 있게 살아가는 합리성에 있어 미숙한 국민이고 보면 원치 않는 임신이 다반사일 터이고, 따라서 이는 엄청난 임신중절을 불가피하게 했다는 추정이 가능하리라고 본다. 더욱이 피임 교육을 위시한 성교육의 방치는 이러한 결과를 더 증폭시키게 되었으리라고 추론할 수 있다.

결국 우리는 원치 않은 아이가 인생살이에 불편한 존재임을 알 정도로는 합리적이나, 그것을 사전에 계획하여 원치 않는 임신을 피할 수 있을 정도로는 합리성에 있어 성숙하지 못했다고 할 수 있을 것으로 생각된다. 결국 우리는 결과의 합리성만 따질 뿐 과정의 합리성을 챙기는 데는 미숙한 것이다.

중세의 봉건사회가 혈연, 지연으로 얽힌 자연 공동체였다면 근대의 시민사회는 자율적인 개인의 출현과 더불어 생겨난 인위적 이해 집단이었다. 시민사회의 윤리는 바로 이런 이익사회를 구성하는 시민 계급의 윤리이다. 시민사회가 영리를 위한 생산 활동이 이루어지는 사회라고 할 경우 가장 먼저 문제되는 것은 인간의 이기심이다. 특히 중세사회에서는 악덕으로 간주되던 이기심이 시민사회에 있어서는 덕성으로 생각되기에 이르렀다는 사실에 주목할 필요가 있으며, 근대의 합리성도 이러한 관점에서 논의될 수 있을 것으로 생각된다.

각자가 이기심에 의해 자신의 이익을 추구할 경우 이를 위해 각자는 또한 상호 결합이 불가피하게 된다. 이기심은 원래 비사교적인 것이나 그러한 비사교성은 타인과 결합할 경우 '비사교적 사교성'으로 나타나게 된다. 이기심을 실현하기 위해 타인과 결합한다는 것은 이기심의 자기 한정을 의미하는 것이며 이기심을 보장하기 위해 이기심의 억제가 불가피했다는 점에서 시민으로서의 덕성이 강조되게 된다. 이러한 시민적 덕성은 타인들 간에 계약이 이루어질 경우 그 계약을 준수하는 페어플레이의 정신을 뜻하기도 한다.

이기심이 세련화, 합리화되어 가는 과정에서 합리적 이기주의자들 간의 신사협정이요 조정 원리로서 제시된 것이 바로 최소한의 윤리(minimum morality)로서의 법규범이며 그와 관련된 시민윤리라 할 수 있다. 면접적, 정태적인 전통사회에서는 조정 원리로서 도덕규범이 제기능을 할 수 있었을지 모르나, 익명적, 동태적인 근대사회에서는 보다 공공적이고 예측 가능성이 큰 법규범만이 효율적인 조정 원리로서의 기능을 하게 된다. 사회가 다양하게 분화하는 다원주의 사회에서는 사회적 연대의 기반이 법체제와 사회윤리로 한정되고 사적 영역에 대해서는 관용이 요구된다.

합리적 이기주의자들 간의 신사협정으로서 법규범이 정당한 공권력에 의해 엄정히 시행됨으로써만 낯선 사람들이 이합집산하는 시민사회가 효율적으로 유지될 수 있다. 법체계가 엄정하고 일관성 있게 시행될 경우, 그리고 성원들이 공적인 협약으로서 그에 따르고자 하는 준법 의식을 가질 경우, 명실공히 법의 지배(rule of raw), 즉 법치주의가 정착하게 된다.

우리 사회에 있어서와 같이 정당한 공권력에 의해 엄정히 시행되는 법의 지배가 정착되지 못할 경우, 이기주의자들 간의 합리적인 이해 조정은 불가능하게 되고 원색적이고 야만적인 이기주의가 횡행하게 되는 것은 필연적 귀결이다. 또한 공적 원리로서 법치주의가 확립되지 못할 경우, 각종 연고, 금권 등의 사적 원리가 공적 원리까지 지배하게 됨으로써 그야말로 연고주의, 금권주의가 기승을 부리게 된다.

인간의 도덕 생활을 지탱해 주는 하부구조로서는 법체제뿐만 아니라 각종 주요 사회제도들이 있다. 오늘날 이 땅에 효(孝)가 땅에 떨어졌다고 개탄하고 도덕교육의 핵심으로서 효에 대한 교육을 내세우는 것도 이런 입장에서 재고되어야 할 것으로 생각된다. 이를 위해 우리의 전통 도덕에서 효가 강조된 이유를 생각해 보기로 하자. 물론 다른 설명도 가능하기는 하겠지만 그 한 가지 설명 방식에 따르면 효와 같은 가족 가치(family value)가 강조되는 중요한 한 가지 근거는 가족만이 인간의 생존을 보장해 줄 유일무이한 의지처였다는 사실과 관련된다.

특히 노년에 이르러 가정의 봉양을 받지 못할 경우 그것은 바로 죽음을 의미하게 된다. 그러나 현대 서구 사회에 있어서와 같이 사회복지가 상당 수준에 이르고 더욱이 노인복지가 충실하게 되어 가정에 대한 집착으로부터 어느 정도 해방될 경우, 가족 가치와 더불어 효의 가치는 상대적으로 감소할 것으로 예견된다. 생존과 생계를 위해 가정과 자녀에게 의존할 필요가 없을 경우에도 효에 대한 절실한 요구가 오늘날같이 남게 될지는 의심스럽다. 과거와 같이 사회복지가 아니라 가정복지가 삶의 유일한 근거일 경우 효는 당연히 삶의 제일원리일 수밖에 없었던 것이다.

그렇다고 해서 필자는 사회보장제도를 통해 효의 가치가 소실되는 것이 바람직하다는 것을 주장하려는 것은 아니다. 효가 인간의 삶에 없어서는 안 될 중대한 의미와 가치를 갖는다면 사회복지와 가정복지의 절충적인 복지제도도 구상해 볼 수 있을 것이다. 보다 중요한 문제는 가정복지 일변도는 지극히 비효율적인 복지제도로서 경제적 능력이 없는 가정일 경우 구제받을 길이 없다는 뜻에서 사회정의의 관점에서도 사회보장에 의한 보완이 절실히 요구된다는 점이다.

나아가 가정복지 일변도는 사실상 그것이 주는 부모와 자녀 간의 상호 부담으로 인해 역설적이게도 진정한 효의 실현을 불가능하게 하는 역기능도 있다는 점에 주목해야 한다. 복지 문제에 있어 사회가 그 책임을 방기함으로써 가정복지 일변도가 될 경우 가족 가치가 과도하게 강조됨으로써 부모는 지나치게 자신의 자녀에만 관심과 지원을 집중함은 물론 자녀 역시 과중한 심적 부담으로 인해 부모에 대한 사랑뿐만 아니라 증오 또한 동반하게 된다. 지나친 상호 부담과 상호 기대는 현실적으로 숨은 적대감과 배신감의 원인이 되며 결국 효의 정신에 역행하는 위선적 효자를 양산하는 결과를 가져오게 된다. 이런 뜻에서 도덕의 하부구조로서 사회제도에 대한 재고와 개혁은 도덕 자체에 대한 개선과 인식 전환을 가져온다는 점에 주목할 필요가 있다.

3. 시민윤리와 호혜성의 원리

흔히들 한국 사회에 시민윤리가 확립되지 못함을 염려하고 시민정신의 부재를 개탄하곤 한다. 한 나라의 시민윤리를 평가할 수 있는 가장 대표적인 본보기 중의 하나는 바로 '줄서기'가 아닌가 한다. 줄서기는 질서 의식을 함축하고 있고 모든 사람이 동등하다는 평등 의식도 내포하고 있다. 그래서 그것은 민주적인 삶의 방식이기도 한 페어플레이의 정신과도 상통한다. 서구인들만큼 줄서기의 명수는 없을 것이다. 경우에 따라서는 우리가 보아 멍청하다고 할 정도로 줄서기를 잘한다.

그런데 그들이 이렇게 줄을 잘 서는 데는 그만한 이유가 있다. 그것이 가장 합리적이고 이득이 되는 편리한 삶의 길임을 체험했기 때문이다. 그들은 줄서기로부터 그 대가를 보상받은 경험을 지니고 있으며 줄을 설 경우 마지막에 서 있는 사람까지 그 혜택을 받을 수 있다는 확신을 갖고서 그 줄을 서는 지루함과 당장의 불편을 감수하는 것이다. 규칙이나 법을 준수하고자 하는 의지는 바로 이렇게 법이나 규칙을 지킴으로써 이득과 혜택을 본다는 것을 경험하고 확신하는 데서 생겨나는 것이다. 줄을 서는 노고를 보상해 줄 만한 혜택을 받아 본 적이 없는 이에게 규칙과 법의 준수를 수없이 이야기한들 별로 소용이 없는 것이다.

이러한 관점에서 볼 때 우리 사회의 가장 두드러진 한 가지 현상은 아직도 줄서기 관행이 체질화되지 못했다는 점이다. 은행이나 병원 혹은 동사무소의 민원 창구를 비롯해서 정류장에서 차를 탈 때나 자동차의 차선 지키기에 이르기까지 우리가 보여주고 있는 무질서는 한국인의 시민윤리 수준을 나타내는 전형적인 경우이다. 차선을 바꾸는 곡예를 밥 먹듯이 하며 다리와 같은 좁은 통로를 지나게 될 때는 으레 병목 현상을 현출한다. 빨리 가고자 하는 우리 모두의 욕심 때문에 결국 모두가 더 느리게 갈 수밖에 없는 비능률적이고 비경제적인 '바보들의 행진'을 우리는 매일같이 목격하게 된다. 줄을 서서 자신의 차례를 기다린다는 것은 상당한 정도의 인내를 요구하며, 나아가서 그러한 인내를 가능하게 하는 것은 그에 대한 정당한 대가가 보상되리라는 기대이다.

우리나라 사람들이 다른 나라 사람들에 비해 특별히 인내심이 부족할 이유가 없고 보면 결국 우리의 줄서기 의식이 부족한 이유나 그러한 관행이 쉽사리 정착되지 못하는 이유는 다른 데서 찾아야 할 것이다. 과거의 역사적 전통에 있어서도 그랬지만 특히 해방 이후 우리는 아직도 정치적으로나 경제적으로 지속적인 안정 사회를 제대로 실현하지 못한 가운데 생활해 오고 있다. 집을 마련하고자 적금을 부으면서 박봉으로 연명하였으나 졸지에 부동산 파동으로 그 정직한 기대가 좌절된다든지, 고지식할 정도로 성실하게 일하면서 승진을 기다렸으나 아무도 모르는 사이에 새치기를 당하는 그런 사회에서는 공정한 경기 정신이나 준법의 의욕이 생겨날 리 만무하다. 이러한 연유로 해서 불신의 풍조가 만연되는 가운데 우리는 무언가 비정상적인 통로를 통해서 삶을 영위해야 살아남을 수 있다는 편법에 익숙해지게 된 것이다.

최근 우리 사회의 곳곳에서 표출되고 있는 갈등 상황을 목격하면서 필자는 홉스(T. Hobbes)가 묘사하고 있는 근세적 자연 상태와 방불하다는 느낌을 자주 갖는다. 각자 자신의 이익을 내세우는 가운데 사회 전반에 깔린 불신 풍조는 그야말로 그 누구에게도 이득이 없는 곤경으로 치닫게 하고 있다. 그러나 이것은 올 것이 온 것으로서 우리 사회만의 특이하거나 해괴한 현상이 아니다. 역사적 과정이란 다소 앞당기거나 단축시킬 수는 있어도 전적으로 생략하거나 뛰어넘을 수는 없는 것이다. 지금까지 우리는 아직 한 번도 개인으로서 자신의 정당한 몫을 주장하고 향유한 적이 없었던 까닭에 이러한 갈등은 거의 필연에 가까운 것으로 보인다. 그야말로 이제 우리는 서구가 200여 년 전에 경험한 근세적 체험을 시작하고 있는 것이다.

구질서가 청산되고 새로운 질서가 조성되기 위해서는 어느 정도 역사적 갈등과 체험의 누적이 요구된다. 서구 사회가 200-300년 동안 일궈 온 시민윤리가 우리 사회에 20-30년 동안에 뿌리내리기를 기대하는 것은 지극히 조급한 발상이 아닐 수 없다. 이러한 과도기적 갈등을 참아 내지 못할 경우 우리는 지나친 대가를 치르는 극단적인 해결책이나 어중간한 퇴행적 미봉책에 호소하는 어리석음을 범하게 된다. 전환기의 무질서나 혼란을 보고 스스로 자조할 필요도 없으며 미래에 대한 비관적 전망을 가질 필요도 없다. 우리는 점차 이러한 혼란과 무질서가 모두에게 불이익이 된다는 사실을 자각해 가고 있으며, 질서가 얼마나 아름답고 편한 것인가를 체험해 가고 있다.

앞에서 본 바와 같이 근세의 시민윤리는 이해관계의 상호 조정 원리요, 각자의 이익에 바탕을 둔 호혜성의 원리이다. 우리는 역사상 아직 한 번도 자신의 진정한 몫, 각자의 이해관계를 제대로 확인하고 주장할 기회를 갖지 못했다. 권위주의에 의해 일방적으로 강요되고 연고주의에 의해 암암리에 묵인되어 온 틀에 자신을 순응시켜 왔을 뿐이다. "분수를 지켜라", "안분지족하라"는 명법은 자신의 분수가 무엇이며 안분이 무엇인가를 모르는 자에게는 무의미한 격률이다. 우리는 자신의 분수가 선천적인 것인지 아니면 후천적인 것인지, 고정 불변의 것인지,

변경 가능한 것인지를 확인해야 할 것이다.

각자가 자신의 몫을 확인하고 사회가 그것을 최대한 지켜 주거나 증대시켜 주리라는 보장이 있을 때 사회는 그야말로 협동 체제로서의 의미를 갖게 되며 공동체의 유대는 공고하게 된다. 사회 속에 있으면서도 모두가 서로 남남으로 생각되고 각기 홀로 고립되어 있다고 생각될 경우 그것은 진정한 의미에서 공동체가 될 수 없다. 내가 어떤 사회의 성원이 됨으로써 이득이 되고 혜택을 받는다는 것을 확인할 때 나는 그 사회의 성원이 될 합리적 이유가 있게 되며, 그 사회의 법을 준수하는 것이 이익이 된다는 것을 반복적으로 경험함으로써 준법의식이 뿌리를 내리게 되고 시민정신이 자리 잡게 될 것이다.

4. 이기적 불신의 역설과 도덕성

도덕이나 윤리란 인간들이 처한 곤경(predicament)에 대한 합리적 처방이라 할 수 있다. 물론 광의의 도덕이란 포괄적이고 일반적인 행위 규범이라 할 수 있으나, 여기에서 우리가 염두에 두고 있는 것은 협의의 도덕으로서 이해관계를 상호 조정하기 위한 행위 제약 체계라 할 수 있다. 그리고 인간의 곤경이란 인간들 간의 공동체적 삶이 순리적으로 풀리지 않고 왠지 일이 꼬이고 악화되어 가는 사정을 말한다. 도덕의 과제는 인간들 간에 유익한 협동이 어렵게 되고 상충하고 갈등하는 경쟁으로 치닫게 하는 인간의 곤경에 대처하는 것이라 할 수 있다.

인간들의 사정이 곤경에 빠지는 데는 여러 가지 이유가 있을 것이다. 우선 이 세상에는 모든 인간들의 욕구를 충족시키기에 충분한 재화가 없다는 점을 들 수 있다. 재화의 부족 상태, 그것은 인간 곤경의 가장 일차적인 이유가 된다. 재화가 풍족했더라면 인간들 간의 갈등은 보다 감소, 완화될 수 있었을 것이다. 또한 인간 곤경의 원천은 인간의 제한된 이타심, 동정심이다. 인간이 철저히 이기주의자라 할 수 없을지는 모르나 이타심의 결여는 인간들 간의 상충과 갈등을 더욱 증폭시키고 있다. 이런 이유들 이외에도 정보, 지능, 합리성의 제약 등도 가세하여 인간의 곤경은 더욱 심화된다고 할 수 있을 것이다.

그런데 이러한 곤경에 대처하기 위한 처방의 제시는 학자들에 따라 다양하기는 하나, 인간과 사회에 대한 전제들과 관련하여 곤경에 대한 처방은 크게 두 유형으로 대별될 수 있을 것이다. 그중 하나는 이른바 홉스(T. Hobbes)적 모형이라 할 수 있다. 홉스는 기본적 도덕 규칙으로서 자연법이 존재하며 그것이 양심률을 통해 인지된다고 본다. 그러나 양심률은 도덕 규칙을 따르고자 하는 욕구에 불과하여 행위 구속력이 없으며, 자연 상태에 편재하는 타인에 대한 불신은 도덕 규칙에 따르고자 하는 의지를 더욱 약화시킨다.

따라서 자연 상태에 있어서는 행위자들 간에 설사 약속이 이루어진다 할지라도 그 유효성이 보장될 수 없다. 타인이 이행하리라는 보장만 있으면 약속 이행이 당연히 의무로 생각되며 또한 그 길만이 모두의 생명 부지에 최상의 해결책임을 알고 있다. 그러나 홉스에 따르면 도덕적 규칙이나 양심률만으로는 인간의 곤경을 해소하기에 불충분하며, 정치적 통치 체계나 공권력에 의해 보완됨으로써 처벌의 효율적 위협이 도덕 규칙의 시행을 보장하게 되고, 이로써 도덕적 규범에 대한 복종의 정당 근거가 생겨나게 된다.

또 하나의 모형은 흄(D. Hume)적인 모형으로서 흄 역시 홉스와 마찬가지로 인간 사회의 평화와 안녕을 위한 기본적 자연법을 언급하고 있다. 그러나 흄은 홉스와는 달리 인간이 타고난 자연적 성향으로서 동정심(sympathy)을 정치 체계에 의해 보다 심화, 확대해 갈 가능성이 있다고 보며, 규칙에 따르는 것이 이익이 되고 어기는 것이 불이익이 된다는 것을 반복해서 경험할 경우 서서히 규칙 준수의 관행과 전통이 형성된다고 본다. 이러한 도덕감과 준법 의식은 후대에도 상속될 뿐만 아니라, 확립된 관행은 규칙을 준수하고자 하는 심리적 경향성을 강화하고, 이는 다시 관행을 공고하게 하는 상호작용이 이루어지게 된다는 것이다.

결국 홉스에 의하면 도덕법칙으로서 자연법이 존재하기는 하나 그것이 당위로서 구속력을 갖기 위해서는 언제나 그것을 시행할 강제 장치가 있어야 하며, 따라서 인간은 자연 상태에 있어서와 마찬가지로 시민사회에 있어서도 영원한 이기주의자로 남게 된다는 것이다. 이에 비해서 흄은 도덕을 위한 제2의 본능이라 부를 만한 능력 계발의 가능성을 말하고 그와 상관하는 사회적 전통에 대해서도 언급하였다. 홉스가 말한 사회가 각 장이 서로 다른 것에 의지해서 성립하는 카드 집처럼 여차하면 와르르 무너질 불안정한 것이라면, 흄의 그것은 도덕감과 사회적 관행이 상호 강화하는바 굳건한 전통의 토대 위에 세워진 축조물인 것이다.

이 두 모형을 대비적으로 이해하기 위해 경제학자들에 의해 제시된 죄수의 딜레마(prisoner's dilemma)를 원용해 보기로 하자. 두 병사 갑과 을에게 원군이 올 때까지 적을 견제해 가며 각기 하나의 진지를 고수하라는 특명이 주어졌다고 해보자. 이들은 독립된 진지에서 다음과 같은 선택 대안들을 두고서 고민하게 된다. 둘 다 진지를 고수할 경우 원군의 지원이 있을 때까지 적을 견제하고 모두 생존할 상당한 확률 (80%)이 있게 된다. 둘 다 도망할 경우에는 진지가 즉각 함락될 것이며 양자 모두의 생존 가능성은 미약(30%)하다. 한 병사는 그대로 지키고 다른 병사 혼자 도망할 경우 도망자는 보다 생존 확률이 크며(95%)

진지 고수자는 보다 작은 확률(10%)의 생존 가능성이 있다.

양자가 이러한 세 가지 선택지를 모두 알고서 각자 자기의 생존을 위해 철저한 합리적 계산을 하는 사람들이라 해보자. 갑은 생각하기를 도망하는 것(95%)이 더 낫다고 본다. 을이 도망할 경우에도 자신은 진지를 고수하는 것(10%)보다 도망하는 것(30%)이 생존 가능성이 더 크다고 판단한다. 갑과 을에게 주어진 상황의 대칭성으로 인해 을도 도망하는 것이 더 낫다고 판단하게 되므로 결국 모두가 도망하게 되는 결과에 이르게 된다. 그러나 각기 고립적인 견지에서 합리적으로 판단하여 나타난 이 결과(30%)는 모두 진지를 고수하는 결과(80%)에 비해 전체적으로 불이익이 되는 비합리적 결과가 아닐 수 없으며 바로 이 점에서 딜레마가 생겨난다.

양자가 독자적, 비협동적인 행위를 할 경우 개별적 합리성은 도모되나 전체적 비합리성을 가져오게 되는 이러한 딜레마는 매우 역설적으로 보이기는 하지만, 두 사람이 협동적 행위를 할 수 있는 방도가 발견된다면 그러한 역설은 해소될 수 있다. 각자의 관점에서 볼 때 최상의 길은 상대로 하여금 진지를 고수하게 하고 자기 혼자만 도망가는 것이나, 이러한 비대칭적인 해결은 사기나 계략을 통해 상대를 한갓 수단으로 이용하는 비도덕적인 해결이 아닐 수 없다. 보편화가 가능한, 도덕적으로 최상의 대칭적 결과는 양자가 끝까지 진지를 고수하는 대안으로서, 양자를 함께 묶어 협동적 행위를 가능하게 하는 유대를 형성하는 일이다. 문제는 그러한 유대와 약속 행위의 구속성을 보장하는 해결책을 찾는 것이 아닐 수 없다.

우선 손쉬운 한 가지 방도는 과거의 전쟁 관행에서 더러 보고되는바, 두 병사가 진지를 이탈할 수 없도록 물리적 족쇄를 채우는 일이나, 이는 비인간적 처사로서 도덕적으로 바람직한 해결책이 못 된다. 이보다 나은 것으로는 흔히 전시 중 군대에서 시행하는 관행으로서 처벌 등의 외적인 강제력에 의해 진지를 사수하게 하는 일이며, 이는 공권력에 의해 시민사회의 질서를 보장하고자 하는 홉스의 모형에서 전형적으로 나타난다.

제3의 대안은 보이지 않는 족쇄와 같은 심리적 대체물을 이용하는 것으로서, 군대의 정신교육에서 명예심, 전우애, 정의감 등을 내면화하여 이러한 내적 강제에 의해 자율적으로 사회질서를 확립하고자 하는 것이다. 이는 위에 논의된 흄의 모형 내지는 계약론자 로크(J. Locke)의 모형과 상통한다고 할 수 있다. 결국 아무리 장기적으로 자기 이익을 계산한다 할지라도 이해타산만으로는 도덕적 질서의 확립을 위해서 불충분하여, 심리적이고 내면적인 강제를 통해 상호 유익한 합의에 의한 약속 이행의 전통과 관행을 정착해 가야 할 것이라 생각된다.

이상의 이야기는 다소 전문적이고 장황한 것이긴 하나 흔히 목격하는 사회적 상황을 분석하는 유용한 모형이 될 수 있다. 난관에 봉착했을 경우의 집단행동 중 하나의 사례를 생각해 보기로 하자. 영화관에 수백 명의 사람이 있는데 누군가가 "불이야!"라고 소리쳤다고 해보자. 이러한 상황은 바로 위에서 말한 죄수의 딜레마와 유사한 구조를 갖는다. 개인적 이해관계에서 볼 때 각자는 최선을 다해 출구로 돌진해야 한다. 누가 어떻게 되든 상관없이 그런 길만이 난국을 피하는 최상의 방책이다.

반면에 전체의 이득을 고려할 경우 질서를 지키며 차례대로 건물을 빠져나가는 일이 중요하게 된다. 그러나 우리는 통상 서로 밀치고 밀리는 아우성과 수라장 속에서 한 사람도 구제되지 못하는 어리석은 참상을 자주 목격하게 된다. 모두에게 이득이 주어질 침착하고 질서 있는 행위는 어떤 의미에서 양심이나 내면적 도덕률의 명령이기도 하다.

이상과 같은 극단적인 상황은 아니더라도 우리의 일상생활에서는 그와 유사한 구조를 갖는 상황이 무수히 많다. 예를 들어서 세금 내는 문제를 생각해 보자. 누구나 세금 내는 일을 좋아하는 사람은 없다. 그리고 어떤 한 사람의 세액이 기여하는 바는 사회 전체로 봐서 무시해도 좋을 정도로 약소한 것이다. 하지만 모든 성원들이 이런 계산적 합리성에 의거해서 행동할 경우 사회는 파국에 처하게 될 것이며 사실상 아무도 그러한 파국을 원하는 사람은 없을 것이다. 이런 상황에 있어 합리성과 도덕성 혹은 양심 간에 갈등이 있게 되는데, 즉 자기 자신의 이득만을 고려하고자 하는 경향과 사회 전체의 이득을 고려하고자 하는 경향 간에 상충이 있게 된다. 그렇게 볼 때 결국 양심이란 우리 개인의 심성 속에 있는, 사회 전체의 이익을 대변하는 기능이라 할 수 있을 것이다.

5. 현실적 악순환을 역전시킬 방도

이상의 이야기를 통해 우리가 주목해야 할 것은 우리의 의사 결정에 있어 고립과 확신의 문제가 갖는 중대성이다. 고립(isolation)의 문제의 경우, 상호 고립적으로 이루어진 많은 개인들의 의사 결정은 설사 그것이 각자의 관점에서 지극히 합리적으로 이루어진 결정이라 할지라도 결국 모든 사람에게 좋지 못한 결과가 생겨난다는 것이다. 이는 홉스의 자연 상태가 그 고전적인 사례로 되어 있는바 죄수의 딜레마의 일반적인 경우라 할 수 있으며 구속력 있는 전체적인 약속을 확인해 주기 위한 것이다.

확신(assurance)의 문제는 협동하는 당사자들에게 공통의 합의가 수행되고 있음을 확신시키기 위한 것이다. 각 사람의 협동하고자 하는 의

욕은 타인들의 협동에 달려 있다. 따라서 그 체제가 모든 이의 관점에서 볼 때 이득이 되며 그것이 없을 경우보다 더 낫다는 데 대한 공공적 확신을 유지하기 위해서 상벌을 다루는 어떤 체제가 확립되어야 한다. 바로 이 점에서 효율적인 통치나 그에 대한 일반적 믿음이 중대한 역할을 하게 되는 것이다.

그런데 고립의 문제가 극복되고 상당할 정도로 공공적인 체제가 이미 존재하는 경우에도 사회가 불안정으로 나아가는 두 가지 종류의 경향이 있게 된다. 이는 이른바 무임 편승자(free rider)의 문제로 알려져 있는데, 무임 편승자란 부담의 책임은 지지 않으면서 협동의 이득만을 누리고자 하는 사람이다. 부담을 기피하고자 하는 이유는 각자가 어떤 식으로 행위하건 그것이 산출될 전체 양에 대단한 영향을 미치지 않을 뿐만 아니라 이득의 향유에도 상관이 없기 때문이다.

나아가서 시민들은 타인들이 자신의 본분을 다하지 않으리라고 생각하거나 의심할 합당한 이유가 있을 경우 자기의 책임을 회피하는 경향이 강화된다. 타인의 성실성에 대한 염려로부터 생겨나는 이러한 경향은 두 번째 종류의 불안정을 결과하게 된다. 특히 이러한 불안정은 타인들이 일반적으로 준수하지 않을 경우 혼자만 법칙에 따르는 위험 부담이 클 때 더 강하게 될 가능성이 있다. 사실상 첫 번째 불안정을 결과하는 무임 편승자적 발상이 일반화될 때 그것은 두 번째의 보다 보편적인 불안정을 유발하게 된다. 앞에서 논의한 확신의 문제는 첫 번째 종류의 경향을 제거함으로써 안정을 보장하기 위한 것이요, 이것이 공공제도에 의해 확립될 때 그 사회에 있어서는 두 번째 종류의 경향까지도 사라지게 된다.

그런데 앞서 논의된 바와 같이 죄수의 딜레마와 같은 상황에 대해 홉스적 모형보다는 흄이나 로크적 모형이 더 바람직한 해결책이 된다 할지라도 우리의 문제는 여전히 남게 된다. 흄이 말한 바와 같이 이상적인 관점에서 본다면 준법과 협동이 주는 이득을 반복적으로 경험하게 될 경우 준법 의식과 협동 정신이 강화되며, 이로 인해 사회적으로 준법과 협동의 관행이 정착된다. 나아가서 이러한 관행은 준법과 협동의 경향을 육성, 강화하게 되고 이렇게 강화된 경향은 관행을 더욱 공고히 하게 되어 개인들의 윤리의식과 사회적 관행 간에는 상승 작용이 있게 되고, 호순환을 그리며 상호 발전해 가게 된다.

그러나 우리의 현실은 어떠한가? 이미 수대에 걸쳐 상속된 불신과 부정의 관행은 그에 상응하는 불신 의식과 부정에 대한 무감각을 양산, 재생산하고, 이러한 부정한 의식은 부정한 관행을 더욱 뿌리 깊게 하고 있지 않은가. 사회 성원들의 다수가 무임 편승자적 기회를 엿보는 듯하고 따라서 대다수가 위법과 탈법을 자행하고 있는 것이 우리의 현실이 아닌가. 그래서 죄수의 딜레마 속에서 저마다 똑똑한 바보들의 행진을 계속하고 있는 것이 바로 우리들이 아닌가. 저 이상적인 이야기가 이러한 현실에 어떤 의미를 가질 것이며 그것이 암시하는 메시지는 무엇인가? 부정의한 의식과 관행의 악순환 속에서 그 고리를 끊고 호순환으로 이행할 수 있는 전략은 무엇인가? 우리의 관심은 바로 여기에 모아지지 않을 수 없다.

이상에서 논의된 딜레마적 게임의 상황에서 각기 일반 원리에 의해 규정되는 두 가지 대안 간의 선택이 있게 되는데, 여기에서 우리는 결국 서로 환원될 수 없는 두 가지 물음에 당면하게 된다. 하나는 이러한 상황에서 우리가 도덕적으로 마땅히 선택할 대안이 무엇인가이고, 다른 하나는 합리적으로 계산할 때 내가 선택할 대안이 무엇인가이다. 그런데 전제군주나 전체주의와 같은 폐쇄사회에 있어서는 양심이 기능할 수 없으며 함축하는 신념 체계에 의해 지정되고 조종된다. 따라서 상충하는 대안들 간의 선택이라는 문제는 생겨나지 않는다. 그러나 우리가 지향할 개방사회에 있어서는 언제나 이런 선택의 문제가 생겨날 수 있으며 그런 한에서 상당한 불안과 죄책감이 생겨나게 된다. 하지만 그것은 우리가 자유를 향유하기 위해 마땅히 치러야 할 대가인 것이다.

그런데 선택 상황에 있어서의 그러한 갈등은 합리성과 도덕성이 언제나 일치하리라는 신념 체계를 받아들임으로써 해결될 수도 있다. 그래서 불의가 횡행하고 의인이 고난을 당하기도 하나 때가 되면 불의한 자가 정죄되고 심판을 받게 되며 역사는 사필귀정이라는 일종의 종교적 믿음을 갖게 되면 도덕적으로 사는 것이 결국 응분의 보상을 받게 되리라는 생각에 이르게 된다. 그러나 이러한 신념 체계는 현실적으로 수많은 악한들이 가장 성공적인 생애를 마쳤던 역사적 관례들에 의해 쉽사리 논파될 것으로 보인다.

따라서 전통적으로 종교적인 믿음을 옹호하기 위한 논거로서, 악인은 내세에 가서라도 심판을 받게 되리라는 입론이 생겨나게 된다. 그래서 칸트(I. Kant)는 도덕의 존재를 옹호하기 위해서 신의 존재와 영혼의 불멸을 요청하게 되었던 것이다. 합리성과 도덕성이 합치하고 의인이 진복자(眞福者)라는 주장을 위해서는 그러한 요청이 불가피한 일이 아닐 수 없다.

그러나 이러한 근거에 의해 옹호되는 전통적인 종교를 받아들일 수 없는 사람에 있어서는 선택 상황의 갈등이 미해결된 채로 남게 된다. 하지만 또 다른 활로를 찾지 않을 수 없으며 우리는 제3의 방도를 시도하지 않을 수 없는 것이다. 즉, 죄수의 딜레마와 같은 극단적인 상황에 봉착했다 할지라도 우리는 합리성과 도덕성이 합치하는 대안과 전략을 발견하고자 한다. 그래서 그러한 선택 상황에서 선택하기 어려운 하나의 대안을 가장 인간적인 우리의 대안이 되게 하는 결단이 필요하게 된다.

수많은 사람이 밀집한 불타는 극장에서 우리는 자율적 이성과 양심의 계명에 따라 침착하게 질서 있는 탈출을 시도할 수 있는 방도를 찾아내야 한다. 물론 이러한 대안은 가장 불확실한 대안이고 그것을 시도한 사람은 지극히 드물지만, 그것은 분명 하나의 대안임이 사실이고 그것은 또한 우리 모두를 살리는 대안인 것이다. 개인적 합리성이 사회적 합리성을 능가하는 이기주의적 불신의 풍토에서는 남도 죽이고 나도 죽는 비극의 연속이 불가피하기 때문이다.

운동 경기 중 관중석이나 집단적인 시위대가 가끔 폭동에 가까운 무질서를 현출하는 경우를 보게 된다. 군중심리에 대한 한 이론에 따르면, 인간은 일반적으로 서로에 대해 전투적이고 적대적이나 그것이 평상시에는 일정한 사회적 권위와 규범에 의해 통제되고 규제된다. 그러나 어떤 순간 사회적 권위와 규범이 통제력을 잃게 될 경우 군중은 그들의 적대적이고 전투적인 성향에 따라 행위하게 된다는 것이다. 운동 경기 등에서도 심판의 불공정이나 편향성으로 인해 권위가 실추될 경우 억제되고 있던 충동력이 폭발되어 폭동에 가까운 상황으로 나아가게 된다.

그러나 때때로 우리는 이상과는 전혀 반대의 사례를 목격하는 경우가 있다. 책임질 사람이 없을 경우 집단적 유대가 자연스럽게 형성되어 사태를 수습하는 것이다. 어떤 사고 현장에서 방관자들이 조직되어 지휘자가 없을지라도 그들 스스로 적절한 행위를 수행하는 것이 그러한 경우이다. 그런데 중요한 것은 집단이 고도의 긴장감 속에서 위기에 이르고 있을 때 새로운 유형의 한 행동이 가두어 놓은 봇물을 터뜨리듯 적개심을 폭동으로 바꾸는 도발적 계기를 제공할 수 있듯이, 경우에 따라서는 상호 적대감으로 으르렁거리던 두 집단이 누군가의 협상의 제안에 의해 서로 악수로 긴장감을 완화시키는 해빙의 효과를 가질 수도 있다는 점이다. 이러한 도발적 행위나 모범적 행위가 일어나는 경우, 타인들도 그에 일체감을 갖게 되어 그와 유사한 심정을 가지고 행동하게 되는 것이다.

결국 우리 사회의 악순환을 호순환으로 전환시키는 결정적 계기는 이러한 모범적 행위를 수행할 수 있는 집단에 의해 제공되어야 한다고 본다. 공권력의 위협에 의해 이 일이 이루어질 것을 기대한다는 것은 바람직하지도 가능하지도 않다. 공권력도 한계를 갖기 마련이며, 타율적 방도는 자생적 능력을 위축시키는 것으로서 바람직하지도 않기 때문이다. 결국 시민들 속에서 먼저 깨어난 시민의 집단이 불이익을 감수하는 희생적 모범을 보임으로써 전환의 계기를 제시해야 할 것이다.

불타는 극장 속에서 돌연히 나타난 어느 한 사람의 침착하고 설득력 있는 지휘는 상황을 역전시킬 수가 있는 것이다. 그리고 또한 그것은 대부분의 사람들의 이익에 부합하는 방도이기에 더욱 호소력을 갖는다. 바로 여기에 오늘날 우리 한국의 지성인들이 헌신해야 할 명분이 있다 할 것이다. 각계각층의 지도자들로 이루어진 시민적 캠페인만이 도덕적 위기로부터 우리를 구해 줄 것이며, 새로운 풍조와 관행을 향한 전기가 될 것이라 생각한다.

세월호 이후의 인성교육:

바르고 즐거운 삶의 기술로서의 덕

1. 글을 시작하며

세월호 이야기는 이미 식상한 이야기일지 모르나 너무나 닮은꼴인 한국호(대한민국)의 안전 이야기는 이제 막 시작해야 할 듯하다. 세월호 소식에서 도망치는 선장의 처량한 모습을 보고 마치 나 자신의 분신이라도 되는 듯 죄책감에서 아직 깨어나지 못한 채 고심하고 있다. 세월호 이후 새로운 사태가 생겨났다기보다 그 사건을 통해 강조되어야 할 인성교육의 핵심을 각성하는 계기가 주어졌다는 생각이다.

위험사회의 안전망, 우리를 지켜 줄 평형수를 과연 어디서 찾을 것인가? 무엇이 문제인지 낱낱이 분석하고 성찰해 보아야 한다. 우선 우리 사회를 위험으로부터 안전하게 지켜 줄 매뉴얼이 필요하다. 그것은 법규이고 규정이며 가이드라인이고 수칙이다. 우리 사회가 위험사회인

* 서울대학교 명예교수협의회, 인성교육 세미나 주제발표, 2016.

것은 위험 요인이 있는 곳곳에 우리를 지켜 줄 매뉴얼이 세팅되어 있지 못하다는 점이고, 또한 매뉴얼이 있어도 상황에 특유한 디테일이 부족하다는 점이다.

그러나 사실상 우리 사회가 초위험사회인 것은 매뉴얼이 없거나 그것을 몰라서가 아니라 아는 그만큼이라도 우리가 실행할 의지가 없다는 데 있는 것이 아닌가. 인생이란 매사에 있어서 아는 것만으로는 부족하다. 단지 머리로만 아는 것이 아니라 우리의 몸속에 내면화되고 체득(體得)되어 자신의 것이 되어야 한다. 세월호의 선장은 그 순간 선장이 해야 할 매뉴얼을 알고 있었지만 그것이 체득되어 자기화되지 않은 게 분명하다. 그래서 그는 가책으로 부들부들 떨면서 도망질한 것임에 틀림없다.

『논어(論語)』 서두에서 공자는 성공적인 인생은 매뉴얼을 배우고(學), 그래서 단지 아는 것(知)에 그치지 않고 반복 훈련(習)해서 습관화와 자기화를 거쳐 실행할(行) 수 있어야 하며, 그래야 비로소 즐거운(悅) 삶이 보장된다고 강조한다. 세월호 선장과 선원들은 매뉴얼을 단지 알고 있었을 뿐, 부단히 연습하여 자기 체내에 습득하는 나머지 자신의 임무를 파기한 셈이다.

뇌과학에서도 우리가 알고 있는 것을 지속적으로 반복해야 그것이 기억되고 자기화된다고 한다. 심리학에서는 인간이 위기 상황에 당면했을 때 표출되는 것은 그의 지식이 아니라 체화된 버릇, 습관이라 한다. 아는 것이 오랜 반복적 행위를 통해 우리의 몸에 익어 버릇이 되고 습관이 되면 그것이 무의식, 잠재의식에 내장되어 비상시에 우리를 지켜 준다는 것이다.

국회 윤리위원회에서도 세월호 참사의 대책으로서 인성교육을 강조하고 예산도 지원할 생각이라 한다. 만시지탄이기는 하나 반가운 소식이다. 그러나 어떤 종류의 인성교육을 할 것인가의 문제가 더 중요하다. 복잡하게 생각할 것 없이 그것은 우리가 알고 있는 매뉴얼을 반복적인 행동을 통해 내면화, 내재화, 습관화, 자기화, 생활화하는 일이다. 아리스토텔레스는 한 마리의 제비가 난다고 해서 봄이 온 것은 아니라고 했다. 지속적인 반복 학습, 그것이 바로 지금 우리에게 요구되는 인성교육의 핵심이리 생각한다.

인성교육은 사고교육(思考敎育)으로 시작해서 덕성교육(德性敎育)으로 완성되어야 한다. 매뉴얼을 익히는 반복 학습, 그것은 모든 전문직 종사자의 필수 커리큘럼이다. 다른 나라에서는 위험부담이 큰 선박, 항공기 등의 종사자는 매일같이 매뉴얼과 관련된 행위들을 반복해서 연습하고 점검한다고 한다. 행위는 우리 생각을 시행하고 실행하는 수행적(performative) 기능도 있지만, 그런 행위 결과는 다시 피드백되어 행위 주체의 성품과 성격을 공고히 해주는 형성적(formative) 기능도 있기에 인성교육에서 행위가 강조되어야 할 이중의 이유가 있다.

2. 문제는 실행이다

한국호의 침몰을 막기 위한 인성교육 처방으로서 필자는 특히 '덕(德)'이라는 주제에 관심을 집중하고자 한다. 조선시대에는 인성교육에 있어서 가장 중요한 자리를 차지하고 있었지만 오늘날에는 그저 박물관에나 전시됨 직한 글자로 그 격이 떨어진 글자이기는 하다. 하지만 필자는 이 글자의 중요성을 다시 일깨워 우리의 일상을 이끌어 갈 중요한 개념이 되게끔 새로운 생명을 부여해 보고자 한다. 그리고 이 같은 프로젝트가 분명 의미 있는 것임을 이 글에서 입증해 보고자 한다.

'살과의 전쟁'으로 날이 지새는 요즘 트렌드에서 볼 때 '덕'이라는 글자가 인기 없는 이유는 쉽사리 이해가 간다. 젊은 여성에게 "후덕(厚德)하게 생겼다"고 하거나 "부잣집 맏며느리답게 부덕(婦德)스럽다"고 하면 좋아할 리 만무하다. 여기서 덕스럽다는 것은 모두 몸집이 있다는 뜻이다. 즉, 몸에 볼륨이 있음을 의미하는 것이니 그럴 수밖에 없다.

오늘날 모두가 스펙 만들기에 바쁘고 각종 기능을 연마하기에 주력하는 세상이니 재승박덕(才勝薄德)형의 인재가 양산되고 있는 실정이다. 잔머리 굴리기에 능수이지만 어딘가 미덥지가 않으니 이 또한 낭패가 아닐 수 없다. 항상 잔머리를 굴리며 성공과 출세를 좇기만 하니 듬직하고 믿을 만한 인재가 그립지 않은가. 이런 관점에서도 덕의 의미를 다시 음미해 볼 때가 된 것이라 생각한다.

문제는 우리에게 부족한 것이 실천하고 행동하며 실행하는 능력이고 그러한 능력을 연마하기 위해서는 지속적인 반복 학습, 즉 '습(習)'에 의거해서 '덕(德)'을 기르는 것이요, 그러한 덕이 몸에 익혀져 자기화되는 일, 즉 체화(體化), 체득(體得)하는 일이라는 것이다. 우리가 행동이나 실천 혹은 실행을 중요시하는 이유는 앞서 말했듯 행동이 두가지 기능을 갖고 있기 때문이다. 우리는 행동을 통해서만 우리의 의도나 목적을 현실에 구현할 수가 있다는 점에서 행동은 수행적 기능이있다. 또한 행동의 결과는 다시 피드백되어 행위자의 성품을 바꾸고 변화시키는 형성적 기능을 갖고 있기도 하다.

우리는 단지 아는 것에 그치는 관념론자로서 만족할 수 없으며 실천과 실행을 통해 현실을 바꾸고 문제를 해결함으로써 비로소 난관을 돌파할 수가 있다. 이런 점에서 행동은 수행적 기능을 가진다. 그러나 우리의 관심을 끄는 것은 이 같은 행동과 실행, 실천을 하다 보면 행위 주체 자신의 성품이 바뀌거나 다시 형성된다는 점이며, 이것이 바로 행위가 갖는 형성적 기능이라 할 수 있다. 그러한 반복 수행을 통해 생긴

덕의 축적이 바로 이러한 변화의 주요 요소이다.

동서의 많은 덕윤리 학자들이 습관 내지 습관화의 중요성을 말한 것은 바로 행동이나 실천의 이 같은 피드백 효과, 즉 성품의 덕성을 강화하는 형성적 기능 때문이라 생각한다. 아리스토텔레스도 그렇고 공자도 그런 맥락에서 '습(習)'을 강조했던 것이며, 불교가 수행을 하는 경우에 있어서도 다를 바가 없다.

우리가 어떤 일을 하든 그 일을 능숙하게 하려면 반복 학습을 통해 기술(skill)을 습득해야 한다. 또한 능숙한 행위를 통해서 일을 수행할 뿐만 아니라 즐거이 그 일을 수행하고 그래서 그 일에 몰두, 몰입할 수 있어야 한다. 처음 수영을 배우는 사람은 물이 두렵지만 수영 기술을 습득하면 물과 친해지고 나중에는 물에서 즐겁게 노닐게 된다. 이 같은 즐거운 행위가 쌓여 갈 경우 우리는 즐거운 인생을 영위할 수 있는 것이 아닌가.

도덕적 행위도 마찬가지다. 처음에는 봉사활동이 어려우나 익숙해지면 그 행위를 즐겨 행할 수가 있다. 모두가 즐길 수 있는 행위라면 그것은 도덕적으로 바른 행위일 수밖에 없다. 부도덕한 행위는 일부에게 즐거움이 되고 다른 이에게 고통을 주겠지만 도덕적인 행위는 모두에게, 아니면 적어도 다수에게 즐거움을 주는 까닭에 도덕적 행위라 할 수 있는 것이다. 그래서 유덕한 행위는 '바르고 즐거운 삶의 기술'이라 할 만하다.

철학의 아버지 소크라테스의 대화록에 제시된 그의 입장 중 하나는 "알면 행한다"는 입론이나 논변이라 할 수 있다. 부연하자면 소크라테스는 제대로 알면 반드시 행하게 된다는 주지주의적 입장을 취함으로써 앎, 즉 지식의 중요성을 강조한 철학자가 된 것이다. 그는 좋은 것 (the good)이 무엇인지를 제대로 알면 반드시 행한다 하여 도덕에 있어서 앎의 중요성을 강조한다. 좋은 것이 무엇인지를 알고서도 나쁜 것을 행하는 어리석은 자는 없다는 게 그의 생각이다. 나쁜 것을 행하는 자는 좋은 것이 무엇인지를 모르기 때문이라는 것이다. 이렇게 해서 소크라테스는 철저히 앎과 행위의 통일, 즉 지행합일(知行合一)을 주장하여 아는 것이 전반적으로 중요하다는 주지주의적 입장을 전개함으로써 합리적 도덕(rational morality)의 선구를 이루었다. 그러나 과연 이 같은 소크라테스의 입장은 옳은 것인가?

소크라테스의 수제자인 플라톤은 스승의 죽음 후 정치가가 될 꿈을 접고 스승의 사상을 후대에 전하기 위해 소크라테스를 주인공으로 하는 수십 편의 대화록을 남겼다. 플라톤보다 조금 후배이긴 하나 소크라테스의 제자 중 하나인 아리스토텔레스는 궁중 전의였던 아버지를 닮아서인지 다소 관념론적 성향을 지닌 플라톤과 대조적으로 매우 경험론적인 성향의 철학자였다고 할 수 있다.

아리스토텔레스는 우리의 일상적 도덕 경험을 관찰하건대 "알면 행한다"는 소크라테스의 입론은 의문의 여지가 있다고 판단했다. 일상의 도덕 생활에서 우리는 옳은 것이 무엇인지를 알면서도 행하지 못하는 경우에 자주 당면하지 않는가. 옳은 것이 무엇인지를 분명히 알면서도 그것을 실천에 옮길 의지가 나약하거나 감정이 내키지 않아, 혹은 자제심의 부족으로 다른 유혹에 빠져 그 행위를 놓치는, 그야말로 도덕적 실패에 봉착하는 일이 흔하지 않은가. 이 같은 실패를 범하고는 후회하고 반성하며 심지어 회한에 잠기곤 하지 않는가.

이처럼 알아도 행하지 못하는 도덕적 실패(moral failure)는 자제심의 결여로 인한 것이기도 하고 의지의 나약, 감정의 부조(不調) 때문이기도 하다. 이 같은 일은 어째서 일어나게 되는 것인가? 돌이켜 보면 좋은 것이나 옳은 것을 행하기가 어려운 것은 물론이고 그러한 사실을 알기조차도 어렵지 않은가. 그러니 우리는 보다 일반적인 관점에서 도덕적 실패의 원인에 대한 진단과 그 처방을 탐구해 볼 필요를 느끼게 되는 것이다.

3. 도덕적 실패의 원인과 극복

소크라테스가 "알면 행한다"고 하여 아는 것을 우선적으로 강조함으로써 합리적 도덕관을 제시한 것은 서양 윤리학사에서 주목할 만한 방향 설정이라 할 수 있다. 물론 소크라테스뿐만이 아니라 동서의 대부분의 철학이나 종교는 대체로 아는 것이 우선적으로 중요하다는 점을 내세우고 있기는 하다. 불교 또한 무지, 즉 무명(無明)을 모든 악업의 원인으로 간주하고 무명을 떨치고 깨달음(覺)을 얻는 것이 선업의 출발이라 생각한다. 고려시대 지눌이 강조한 돈오점수론(頓悟漸修論) 역시 깨달음의 중요성에 주목하고 있다. 물론 이 같은 깨달음을 얻기 위해서는 사전에 오랜 수행의 공덕이 필요하기는 하나, 제대로 깨달은 다음의 수행은 깨닫기 이전의 수행과 비교할 수 없을 정도로 효과적이다.

이같이 아는 것, 지식, 지혜의 우선적 중요성은 불교뿐 아니라 유학의 격물치지(格物致知) 사상 등에서도 여전히 강조되고 있다. 사태를 면밀히 관찰(格物)하여 아는 것을 지극하게(致知) 한 연후에야 뜻을 성실히(誠意) 하고 마음을 바르게(正心) 할 수 있으며, 이를 바탕으로 해서 비로소 "수신제가치국평천하(修身齊家治國平天下)"라는 수기치인(修己治人), 내성외왕(內聖外王)의 가르침이 완성될 수 있다는 것이다.

그런데 문제는 무엇이 옳은 것이고 좋은 것인지 제대로 알기도 어렵다는 사실이다. 우리가 무엇을 알아도 단지 추상적인 일반 원칙만 알 뿐 그것이 구체적인 상황에 적용되었을 때 어떤 것인지 모르는 경우가 허다하다. 디테일을 모르는 원론적 지식만으로 제대로 안다고 할 수 있는가. 또한 좋은 것이 무엇인지를 대충 알고 있을 뿐 그것을 여실하게 모를 경우에도 제대로 안다고 하기 어렵다. 좋은 것이 무엇인지를 생생하게 체감적으로 모를 경우 진정 왜 좋은 것인지를 제대로 모른다 할 수 있다. 손수 경험을 통해 체험적으로 얻은 지식이야말로 진정으로 아는 것이다.

또한 단지 이론적으로만 아는 원론적 지식만을 가질 뿐(know that, know what), 할 줄 아는 실천적 지식(know how), 즉 지혜를 갖지 못한 경우도 제대로 안다고 할 수가 없다. 수영에 대해 열 권의 책을 읽었어도 실제로 수영하는 기술을 몸에 익히지 못하고 있다면 수영을 안다고 하기 어렵다. 이상과 같이 안다고 하는 경우가 여러 가지지만 실상 제대로 아는 것이 무엇인지 쉽사리 가리기는 어려운 일이다.

그런데 좋은 게 무엇이고 옳은 게 무엇인지를 알고 있기는 하나 그것을 행할 실천적 의지나 실행할 뜻이 없다면, 다시 말하면 알고 있기는 하나 의지의 나약이나 자제심의 결여로 인해 실행에 실패하게 된다면, 이 경우에 요구되는 것은 마치 강철을 만들기 위해 무쇠를 달구듯 의지의 단련과 연마를 통한 의지의 강화(strengthening will)나 유혹을 돌파하기 위한 도덕적 용기(moral courage)를 기르는 일이 급선무라 할 것이다.

또한 옳은 행위를 의무적으로 억지로 행할 수 있을지 모르나 그것을 자발적으로 기꺼이 행할 수 있는 마음이나 감정이 없다면, 그 또한 바람직한 상황이 아니다. 실천이나 실행에서 오는 쾌감, 즐거움을 맛보려면 그러한 고귀한 도덕적 행위에 대해 맛들이고 익숙해지는 감정의 순화, 감정(emotion)의 조율이 요구된다. 온당한 행위, 고귀한 가치에 맛들이고 길들여져 그런 행위에 친숙하고 습관화, 내면화, 내재화, 자기화되어 있어야 한다.

이상의 논의로부터 우리는 도덕적 실패를 최소화하고 도덕적 행위를 즐겨, 기꺼이 하는 방도를 다음과 같이 정리해 볼 수 있을 것이다. 우선, 도덕적으로 바른 것, 좋은 것이 무엇인지를 제대로 알아야 할 것이다. 사용되는 개념의 의미를 명료하게 이해하는 것은 물론 도덕적 추론이나 논변이 타당해야 하며 이에 관련된 사실저 지식도 참이어야 힌다는 선결 요건들이 충족되어야 할 것이다.

둘째로, 의지의 단련, 연마를 통한 의지의 강화가 요구된다. 옳은 일을 주저하지 않고 실행에 옮길 수 있는 도덕적 용기가 필요하며, 이를 위해서는 반복 학습에 의해 내공을 기르고 유혹을 이길 수 있는 부동심(不動心)과 마음의 일관성을 지키는 항심(恒心)을 길러야 할 것이다. 맹자의 이른바 호연지기(浩然之氣), 즉 모든 난관을 무릅쓰고 옳은 것을 당당히 초지일관 실행하는 도덕적 용기와 기상을 길러 가야 할 것이다.

끝으로, 어려서부터 좋은 것, 옳은 것, 고귀한 것에 맛을 들여 즐거움을 느낄 수 있는 정서교육이 필요하며, 정서적 순화와 더불어 옳은 것의 실행을 기꺼이 수용하는 감정의 조율이 절실히 요구된다. 이를 위해서는 감정의 순화를 위한 미술, 음악 등 각종의 정서교육의 도움이 필요하다. 도덕적으로 우리의 삶이 바를 뿐 아니라 그 자체로서 즐거운 삶이어야 하기 때문이다.

결국 덕윤리에 바탕을 둔 인성교육은 인지적 각성, 의지의 강화, 감정의 조율을 구비한 지정의(知情意) 3원적 기능의 통합적 프로젝트이다. 이는 도덕적 사고 교육에서 시작하여 의지를 단련, 연마하고 감정을 순화, 조율하는 덕성교육을 통해 완성된다고 할 수 있다.

4. 공부의 방법과 습관의 중요성

지금까지 논의한 바와 같이 실천적 지혜와 관련된 공부의 방법을 요약적으로 해명한 사람은 동양에 있어서는 공자라 할 수 있다. 공자의 행적과 어록을 정리한 『논어(論語)』에 따르면 올바른 공부의 방법은 다른 사람의 지식을 배우고 받아들이는 것, 즉 '학(學, learning)'과 스스로 자율적으로 생각하는 것, 즉 '사(思, thinking)'로 이루어지며, 이는 어느 하나도 소홀히 할 수 없는 공부의 두 수레바퀴라 할 수 있다.

공자는 "남의 지식을 배우기만 하고 스스로 생각하지 않으면 번잡스럽고(岡), 혼자 생각만 하고 배우지 않으면 위태롭다(殆)"고 했다. 백과사전이나 만물박사와 같이 잡다한 지식을 주체적으로 하나로 꿰지 못하면 잡학이 될 뿐이고, 혼자서 골똘히 생각만 하면 유아독존이나 독선에 빠질 위험이 있다. 공자는 식음을 전폐하고 사흘을 생각만 해봤지만 아무런 소용이 없다고 말한다.

그런데 단지 이론적 지식에 그치지 않고 실천적 지혜가 되려면 '학(學)'과 '사(思)'에 더하여 아는 것을 반복해서 행하는 연습을 통해 습관화(habituation)하고 그럼으로써 아는 것이 내면화, 내재화, 자기화, 생활화되고 습득(習得)되며 몸속에 체화(體化)되어 자신의 몸에 익숙해지는, 즉 체득(體得)이 되어야 한다.

그런데 이같이 아는 것이 체득되어 자기화되고 그래서 익숙해지고 맛들이게 되면 행하는 것이 억지로 이루어지는 것이 아니라 기꺼이, 즐겨 행하게 된다는 것이 중요하다. 수영을 배울 때 처음에는 물이 싫고 두렵지만 수영의 기술이 몸에 익으면 물에서 유영하는 것이 즐거운 것과 같은 이치이다. 또한 궁사가 오랜 시행착오를 통해 바람의 속도와 방향을 익히게 되면 드디어 그 같은 환경적 변수들을 극복하고 과녁에 적중하는 것에 비유할 수도 있을 것이다.

그래서 『논어』의 서두에서 공자는 "배우고 때때로 익히니 이 또한 즐겁지 아니한가(學而是習之 不亦說呼)"라고 했던 것이다. 우선 배우는 일은 즐거운 일이다. 하나를 배우게 되면 까막눈이 열리게 되어 하나의 세계가 새롭게 나타난다. 새로운 언어를 하나 습득하게 되면 진정 새로운 하나의 세상, 새로운 우주가 열린다. 나아가 배운 것을 그대로 두면 남의 지식과 다름없지만 그것을 익혀 자기화하면 그 또한 즐거운 일이 아닐 수 없다.

배우는 것도 즐거운 일이지만 그것을 익혀 나의 것이 되면 그 역시 즐거운 일이다. 반복적 행위는 오랜 시간을 요구하며 그래서 나의 피가 되고 살이 되어 결국 내 것이 된다. 그래서 체화, 체득이라는 말이 이를 적절히 표현하고 있다고 생각된다. 이는 결국 지식과 내가 일체가 되고 동일화(identification)됨을 의미한다.

5. 삶의 기술로서의 덕과 수양

습관화를 통해 몸에 밴 지속적 행위 성향(stable tendency)이 바로 바르고 즐거운 삶의 기술로서의 덕(德, virtue)이다. 덕은 무의식적으로나 기계적으로 습득된 습벽이 아니라 배우고 생각하며 익힌 도덕적 기술이요 행복의 기술이다. 덕은 도덕적 실패를 최소화할 수 있는 도덕적 기술이요, 도덕적 행위를 의무적으로 혹은 억지로 수행하는 것이 아니라 즐거이 수행하는 행복의 기술이다. 이런 의미에서 덕은 '바르고 즐거운 인생의 기술'이라 할 수 있다. 그것은 즐거운 삶의 기반이 되는 기술일 뿐만 아니라 조금씩 서로 양보함으로써 모두가 즐겁게 살 수 있는 도덕적 기술이다.

구두를 만들기 위해서 그리고 그것을 잘 만들기 위해서는 구두 짓는 기술을 익혀야 하고, 피리를 불고 또한 그것을 잘 불기 위해서는 피리 부는 기술을 익혀야 하듯, 성공적인 인생을 살기 위해서도 바르고 즐거운 삶의 기술, 즉 도덕적 기술과 행복의 기술을 익혀야 한다. 이 두 가지 기술을 함께하는, '바르고 즐거운 삶의 기술'이 바로 덕이라는 기술이다.

이런 의미에서 공자는 "아는 것은 좋아하는 것만 못하고 좋아하는 것은 즐기는 것만 못하다(知之者 不如好之者 好之者 不如樂之者)"고 했다. 단지 아는 것보다 좋아하는 것이 낫지만 좋아한다는 것은 아직 좋아하는 주체와 대상이 따로 떨어져 있는 상태이며, 즐기는 것은 주객이 혼연일체되어 있는 것을 의미한다.

인간은 습관의 다발(꾸러미)이다. 사실상 각자의 개성도 각자에게 독특한 습관의 조합이요 스타일이라 할 수 있다. 그래서 유학에서도 인간은 "본성에 있어서 유사하지만 습관에 의해 차별화된다"고 말한다. "생각은 행동을 낳고, 행동은 습관을 낳고, 습관은 성격을 낳고, 성격은 운명을 낳는다"는 속언에서 전후 연결고리는 습관이며, 습관이 성격과 운명을 좌우한다고 본다.

불교에서도 습관은 수행에 있어서 매우 중요한 의미를 갖는다. 불교에서는 습관을 습기(習氣)라 부른다. 우리가 진리를 깨닫는다 해도 해묵은 습관에서 자유롭지 못하는 한 바르게 살기는 어렵다. 돼지고기를 훈제할 때 연기가 고기 속에 새록새록 스며들어 맛을 내듯 서서히 우리를 변화시킨다 하여 훈습(薰習)이라는 말을 쓰기도 한다. 우리에게 깃든 악습을 선습으로 바꾸지 않는 한 이론적 깨달음만으로는 삶을 변화시키는 데 무용하다는 뜻이다. 이처럼 습관은 무서운 힘을 갖는다는 점에 주목해야 한다.

습관을 바꾸기 위해서는 시간을 두고 "도(道)를 닦고 덕(德)을 쌓아야 한다." 도를 닦는다는 것은 지정의(知情意), 세 가지 기능의 통합적 프로젝트이다. 지적인 각성, 의지의 강화, 감정의 조율이 통합적으로 수행되면 그 결과 도덕적 내공과 도덕적 용기가 축적되는바 덕이 쌓인다 할 수 있다. 도를 닦는 방법은 굳이 속세를 떠나 명산대첩을 찾지 않더라도 우리의 일상에서 다양하게 발견할 수 있다.

절실한 기도, 마음을 비우는 명상, 피정과 참선 등도 모두 도를 닦는 방법들이다. 정신 집중에 의한 고전 읽기, 종교적 경전을 외는 독경 등 모두가 도를 닦는 방법이다. 또 한 가지 좋은 방법은 유도, 태권도, 검도, 궁도 등 운동을 통한 닦기이다. 운동은 단지 육체적 기술을 익히는(技) 일이 아니라 마음을 일깨우는(道) 일이기 때문이다. 운동은 심신의 수련을 동시에 행하는 것인 까닭에 지속적인 운동 이상으로 도 닦기에 좋은 방도는 없다. 혹자는 마라톤이 참선보다 나은 수행법이라 하기도 한다.

6. 중용과 행복한 인생

이렇게 얻어진 덕의 가장 두드러진 특성 중 하나는 그것이 동서를 막론하고 중용(中庸, golden mean)으로 표현되고 있다는 점이다. 유덕한 행위와 부덕한 행위를 가려 줄 명시적 잣대가 바로 중용이라 할 수 있다. 그런데 중용은 산술적 중간이 아니라 가치론적 정점이고 그 상황에서 최선의 행위임에 주목할 필요가 있다. 용기는 만용과 비겁의 중용이지만 전시 상황에서 용맹 전진만이 중용은 아니며 때로는 2보 전진을 위한 1보 후퇴가 중용일 수 있다.

중용은 자주 궁도와 궁술에 비유된다. 궁도에서 화살이 목표에 꽂히는 것을 적중(的中, hit the mean)이라 한다. 이를 위해서는 궁사의 오랜 수련이 요구되며, 수련을 통해 마음속에 흔들리지 않는 중심(中心)이 잡혀야 한다. 그래서 중심이 빗나갔을 때 궁사는 바람을 탓하지 않고 자신의 마음을 살핀다. 마음의 중심, 즉 덕이 쌓여 도덕적 내공이 축적되면 각종 유혹, 상황의 변수나 바람의 간섭에도 흔들리지 않고 도덕적 최선인 중용에 적중하는 저력이 생긴다.

덕은 도덕적 실패를 줄이는 도덕적 기술인 동시에 즐거운 인생을 성취하는 행복의 기술이기도 하다. 도덕 생활이 행복을 동반하지 않고 단지 자기희생일 뿐이라면 도덕 생활의 매력은 반감될 것이다. 덕은 도덕의 기술인 동시에 행복도 보장하는 기술인 까닭에 유덕한 삶의 가치는 배가된다.

인생의 최종 목적은 무엇인가? 돈을 버는 것은 잘 먹고 잘 살기 위함이지만 잘 먹고 잘 사는 일, 즉 행복한 삶을 추구하는 이유는 물을 수도 답할 수도 없는 것이다. 행복은 그 자체가 삶의 이유이기 때문이며 그래서 행복은 더 이상 이유를 물을 수 없는 최종 목적이다. 그러나 행복(well-being)이 무엇인지에 대한 대답은 어렵고 단지 우리는 행복의 조건, 즉 복지(wel-fare)가 무엇인지를 물을 수 있을 뿐이다.

행복한 인생을 위해서는 어느 정도 물질적 여건이 충족되어야 한다. 궁핍한 생활은 불편하고 또한 불행의 원인이 될 수가 있다. 그러나 동서를 막론하고 덕윤리 학자들은 단지 물질적으로 잘 먹고 잘 사는 일상적 행복을 넘어 깊고도 지속적인 보다 고차적인 행복이 있다고 생각했다. 그것이 바로 'well-being(진정으로 잘 사는 것)', 'eudaimonia(거룩하게 잘 사는 것)' 또는 'blessedness(축복, 지복, 진복)'이라 생각했다.

인간은 동물과 달라 물질적 조건이 어느 정도 구족(유족)하면 그 이상 조건이 더 향상된다 해서 행복지수가 상향되지 않는다. 그리고 물질적 조건, 즉 유족함은 우리 개인이 좌우할 수 없는바 상당한 정도 운(運)의 지배를 받는다. 그래서 그것은 운이고 복(福)의 요소라 할 수 있다.

유족함과 행복지수는 어느 정도를 넘어서면 서로 비례하지 않는다는 것을 행복의 역설이라 한다. 인간의 행복에는 유족함을 넘어 유덕함(virtuous)이라는 정신적이고 영적인(spiritual) 요소가 요청되며, 이는 우리의 노력에 달려 있다. 이 점에서 인간은 동물적 차원을 넘어서고 그래서 인간답게 된다.

물질적 조건이 충족되고 정신적 덕성을 구비한다면, 즉 유족하고 유덕하다면 최고의 행복이 성취된 축복, 지복, 진복이다. 유족하지만 정신적으로 빈곤한 나머지 부덕하다면 일상의 행복을 누릴 수 있을 것이나 덧없고 공허한 삶이라 할 것이다. 부덕한 자가 빈한하면 처절한 불행, 즉 비참한 삶을 산다고 하겠으나, 유덕한 자가 빈한하면 불편한 일상적 삶을 살게 된다.

그러나 청빈을 긍지로 생각했던 동양에서는 "가난을 불편하게 여기지 않고 감수하면서 진리 추구에 몰두하고 즐겨라(安貧樂道)"라는 선비정신을 강조한다. 그야말로 물질을 극복하는 지고의 정신적 세계의 우위를 내세운다. 이러한 경지에서는 "무항산(無恒産)이면 무항심(無恒心)"을 "무항산이라도 무항심'인 군자의 반열에 이르게 된다.

결국 인간은 도덕적으로 바른 삶을 지향하면서 즐거운 인생을 추구하는 존재이다. 아는 것은 좋아하는 것만 못하고 좋아하는 것은 즐기는 것만 못하기에 즐거운 인생은 인간이 지향하는 지상의 목표이다. 그러나 나의 즐거움이 너의 즐거움과 양립 가능해야 하고 우리 모두의 즐거운 인생이 화합해야 하니, 그 길은 도덕적으로 바른 길이어야 할 것이다. 그래서 우리는 '도덕적 기술인 동시에 행복의 기술인 덕'의 윤리에 각별한 매력과 관심을 갖는 것이 아닐까.

7. 실행을 강조한 다산의 실천철학

끝으로 우리는 지금까지 제시해 온 실행(實行)의 인성교육과 관련하여 다산(茶山)의 입장에 주목할 필요가 있다. 다산은 조선 말의 피폐한 민생의 현실을 목격하면서 관념과 이설에 치우친 선대의 유학 전통을 비판하고 실용과 실행 위주의 실천 유학, 즉 실학(實學)을 강조했다. 그가 집필한 『일표이서』에서는 경세치용과 이용후생을 중시했다면, 방대한 『경학주해』의 요체는 실천과 실행에 역점을 두고 있다. 다산은 인의예지(仁義禮智)와 관련된 사단칠정론(四端七情論)에 대해 측은, 수오, 사양, 시비지심은 단서(端緒), 즉 실마리가 아니라, 단초(端初), 즉 시초나 시작에 불과하다고 잘라 말한다. 타고난 사단(四端)은 그로부터 저절로 사덕(四德)으로 발전해 가는 실마리가 아니라 행동을 통해 다지고 굳히며 완성해 가는 시초나 시작에 지나지 않는다는 것이다. 그래서 인의예지 사덕은 사태와 관련된 행동이나 실행이 있은 연후에 완성되는 것(成於行事之後)이라 강조하고 있다. 행동화하기 이전의 본성이나 마음뿐인 사단만으로는 아무런 도덕적 성과도 이루어질 수 없다는 것이다.

또한 다산은 자신의 실천철학을 다음과 같이 요약하고 있다. "명(命)과 도(道)로 인해서 성(性)이라는 이름이 성립하고, 나(己)와 남(人)이 있음으로 인해서 행(行)이라는 이름이 성립하며, 성(性)과 행(行)이 있음으로 해서 덕(德)이라는 이름이 성립한다." 다산은 비록 선성(善性)이 있다고는 하나 그것은 시작에 불과하며 또한 마음속의 선(善)은 그

냥 두면 섬광처럼 덧없이 사라질 수 있다 하여 그것을 행동을 통해 현실에 붙들어 둘 필요가 있다고 했다. 또한 행동은 나와 타인, 즉 인간 상호 간을 엮어 줄 연결고리 역할을 하는 것으로서 행동을 통해 표현되지 않는 타인의 마음은 짐작조차 할 수가 없다는 것이다.

나아가서 다산은 이 같은 행동의 일관성, 지속성을 위해 행동화의 역량을 다져야 한다고 하며, 그러기 위해서는 반복적 행동(習)을 통해 행동의 기술이자 내공(內功)으로서 덕(德)의 형성을 강조하고 있다. 실행(實行)을 강조하는 다산의 실천철학은 결국 한 번의 행동으로서가 아니라 여러 번의 반복 행동을 통해 지속적인 행동 역량으로서 덕성이 형성되고 이를 기반으로 덕행(德行)의 보장을 겨냥하고자 한다. 여기에서 다산은 단지 아는 것에 그치지 않고 또한 단지 말하는 것에 그치지 않고 지행합일(知行合一), 언행일치(言行一致)를 통해 행동화, 현실화하고 그럼으로써 현실을 바꾸고 개선하며 개혁하고자 한다.

합당한 윤리설을 찾아서:

의무윤리와 덕윤리의 상보

1. 도덕 규칙이냐, 행위의 결과냐

우리는 어떤 도덕적 상황에 처하여 옳고 그른 행동에 대한 자기 나름의 도덕 판단을 내리고 이에 대해서 갖가지 이유를 제시하게 되는데, 그럴 경우 이러한 이유들이 전제가 되고 도덕 판단은 결론이 되어 일정한 도덕적 추론이 구성된다. 그런데 이 글에서는 그와 같이 이유를 제시하는 여러 형태 중에서 대표적인 것 두 가지를 골라 그것이 가지는 각각의 장점과 단점을 살펴보고자 한다. 그리고 이유를 제시하는 두 가지 방식이 상충하는 결론에 이르게 될 때 생기는 도덕적 문제를 생각해 가는 가운데 윤리의 본성을 이해하는 또 하나의 실마리를 발견해 보고자 한다.

어떤 행위가 옳고 그르다는 판단에 대한 이유나 근거를 물었을 때

---

* 서울대 철학사상연구소, 『처음 읽는 윤리학』, 동녘, 2013에 게재.

우리는 흔히 어떤 도덕 규칙(rule)에 의해 대답하게 된다. 그래서 우리는 어떤 행위가 거짓말을 하지 말라는 규칙이나 약속을 지키라는 규칙을 어긴 행위이므로 그르다는 판단을 내리기도 한다. 이유를 제시하는 또 하나의 방식은 어떤 행위가 가져올 결과(consequence)가 좋거나 나쁜 것을 가려서 그 행위의 옳고 그름을 판단하는 것이다. 어려운 사람에게 도움을 거절하는 행위가 그르다고 판단하는 것은 그로 인해 그 사람이 더없는 고통과 불행을 당하는 결과에 이르게 될 것이기 때문이라 한다. 그런데 도덕적으로 가장 문제가 되는 것은 이유를 제시하는 이러한 방식들이 상충할 때 생겨나게 된다. 일반적으로 도덕적 딜레마는 대체로 이러한 상충의 경우에 생겨나는 것이다. 플라톤이 든 예에서와 같이 친구가 맡긴 무기를 돌려주기로 한 약속을 지켜야 한다는 도덕 규칙과 무기를 돌려주었을 때 예상되는 나쁜 결과가 상충하는 것이다.

이러한 경우에 있어서 우리는 도덕 규칙을 따라야 하는 의무를 가지는 한편 최선의 결과를 가져올 행위를 해야 하는 요구도 가지게 된다. 어떤 것을 택해야 할지 분명하지가 않을 뿐만 아니라 두 가지를 동시에 할 수 없는 형편이다. 이러한 사례들에 있어서 도덕철학에서는 다음과 같은 기본적인 문제가 제기된다. 최선의 결과를 위해 도덕 규칙을 양보해야 될 경우는 언제이며, 도덕 규칙을 준수하기 위해 최선의 결과를 희생해야 할 경우는 언제인가? 이 문제를 달리 표현하면 다음과 같이 된다. 어떤 사람은 결과가 다소 나쁠지라도 규칙을 고수하는 것이 옳다고 주장하고, 어떤 사람은 더 좋은 결과를 위해서는 규칙을 어기는 것이 옳다고, 다시 말하면 더 좋은 결과가 예상되면 그 규칙에 예외 (exception)를 두는 것이 옳다고 주장한다. 그래서 위의 문제는 어떤 조건 아래에서 도덕 규칙에 예외를 둘 수 있는가라는 물음으로 표현될 수 있는데, 이는 도덕철학에 있어서 또 다른 중요한 문제이다.

전통적인 도덕철학 혹은 윤리학은 이러한 문제에 대하여 두 가지 대립하는 입장이 있어 왔다. 의무론자(deontologist)들은 도덕 규칙에 일치하는 행위는 옳으며 그러한 규칙에 어긋나는 행위는 그르다고 한다. 이들의 입장에 따르면 우리는 언제나 도덕 규칙을 따라야 하며 그에 따르는 행위가 다소 나쁜 결과를 가져올지라도 이를 무시하고자 한다. 이러한 입장은 도덕 규칙에 예외를 허용하지 않으려는 쪽이다. 이에 반해서 결과론자(consequentialist)들은 최선의 결과를 가져오는 행위는 옳고 그렇지 못한 행위는 그르다고 주장한다. 이러한 입장에 따르면 우리는 언제나 최선의 결과를 가져오는 행위를 행해야 하고, 따라서 도덕 규칙을 지키고 어기는 문제는 부차적인 것이다. 이는 행위 결과에 비추어 언제라도 도덕 규칙에 예외를 받아들일 자세가 되어 있음을 말한다.

이 두 윤리설을 서로 대비해서 좀 더 자세히 설명해 보면 아래와 같다. 결과론적 이론은 만일 한 사람이 어떤 행동을 함으로써 좋은 결과를 낳는다면 또는 만일 모든 사람이 그 행동을 할 경우 좋은 결과를 가져온다면, 그 행동은 도덕적으로 옳다고 주장한다. 어느 경우에 있어서나 그 행동을 옳거나 그르게 하는 것은 바로 그 행동이 갖는 결과의 좋음과 나쁨이다. 반면에 의무론적 이론은 한 행동이 어떤 도덕 규칙에 따르는 것이면 옳고, 위반하는 것이면 그르다고 주장한다. 이런 의미에서 의무론자는 언제나 규칙을 강조하는 원칙주의자라 할 수 있다.

결과론적 윤리체계에서는 옳고 그른 행동의 척도는 가치의 기준을 행동의 결과에 적용하는 데에 있다. 만일 한 사람이 어떤 개별적 행동을 한 결과나 모든 사람이 어떤 유형의 행동을 한 결과가 그러한 가치의 기준을 만족시킨다면 그 행동은 옳다고 할 수 있으며, 만일 그 행동 또는 그러한 유형의 행동의 결과가 나쁘면 그 행동 또는 그러한 유형의 행동은 그르다. 이러한 종류의 윤리체계에서 한 행동의 결과란 그 행동이 미래에 가져오게 될 모든 영향을 포함하는 것으로 이해된다. 모든 영향이란 그 행동이 수행됨으로 인해서 생기는 모든 것, 즉 그 행동이 행해질 경우 그렇지 않을 경우와 비교해서 미래에 있어서 달라지게 될 모든 것을 포함하는 것이다.

이런 점에서 의무론적 윤리설은 입장을 달리한다. 의무론자들은 행동을 옳거나 그른 것으로 만드는 것은 행위 결과의 좋고 나쁨이 아니라, 행동 그 자체의 성질이나 종류라고 주장한다. 그들의 견해로는 만일 어떤 행동이 모든 도덕 행위자가 행해야 할 의무라는 성질을 갖거나 그러한 종류에 속한다면 그 행동은 옳다. 그러나 그 행동이 모든 도덕 행위자가 금지해야 할 의무라는 성질을 갖거나 그러한 종류에 속한다면 그 행동은 그르다. 모든 도덕 행위자가 어떤 종류의 행위를 해야 하거나 또는 하지 말아야 한다고 하는 진술은 행동에 대한 도덕 규칙의 내용이라 할 수 있다.

2. 윤리학에 있어서 의무론과 결과론

윤리학에 있어서 두 개의 주요 개념을 좋은 것(the good, 善)과 옳은 것(the right, 義)이라 한다면 결과론적 윤리설과 의무론적 윤리설의 구조는 대체로 이 두 가지 기본 개념을 규정하고 관련짓는 방식에 의해 결정된다고 할 수 있다. 윤리적 전통에 있어서 결과론에 속하는 윤리설은 우선 좋은 것을 옳은 것과는 상관없이 규정하고, 그리고 옳은 것은 이미 규정된 좋은 것을 극대화하는 것으로 보는 입장이다. 보다 정확히 말하면 옳은 행위나 제도는 가능한 대안들 중에서 최대의 선을 산출하는 것이든지, 아니면 적어도 현실적으로 가능한 최선의 행위나 제도들 가운데 하나이어야 한다는 것이다.

결과론과 대비되는 또 하나의 윤리적 전통인 의무론은 옳은 것과 상관없이 좋은 것을 규정하지도 않으며, 더욱이 옳은 것을 좋은 것의 극대화로 생각하지도 않는 입장이다. 결과론과는 반대 방향에서 이론을 구성해 가는 의무론에 있어서는 목적이나 선에 비해 의무나 혹은 정당성의 우선이 주장되고 있으며, 옳은 것에 위반되는 것은 불선(不善)이고 무가치한 것으로 판단된다. 따라서 옳음의 원칙이나 의무의 체계가 선행되고 그에 따라서 가치 있는 선의 한계가 설정되는 것이다.

나아가서 결과론적 윤리설에는 구체적으로 좋은 것, 즉 선(善)을 어떻게 규정하는가에 따라서 다시 여러 가지 유형이 있을 수 있다. 만약 인간의 여러 기능상에 있어서 탁월성을 실현하는 것이 선이라고 한다면 완전설(perfectionism)이라 불리는 것이 되며 이러한 사상은 아리스토텔레스나 니체 등에서 전형적으로 나타난다. 이 밖에도 역사적으로 중요한 결과론의 유형으로는 행복설, 쾌락설, 진화설, 자아실현설 등이 있다. 그리고 하나의 선을 내세우는 이러한 윤리학적 일원론과는 달리 다양한 여러 가지 선을 상정할 경우 다원적 결과론이 성립하게 된다. 선이나 인생의 목적에 중점을 두는 이러한 결과론적 윤리설은 대체로 그리스 철학의 전통에 속하며 근래에 이르러 공리주의자(utilitarian)들에 의해 강력히 옹호되고 있다.

이에 반해서 의무론적 윤리설은 히브리적 전통에서 유래한 것으로서 근대에 이르러 칸트의 윤리학과 깊은 관련을 맺고 있다. 공리주의자 벤담(J. Bentham)의 강력한 저지를 받은 후 의무론은 근 1세기 동안이나 적극적인 옹호자가 없었다. 사실상 그것은 지난 몇 십 년 동안 옥스퍼드를 중심으로 한 일단의 윤리학자가 아니었다면 아직도 큰 발전을 이루지 못했을 것이다. 이들 중 로스(W. D. Ross)를 중심으로 한 의무론자들은 윤리학에 있어서 의무론을 재활시켰을 뿐만 아니라 공리주의에 대한 유력한 반론을 제기함으로써 규범윤리학의 논전을 더욱 풍요하게 하는 데 기여했다.

의무론적 윤리설이나 결과론적 윤리설에도 여러 가지 유형이 있음을 보아 왔다. 역사적으로는 칸트의 도덕 이론은 의무론을, 고전적 공리주의는 결과론을 대변하는 것으로 알려져 왔다. 그러나 이들은 각각 의무론이나 결과론에 있어서 지극히 단순하고 극단적인 입장으로서 그 이후의 윤리설들은 이 두 유형을 보다 체계적이고 세련된 이론으로 발전시키는 과정에서 제시된 것들이다. 우리는 우선 여기에서 더 단순한 유형들에 대해 제기되는 문제들을 살펴본 다음, 이를 해결하려는 과정에서 발전된 새로운 유형의 결과론과 의무론을 살펴 가기로 한다.

의무론적 윤리설은 우선 해결해야 할 두 가지 문제가 있다. 첫째, 의무론적 입장에 따르면 올바른 도덕 규칙에 따르는 행위는 옳고 그것을 어기는 행위는 그르다고 한다. 그러나 가능한 수많은 도덕 규칙 중에서 어떤 것이 옳은 도덕 규칙인가를 가려 줄 기준은 무엇인가 하는 것이 문제이다. 둘째, 의무론적 입장은 얼른 보기에 엄격한 도덕 규칙을 내세우는 것으로 보이는데, 예외 없는 규칙이 있을 수 없는 도덕적 현실을 감안한다면 의무론도 그러한 도덕 규칙들에 대해서 예외를 인정할 수 있는 입장으로 수정될 수 있는지의 문제이다. 의무론자인 칸트는 바로 이상의 두 가지 문제를 두고 고심한 듯하며 나름의 해답을 내리고자 했다.

간단히 말해서 첫 번째 문제에 대해서 칸트는 사람들의 행위 지침이 되는 도덕 규칙 중에서 어떤 것이 올바른 도덕 규칙인가를 결정하는 일반적인 기준을 제시하고 있다. 이 기준에 따르면 어떠한 도덕 규칙이 모든 사람이 따를 수 있는 행위의 보편적인 법칙이 될 수 있을 때 그것은 올바른 도덕 규칙이 된다고 한다. 두 번째 문제에 관해서 칸트는 도덕적 엄격주의를 그대로 고수하려는 듯하다. 칸트는 약속을 지키고 거짓말을 하지 말라는 것과 같은 도덕 규칙을 어김으로써 더 유익한 결과가 생길 때 그러한 예외를 인정할 수 있는가라는 문제를 제기하고 있다. 그러나 그는 진정한 도덕체계에 있어서는 이러한 예외가 있어서는 안 된다고 생각하고 비록 결과가 나쁠지라도 도덕 규칙에 따른 행위라면 도덕적으로 나쁜 행위로 볼 수 없다는 엄격주의를 내세우고 있다.

칸트가 다루지는 않았으나 의무론자가 당면하게 될 세 번째 문제가 있다. 흔히 지적되듯이 도덕 문제는 두 가지의 다른 도덕 규칙이 상충할 때 생겨난다. 만일 칸트가 이 문제를 고려했다면 그는 두 번째 문제를 다시 생각했어야 할 것이다. 우리는 갑과의 약속을 지키자니 을에게 거짓말을 해야겠고 을에게 바른 말을 하자니 갑과의 약속을 어길 수밖에 없는 상황에 종종 당면하게 된다. 이와 같이 상충하는 의무들이나 서로 충돌하는 규칙 앞에서 어떻게 해야 하는가? 이에 대한 의무론자의 답변은 무엇일까?

상충하는 도덕 규칙의 문제와 더불어 도덕 규칙에 예외를 인정하지 않는다는 점은 사람들로 하여금 의무론을 비판하고 결과론적 윤리설을 옹호하게 했다. 결과론적 윤리설에 있어서 가장 유력한 대안으로 간주되어 온 것은 공리주의적 윤리설이다. 우리는 최대 다수의 최대 행복이 공리주의의 기본원리라고 알고 있다. 이러한 입장에 따르면 어떤 상황에서 관련된 모든 사람에게 오는 최대의 행복을 가져오는 행위가 옳은 행위라고 한다. 이러한 입장이 의무론적 윤리설의 난점을 피할 수 있다는 것은 쉽게 알 수 있다. 도덕 규칙에 따르는 것보다 그것을 어기는 것이 결과적으로 더 많은 행복을 가져올 때 공리주의자는 그 도덕 규칙을 어겨도 좋다고 말한다. 따라서 공리주의적 입장은 의무론적 입장과는 달리 정당한 예외라면 그것을 허용할 수 있게 되는 것이다.

이와 마찬가지로 도덕 규칙이나 도덕적 의무가 상충할 때 공리주의자는 그에 관련된 모든 사람에게 가장 많은 행복을 가져다줄 규칙이나 의무에 따르라고 가르친다. 의무론적 입장과는 달리 공리주의는 어떤 상황에서 도덕 규칙들이 상충할 때 어떻게 해야 할 것인지를 분명히 말할 수 있다는 장점을 가진다. 공리주의적 입장이 의무론의 난점을 피할 수 있는 이유 역시 쉽게 설명이 된다. 공리주의는 도덕 규칙보다 그 결과에 의해 행위들을 평가함으로써 상충하는 도덕 규칙보다 우리가 의거할 수 있는 보다 기본적인 공리의 원리를 제시한다. 그리고 이러한 기본적인 기준으로 인해 예외가 인정될 수 있고 상충하는 도덕 규칙의 문제가 해결될 수 있다.

그런데 예외를 인정한다고 해서 공리주의가 전통적인 도덕 규칙들을 소홀히 취급한다고 볼 수는 없다. 공리주의는 전통적인 도덕 규칙들이 대체로 사람들에게 가장 큰 행복을 가져다주는 지침으로서 오랜 세월을 거쳐 정선된 인류의 지혜가 담긴 것임을 인정한다. 단지 규칙에 따름으로써 가장 큰 행복이 보장된다는 점이 명백할 때에만 그것을 어겨도 좋다고 한다. 따라서 공리주의는 언뜻 보기보다는 그다지 극단적인 입장은 아닌 것이다. 그러나 공리주의가 여러 가지 장점을 가지는 것이 사실이기는 하나 철학자들은 그 속에서도 심각한 결점들을 발견해 내었다.

첫째, 공리주의는 인간의 행복을 최대로 도모하는 것이 도덕에 있어서 유일한 의무라고 하며 어떤 사람의 행복도 모두 똑같이 중요한 것으로 본다. 그러나 이때 공리주의자는 우리의 부모나 형제, 민족 등과 같이 우리와 특수한 관계에 있는 사람에 대하여 갖는 특정한 도덕적 의무는 어떻게 설명할 수 있는가? 둘째, 우리의 의무로 생각되는 행위에는 행복과 직결되지 않는 것도 있다. 선거에 있어서 우리가 가장 훌륭하다고 생각하는 후보가 있다. 그런데 극단적인 경우를 제외한다면 나의 한 표는 선거의 결과에 있어서 그 영향을 무시해도 좋다고 할 수 있으며, 그런 한에서 내가 투표를 하는 것이 인간의 행복을 증진한다는 이유로 나의 의무가 되는 것은 아니다. 고전적 공리주의자는 이런 종류의 도덕적 의무를 어떻게 설명할 것인가?

앞으로 살펴보겠지만 신중한 공리주의자라면 이와 같은 두 가지 반론에 대하여 방어를 할 수 있을 것이다. 그런데 보다 심각한 또 하나의 문제는, 공리주의적 입장은 우리의 도덕 규칙에 대해서 지나치게 많은 예외를 허용할 가능성이 있다는 것이다. 공리주의에 있어서는 규칙을 어기는 것이 그에 따르는 것보다 전체 행복에 보탬이 된다면 미련 없이 규칙을 어기라고 한다. 물론 행복의 도모를 위해 규칙을 어겨야 할 경우가 가끔 있다는 것이 우리의 도덕적 상식이기는 하나, 이런 경우는 상당한 정도의 행복이 걸려 있을 때에만 한정되는 것이다. 예를 들어 생명을 구하기 위해서는 약속을 어기는 것이 허용될 수 있을 것이나, 사소한 행복이나 편의를 위해서 마음대로 약속을 어길 수는 없는 것이 아닌가?

앞서 이야기한 것과 같이 때때로 도덕 규칙에 따르는 것과 최선의 결과, 즉 최대의 행복을 가져오는 일은 상충하며, 이러한 상황에서 때로는 최대 행복을 초래하는 행위를 택해야 하고 때로는 규칙에 따라 행위해야 한다. 따라서 우리가 위에서 살펴본 소박한 형태의 의무론은 언제나 규칙만을 고수한다는 점에서, 그리고 단순한 공리주의는 최선의 결과를 위해 지나친 예외를 허용한다는 점에서 여러 가지 문제점을 안고 있다. 극단적인 의무주의나 소박한 공리주의의 난점을 피할 수 있는 보다 합당한 윤리설은 없을까? 이러한 보다 합당한 이론에 대한 연구는 20세기 도덕철학자들의 주요 관심사였다. 현대 윤리학자들은 의무론자가 도덕 규칙을 강조하는 점과 결과론자가 행위 결과를 강조하는 점을 모두 존중하는 윤리설을 구상해 왔다.

3 의무윤리 비판과 덕의 윤리

현대사회에서 다시 덕(德, virtue)의 윤리가 문제되는 것은 어떤 연유에서인가? 그것은 근대에서 현대로 이어지는 규범문화 자체에 대한 불만족에서 비롯되는 것은 아닌가? 그렇다면 이는 근세 이후 추구해 온 윤리적 삶과 그런 삶의 형태를 요구하는 근세 시민사회, 나아가서는 이모든 것을 포괄하는 근대성(modernity) 자체에 대한 일종의 문화 비판과 연계된 것은 아닌가? 등등의 물음이 제기된다. 근세 이후 추구되어온 최소 윤리로서 의무윤리에 대한 불만 내지 도덕적 환원주의에 대한 회의는 근세 이후 대두된 자유주의적이고 다원주의적인 시민사회가 치러야 할 갖가지 사회적 비용에 대한 비판과도 관련된다 할 것이다. 삶의 근간을 이루는 도덕체계와 이를 요청하는 사회구조 간에는 긴밀한 상관관계가 있기 때문이다.

우선 근세 이후 현대에 이르기까지 지배적인 윤리는 앞 절에서 논의한 의무의 윤리(duty ethics)라 할 수 있다. 그리고 의무의 윤리에 있어서는 어떤 행위가 의무의 행위로서 정당한 행위이며 그것이 왜 정당한 것인지 논거를 제시하는 정당화(justification)의 과제가 우선적으로 요구된다. 근세 이후 대두된 시민사회는 전통적 유대가 해체되고 가치관의 다원화가 급속히 진행되는바 복잡한 다원주의 사회에로의 성향을 보이며, 이같이 다원화된 복잡 사회를 규제, 관리할 규범 체계는 성원들에게 쉽게 이해된다는 가지성(可知性)과 구속력을 담보하기 위해 고도의 도덕적 결정성(moral determinacy)을 요구하게 된다. 그리고 결정성을 제고하기 위해서는 가능한 한 성원들의 가치관이 중첩하는 공통요소에 부합하는 최소화 전략과 성원들의 이해와 설득력을 높이는 가시화 전략이 요구된다 할 것이다.

필자가 생각하기에 이같이 도덕적 결정성을 제고하기 위한 최소화 전략과 가시화 전략을 추구한 귀결이 바로 의무의 윤리가 아닌가 한다. 도덕적 행위의 스펙트럼에 있어 의무 사항은 그야말로 성원들의 가치관의 다양성에도 불구하고 공유할 수밖에 없는 최소 윤리라 할 수 있으며, 이를 이행하지 않을 경우 공동체에 상당한 해악을 유발할 것으로 예견되는 까닭에 그만큼 책임도 무거운 부분이라 할 수 있다. 또한 의무 사항은 성원들 누구에게나 쉽게 이해되는 공지성을 지녀야 하므로 명시적으로 진술되어야 하고 따라서 규칙화를 요구하게 된다. 그러므로 의무의 윤리는 또한 규칙의 윤리(rule ethics)와도 친화성을 갖는다 할 수 있다. 그러나 이같이 규칙에 기반한 의무의 윤리는 준(準)법적 유형의 윤리로서 도덕적 결정성을 제고하기 위한 고가의 비용은 치르게 되는바, 도덕의 본령에서 멀어지게 되고 이에 따라 도덕적 행위자들에게 불만의 소지를 갖게 될 수밖에 없는 것이다.

우선 근세 이후 지배적인 의무의 윤리가 갖는 난점은 그것이 정당화에 지나치게 편향된 관심을 갖는 데 비해 동기화(motivation)의 과제에 대해서는 소홀히 하고 있다는 점에서 비롯된다. 그 결과로서 도덕적 행위자들은 어떤 행위가 도덕적으로 가치 있고 정당한 의무적 행위임을 알고 있음에도 불구하고 그것을 행하고자 하는 동기 부여가 되지 않아 갈등하게 되고 고심하게 된다. 이 같은 의무감과 동기 부여 간의 갈등은 일종의 자기분열(schizophrenia) 현상을 초래하게 되는데, 이는 결코 도덕적으로 바람직한 현상이라 할 수 없는 것이며, 우리가 자주 당면하는 의지 나약, 자기기만, 양심의 가책 등도 비슷한 범주에 속하는 도덕 경험이라 할 수 있다.

또한 의무의 윤리가 불만족스러운 이유 중 하나로서 도덕적 행위의 스펙트럼에는 의무 사항만으로 환원하기 어려운 다양성이 존재하며 따라서 의무 사항 일변도의 도덕적 환원주의는 인간의 도덕 경험이 갖는 다원성을 무시한다는 점에서 찾을 수 있다. 이를테면 도덕적 행위를 도덕적 의무 사항, 금지 사항, 나아가 도덕적으로 무관한 허용 사항(permissiveness) 등으로 나눌 경우 도덕적으로 가치 있는 행위들의 일부가 배제될 수 있다. 이를테면 성인다운 행위(saintly action), 영웅적 행위(heroic action) 등은 도덕적으로 높이 평가되는 행위이기는 하나 그것이 앞서 나온 3분법에는 포용되지 못한다. 이 같은 행위들은 의무 사항이나 금지 사항이 아님은 물론 더욱이 허용 사항도 아니며, 도덕적으로 높이 평가될 권장 사항(recommendable)이라 함이 옳을 것이다.

굳이 이같이 대단한 의무 이상의 행위가 아니라 할지라도 우리의 일상에는 보통사람들이 조금만 노력하면 수행 가능한 다양한 의무 이상의 행위들(supererogatory actions)이 있다. 친절한 행위, 용기 있는 행위, 배려하는 행위 등은 굳이 의무로서 요구되는 것은 아니나 도덕적으로 바람직한 행위로서 덕의 윤리에서는 도덕적 행위의 근간을 이루고 있다. 이상과 같이 살펴볼 때 의무의 윤리는 도덕적 행위에 대해 지나치게 좁은 입장을 취하고 있으며, 따라서 우리는 도덕적 의무 사항이나 금지 사항, 나아가서는 도덕적으로 무관한 허용 사항을 넘어 의무 이상의 행위, 즉 도덕적으로 권장할 사항이라는 항목을 포함하는 더 넓은 스펙트럼을 수용해야 하며 도덕적으로 가치 있는 것은 오히려 권장 사항에 있다고도 할 수 있는 것이다.

또한 의무의 윤리가 갖는 난점은 그것이 지나치게 행위 중심적 윤리라는 점에 있다. 행위는 그 결과를 객관적이고 공적으로 평가할 수 있는 외적으로 표현된 대상이다. 그러나 윤리적으로 이에 못지않게 중요한 것은 외적으로 표현되기 이전의 내면적 가치로서 도덕적 동기와 의도이다. 윤리나 도덕의 본령은 오히려 이 같은 내면적 가치에 있는 것으로 생각될 수 있으며, 외적인 표현으로서 나타난 행위를 문제 삼을 경우 법과 도덕을 구분하기도 어려워질 것으로 보인다. 또한 이같이 지나치게 외적인 표현을 도덕의 중요한 잣대로 삼을 경우 그것은 도덕에 대해 다소간 행태주의적(behavioristic) 편향을 보이는 이해라 할 수 있을 것이다.

나아가서 의무의 윤리는 규칙 중심적 윤리와의 지나친 친화성으로 인해, 외적 표현으로서 행위 중심적 윤리와 마찬가지 관점에서 도덕에 대한 준(準)법적인 이해를 보이는 듯이 생각된다. 또한 도덕을 법규의 체계로 이해함으로써 빈틈없는 연역적 체계로 오도할 우려마저 있는 것으로 생각된다. 윤리나 도덕에는 헤어(R. M. Hare)의 지적처럼 원칙의 측면과 결단의 측면이 있으며, 결단의 측면에 주목할 경우 도덕적 주체의 창의적이고 자율적인 선택의 문제를 고려하지 않을 수 없는 것이다. 더욱이 우리가 당면하는 도덕적 상황은 저마다 고유하고 애매한 성질을 갖는 까닭에 주체의 관여에 의한 도덕적 창의성(moral creativity)은 더욱 강하게 요청된다 할 것이다. 결국 법률가적 도덕 모형(lawyer's model)을 생각할 수도 있으나 예술가적 도덕 모형(artist's model) 또한 고려되어야 할 것으로 사료된다.

이상에서 제시한 제반 논점들을 참고할 때 근세 이후 지배적인 의무의 윤리가 여러 측면에서 만족스럽지 못하며 따라서 우리는 이를 대체할 대안적 모형을 구상하거나 아니면 적어도 상당 부분 보완할 수 있는 여지를 모색해야 할 것으로 판단된다. 그러나 난국을 타개하기 위한 대안이나 보완책을 제대로 구상하기 위해서는 신중하게 고려되어야 할 선행 요건들이 있음에 주의해야 한다. 우선 근세 이전의 전통사회를 지배했던 윤리체계인 덕의 윤리가 손쉬운 하나의 대안으로 떠오를지 모르나 시대 상황과 사회구조의 변화에 따라 그 같은 윤리가 의무의 윤리로 대체된 만큼 덕의 윤리가 자립적 대안이 되기 위해서는 몇 가지 선결문제에 대한 해법이 찾아져야 할 것이다. 또한 덕의 윤리가 대안이 아니라 하나의 보완책이라 생각될 경우 그러한 보완이 어떤 측면에서 어떤 방식으로 이루어질 것인지에 대해서도 세목에 걸친 점검이 요구된다 할 것이다.

4. 덕: 바르고 즐거운 삶의 기술

윤리학이 풀어야 할 주요 과제는 앞서도 지적했듯 도덕 판단의 정당 근거를 밝히는 정당화(justification)의 과제와 이에 부합하는 행위에로 유도하는 동기화(motivation)의 과제라 할 수 있다. 실천철학으로서 윤리학의 과제는 물론 정당화의 과제이다. 그러나 아무리 정당한 도덕 판단을 알고 있다 할지라도 그것이 행위에로 연결되지 않는 한 실천철학으로서의 소임을 다했다고 하기 어렵다. 정당한 도덕 판단이 무엇인지 이성적으로 알고 있다 할지라도 그것을 행동으로 옮기고자 하는 의지나 감정의 밑받침을 받지 못할 경우 우리는 심각한 정신분열(schizopherena) 현상을 경험하게 될 것이다. 이는 또한 옳은 것이 무엇인지를 알면서도 행동으로 옮기지 못하는 심각한 도덕적 실패의 원인으로서 도덕적 성취의 장애가 아닐 수 없다 할 것이다.

소크라테스는 "알면 행한다"는 입론을 제시한 것으로 전해진다. 이에 따르면 좋은 것이 무엇인지를 제대로 알면 반드시 행하게 된다는 것이다. 좋은 것이 무엇인지를 알고서도 나쁜 짓을 행하는 어리석은 사람은 없다고 본다. 결국 나쁜 짓을 행하는 사람은 좋은 것이 무엇인지를 제대로 모르기 때문이라는 결론이 나온다. 이는 도덕에 있어서 철저한 지행합일을 내세운 것이며 아는 것이 절대적으로 중요하다는 주지주의적인 입장에 서 있다 할 것이다. 그런데 사실상 좋은 것이 무엇인지를 제대로 알기도 어려운 일이 아닌가? 추상적인 일반 원칙을 알기는 쉬우나 구체적인 내용이나 디테일을 생생하고 체감적으로 알기는 어렵다. 이론적으로 아는 원론적 지식(know that, know what)을 갖기는 쉬우나, 각론적 방도나 할 줄 아는 실천적 지식(know how)이나 지혜를 갖기는 어려운 일이다.

여하튼 이상과 같은 소크라테스의 주지주의적 입장에 대해 보다 현실성 있는 경험론적 입장에서 아리스토텔레스의 "알아도 행하지 못한다"는 입론이 반론으로 제시되었다. 아리스토텔레스는 좋은 것이 무엇인지를 알면서도 행하지 못하는 우리의 도덕적 현실 내지 도덕 경험에 바탕을 두고 스승의 입장에 의문을 제기했고, 우리는 이를 자제심의 결여 내지 의지의 나약(akrasia, weakness of will)의 문제로 알고 있다. 우리가 도덕적 실패(moral failure)라 부르는 것은 바로 이 같은 이유에서 생겨난다고 할 수 있다. 우리는 자주 도덕적 실패를 범하고 그에 대해 후회하고 반성하며 심지어 뼈아픈 회한에 잠기기도 한다. 그렇다면 알아도 행하지 못하는 도덕적 실패, 즉 자제심의 결여나 의지의 나약은 어떤 연유로 생기게 되는가?

자제심의 결여 혹은 도덕적 실패는 우리가 도덕적으로 바른 것이나 좋은 것을 알기는 하나 그것을 행동으로 옮길 실천적 의지가 없을 때 생겨난다. 우리에게 이 같은 강한 의지가 없을 경우 도덕적으로 올바른 것이 무엇인지를 알지라도 눈앞의 이익이나 당장의 유혹에 넘어가 도덕적 실패를 범하게 된다. 이 경우 우리에게는 담금질을 통해 쇠를 달구어 무쇠를 만들듯 의지를 단련하고 연마하여 유혹을 돌파할 수 있는 강한 의지나 도덕적 용기를 가질 것이 요구된다. 또한 이와 관련해서 중요한 것은 옳은 행위를 의무적으로 억지로 행할 수 있을지는 모르나 그것을 자발적으로 기꺼이 행할 수 있는 마음가짐 내지 감정을 도야할 필요도 있다. 따라서 도덕적 실천에서 오는 쾌감이나 즐거움을 맛보려면 우리의 감정을 순화하고 조율함으로써 올바른 행위, 고귀한 가치에 맛들여 그런 행위에 길들여지고 익숙해질 필요가 있는 것이다.

결국 도덕적 실패를 최소화하고 도덕적 행위를 즐겨 할 수 있기 위해서는 우선 도덕적으로 올바른 것이 무엇인지를 제대로 아는 일이 선결 요건이라 할 수 있다. 이와 더불어 우리는 의지를 단련, 연마하여 의지를 강화함으로써 도덕적 용기와 도덕적 내공을 기르고 유혹을 돌파할 부동심과 호연지기를 길러야 할 것이다. 나아가 감정을 순화하고 조율함으로써 올바른 것, 고귀한 것에 맛들이고 즐거움을 느끼게끔 길들이는 정서교육이 절실히 요구된다 할 것이다. 결국 도덕적 실패를 줄이기 위한 일은 인지적 각성, 의지의 강화, 감정의 조율을 겸비하는바, 지정의(知情意) 3원적 기능의 통합적 프로젝트라 할 수 있을 것이다.

공자의 어록인 『논어(論語)』에서는 공부하는 방법으로서 타인의 지식을 배우는 '학(學)'과 스스로 생각하는 '사(思)'를 들었으며, 이 두 가지 중 어느 하나도 없어서는 안 되며 양자는 상호 보완적인 관계에 있다고 하였다. 그런데 단지 이론적인 지식이 아니라 실천적인 지혜의 경우에는 이 두 가지에 더하여 '습(習)'이라는 제3의 방법이 보완되어야 한다고 한다. 배우고 생각한 것을 반복해서 행위하는 연습의 과정, 즉 습관화(habituation)를 통해 아는 것이 내면화, 내재화, 자기화, 생활화

102

되어 습득되고 체득(體得)되어야 함을 강조한다. 이같이 습득되고 체득됨으로써 지식과 내가 일체가 되어 그야말로 나의 지식이 되며 그래서 익숙해지고 길들여지면 행하는 것이 억지로가 아니라 기꺼이, 즐거이 행할 수 있게 된다는 것이다. 이는 수영을 배울 때 처음에는 물이 싫고 무섭지만 수영의 기술에 익숙해지면 물에서 노는 것이 자유롭고 즐거운 것이 되는 것과 같은 이치이다.

이와 같이 습관화를 통해 익힌 지속적 행위 성향, 자기화되고 체득된 행동 경향이 바로 바르고 즐거운 삶의 기술(skill)로서의 덕(virtue)이라 할 수 있다. 여기에서 덕을 기술이라 한 것은 반복적이고 기계적인 것이 아니고, 생각하며 익힌 유연하고 성찰적인 기술이다. 그런 의미에서 덕은 도덕적 기술이요, 행복의 기술이라 할 수 있다. 덕은 도덕적 실패를 최소화할 수 있는 도덕적 기술이요, 도덕적 행위를 의무적으로가 아니라 즐거이 수행할 수 있는 행복의 기술이다. 그래서 덕은 바르고 즐거운 삶의 기술이라고 할 수 있다. 구두를 잘 만들기 위해서는 구두 짓는 기술을 익혀야 하고 피리를 잘 불기 위해서는 피리 부는 기능을 익혀야 하듯, 인간으로서 잘 살기 위해서, 즉 성공적인 인생을 살기 위해서는 도덕적 기술과 행복의 기술로서의 덕이라는 인생의 기술이 요구된다 할 것이다.

5. 의무윤리의 보완으로서 덕윤리

윤리학의 역사를 일별하면 고중세는 덕의 윤리가 지배했으며, 근세 이후 현대에 이르기까지는 의무 중심적 윤리가 주류를 이루고 있었다. 그러나 근래에 이르러 의무윤리가 인간다운 삶을 보장하는 윤리로서 부실하다는 비판과 더불어 덕의 윤리에 대한 관심이 재개되고 있다. 윤리는 시대의 사회상과 불가분의 관계에 있는 만큼 고중세를 이어 온 소규모 공동체 중심의 공동사회가 해체되고 자신의 이해를 중심으로 이합집산하는 이익사회적이고 가치 다원주의적인 시민사회에 있어서 는 보다 명시적인 규칙의 윤리인 동시에 최소주의적인 의무의 윤리가 주류를 이루게 된 것은 불가피한 현실이었다. 그러나 규칙으로 정식화 된 의무 중심적 윤리가 인간다운 삶을 담보하는 사회규범이 되기에는 극복해야 할 갖가지 난점들이 지적되었고 일부 윤리학자들은 전통적인 덕의 윤리로부터 대안을 모색하기에 이르렀다.

하지만 덕의 윤리는 이미 지적된 바와 같이 소규모 지역 공동체에 적합한 규범의 형태였을 뿐만 아니라 그것에 내재한 애매성 내지 도덕 적 미결정성(moral indeterminacy)으로 인해 복잡다단한 현대 시민사 회의 대안 윤리가 되기에는 역부족하다는 사실을 인정하지 않을 수 없 다. 그러나 근세 이후 주류 윤리인 의무윤리가 윤리로서 여러 가지 결 함을 지니고 있다면 덕의 윤리가 그에 대한 대안 윤리가 되기는 어렵 다고 할지라도 의무윤리를 보완할 수 있는 잠재적 가능성을 타진할 만 한 가치는 있다고 하겠다. 우선 의무의 윤리는 근세 이후 우리의 도덕 생활에 있어서 주로 공적인 영역에 적용하기 위해 구상된 윤리이다. 따 라서 덕의 윤리는 일차적으로 비공적이고 사적인 영역에 보다 적합한 윤리라 생각된다. 지금 우리의 일상에서도 사회윤리나 공공도덕보다는 개인윤리에 있어서 덕윤리의 전통이 많이 잔존하고 있음도 이 점과 상 관된다 할 것이다.

그러나 덕의 윤리가 일차적으로 영역 구분으로 보아 비공적이고 사 적인 영역에 보다 적합한 윤리임이 사실이기는 하나, 일단 이 점을 받 아들이고 나면 사실상 덕의 윤리는 이 같은 영역 구분을 넘어 다양한 영역과 직종에 광범위하게 응용될 여지가 있음을 수긍하게 된다. 덕의 윤리는 사적 영역을 넘어 공적인 영역, 즉 시민윤리에 있어서도, 즉 시민의 덕을 함양하고 교육하는 데 있어서 유용하다. 또한 공직자의 덕을 위시하여 교육자, 법조인, 의료인 등 역시 그 직종에 맞는 미덕을 개발하고 교육할 수 있는 여지가 생긴다. 그래서 근래에는 직업윤리에 있어서도 성공(success) 못지않게 봉사(service)의 측면도 강조되며 덕의 윤리는 직장인의 성공만이 아니라 인간으로서의 보람과 행복을 위해서도 강조되고 있다.

자유주의는 비록 덕을 정치의 목적으로 하는 완전주의(perfectionism)에 대해서는 비판적이지만 덕을 정치의 수단으로 수용하는 입장까지 배척할 이유가 없다고 할 수 있다. 자유주의가 덕을 배제할 이유가 없음을 이해하기 위해 정치의 주요 목적이라 할 수 있는 정의의 수행 방식을 생각해 보자. 이 같은 방식 중 하나는 정의의 원칙이 행위를 강제하는 부담으로서 외면적, 형식적으로만 그에 따르는 수행 방식이다. 이럴 경우 공적인 영역에서는 처벌의 공포가 두려워 정의의 원칙에 따르게는 될 것이나 그것이 성격에 영향을 주지 않는 한 사적인 영역에서는 여전히 부정의를 쉽사리 자행할 가능성이 열려 있게 된다.

이는 자유주의 사회를 안정적으로 발전시키기 위해서는 불충분한 수행 방식이 아닐 수 없다. 나아가 그것은 오히려 자유주의를 자멸시키는 결과로 이끌 수도 있다는 비판을 면하기 어려울 것으로 생각된다. 자유주의는 정의의 원칙을 내면화하고 그에 기반해서 행동하는 수행 방식을 선호할 것으로 보인다. 이런 수행 방식에서는 정의의 원칙이 단순히 행위만이 아니라 성격의 형성과 변화에도 영향을 미칠 수 있다. 이같이 생각할 때 자유주의에서 배제되고 있는 것은 정치의 외재적인 목적으로서 덕일 뿐, 정치에 내재하는 수단으로서의 덕, 즉 타인의 권리를 존중하고 다른 의견을 가진 사람에 대해 관용을 베풀며 정의에 자발적으로 따르고자 하는 성향, 즉 정의감 등을 오히려 필수적으로 요청한다 할 것이다.

근세 이후 다원주의라는 사회적 현실에 대한 대응책을 추구하는 가운데 정치적으로는 자유주의가, 도덕적으로는 의무윤리 등 최소주의적 전략이 제시되었다. 비록 다소 다른 두 가지 측면에서 제안된 것이긴 하나 이들은 모두 다원주의를 관리하기 위한 근대적 프로젝트(modern project)의 일환이라 할 수 있다. 그런데 지금까지 일반적으로 자유주의나 의무윤리는 덕의 윤리에 대해 적대적이거나 아니면 적어도 비우호적이라는 견해가 지배적이었다. 그러나 우리가 보기에 이 같은 견해는 지극히 흑백논리적 발상에서 유래한 것으로 보인다. 최대 윤리든 최소 윤리든, 혹은 공동체주의든 자유주의든 간에 그에 걸맞은 덕윤리는 구상될 수 있을 뿐만 아니라 충분히 실현 가능할 것으로 생각된다.

물론 자유주의적 다원사회가 덕목들이 번성하게 될 환경으로서 최상의 조건은 아닐 것이며 소규모 지역 공동체가 더 유리한 조건일지도 모른다. 그러나 제대로 된 시민교육이나 덕성교육을 통해 유덕한 시민의 육성이 불가능한 것으로 생각되지는 않는다. 시민들이 그 같은 덕목을 제대로 갖추지 못함으로써 의무나 정의를 위배했을 경우 당하게 될 처벌의 고통이 그 같은 덕목 습득을 재촉하는 동기화의 에너지가 될 수도 있을 것이며, 나아가 그런 덕목의 체득으로 인해 자족하고 행복한 삶의 영위가 또 다른 하나의 유인이 될 수 있을 것이다. 여하튼 이 같은 주장들의 진위는 경험과학적 검증에 의해 밝혀질 것인바, 자유주의적 다원사회가 원리상 덕의 윤리에 비우호적이라는 입장은 자명한 것은 아니라고 판단된다.

2부 도대체 정의란 무엇인가

신자유주의 이후의 자유 담론

1. 자유와 평등을 오가는 자유주의 펜듈럼

필자는 『자유주의는 진화하는가』라는 책을 출간한 적이 있다.[1] 그 책에서 필자는 자유주의란 생명이 고정되어 어떤 시대에만 통용될 수 있는 이념이기보다는 마치 유기체처럼 시대적 요청에 부응해서 진화, 발전하는 신축적 개념이라는 견해를 밝힌 적이 있다. 그리고 이러한 진화와 발전의 과정은 자유라는 가치와 평등이라는 가치 간에 오가는 진자(pendulum)처럼 시대적 요구에 따라 때로는 악센트가 자유에 있다가도 때로는 평등에 비중을 두는 다양한 자유주의 버전이 생겨난다고 보았다.

---

* 철학연구회 추계 정기발표회 기조발표, 2016. 12.
1) 황경식, 『자유주의는 진화하는가: 열린 자유주의를 위하여』, 철학과현실사, 2006.

중세적인 절대주의나 권위주의가 막을 내리고 자유화와 다원화가 시대정신으로 요청되던 시기에 태동한 자유주의는 한때 자유주의라는 이름 아래 어느 정도의 재산을 가진 시민들이 자신의 소유권을 보장하기 위한 소유적 개인주의(possessive individualism)[2]를 옹호하는 방편으로 이용되었다. 사실상 홉스에서 로크에 이르는 자유주의는 이 같은 명분을 가진 이른바 오늘날의 개념으로는 자유지상주의(libertarianism)에 가까운 형태의 자유주의였다고 할 수 있다. 이 같은 이념 지형에서는 평등보다는 자유가 그 전경에서 강조되고 있는 셈이다.

그러나 대부분의 시민들, 특히 소유권을 보호할 만한 재산이 없는 시민들에게는 그러한 자유가 유명무실한 것으로 자유주의는 대부분의 무산자들에게 허울뿐인 위선에 불과했다. 이 같은 이중성으로 인해 초기의 자유주의는 다른 극단으로 평등의 가치를 명분으로 한 사회주의(socialism)가 대안으로서 등장할 빌미를 주게 된 셈이다. 그러나 자유주의는 이 같은 대결 구도 속에서 평등의 가치가 갖는 비중을 실감하고 복지를 중시하는 수정 자유주의로 변신하면서 사회주의에 맞서게 되었다. 이 같은 과정에서 자유주의 이념은 양분되기 시작했고 지금까지의 자유주의를 그대로 고수하는 이른바 자유지상주의(libertarianism)와 복지에 주목하면서 자유와 평등의 조정을 꾀하는 자유주의적 평등주의(liberal equality), 혹은 오늘날의 이른바 자유주의(liberalism)로 갈라서게 된 것이다.

그러나 자유주의의 노선에 변화가 생기게 된 것은 현실 사회주의가 패망하기 시작하면서부터이다. 자유주의와 사회주의 간의 대결 구도가 끝나고 현실 사회주의의 몰락으로 인해 승기를 잡은 자유주의는 정치

---

2) 맥퍼슨(C. B. Macpherson)의 저술 *The Political Theory of Possessive Individualism* 참조.

경제적 이념으로서 비교 대상이 없는 절대 승자로 군림하게 된다. 이로서 자유주의는 독단적 승리에 도취되어 신자유주의(neo-liberalism)라는 깃발 아래 안주하게 되고 유일무이한 이념으로서 번성을 누리게 된다. 그러나 신자유주의의 그림자는 짙고도 긴 것이었다. 현실은 점차 회복하기 어려운 양극화의 늪에 빠져들게 되었고 자유는 소수의 가진 자에 의해 전횡되는 자만에 불과하게 된 것이다.

사실상 자유주의가 추구하는바 자유와 평등이라는 두 가치는 대등한 수준의 경쟁적 가치가 아니다. 자유라는 가치는 자유주의가 주창하는 유일한 실질적 가치이고, 평등은 그 같은 실질적 가치라기보다는 자유라는 실질적 가치를 나누는 형식적 유형이며 그런 의미에서 절차적 가치라 할 수 있다. 따라서 자유의 평등 분배가 있을 수 있고 자유의 불평등 분배가 있을 수 있는 것이다. 오늘날 자유지상주의와 차별화되는 자유주의는 자유주의적 평등의 이념을 핵심으로 하며 이는 자유를 모든 이가 가능한 한 평등하게, 그리고 가능한 한 최대의 자유를 향유하게 하려는 이념으로서 자유와 평등을 조정하자는 이념이라 할 수 있다.

우선 우리는 2절에서 정치, 사회, 경제적으로 다양한 이념들의 상관관계와 전후 맥락들을 살피고자 한다. 특히 근세 이래 대결 구도에서 서로 다투었던 사회주의와 신자유주의를 살피고 이들의 절충적 내지는 보완적 이념의 가능성을 타진해 보고자 한다. 그리고 3절과 4절에서는 신자유주의 이후의 자유 담론에 있어서 두 가지 화두를 예시해 보고자 한다. 우선 3절에서는 이사야 벌린(I. Berlin)이 제기한 자유라는 개념의 의미와 분류를 알아보고 그에 대한 비판적 논의를 통해 오늘날 우리의 실질적 자유 개념으로서 인간의 자율성 문제를 검토해 보고자 한다.

또한 4절에서는 자유주의자들의 항구적인 과제로서 정치적 자유의 평등과 사회경제적 불평등 간의 조정 문제를 다루어 보고자 한다. 이 문제는 오늘날 정의론자인 존 롤스(John Rawls)에 이르기까지 고심하는, 자유주의자들의 미완의 과제라 생각하며, 또한 이 같은 정치적 자유의 평등과 사회경제적 불평등 간의 적절한 조정을 구현하는 원리 혹은 체제를 제시할 가능성을 논구해 보고자 한다.

끝으로 5절에서 우리는 최근 『21세기 자본』이라는 저서를 출간하여 정치철학 및 사회철학계에 충격을 준 피케티(T. Piketty)의 입장도 살펴보고자 한다. 우리가 특히 피케티의 주장에 주목하고자 하는 까닭은 그가 신자유주의의 암초와 사회주의의 늪을 피하면서 오늘날 자유주의 담론의 새로운 출구를 열어 줄 가능성에 대한 일말의 기대 때문이다. 그러나 그의 제안 역시 하나의 시론에 불과할 수밖에 없을지도 모른다.

2. 현실 사회주의 몰락과 신자유주의 이후

소련과 동유럽 여러 나라들의 현실 사회주의가 패망한 이후 세계는 온통 신자유주의로 불리는 자본주의 체제가 인류사의 보편적인 역사 발전의 방향으로 생각되고 있다. 마르크스주의로 대표되는 사회주의 또는 공산주의는 실패한 실험에 불과한 것으로 간주되고 있다. 물론 일부 학자들 중에는 사회주의 자체가 실패한 것이 아니라 소련 또는 동유럽 국가들에서 관료들이 사회주의를 잘못 운영했기 때문에 발생한 현실 '국가 사회주의'의 실패였을 뿐이라고 주장하는 사람들도 있다.3)

소련과 동유럽의 사회주의가 실패한 가장 결정적인 이유는 자본주

---

3) 김낙중, 「현실 사회주의 실패 후 역사의 향방: 신자유주의 이후를 고민하자」, 네이버 블로그 참조.

의 국가들과의 생산력 경쟁에서 그들이 상대적으로 낙후했기 때문이다. 그리고 현실 사회주의 국가들의 사회적 생산력이 상대적으로 낙후했던 이유는 사회주의적 계획경제를 담당한 관료들의 부패와 비능률뿐만 아니라 국가에 의한 계획경제가 시장의 자유경쟁과 합리적 자원 배분 기능을 대신하지 못했기 때문으로 간주된다. 자본주의 체제 아래서는 각 기업들이 시장에서 살아남기 위해 치열한 경쟁을 전개하고 그 경쟁에서 이긴 기업들만이 살아남는 약육강식의 법칙이 지배한다. 그러나 사회주의 체제 아래서는 생산력을 짜내는 그 같은 엄혹한 경쟁 시스템이 성립하기 어려웠던 것이다.

그런데 신자유주의란, 자본주의 경제의 근본적 불안정성을 전제로 정부의 적극적 개입을 내세운 케인즈주의가 쇠퇴하면서 재등장한 신고전파 경제학의 전통을 이어받은 이념으로서, 개방화, 자유화, 민영화, 탈규제, 탈복지 등을 내세운다. 신자유주의 이론은 1970년대 후반부터 국내 경제에서든 국제 경제에서든 국가나 정부 차원의 모든 인위적인 개입을 공격하면서 자유시장의 논리를 설파하는 데 성공했다. 나아가 혹자는 신자유주의가 고전적인 경제적 자유주의보다 자유방임의 원리를 문화적, 사회적 차원에까지 확장해야 한다고 주장하는 점에서 자유지상주의(libertarianism)로 불리기도 한다고 했다.

케인즈 이론은 이른바 '자본주의 황금기'와 함께하였으나 1970년대 이후 세계적인 불황이 다가오면서 이에 대한 반론이 제기되었다. 장기적인 스태그플레이션은 케인즈 이론에 기반한 경제정책이 실패한 결과라고 지적하며 대두된 것이 신자유주의 이론이다. 신자유주의는 자유시장과 규제 완화, 재산권을 중시한다. 곧 신자유주의자들은 국가권력의 시장 개입을 완전히 부정하지는 않지만 국가권력의 시장 개입은 경제의 효율성과 형평성을 오히려 약화시킨다고 주장한다. 따라서 그들은 소극적인 통화정책과 국제금융의 자유화를 통하여 안정된 경제성장에 도달하는 것을 목표로 한다.

또한 신자유주의자들은 공공복지 제도를 확대하는 것은 정부의 재정을 팽창시키고 근로 의욕을 감퇴시켜 이른바 '복지병'을 야기한다는 주장도 내세운다. 신자유주의자들은 자유무역과 국제적 분업이라는 말로 시장 개방을 주장하는데 따라서 이른바 '세계화'나 '자유화'라는 용어도 신자유주의의 산물이라 할 수 있다. 여하튼 신자유주의는, 자유방임 경제를 지향함으로써 비능률을 해소하고 경쟁 시장의 효율성 및 경쟁력을 강화하는 긍정적 효과가 있는 반면, 불황과 실업, 그로 인한 빈부 격차의 확대, 시장 개방 압력으로 인한 선진국과 후진국의 갈등 초래라는 부정적인 측면도 있다는 비판이다. 그러나 시간이 흐를수록 신자유주의는 그 빛보다 그림자를 짙게 드리움으로써 세계의 많은 거주민들을 사회경제적 도탄에 빠지게 하고 있는 셈이다.

그렇다면 과연 신자유주의는 인류 역사가 추구할 수밖에 없는 합당한 미래인가라는 질문을 우리는 심각하게 제기할 수밖에 없는 시점에 이르렀다. 사회주의 혁명의 바람이 지구촌을 휩쓸던 20세기 중반 전후 유럽에서는 사회주의를 대신하는 제3의 길로서 '복지 사회주의' 또는 '사회적 자본주의'라는 수정 자본주의의 길이 선택되기도 했다. 자본주의 사회가 지닌 계급 간 갈등을 완화하고 사회주의적 계급 혁명을 완충하려는 목적으로 제시된, 사회주의도 자본주의도 아닌 이른바 제3의 길이라 할 수 있다.

복지 사회주의는 생산수단에 대한 사적 소유 체제는 그대로 유지한 채 국가가 적극적으로 개입하여 사회적 복지제도를 확장함으로써 자본주의적 생산수단의 소유에서 소외된 무산자들의 기본적 생활을 보장하려는 것이었다. 저임금과 실업 등으로 인하여 초래되는 무산자들의 의료, 교육, 최저 생활 등은 국가 재정이 보장하는 사회적 보장망을 확충하려는 것으로서 북유럽 나라들의 복지제도 확충이 이 같은 유형에 속한다고 할 수 있다.

그리고 사회적 자본주의란, 역시 생산수단의 사적 소유는 그대로 존중하되, 노동력을 구매해야 생산활동을 할 수 있는 자본가와 노동력을 판매해야 자기 생활을 유지할 수 있는 임금 노동자들이 함께 협력할 수 있는 사회적 제도를 만들자는 것으로 제2차 세계대전 후 서독에서 실시한 '노사 공동 결정 제도'나 경영 참여 제도가 바로 이 같은 유형에 속한다고 할 수 있다. 따라서 우리는 신자유주의의 대안으로서 자유주의의 근간을 이어가면서도 사회주의적 명분을 원용한 그야말로 절충적이고 보완적인 이념을 검토하는 가운데 신자유주의 이후의 자유 담론을 모색해 가야 할 것이다.

3. 소극적, 적극적 자유와 인간의 자율성

자유에 대한 현대적 담론 중 하나는 기본적으로 신자유주의와 상관된 벌린(I. Berlin)의 논의에서 시작해 그에 대한 비판 및 수정으로 전개되어 왔다.[4] 벌린은 주지하다시피 「두 가지 자유 개념」[5]이라는 논문에서 자유를 소극적 자유와 적극적 자유로 구분하고 이 두 가지 자유를 각각 별개의 자유 개념으로 간주했다. 그에 따르면 소극적 자유는 홉스, 로크, 스미스, J. S. 밀 등을 통해 계승되어 온 자유주의적 자유로서 외적 장애의 부재 또는 타인에 의한 외적 간섭의 부재로 정의된다.

따라서 자유에 대한 소극적 개념을 옹호하는 이들은 국가의 정당한

---

4) 김비환, 네이버 열린연단: 문화의 안과 밖, 「자유의 구성」, 2016 참조.

5) I. Berlin, *Four Essays on Liberty*, Oxford: Oxford University Press, 1979.

행위를, 개인적, 시민적 자유를 보호하고 시민들 상호간의 강제 행위를 방지할 수 있는 보호 기능에 국한하고자 한다. 때문에 소극적 자유주의자들은 경제 영역에서 국가가 간섭할 수 있는 범위를 시장의 정상적인 작동을 위해 필요한 최소한으로 제한하는 한편, 사유재산과 시장에서의 자유방임주의를 개인적 자유의 필수조건으로 간주한다. 또한 이들은 소극적 자유를 현대사회의 다원주의와 양립 가능한 중립적인 자유 개념이라 주장한다.

한편 벌린은 적극적 자유 개념을 자기 자신의 주인이 되는 것, 곧 자기통제 혹은 자결이나 자치(self-government)의 능력과 관련되는 것으로 해석한다. 그런데 벌린은 이 같은 적극적 의미의 자유 개념이 궁극적으로 자유에 대한 전체주의적인 억압을 정당화할 수 있다고 경고한다. 그에 따르면 자유를 자기지배 혹은 자결로 이해하는 관점은 자아를 합리적인 부분, 즉 진정한 자아(real self)와 그렇지 못한 부분, 즉 경험적 자아(empirical self)로 구성되어 있다고 보는 형이상학적 견해를 전제하고 있다고 해석한다.

진정한 자아는 일상적인 경험적 자아를 합리적인 목적에 따라 잘 통제함으로써 진정한 자아실현을 성취할 수 있다. 그런데 진정한 자아는 보통 개체적 자아를 포함하는 더 큰 전체적 자아, 이를테면 민족이나 국가의 일부로 이해되기 때문에 개인의 진정한 이익을 민족이나 국가의 이익과 동일시하는 집단주의적 함축을 지니게 된다. 결국 개인들은 자신의 개별적인 이익을 포기하고 전체의 의지에 따름으로써 보다 고차원적인 자유를 향유하는 것으로 이해된다. 다시 말하면 적극적 자유 개념은 개인들이 '자유롭도록 강제되는(forced to be free)' 역설적 상황으로 귀결되는 것으로 간주된다는 것이다.

소극적 의미의 자유와 적극적 의미의 자유를 별개의 자유 개념으로

116

규정하고 자유주의 전통은 오직 소극적 자유 개념과만 양립할 수 있다고 본 벌린의 입장은 크게 두 가지 측면에서 비판을 받았다. 하나는 자유의 형식적 구조와 특징에 대해서였고, 다른 하나는 적극적 자유에 대한 그의 독단적 평가에 대해서였다. 이 중에서 특히 우리가 주목하고자 하는 점은 두 번째 비판으로서, 적극적 자유 개념이 개인의 자유를 부정하는 역설적 결과를 초래한다고 본 벌린의 주장은 적극적 자유에 대한 명백한 왜곡과 논리적 과오에 의지해 있다는 비판이다.

테일러(C. Taylor)는 자기지배 혹은 자결의 원리와 전체주의적 지배 사이에는 논리적으로 필연적인 연관성이 없다고 반박했다. 그에 의하면 적극적 자유 개념이 포함하는 가장 핵심적인 원리가 바로 자결이다. 이 자결의 원리는 다른 어떤 목적들과 상관없이 그 자체로서 가치 있는 것으로 간주된다. 자기 자신이 스스로 채택한 목적에 따르는 자결적 행위는 전체주의적 강제와 결코 양립할 수가 없다. 무엇보다도 적극적 자유 개념에 포함된 자결 혹은 자율성(autonomy)의 원리는 자유주의 전통의 중심적인 원리로서 칸트나 J. S. 밀 등에 의해 제안된 자유주의 원리를 구성하는 핵심적인 요소라 할 수 있다.

나아가 자결 혹은 자기지배의 원리가 자유의 부정으로 귀결될 수 있다는 벌린의 주장은 논리적인 비약일 뿐만 아니라 자유주의의 전통적인 믿음과도 일치하지 않는다. 벌린이 소극적 자유주의자들로 분류한 대부분의 자유주의자들은 결코 소극적 자유만을 옹호하지 않았다. 그들 대부분은 암암리에 자결 혹은 자기지배의 원리를 전제했다. 대부분의 자유주의자들은 항상 불간섭으로서의 자유와 함께 자율성이나 자기 선택의 능력을 전제했다.

따라서 중요한 것은 자율성의 원리가 진정 자유주의의 핵심 원리인가의 여부보다 도대체 자율성의 원리가 무엇이며 또한 온전히 자율적인 능력의 실현을 위한 조건이 무엇이고 나아가 자유주의 체제가 이를 위해 어떤 정책과 처방을 내놓을 것인가이다. 결국 우리는 인간적 자율성으로서 자유 실현이 신자유주의 이후의 자유 담론의 한 가지 주요 화두가 되어야 할 것이라 생각한다.

4. 정치적 자유의 평등과 경제적 불평등[6]

자유주의적 정치이론은 전통적으로 이중의 정당화 논의를 제시해 왔다. 한편 자유주의 이론가들은 다양한 정치적 자유들의 평등(equality of political liberties)을 주장해 왔다. 물론 서로 다른 이론가들은 평등한 기본적 자유들의 상이한 세트에 관심을 가지고 있었다. 홉스는 인신의 평등한 자유들의 협소한 세트만을 정당화하고자 하는 반면, 로크는 정치적 참여의 평등한 자유들에 대한 더 광범위한 세트를 주장하고 있다. 나아가 J. S. 밀은 사상과 표현의 자유들에 대한 더 넓은 세트를 옹호하고자 했다.

이들 자유주의 이론가들은 이상과 같이 정치적 자유의 영역에 있어서 어느 정도의 평등을 정당화하는 한편, 개인이나 계층 간 소득, 부, 권력, 권위 등에 있어서 상당한 불평등을 수용, 정당화하고자 했다. 일반적으로 그들은 경쟁 시장 내에서 영향력이 있는 기술, 지능, 근면 등에 있어서의 차등을 필요하고도 공정한 결과로 간주하고자 했다. 이 같은 정치적 평등과 사회경제적 불평등을 정당화하는 데 이용될 다양한 이론 체계에도 불구하고 그들이 공유하고 있는 한 가지 동일한 전제는 정치적 평등을 상당한 사회경제적 불평등과 양립 가능한 것으로 가정

---

6) Norman Daniels, ed., *Equal Liberty and Unequal Worth of Liberty Reading Rawls*, Stanford University Press, 1989 참조.

한다는 점이다.

유사한 가정이 롤스의 '공정으로서의 정의관(Justice as Fairness)'에 있어서 두 원칙과 그에 대한 롤스의 정교한 논변에도 함축되어 있다. 주지하다시피 롤스에 있어서 정의의 제1원칙은 평등한 기본적 자유의 최대한 광범위한 체계로 기술되는바, 정치적 영역에 있어서 광범위한 평등을 요구한다. 나아가 이 같은 자유는 다른 사회적 기본 가치들보다 우선권이 주어지며 오직 자유를 위해서만 제한될 수 있다고 한다. 다시 말하면 자유의 범위나 평등함이 다른 사회적 가치들과 흥정이나 조정의 대상이 될 수 없다는 것이다. 그런데 롤스의 두 번째의 원칙은 사회경제적 영역에 있어서의 불평등을 허용한다. 특히 개인과 계층 간에 소득, 부, 권력, 권위에 있어서의 불평등을 허용하고 있다. 단지 그런 불평등이 사회 성원 중 최소 수혜자(the least advantaged) 계층이 누리는 기본적인 사회적 가치 수준을 극대화하는 한 용납될 수 있다는 것이다.

그리고 롤스는 제1원칙의 평등과 제2원칙의 불평등이 양립 가능하다는 점에 대해 제2원칙이 허용하는 불평등이 대단하지 않는 한 크게 문제될 가능성이 없다고 본다. 롤스는 자신의 원칙이 용납할 불평등이 크지 않은 것으로 예상하며, 적어도 오늘날 우리가 부정의하고 불공정하다고 판단하는 불평등은 그의 제2원칙에 의해 배제될 것으로 기대한다. 그러나 그는 이 같은 예상과 기대에 대해 사회과학적으로 설득력 있는 입증과 논변을 제시하지 않음으로써 갖가지 비판의 여지를 열어 놓고 있다. 이 같은 정치적 영역의 평등과 사회경제적 영역의 불평등 사이의 양립 가능성 문제와 더불어 그에 걸맞은 체제의 제시는 자본주의 진영이건 사회주의 진영이건 간에 오늘날 자유주의 담론이 풀어야 할 과제 중 하나라고 생각된다.

물론 이 같은 양립 가능성 여부 문제는 논리적 양립 가능성 유무는 아니다. 이에 연루된 문제는 논리적 모순 여부가 아니며 또한 논리적 모순이 없다는 것으로 충분한 해결이 된 것도 아니다. 롤스가 자신의 정의 원칙을 이상적 이론(ideal theory)의 모형으로서 제안했을 때 그는 논리적 가능성만을 염두에 둔 것이 아니다. 그는 자신이 제시한 이상이 사회적으로 구현 가능한 현실성 있는 것이기를 바랐다(realistic idealism). 그의 정의론은 우리가 일반적인 사회이론, 심리, 사회학, 역사, 경제, 정치학 등으로부터 알고 있는 지식에 비추어서 현실적으로 작동 가능한 정의관으로 추정된다.

그래서 롤스는 공정으로서의 정의 원칙이 도덕 심리학(moral psychology)의 원칙에 부합된다는 것을 힘들여 논증하고 있다. 그중 하나로서 자신의 정의 원칙이 다른 이론들보다 도덕 심리학의 원칙에 부합하는 안정된(stable) 이론이기를 기대한다. 이런 의미에서 안정성은 적절한 도덕이론의 내용이 갖추어야 할 중대한 경험적 제약 조건으로서 사회적 실현 가능성의 한 가지 중요한 결정 요건으로 간주하고 있는 듯하다.

롤스는 불평등한 부와 권력이 자유에 미치는 결과를 배제하기 위한 제도적 청사진을 발견할 수 있다는, 입증하기 어려운 희망을 제시하는 대신, 이 문제를 우회적으로 해결하기 위해 자유와 자유의 가치(worth of liberty) 간의 구분을 도입하고자 한다. 평등한 시민들의 온전한 자유 체계로 대변되는 자유는 정의의 제1원칙에 의해 배분된다. 그러나 새로운 사회적 선(social goods)인 자유의 가치가 개인이나 계층에 배분되는 것은 제도 체계 내에서 성원들의 목적을 증진할 수 있는 그들의 능력에 비례하는 것으로서 이는 정의의 제2원칙에 의해 배분된다고 할 수 있다.

이상과 같은 배분의 결과로서 평등한 자유와 불평등한 부나 권력 간의 양립 불가능성이나 제1원칙과 제2원칙 간의 갈등은 사라질 것으로 롤스는 기대한다. 따라서 이제는 불평등한 부나 불평등한 권력은 더 이상 자유 그 자체의 불평등을 야기하지 않고 자유의 가치에 있어서의 불평등만 유발하게 되는 것이다. 롤스에 따르면 "평등한 자유로서의 자유는 모든 이에게 동일하며 평등한 자유보다 적은 자유에 대한 보상 문제는 발생하지 않는다. 한편 자유의 가치는 모든 이에게 평등하지 않다. 일부 성원은 더 많은 권위와 부를 지니며 그들의 목적을 성취할 수 있는 더 많은 수단을 갖는다." 결국 롤스에 있어서 더 큰 권위와 재산은 자신의 목적을 성취할 수 있는 더 큰 수단을 갖게 하며, 따라서 더 큰 자유의 가치를 갖는 셈이 된다.

이런 식으로 해서 결국 롤스의 정의론에 의거해서 최소 수혜자 계층은 자신이 선택할 수 있는 가능한 대안적 사회들 중 최우선적이고 최선의 고려와 최대의 배려를 받을 수 있는 사회를 선택하게 되는 셈이 된다. 그래서 최소 수혜자들은 가능한 한 자유를 실현할 수 있는 최대의 수단을 향유함으로써 최대의 자유의 가치를 향유하는 셈이 되는 것이다. 결국 최소 수혜자는 최소 극대화 전략(maximin)에 의한 합리적 의사 결정을 함으로써 '불행 중 다행'의 선택을 행하게 되는 것이다. 물론 이에 대해 갖가지 반론이 가능할 것이나 어떤 비판과 대안 제시가 가능할 것인지 자상하게 따져 볼 가치가 있다는 생각이다.

5. 세습 자본주의와 사회적 국가론 제안

필자는 신자유주의 이후의 자유 담론을 위해 피케티(T. Piketty)의 『21세기 자본(*Capital in the Twenty-First Century*)』에 관심을 가질 필요가 있다고 생각한다. 왜 피케티인가? 그것은 피케티가 광범위한 실증 연구를 바탕으로 (신)자유주의 대 마르크스주의라는 이분법을 벗어나 오늘날 자유 담론의 핵심인바, 불평등을 극복할 수 있는 실현 가능한 정치 경제학적 대안으로서 사회적 국가 혹은 사회민주주의를 제시하고 있기 때문이다. 피케티는 시장의 만능을 과도하게 신뢰하는 신고전파 경제학과 이념적 순수성을 고수하는 마르크스주의의 한계를 넘어서 불평등을 양산하는 자본과 시장의 파행적인 작동을 통제하는 사회적 국가를 통해서만 오늘날 우리를 절망시키는 부자유와 불평등을 극복할 수 있다고 역설한다.

피케티의 『21세기 자본』이 출간된 이후 그의 이론과 통계 자료 해석에 대한 주류 경제학자들의 비판이 있었고, 또 이 비판에 대해 피케티 자신은 물론 피케티에게 동조하는 경제학자들의 반비판이 진행되고 있다. 대표적인 진보 경제학자인 폴 크루그먼(Paul Krugman)은 피케티를 둘러싼 주류 경제학자들의 반응을 '피케티 패닉'이라 불렀다. 왜 주류 경제학자들이 '공황 상태'에 빠진 것일까? 바로 주류 경제학이 '발설해서는 안 될 금기'로 간주하는 경제적 불평등의 문제를 피케티가 정면으로 다루었기 때문이다.

물론 미국의 진보 경제학자들, 이를테면 앞서 언급한 폴 크루그먼이나 조셉 스티글리츠(Joseph Stiglitz) 같은 논자들도 이미 불평등에 대해 이야기했고, 신자유주의 영향으로 경제적 불평등이 극심해지자 신자유주의 경제이론과 정책을 기조로 삼고 있는 IMF에서조차 극심한 불평등은 경제성장에도 방해가 될 것이라는 전망을 내놓았다. 오늘날 세계의 불평등이 심각하다는 것은 이제 더 이상 비밀이 아니다. 더욱이 한국의 경우는 부유한 국가 중 빈부 격차가 가장 큰 미국 못지않게, 아니 그 이상으로 불평등의 정도가 심각한 나라가 되었다. OECD 국가 중 복지 지출은 최하위지만, 자살률, 노인 빈곤율 등 사회 병리적 현상

에서는 최상위의 위용을 자랑한다.7)

여하튼 지금까지 경제적 불평등을 말하던 진보 경제학자들과 피케티의 진정한 차이점은 무엇인가? 앞서도 지적했던 것처럼 우선 피케티가 분배 문제를 다시 경제학의 핵심적인 분석 대상으로 복원시켰다는 데 있다. 그는 불평등의 핵심은 무엇이고 불평등 정도가 어떠한지 등 불평등의 현실을 알리는 방식에서 뿐만이 아니라 분석 방식과 문제 해결을 위한 처방에 있어서도 독보적이다. 경제적 불평등의 현실을 극복하기 위한 명확한 정책적 대안을 제시했다는 점에서도 피케티는 주류 경제학자들을 넘어섰으며, 이 점에서 피케티는 이 시대의 진정한 진보적인 경제학자로 평가받을 수 있다.

피케티가 제시하는 정책적 대안은 분명하다. 고율의 누진적 소득세와 자본세를 다시 도입해 재분배 정책을 실행해야 한다는 것이다. 그렇지 않으면 21세기에 자본 소득과 노동 소득의 격차, 그리고 부자와 빈자 사이의 경제적 불평등이 더욱 극심해지리라고 본다. 물론 이러한 진단은 1970년대 이후 지금까지 불평등이 심화된 것이 각 국가들이 서로 경쟁적으로 세율을 인하해 왔기 때문이라는 구체적인 역사적 사실에 근거하고 있다. 주류 경제학자들에게 세계 경제는 '다소간 문제는 있지만' 여전히 '평등한 세계'였다. 피케티는 보수주의자나 자유주의 경제학자들의 이러한 위선과 자기기만, 허위의식에 큰 충격을 주었으며, 이는 앞으로도 여전히 그들을 패닉에 빠뜨리는 주요 원인이 될 것이다.

신고전파 주류 경제학자도 경제가 불균형 상태에 빠질 수 있다는 것을 인정하지만 이들은 국가가 개입하지 않고 자연스럽게 시장에 맡겨두면 경제는 저절로 안정적인 균형 상태를 찾아간다고 주장한다. 완전

---

7) 홍준기, 『피케티의 21세기 자본과 사회적 국가』, 한울, 2016 참조.

경쟁 시장에서 작동하고 있는 '보이지 않는 손'이라는 '자율적인 기능'
이 그렇게 만들어 준다고 믿고 있다. 피케티 역시 자본 축적 그 자체가
문제라고는 생각하지 않는다. 하지만 그는 경제를 시장에만 맡겨 둔다
면 자본이 축적됨에 따라 불평등은 심화될 수밖에 없다고 본다. 피케티
는『21세기 자본』에서 실증 연구를 통해 실제로 1970년대 이후로 불
평등이 점점 심하되어 왔음을 보여주었으며, 21세기에는 불평등이 극
심하게 전개되어 마침내 '세습 자본주의(hereditary capitalism)'가 도래
할 수 있다고 전망했다.

이미 언급했듯이 피케티는 고율의 누진적 소득세, 그리고 자본세와
상속세를 다시 도입해 효과적인 재분배 정책과 자본 통제를 실행하지
않으면 21세기에는 자본 소득과 노동 소득의 격차, 그리고 부자와 빈
자 사이의 경제적 불평등은 더욱 극심해질 것이라고 진단한다. 나아가
피케티가 제시하는 정책적 대안 체제는 한마디로 말하면 '사회적 국가'
라고 할 수 있다. 피케티는 적어도『21세기 자본』에서는 복지국가보다
는 사회적 국가라는 개념을 더 선호한다.

피케티가 복지국가라는 용어 대신 사회적 국가라는 표현을 사용하
는 이유와 관련해서 피케티는 국가가 고율의 누진적 소득세를 통해 효
과적인 재분배 정책을 관철시킬 수 있었던 1945-1975년 시기의 선진
국이 역사적으로 가장 평등한 사회였음을 보여준다. 그중 특히 북유럽
사회가 그 시기뿐만이 아니라 지금도 여전히 평등한 사회임을 직간접
적으로 강조한다. 피케티가 우리에게 시사하는 바가 무엇인지 심층적
인 논구가 필요한 시점이다.

협동의 근거와 정의로운 사회

1. 협동의 기원과 인간의 본성

1) 협동의 기원: 선천적인가, 후천적인가

인간은 순한 양이라고 믿는 사람도 있고 무자비한 이리라고 생각하는 사람도 있다. 그리고 이들은 각기 자기에게 유리한 근거를 끌어와서 자신의 믿음과 생각이 옳다고 내세운다. 인간이 양같이 순진하고 어리석은 존재라는 가정 위에 독재자들은 자신의 뜻대로 인간을 길들이고 이끌어 갈 수 있다고 확신한다. 그러나 대부분의 인간이 양과 같은 존재라면 피로 점철된 인간의 역사를 어떻게 설명할 것인가?

홉스와 같은 사상가로 하여금 "인간은 인간에 대해 이리"라는 결론을 내리게 한 것은 역사상 자행된 무수한 착취와 살상이었다. 여하튼

---

* 자유주의 연구모임, 연구 프로젝트, 2014.

이상과 같은 두 가지 인간관 사이에서 우리는 당황하지 않을 수 없다. 그렇다면 소수의 간악한 무리를 예외로 하고서 대부분의 인간은 양의 탈을 쓴 이리란 말인가? 아니면 인간 사회에서 본성을 달리하는 선한 자와 악한 자라는 두 종류의 인간이 존재한다는 말인가?

인간의 본성이 원래 선한가, 아니면 악한가라는 문제는 각도를 달리해서 말하면 인간의 도덕적 능력이 선천적인가, 후천적인가라는 물음으로 바꾸어 생각할 수도 있다. 전통적으로 인간의 도덕적 능력은 양심 혹은 이성으로 불러 오고 있다. 우리는 부도덕을 나무라면서 "양심에 비추어 보라"고 하고 "이성을 되찾으라"고 말한다. 여기에서 양심이나 이성이라는 도덕적 능력은 인간이 이 세상에 태어날 때부터 지닌 선천적인 능력을 의미하는 것으로 보이며, 또한 그것은 시공을 초월하여 모든 인간에게 보편적임을 함축하는 것으로 보인다.

그러나 오랜 역사적 현실에 대한 체험을 통해서 우리는 이성이나 양심과 같은 도덕적 능력의 선천성에 바탕한 이러한 전통적 입장을 받아들이는 데 회의하거나 주저하게 된다. 따라서 우리의 한 가지 관심사는 그러한 도덕적 능력이 선천적으로 타고난 것인가, 아니면 후천적으로 습득된 것인가의 문제, 즉 도덕의 기원에 관한 문제이다. 이러한 문제를 두고 동서양을 막론하고 두 가지 상반된 입장이 있어 왔는데, 우선 이러한 두 전통을 이해하는 데서 시작해 보고자 한다.

도덕감이나 도덕적 능력이 어떻게 형성되는가에 대해서는 대체로 두 가지 전통이 있어 왔다. 첫 번째는 역사적으로 볼 때 경험론에서 유래하며 흄(D. Hume)을 위시한 공리주의자들에게서 발견된다. 그리고 이러한 입장에 속하는 것으로서 가장 최근에 발전된 형태로는 사회 학습 이론(social learning theory)이 있으며 프로이트(S. Freud)의 이론도 중요한 관점에서 이러한 견해와 유사하다.

동양에서도 경험론적인 성향을 갖는 철학에서는 대체로 비슷한 특징을 나타내고 있다. 일반적으로 성악설을 내세워 맹자(孟子)의 성선설과 대립한 인물로 알려진 순자(荀子)에게 더 중요한 것은, 인간의 본성이 본래 악하다는 점이라기보다는 인간은 집단생활에서 필수적인 질서와 예의를 후천적으로 습득하게끔 교화하고 훈련해야 한다는 점이며, 이에 있어서 서구의 경험론자와 크게 다를 바가 없다고 생각된다.

이들의 주요 주장들 중 한 가지는 도덕교육의 목적이 인간에게 결여되어 있는 동기, 즉 옳은 것을 행하고 그른 것을 행하지 않으려는 욕구를 주입하는 것이라는 점이다. 옳은 행위는 일반적으로 타인이나 사회에 이로운 것으로서 인간은 원래 그러한 행위에 대해서 효과적인 욕구를 갖지 못하고 있는 데 반해, 그른 행위는 일반적으로 타인과 사회에 해로운 것으로서 그러한 행위에 관해서 인간들은 대체로 충분한 동기를 갖는다는 것이다.

따라서 사회는 이러한 결함을 어떤 방식으로든 보충하지 않을 수 없으며 부모나 도덕적 권위들은 칭찬과 비난 내지 보상과 형벌을 이용하여 고통과 쾌락을 가함으로써 그러한 일을 수행하게 된다. 결국 우리는 여러 가지 심리적인 과정을 통해 옳은 것을 행하고자 하는 욕구와 그른 것을 행하지 않으려는 욕구를 후천적으로 습득하게 된다는 것이다.

이러한 입장이 주로 내세우는 또 한 가지 주장은, 도덕규범에 따르고자 하는 욕구는 일반적으로 그러한 규범의 정당 근거에 대한 적절한 이해를 갖기 이전에 생겨난다는 점이다. 그리고 우리가 규범의 정당성을 따질 수 있기 이전에 우리의 성격 구조는 형성되며 그러한 초기의 훈련과 조건 형성이 남기는 흔적은 그 후 우리의 도덕감에 지대한 영향을 미친다는 것이다.

특히 도덕 학습과 관련하여 프로이트가 지적한 두 가지 논점은 도덕 학습의 중요 부분이 인간의 삶에서 도덕에 대한 합리적인 근거가 이해될 수 있기 이전에 생겨난다는 것과, 또한 도덕 학습은 불안과 갈등으로 특징지어지는 심리적인 과정에 의거해서 새로운 동기가 습득됨을 의미한다는 점이다.

결론적으로 말하면 권위를 갖는 부모나 타인들은 여러 가지 방식으로 그릇되게 혹은 자기 본위로 칭찬과 비난, 그리고 보상과 처벌 등을 사용하기 마련이므로 반성되지 않은 우리의 유아 시절의 도덕적 태도는 중요한 관점에서 불합리하거나 부당하기가 쉽다. 그 이후 성인에 이르기까지 우리의 도덕적인 발전 과정은 보다 합당한 어떤 원칙들에 비추어서 어린 시절의 그러한 태도들을 수정함으로써 이루어지게 된다.

도덕 학습에 대한 또 하나의 전통은 합리주의 사상으로부터 유래하며, 루소(J. J. Rousseau)와 칸트(I. Kant)를 거쳐 최근에는 피아제의 이론에 의해 예시될 수 있으며 피아제의 영향을 받아 도덕발달론을 전개한 콜버그에 의해 가장 체계적으로 제시되고 있다. 이들에 따르면 도덕 학습이란 결여된 동기를 제공하는 문제이기보다는 인간이 본래 타고난 지적, 정서적 능력을 그 자연적 성향에 따라서 자유로이 발전시키는 문제라는 것이다. 일단 이해의 능력이 성숙하고 자신의 사회적 지위를 인정하며 타인들의 관점도 취할 수 있는 단계에 이르게 되면, 인간은 사회적인 협동의 공정한 관계를 확립하는 것이 서로의 이익이 된다는 것을 이해하게 된다고 한다.

우리는 타인들에 대해 자연적인 동정심을 갖고 있으며 동료애와 자제심이 주는 즐거움을 받아들일 만한 선천적인 능력을 갖고 있다. 하지만 일단 우리가 적절하게 일반적인 관점으로부터 우리의 동료들에 내한 관계를 명백히 파악하게 될 경우, 그러한 능력들은 도덕감에 대한 정서적 기초를 제공하게 된다. 그래서 이러한 전통은 도덕감을 인간의 사회적인 성격에 대한 이해 능력의 자연적인 성숙의 결과로 간주한다.

동양 사상에서도 대체로 선천설적인 경향이 우세했던 것으로 보인다. 불교에서는 인간이라면 모두 부처가 될 수 있는 잠재력을 갖고 태어난다고 하고, 따라서 마음 닦는 공부를 게을리하지 말고 부단히 정진하라고 말한다. 공자(孔子)와 맹자로 이어지는 유교적 전통에서는 선천설적이고 성선설적인 구조가 두드러진다.

이에 따르면 인간의 본성은 원래 선한 것이나 후천적인 기질에 가리어 그 선성(善性)이 제대로 드러나지 못하고 있다는 것이다. 따라서 선한 실마리를 근거로 해서 자기성찰과 수양을 성실히 해가면 누구나 성인의 경지에 이를 수 있다는 것이다. 물론 동양 사상에서는 학문적인 규명이기보다는 종교적인 교설에 가까운 부분이 있으며 존재론적인 차원과 당위론적인 차원이 구분되기 어렵긴 하나, 전반적으로 성선설적이고 선천설적인 성향이 우세하다고 해도 크게 무리는 없다.

그런데 인간의 도덕감에 대한 선천설과 후천설은 각기 그 나름의 경험적인 근거를 갖는 이론들이긴 하나 그 어느 것도 경험에 의해 결정적으로 입증되거나 반증되기는 어렵다. 어떤 의미에서 이러한 이론은 경험에 의거한 결정적 검증이 어려운 형이상학적 성격을 갖는 것이기도 하다. 그런데 더욱 중요한 것은 그러한 문제가 어느 쪽으로 승부가 나든 간에 우리에게 주는 실천적 의미는 크게 다를 바가 없다는 점에 있다고 생각한다.

만일 우리의 도덕감이 전적으로 후천적인 것으로 판명이 난다면 우리는 보다 바람직한 도덕감의 형성을 위한 후천적 여건의 조성에 최선을 다해야 할 것이다. 비록 인간의 도덕감이 선천적으로 주어져 있다는 것이 사실이라 할지라도 주어진 것은 어디까지나 잠재적인 가능성일 뿐, 그것 역시 합당한 후천적 여건을 만나서만 그 가능성이 제대로 현실화하고 그 잠재력이 올바르게 성숙할 것이다.

도덕감의 선천성을 주장한 맹자는 '인의예지(仁義禮智)'라는 도덕적 덕목의 잠재적 가능성으로서, 측은히 여기는 마음, 부끄러이 여기는 마음, 서로 양보하는 마음, 옳고 그름을 가리는 마음이라는 네 가지 실마리를 들었다. 그러나 맹자에게서도 이러한 실마리, 즉 사단(四端)의 씨앗이 저절로 사덕(四德)의 열매를 맺는 것은 아니며, 만나게 될 후천적 여건에 따라 그것이 싹을 틔우지 않거나 시들어 버릴 수도 있으며 꽃이 피고 열매를 맺을 수도 있다. 정상적인 여건과 교육에 의한 단련, 부단한 자기수양의 힘을 빌려서만이 사덕이 성취되고 인격이 성숙되며, 인간의 자기실현이 가능하다.

이상과 같이 생각할 때 선천설이 참이건 후천설이 참이건 간에, 인간은 최선을 다해 후천적 여건을 조성하고 교육과 수양을 겸비해야 할 것이다. 인간의 도덕감에서 선천적으로 타고난 요인에 관한 한 인간은 선택할 수도 책임질 수도 없다. 그것은 하늘이 베푼 은총과 같으며 그런 의미에서 운명적이고 그에 대해 우리는 속수무책이다.

우리가 선택할 수 있고 책임질 수 있는 것은 단지 후천적 여건들에 관한 것이며, 이로 인해 그릇된 결과가 생겨날 경우에는 인간 스스로 책임지지 않으면 안 된다. 따라서 도덕감의 기원에 관한 이론적 천착도 중요한 일이나, 도덕감의 올바른 형성을 위한 실천적 과제는 더욱 중요하고 절실하다.

2) 자연선택과 이기적 유전자

『이기적 유전자(*The Selfish Gene*)』(1976)는 현대 생물학의 새로운 지평을 연 세계적인 석학 리처드 도킨스(Richard Dawkins)의 대표작이다. 진화론의 새로운 패러다임을 제시한 이 책은 다윈의 적자생존과 자연선택이라는 개념을 유전자 단위로 끌어내려 진화를 설명한다. 도킨스는 자신의 동물행동학 연구를, 유전자가 진화의 역사에서 차지하는 중심적 역할에 대한 좀 더 넓은 이론적 맥락과 연결시키기 시작했는데 그 결과가 바로 『이기적 유전자』이다.

도킨스는 이 책에서 "인간은 유전자의 꼭두각시"라고 선언했다. 인간은 "유전자에 미리 프로그램된 대로 먹고 살고 사랑하면서 자신의 유전자를 후대에 전달하는 임무를 수행하는 존재"라는 것이다. 이러한 주장은 생물학계를 비롯해 과학계를 떠들썩하게 만들었고, 이 책은 곧 세기의 문제작이자 화제작으로 떠오르게 되었다. 이 책은 인간을 포함한 모든 생명체는 DNA 또는 유전자에 의해 창조된 '생존 기계'이며, 자기의 유전자를 후세에 남기려는 '이기적인' 행동을 수행하는 존재라고 주장한다. 이를 연장한 개념인 밈(Meme: 문화 유전자) 이론과 후속작 '확장된 표현형(Phenotype)'의 선구적인 개념도 제시한다.

이런 주장을 뒷받침하기 위해서 이 책은 주요 쟁점(성의 진화, 이타주의의 본질, 협동의 진화, 적용의 범위, 무리의 발생, 가족계획, 혈연선택 등)과 방대한 현대 연구 이론과 실험(게임 이론, 진화적으로 안정된 전략의 진화 실험, 죄수의 딜레마, 박쥐 실험, 꿀벌 실험 등)을 보여준다. 이는 사회생물학의 쟁점이 되었던 유전적 요인과 환경 문화적 요인 가운데 인간의 본질을 좀 더 잘 설명할 수 있는 것이 어떤 것인지에 대해 우리가 더욱 깊이 성찰하게 한다.

다윈(C. Darwin)이 진화론을 주장한 이후로 인류는 다위니즘 또는 자연선택설과 같은 일종의 패러다임을 접해 왔다. 실제로 다윈의 이 같은 패러다임은 매우 중요한 영향을 미쳤고, 앞으로도 그 영향력은 지속될 것이다. 이 책은 철저한 다윈주의 진화론과 자연선택을 기본 개념으로 독특한 발상과 놀라운 주장을 전개하고 있다. 즉, 기존의 진화 단위인 개체를 불멸의 존재인 유전자(Gene)로 보고 있기 때문이다. 이 책에서 저자는 유전자를 다음과 같이 소개하고 있다.

"40억 년 전 스스로 복제본 사본을 만드는 분자가 처음으로 원시 대양에 나타났다. 이 고대 복제자의 운명은 어떠했는가? 그 복제자는 사멸하지 않고 생존 기술의 명수가 되었다. 그러나 그 복제자는 이미 오래전에 자유로이 뽐내고 다니는 것을 포기했다. 이제 복제자들은 거대한 군체 속에 떼 지어서 로봇 안에 안전하게 들어 있다. 그것들은 원격조정을 통해 외계를 교묘하게 다루게 된다. 그것들은 우리의 몸과 마음을 창조했으며, 그것을 보존하는 것만이 우리가 존재할 수 있는 유일한 이유이다. 그것들은 유전자라는 이름을 갖고 있으며 우리는 그것들의 생존 기계이다."

도킨스는 인간을 포함한 생명체가 DNA 또는 유전자에 의해 창조된 기계에 불과하며 그 기계의 목적은 자신을 창조한 주인인 유전자를 보존하는 것이라고 보고 있다. 따라서 자기와 비슷한 유전자를 조금이라도 많이 지닌 생명체를 도와 유전자를 후세에 남기려는 행동은 바로 이기적 유전자에서 비롯된 것이다. 마찬가지로 인간을 포함한 생명체가 다른 생명체를 돕는 이타적 행동도 자신과 공통된 유전자를 남기기 위한 행동일 뿐이다.

이와 같은 이유에서 유전자의 세계는 비정한 경쟁, 끊임없는 이기적 이용, 그리고 속임수들로 가득 차 있다. 이것은 경쟁자 사이의 공격에서 뿐만 아니라 세대간, 그리고 암수간의 미묘한 싸움에서도 볼 수 있다. 그러므로 유전자는 유전자 자체를 유지하려는 목적 때문에 원래 이기적일 수밖에 없으며 그러한 이기적 유전자의 자기복제를 통해 생물들의 몸을 빌려 현재에 이르게 되었다고 보는 것이다.

도킨스의 주장 가운데 특히 주목할 만한 것은 유전의 영역을 생명의 본질적인 면에서 인간 문화로까지 확장한 이른바 밈(Meme) 이론, 즉 문화 유전론이다. 이 이론의 핵심적 개념인 밈은 저자가 만든 새로운 용어로서 모방을 의미한다. 유전적 진화의 단위가 유전자라면, 문화적 진화의 단위는 밈이 되는 것이다.

유전자는 하나의 생명체에서 다른 생명체로 복제되지만 밈은 모방을 통해 한 사람의 뇌에서 다른 사람의 뇌로 복제된다. 결과적으로 밈은 유전적인 전달이 아니라 모방이라는 매개물로 전해지는 문화 요소라고 볼 수 있다. 생명체가 유전자의 자기복제를 통해 자신의 형질을 후세에 전달하는 것처럼 밈도 자기복제를 함으로써 널리 전파하고 진화한다. 그리하여 밈은 좁게는 한 사회의 유행이나 문화 전승을 가능하게 하고, 넓게는 인류의 다양하면서도 매우 상이한 문화를 만들어 나가는 원동력이 된다.

여전히 많은 논쟁의 대상이 되고 있는 결정론적 생명관, 즉 유전자가 모든 생명 현상에 우선한다는 저자의 주장에 대해 다음과 같은 의문을 떠올릴 수 있을 것이다. 유전자의 자기복제 및 문화 유전론의 중심에 있는 인간만큼은 다른 생명체와 어떤 차별성을 갖고 있는 것이 아닐까? 다른 생물과 확연히 구분되는 문화라는 요소를 갖고 있는 인간이 과연 맹목적인 존재가 될 수 있을까? 자유의지를 가진 인간은 유전자의 전제적 지배에 대항할 수 있지 않을까?

이 책은 이러한 의문점에 대해 여러 동물과 조류의 실제적인 실험과 이론을 바탕으로 인간도 이기적 유전자를 존속시키기 위해 프로그램된 기계에 불과한 것인지 논리적으로 살펴보고 있다. 더 나아가 생명체 복제 기술이나 인간의 유전자 지도의 연구로 여러 가지 질병의 정복 가능성이 높아지면서 그 어느 때보다 유전자의 영향력이 큰 비중을 차지하게 된 지금, 유전자에 의해 결정되는 인간과, 인간의 사회적 행동은 학습이나 경험과 같은 후천적 경험을 통해 형성되는 인간 중 어느 것이 인간의 본질에 더 큰 비중을 갖게 되는지 곰곰이 성찰해 보게 한다.

지금까지 논의한 바와 같이, 도킨스의 저서 『이기적 유전자』는 인간의 생물학적 본성을 적나라하게 파헤치면서 전 세계적인 충격을 던져주었다. 전술한 것처럼 자연은 이기적 유전자를 지닌 생명체들의 거대한 생존 투쟁의 장이고, 모든 생명체는 자연선택에 의한 적자생존을 위해 '만인의 만인에 대한 투쟁'을 감행한다. 그리고 그 투쟁의 과정에서는 개체 차원의 이기성과 더불어 집단 차원의 이기성도 함께 발현된다. 하지만 우리 인간의 사회성, 즉 도덕과 협동은 어떻게 설명할 수 있을 것인가?

3) 이타적 유전자와 협동의 기원

영국 옥스퍼드 대학교에서 동물학을 전공하고 과학 전문 저널리스트로 활동하면서 생물학 및 철학 등 다양한 측면에서 인간의 본성을 탐구해 온 매트 리들리(Matt Ridley)는 *The Origins of Virtue* 라는 책을 통해서 리처드 도킨스가 『이기적 유전자』에서 미처 다 하지 못한 '인간을 위한 이기적 유전자 이론'을 완성해 냈다.

이 책은 다윈의 종의 기원을 염두에 두고서 그 이름이 지어진 것이지만, 한국의 번역자가 도킨스의 책과 대구를 이루는 『이타적 유전자』라는 이름으로 번역했다. 리들리는 이 책에서 궁극적으로 '인간의 사회적인 본성'에 대해 말하면서 '한없이 이기적인 인간'이 어떻게 이타성, 상호부조, 협동 같은 덕목을 지닐 수 있는지에 대해 사회생물학, 진화론, 게임 이론, 도덕철학 등 다양한 시각에서 조명한다.

러시아의 대표적인 무정부주의자 크로포트킨(P. Kropotkin)의 탈옥 일화로 시작하는 '프롤로그'에서 리들리는 이 책의 근간을 이루는 중심 주제를 밝힌다. 귀족 출신의 크로포트킨은 상트페테르부르크 군병원 교도소에서 동료와 지인들의 도움으로 극적인 탈옥에 성공한다. 그리고 이 사건은 그의 저서 『상호부조(Mutual Aid)』에 투영되어 인간의 진화에 관한 새로운 이론의 모태가 되었다. 도저히 벗어날 수 없을 것 같은 철의 감옥으로부터 그를 탈출시킨 것은 다름 아닌 '상호부조'였고, 그것은 바로 개체와 집단의 이익을 극대화하기 위한 공동 투쟁이었다. 또한 상호부조는 그가 사회에서 거래(탁월한 혁명가로서의 활동)를 통해 공적으로 획득한 '신뢰'의 산물이었고, 그 신뢰를 기반으로 그가 속한 집단이 '집단 선택에 의한 적자생존'에 도전하게 되었다.

이 책에서 말하는 유전자는 물론 '이기적' 유전자이다. 모든 유전자가 그러하듯이 진화 과정에서 살아남기 위해 이기적 유전자는 다양한 전략과 전술을 구사한다. 거기에는 미생물, 개미, 꿀벌, 원숭이와 유인원, 돌고래, 조류, 식물 등에서 볼 수 있는 자연계의 전술에서부터 사회를 이루어 공동체적 적자생존을 꿈꾸는 인간의 전략까지 모든 것이 포함된다.

그리고 이성을 지닌 인간은 특별히 이타적인 본성을 진화시켜 왔다. 그 본성은 '털 없는 원숭이'가 비정한 자연계에서 살아남기 위해 집단을 이루는 과정에서 선택한 최고의 전략이었다. 따라서 인간의 유전자는 '이기적'임과 동시에 '이타적'이며, 인간의 도덕과 사회성은 이타적 유전자의 명령에 의해 나타나는 것이다. 이것이 바로 인간이 지닌 덕(德, virtue)의 기원이다.

리들리는 이기적인 인간이 어떻게 협동을 하고 집단을 형성하며 그것을 유지하기 위해 어떻게 이타적일 수 있는가를 보여주기 위해 게임 이론(game theory)을 비롯한 여러 가지 이론을 도입한다. 헝가리의 수학자 노이만(Johann von Neumann)이 탄생시킨 게임 이론은 '행위의 가치 판단이 타인의 행위에 따라 결정되는 세계'에 가장 적합한 이론이 되어 수학, 경제학, 컴퓨터공학, 인공지능은 물론이고 현대의 거의 모든 가치 판단에 적용되고 있다. 그중에서도 '죄수의 딜레마(prisoner's dilemma)'는 개체의 이익과 공동의 이익이 상충하는 모든 상황에 적용되어 어떤 선택이 최적의 것인가를 가늠하는 잣대가 되어 왔다.

예를 들면 푸치니의 오페라 「토스카」에서 주인공 토스카는 애인 카바라도시를 구하고 경찰총장 스카르피아를 제거하려는 계획을 세우고, 스카르피아는 토스카와 잠자리를 같이하고 연적 카바라도시를 제거하려는 계획을 세운다. 하지만 결국 세 사람 모두가 죽는 비극이 초래된다. 리들리는 이 비극에 대해 이기주의자들은 과연 화해, 화합할 수 없는가라는 의문을 던지면서 공멸이 아닌 공존을 위한 여러 가지 경우의 수와 역사적인 근거를 제기한다. 여기에서 '죄수의 딜레마'에 관해 간략하게 설명하면 다음과 같다.

A와 B 두 사람이 공범의 혐의로 경찰에 잡혔다. 경찰은 이들의 범행을 확신하지만 구체적인 증거가 없다. 용의자들의 자백을 받아 내기 위해 경찰은 A와 B를 각기 독방에 격리하고 각자에게 다음과 같은 조건을 제시하며 심문하였다. 어느 한 사람만이 진실을 털어놓을 경우 그는 즉시 석방되고 다른 한 사람은 20년 형을 받게 된다. 그리고 두 사람이 모두 자백하면 각각 10년 형씩을 받는다. 그러나 두 사람 모두 자백하지 않고 침묵을 지키면 각각 2년 형씩만 받게 된다. 이 두 범죄자가 모두 합리적이라고 가정하면 그 결과는 어떻게 될까? 두 사람 모두 침묵을 지킬 경우 각각 2년씩만 감옥에 있다 나올 수 있지만, 불행하게도

두 사람은 모두 자신의 합리적 타산의 결과 각각 10년 형을 살 수밖에 없다는 결론에 이르게 된다.

이상과 같이 불확실한 상황에서는 최악의 상황만은 피해야 한다는 것이 합리적 선택의 기준이 된다. 다시 말해 두 사람은 서로 자백하지 않으면 2년 형만 살고 나올 수 있지만 서로를 신뢰하지 못하므로 상대가 자백할 경우에 감수해야 할 최악의 상황(20년 형)을 피하기 위해 순순히 자백하게 된다. 결국 두 사람 모두에게 최선인 경우를 알고 있으면서도 구조적으로 그것을 선택할 수 없기에 딜레마가 성립하게 되는 것이다. 이런 경우 개인적으로 가장 합리적인 선택을 할지라도 그것이 전체적으로는 불합리한 결과에 봉착하게 된다는 것이다.

그러나 이것이 비록 인간 사회 내에 존재하는 보편적인 딜레마이긴 하지만 인간은 이성(합리성)만으로 이루어진 존재가 아니기 때문에 이 상황은 극복 불가능한 것은 아니다. 즉, 인간에게는 감정적 본성이 있어서 관용을 베풀어 적대적인 상대를 포용할 수 있을 뿐만 아니라, 신뢰를 바탕으로 모두에게 최선인 각각 2년씩만 감옥에 있을 수도 있는 것이다.

인간은 고대로부터 노동의 성 분화와 더불어 남녀 간에 일종의 성적 거래가 형성되었고, 그것이 집단 내에서의 노동 분화로 이어졌다. 그리고 오늘날에는 수만 가지 이상의 다양한 노동 분화로 발전되기에 이르렀다. 이것은 인간의 공동체가 노동 분화를 통한 '거래'를 기반으로 한다는 것을 의미하며, 분화된 노동은 자급자족에 대한 과대평가를 제거하고 타인의 존재를 필수불가결한 것으로 만들었다. 즉, 기능적이고 효율적인 사회가 인간의 적자생존에 반드시 필요한 요소로 인식된 것이다.

하지만 이러한 필요성만으로는 사회가 유지되지 않는다. 인간은 근본적으로 경쟁하기 위해 협동한다. 따라서 개인 대 개인, 개인 대 집단, 집단 대 집단 간에는 이익의 균등(또는 우선) 분배를 위한 충돌이 나타나게 된다. 그리고 이성적인 인간은 이러한 분쟁과 대립을 해결하기 위한 여러 가지 장치를 고안하게 했다. 법, 관습, 도덕으로 대표되는 인간의 규범이나 규율은 지나치게 이기적인 개인이나 집단을 강제하며 합리적인 거래를 유도하였다.

그뿐만 아니라 인간은 본능적인 도덕 감정 덕분에 '합리적 바보'가 되는 것을 면할 수 있다. 우리는 도덕 감정이 있기 때문에 사회적 '평판(reputation)'에 대해 아주 민감하다. 평판이 나쁜 사람은 사회적 거래에서 도태되어 따돌림을 받게 된다. 따라서 인간은 좋은 평판을 얻기 위해 관용이나 동정심을 발휘하게 된다. 그리고 좋은 평판은 신뢰를 가져오고 신뢰는 사회적 거래에 있어 가장 중요한 덕목이 되기에 이른다.

앞서 언급한 크로포트킨의 이야기로 돌아가 보면, 그는 '상호부조'가 진화의 한 요소임을 분명히 밝히면서 윌리엄 고드윈, 장 자크 루소, 펠라기우스, 플라톤으로 거슬러 올라가는 인간 본성에 관한 전통을 계승했다. 다시 말해 크로포트킨은 맬서스, 홉스, 마키아벨리, 성 아우구스티누스, 소피스트 철학자들로 거슬러 올라가는 성악설의 사상적 계보를 거부하고 성선설을 이어받는다. 결론적으로 인간의 유전자에는 도덕 감정이 담겨 있으며, 인간의 모든 덕은 이타적 유전자로부터 발현된다.

우리는 이러한 저서들을 통해 이기적 유전자와 이타적 인간성의 아이러니한 관계를 명쾌하게 이해할 수 있을 뿐만 아니라 이기적이기 위해 이타적인 유전자의 본성도 파악할 수 있다. 책에 실린 풍부한 사례와 읽을거리는 인간 본성에 대해 탐구해 가는 어려운 여정을 마치 재미있는 퍼즐 풀기처럼 만들어 준다. 이 같은 책들은 특정 독자들을 위한 전문서가 아니라 보다 이타적이고 아름다운 사회를 꿈꾸는 만인의 만인을 위한 교양서라 할 수 있을 것이다.

4) 순자의 성악설에 대한 재해석

동양의 유학적 전통에 있어서도 인간의 본성에 대해 상이한 두 입장이 대립하는 것으로 이해되고 있다. 맹자는 자기수양의 과제를 타고난 인간의 본성을 계발하는 것으로 이해했다. 그는 공자의 입장을 계승하면서도 동시에 그것을 새로운 기초, 곧 치밀하고 체계적인 인간 본성론 위에 정초하고자 했다. 이러한 맹자의 철학적 관점은 인간 본성의 참다운 특성을 중심으로 한 논전의 실마리를 제공하게 되었다. 맹자는 인간의 본성이 선으로 나아가는 성향을 지니고 있다고 믿었다. 따라서 만일 이같이 타고난 성향이 제대로 발달할 경우 완전한 도덕적 존재로 성숙해 가고 유학이 지향하는 이상적 사회를 성취할 수 있다는 것이다.

유학의 전통에서 맹자 다음가는 위대한 학자인 순자는 인간 본성이라는 중대한 주제와 관련해서 맹자에 동의하지 않은 것으로 이해된다. 순자는 인간의 본성이 악하다는 성악설(性惡說)이라는 대안적 관점을 제시하면서 맹자의 입장과 대립하고 있는 것으로 해석되고 있다. 그러나 우리는 인간의 본성과 관련해서 순자의 이론이 지닌 정확한 의미와 함축을 검토할 필요가 있다. 왜냐하면 그의 성악설은 과거의 유학자나 현대의 연구자들에게 종종 심각하게 오해를 받아 왔기 때문이다.[1]

맹자 못지않게 순자도 공자를 계승하는 유학의 전통에 서 있는 학자로 이해할 때, 맹자와 순자는 우리가 통념적으로 이해하는 바와 달리

---

1) 황지원, 「순자의 공부론」, 임수무 외, 『공부론』, 예문서원, 2007, pp.95-123 참조.

매우 중대한 관점에서 의견의 일치를 보인다고 생각된다. 설사 의견의 불일치가 있다 할지라도 도덕적 행위의 특성에 관해서 심각한 의견 차이를 보이고 있지 않다. 나아가 완전히 수양된 사람, 즉 성인에 대한 그들의 견해 역시 중요한 측면에서 합치하는 듯이 보인다. 다만 도덕적 자기수양을 해야 하는 근거가 무엇이며 성공에 이르는 방법이 무엇인가라는 점에서 의견의 차이를 보일 뿐이다. 다시 말해 맹자와 순자는 인간의 본성과 수양의 과정이라는 두 가지 주제와 관련해서 부분적으로 같은 길을 걷고 있다 할 것이다.

중국 사상사에서 순자는 인간 본성을 부정적으로 바라보는 학자로 간주되어 많은 사람들의 비판을 받아 왔으나 동시에 그를 변호하고자 하는 노력도 적지 않았다. 순자에 대한 보다 최근의 연구에서는 인간 본성에 대한 그의 이론을 해명함으로써 순자의 사상을 복권시키려는 시도가 계속 이루어지고 있다.

이러한 시도는 적어도 두 가지 방식으로 이루어지고 있다고 할 수 있는데, 첫째, 순자의 비관적 이론은 인간 본성을 보다 낙관적으로 보는 맹자의 관점을 보완한다고 주장하는 사람들이 있다. 이 같은 관점의 가장 분명한 제안자로는 쿠아(Antonio S. Cua)를 들 수 있다.2) 그는 맹자를, '우리의 잔이 반쯤 채워졌다', 즉 우리는 부분적으로 선하다는 것을 기분 좋게 지적한 사람으로 보는 반면, 순자를, '우리의 잔이 반쯤 비었다', 즉 우리는 여전히 반쯤 악하다는 사실을 우울하게 지적한 사람으로 본다. 이들은 모두가 동일한 실체를, 관점을 달리해서 강조하고 있을 뿐인 것이다.

다른 일군의 학자들은 또 다른 방식으로 맹자와 순자 사이의 불일치

---

2) Antonio S. Cua, *Ethical Argumentation: A Study in Xunzi's Moral Epistemology*, University of Hawaii Press, 1985.

를 해소하려 한다. 이들에 따르면 맹자와 순자는 인간 본성을 뜻하는 성(性)이라는 개념을 서로 다른 의미로 사용할 뿐이라고 한다.3) 맹자는 이 용어를 다른 생명체의 본성과 반대되는 인간만이 지닌 독특한 본성으로 규정하여 도덕감에 초점을 맞추고자 한다. 나아가 이것이야말로 인간의 근본적인 본성이며 또한 우리의 본성은 기본적으로 선하다는 결론을 내린다. 이에 비해 순자는 인간의 본성을 생명체로서 가장 기본적이고 지속적인 특질로 규정하여 우리의 근본적인 충동, 욕구, 욕망에 주목한다. 순자는 이것이야말로 우리의 근본적 본성을 구성한다고 주장하여 우리의 본성은 기본적으로 악하다는 결론으로 나아갈 수 있다는 것이다.

순자가 말하는 인성은 기본적으로 인간의 원초적인 본능, 생리적인 욕망으로 이해할 수 있다. 여기에서 인간의 본성은 인간만이 가지고 있는 독특한 성질이 아니라 생명 있는 존재라면 어느 것에서나 찾아볼 수 있는 생존에의 본능이다. 이처럼 순자에 있어서 인간 본성은 감각적인 욕망이며 자연으로부터 습득한 것으로, 그 자체로서는 가치 판단의 대상이 될 수 없다. 그렇다면 순자에 있어서 성(性)에 대한 자신의 입장과 어긋나는 듯한, 이른바 인간 본성이 악하다는 명제는 어떻게 이해되어야 하는가?

순자에 있어서 선악의 구분점은 사회적인 안정(治)과 혼란(不治)에 상관된 것이지, 인간의 본성 자체는 선악의 판단이 허용되지 않는다. 그럼에도 불구하고 인간의 본성이 악과 관련되는 까닭은 그것이 사회적으로 연출되는 악한 현상과 관련되기 때문이다. 인간의 타고난 욕망은 무한히 충족되기를 바란다. 그러나 인간의 활동을 통해 얻어지는 생

---

3) 예를 들어 D. C. Lau, "Theories of Human Nature in Menzi and Xunzi", Kline and Ivanhoe, eds., *Virtue, Nature, and Moral Agency in the Xunzi.*

산물은 그 수요에 비해 공급이 부족하기 때문에 인간의 무한한 물질적 욕망을 모두 채워 줄 수 없게 되고, 이런 경우 인간은 상호 경쟁하고 다투게 되어 사회적인 혼란을 야기하게 된다.

순자는 이러한 사회적 혼란 상태를 악이라 한 것이고 이 사회적 혼란이 인간의 본성에 의해 생겨나기 때문에 인간의 본성은 악하다고 규정한 것이다. 이같이 인간의 본성이 악으로 규정되는 것은 그 결과에 의한 것이며 본성 자체에 선악이 내재되어 있는 것이 아닌 것이다. 결국 악이란 성 자체가 아니라 성을 그대로 방치할 때 나타나는 결과를 두고 말한 것이다. 이러한 악은 내면적인 것이 아니라 사회적인 것임에 주목할 필요가 있다는 것이다.4)

인간의 본성을 다소 비관적으로 보았을지라도 순자는 또한 그런 본성을 개조하고 개선할 수 있는 우리의 능력을 절대적으로 확신했다. 순자는 이런 점에서 맹자의 낙관주의를 다소간 공유했으며, 둘 다 인간이 근본적으로 완전해질 수 있는 가능성을 믿었다. 그러나 두 사람이 그 같은 상태로 나아가는 과정에 대해서는 의견을 달리했다.

맹자는 도덕적 자기수양의 과정을, 내재된 성향의 자연적 개화 내지 발전(development)으로 설명하는 한편, 순자는 그 과정을 제2의 본성을 습득(acquisition)하는 어렵고도 끈질긴 노력을 필요로 하는 과제로 본다. 순자의 경우 성공적인 자기수양은 오랜 시간에 걸쳐 지속적인 협력과 끈질긴 노력이 요구된다. 왜냐하면 그 일은 강하게 버티며 휘어잡기 어려운 인간 본성에 족쇄를 채워서 개조하고 혁신(reformation)하는 것이기 때문이다.

인간 본성에 대한 이 같은 논의를 통해서 우리가 주목할 만한 가장

---

4) 황지원, 「순자의 공부론」, pp.102-103 참조.

중요한 사실은 성선설과 성악설이 동일한 인간 본성에 대한 상이한 관점의 진술, 이를테면 성선설은 본성의 선한 잠재력에만 주목하고 성악설은 악한 잠재력에만 주목한 진술이거나, 아니면 성선설은 본성의 선한 잠재력에만 주목하고 성악설은 악한 잠재력과 더불어 부족한 재화라는 사회적 여건과 연계되어 현출되는 사회적 현실에 주목한 결과라는 점이다. 따라서 성선설은 지나치게 낙관적인 이상주의적 관점이라면, 성악설은 다소 비관적인 현실주의적 관점을 취하고 있다는 것이다. 물론 이같이 유사성을 중심한 수렴의 입장을 취한다고 해서 양자에 함축된 도덕철학적 차이나 자기수양의 방법상의 차별화가 전적으로 경시되거나 무시될 필요는 없다고 생각된다.

하지만 이 같은 수렴론적 전망을 통해서 성선설과 성악설의 차이가 생각만큼 크지 않을 뿐 아니라 인간 본성에 대해 유선유악설 내지 무선무악설을 수용할 가능성이 보다 증대한다는 것이다. 이같이 중성설 쪽으로 기울 경우 자기수양론에 있어서도 습관화나 반복적 연습을 통한 습득형의 비중이 상대적으로 더 커지는 동시에 발달과 개조의 의미는 부차적이고 보완적인 의의를 갖게 된다 할 것이다.

이와 동시에 우리가 뒤에서도 살피게 되듯, 정의롭고 도덕적인 인격 형성을 위해서는 행위 주체의 내면적 역량의 성숙과 아울러 사회의 배경적 정의라는 구조적 문제에 주의를 기울일 필요가 있다. 이 양자 간에 선순환 내지 호순환의 상호작용적 상관관계가 이루어질 경우 도덕적 인격 형성이 정상화될 것으로 기대되며, 이는 인격 형성에 있어 최근 관심거리로 부상하고 있는 사회윤리적 통찰에서 주어진 소중한 기여라 생각된다.

5) 인간 본성의 가소성과 사회윤리

인간 본성론에 대한 현대철학의 일반적 추세는 인간 본성에 대한 특정한 해석이나 입장을 제시하기보다 대체로 무선무악의 중립적 위치를 선호하는 것으로 추정되며, 인간의 본성이 실천이나 행동을 통해 다양하게 변화할 수 있는 가소성(可塑性)을 상정하고 있는 것으로 보인다. 'praxis'와 'plasticity'를 강조하는 것은 마르크스주의(Marxism), 실용주의(pragmatism), 실존주의(existentialism) 등 대부분의 현대철학에 있어서 일반적 경향이라고 생각된다.

마르크스와 듀이(John Dewey), 그리고 사르트르(J. P. Sartre)는 모두 인간의 본성을 특정한 방식으로 이해하기보다 실천을 통해 다양하게 변화하고 변형될 수 있다는 입장을 전개하고 있는 것으로 보이며, 이같이 열린 꼴로서의 인간 이해는 현대의 철학적 인간학자들도 공유하고 있는 것으로 생각된다. 이들에 공통된 인간 본성론을 전제할 경우 현대인에게 합당한 자기수양론은 어떤 유형의 것인지 평가해 볼 필요가 있다.

서구 전통의 주류를 이루어 온 자연법 이론(natural law theory)은, 객관적인 도덕적 진리란 문화적 관행이나 사회적 관습, 개인적 선택, 종교적 신념의 산물이 아니라고 주장한다. 나아가 자연법 사상가들은 보편적으로 적용 가능하고 보편적으로 인식 가능한(universally applicable and knowable) 도덕적 규범이 존재한다는 낙관적 전망 아래 그것을 탐구해 왔다.

그러나 이 같은 자연법 이론에 대한 핵심적 도전 중 하나로서 인간의 본성(human nature)과 같은 것은 존재하지 않는다는 주장이 제기되었으며, 이는 온전한 인간적 행복에 대한 보편적 이해 또한 존재하지 않는다는 주장을 함축하는 것이었다. 예를 들어 심리학자 에릭슨(E. H. Erikson)은 인간의 본성이 다양하게 변형 가능한(malleable) 것임을 진화론과 더불어 뇌과학적 입장에서 논증하고 있다. 인간의 뇌는 환경의 자극을 통한 상호작용적 진화를 통해 그 양에 있어서나 질적인 수준에 있어 엄청난 발전을 거듭해 온 가변적인 것이라 할 수 있다고 본다.

철학자 웨이크(Wake) 역시 에릭슨의 논변에 동조하면서 인간의 본성은 일정한 형태로 결정되어 주어진 어떤 것(a given)이 아님을 논변한다. 그의 주장에 따르면 인간의 본성은 가소성(plasticity)을 통해 생각되어야 하고, 일정하게 정해져 있는 것은 아무것도 없으며, 따라서 자기실현은 예정된 목표일 수가 없다는 것이다. 자유로운 존재로서 인간은 자유로운 선택과 자유로운 행위를 통해서 자신의 본성과 자기실현을 결정한다는 것이다.

그는 헤겔(G. W. F. Hegel)의 관점을 차용해서 인간은 존재하는 것을 부정할 수 있는 힘(power to negate)을 지니고 있다고 했다. 이 같은 힘은 우리 자신에 대한 반성과 더불어 인간 본성에 대한 선행적 이해로부터 거리를 취함으로써 자유로운 선택을 통해 우리가 누구이며 무엇이 되고자 하는지를 우리 스스로 형성할 수 있다고 한다.

웨이크에 따르면, "이는 현실적으로 말해서 우리가 과정적 존재이며 과정 중(under way)에 있고 따라서 자유로운 존재임을 의미한다." 인간은 자신의 고유한 관심에 적합하게끔 환경을 변형하는 것과 마찬가지로 관심과 목적에 적합하게끔 자신의 성격과 본성 또한 형성해 나간다고 한다. 자신을 반성하고 재형성해 가는, 그야말로 자연과 인위 사이의 운동(movement between nature and artifice)이야말로 인간에게 고유한 어떤 것이며, 그 결과로서 인간의 삶과 인간적 행복에 있어 기본적 선은 인간의 자유로운 선택에 앞서 규정되거나 결정될 수가 없다는 것이다.

자연법 이론에 대한 도전은 이로부터 한 걸음 더 나아갈 수 있다. 비록 인간에게 있어 자연적인 것이 무엇인지를 결정하고 인간의 본성에 있어 기본적으로 주어진 것이 무엇인지 규정할 수 있다 할지라도 그것만으로는 인간존재를 정의하기에는 불충분하다는 것이 철학자 나이버그(Nyberg)의 견해이다. 그는 자연이나 인간의 본성이 있다 할지라도 그것이 인간이 넘어서는 안 될 도덕적 울타리나 한계가 되어야 할 이유가 무엇인가라고 묻는다.

나이버그에 따르면 오히려 자연은 맞닥뜨리고 넘어서고 초월하며 초극하게 하는 도전일 수도 있다는 것이다. 그뿐만 아니라 나이버그는 자연적인 어떤 것이 최선의 것이라는 가정은 생물학적이고 진화론적인 과정에 대한 오해에서 비롯된 것이라고 한다. 자연적인 것을 넘어서고자 하는 모든 인간적 노력과 활동은 최상의 적합성을 향한 자연도태를 촉진하는 자극일 수도 있기 때문이라는 것이다. 자연도 극복의 대상일 수가 있고 비자연이라고 해서 반드시 기피의 대상일 필요가 없는 것이다.

현대의 정의론자 존 롤스는 도덕감(道德感, moral sentiments)의 형성 과정을 다루면서 두 가지 전통을 요약하고, 자신은 두 입장이 갖는 상대적인 장점의 평가를 유보하면서 오히려 그 두 입장의 자연스러운 결합을 바람직한 것으로 생각한다.5) 그중 하나는 역사적으로 볼 때 경험론의 학설에서 유래하며 흄에서 시지윅(H. Sidgwick)에 이르는 공리주의자들을 거쳐 최근의 발전된 형태는 사회학습이론(social learning theory)으로 대표되는 것이다. 여기에서의 한 가지 주요 논점은, 도덕

---

5) 존 롤즈, 황경식 옮김, 『정의론』, 이학사, 2003, 69절 "질서정연한 사회" 참조.

교육의 목적이 결여된 동기(missing motives), 즉 옳은 것을 그 자체로 행하는 욕구를 제공하는 일이라는 것이며 이같이 사회적으로 이로운 욕구는 일반적으로 우리에게 부족한 것으로서 사회는 갖가지 방식으로 이 같은 결함을 보충해야 한다는 것이다. 롤스에 따르면 프로이트의 이론도 중요한 관점에서 이 같은 진영에 속한다고 한다.6)

도덕감 형성과 관련된 또 하나의 전통은 합리주의자의 사상으로부터 유래하며 루소와 칸트 혹은 밀에 의해서, 그리고 보다 최근에는 피아제의 아동발달이론(developmental psychology)에 의해서 예시될 수 있다고 한다. 여기서 도덕교육은 결여된 동기를 제공하는 문제이기보다는 타고난 지적, 정서적 능력을 그 자연적 성향에 따라 자유로이 발전시키는 문제라는 것이다. 우리는 타인들에 대한 자연적인 동정심을 갖고 있으며 동료애와 자애심이 주는 즐거움을 받아들일 본래적 능력을 갖고 있는데, 일반적인 관점을 취할 만한 지적 단계에 이르면 그런 것들은 도덕감에 대한 정의적(情意的) 기초를 제공하게 된다. 그래서 이러한 전통은 도덕감을, 우리의 사회적인 성격에 대한 이해력의 자연적 성숙으로 간주한다고 할 수 있다.7)

이 같은 두 가지 전통의 적절한 결합에 기반해서 롤스는 도덕을 그 발달 단계에 따라 권위(authority)에 의한 도덕, 집단이나 공동체(association)에 의한 도덕, 원리(principle)에 의한 도덕으로 나누고, 각 단계에 따라 지적, 정서적 능력이 개발되고 정의로운 사회체제가 유지되며 그 정의로움이 공적으로 인지될 경우 정의감과 같은 도덕적 감정이 자연스럽게 결과한다는 것이다.

롤스는 인간 본성에 대한 특정 입장을 선호하지는 않으나 도덕감 형

---

6) 위의 책, pp.589-591.
7) 위의 책, pp.591-593.

성의 배경적 조건으로서 사회체제가 정의로우며 성원들에게 그 정의로움이 공적으로 알려진 질서 정연한 사회(well-ordered society)를 전제로 하고 있다. 그럴 경우 도덕감 형성은 물론 그것이 강화되는, 이른바 도덕감 형성의 호순환 구조를 상정하고 있다 할 것이다. 이 같은 배경적 정의가 충족되지 않을 경우 정상적인 도덕감 형성을 기대하기 어려움은 물론 정의감을 위시한 도덕감이 약화 내지 유명무실화되는 악순환이 도래하게 되는 것이다.

전통적인 도덕적 자기수양론의 경우에는 도덕감 형성을 위한 주체자의 수양론에만 주목해 온 데 비해 롤스의 입장은 도덕감 형성을 지원하는 사회적 조건, 즉 사회구조의 도덕성에 주목하고 있다는 점에서 새로운 관점을 제공하고 있다. 이는 자기수양의 문제를 단지 개인윤리적 시각에서가 아니라 사회윤리적 시각에서 이해함으로써 인격 수양의 문제를 보다 공적이고 공동체적인 문제로 격상시키고 있음을 의미한다. 이 같은 승격을 통해 수양의 과제는 공적인 기준에 의해 평가, 확인될 수 있으며 도덕감 형성이 공동체 성원 모두의 공동과제가 됨으로써 개인의 성숙으로부터 공동체의 성숙으로 나아가는 계기가 마련될 수 있을 것이다. 특히 동양의 수양론은 이 같은 관점에서의 보완을 통해 보다 현실적으로 유용한 입장으로 발전해 갈 필요가 절실하다고 생각된다.

프래그머티스트 윌리엄 제임스(William James)는 개념의 의미를 그 실용적, 실천적 가치에서 찾고자 했다. 그럴 경우 어떤 두 개념이 실용적, 실천적 가치에 있어서 차이가 없을 경우 그 두 개념의 의미를 차별화할 근거가 없어지게 된다. 이를테면 유신론(有神論)을 지닌 사람과 무신론(無神論)을 지닌 사람이 논쟁할 때 현실적으로 그들의 삶의 방식이나 일상의 행동거지에 있어 아무런 차이가 없을 경우 이들이 지닌

유신론, 무신론 개념의 의미에 대한 차이를 발견할 방도가 없는 것이다.

의미론에 대한 전문적인 논의를 유보하고서 이상의 논의를 우리의 인간 본성론에 적용해 본다면 성선설, 성악설, 무선무악적 중성설 간의 현실적 차이는 그리 크다고 보기 어려우며, 따라서 이를 근거로 한 자기수양론에 있어서도 기본에 있어 상이한 길을 채택할 이유도 없다 할 것이다. 어떤 본성론의 경우에 있어서나 지적인 각성이 중요하고 의지의 강화와 감정의 조율에 주목해야 하며 가능한 한 도덕적 실패(moral failure)를 줄일 수 있는 사회적 여건의 마련에 진력할 것이 요구된다할 것이다.

2. 연대감과 사회적 부채 상환

1) 공동 사회와 시민 연대

시민윤리와 관련해서 우리의 당면 문제는 올바른 시민윤리의 확립과 아울러 그러한 윤리가 정상적으로 유지될 수 있기 위한 사회적 조건들을 생각하고 그것을 조성하는 일이다. 시민윤리의 타락을 바로잡고 그 위기를 극복하기 위한 갖가지 처방들이 제시되었다.

헤겔은 절대적 조직으로서 국가를 통해서 시민사회가 지양됨으로써 극복되어야 한다고 보았다. 다시 말하면 욕망의 체제로서의 시민사회에 질서를 부여해 줄 권위로서 국가를 생각하였다. 국가 공동체의 구심력을 통해 원자화된 시민사회의 원심력을 견제해야 한다고 본 것이다. 베버(M. Weber)는 합리화를 운명적으로 감수하고 거기서 생기는 비합리성을 각기 책임 있는 자유에 의해 극복하도록 노력함으로써 시민윤리를 회복해야 한다고 생각했다.

이에 반해서 마르크스(K. Marx)는 혁명을 통한 시민사회의 부정으로 인해 진정한 윤리의 회복이 가능하다고 주장했다. 이러한 회복의 길은 자본주의 사회의 완전한 부정을 통해 전개되는 것으로서 시민윤리의 건전한 부분까지도 부정하게 된다는 점에 주목해야 한다. 그러한 생각은 시민사회가 형식적으로나마 자유롭고 평등한 개인을 봉건적 속박으로부터 해방함으로써 생겨난 것이라는 그 역사적 의의와 진보적 일면을 고려하지 않은 셈이다. 그럼으로써 인간의 건전한 시민적 결합까지도 비난하고 비판하게 되는 것이다.

자발성에 기초한 합리성을 갖는 개인주의를 전면적으로 부정하게 될 경우 앞서 논의된 시민사회의 위기는 전체주의적인 방식으로 해결될 가능성을 갖게 된다. 우리의 당면 과제는 시민사회의 강점을 받아들이면서도 자본주의 사회로서의 시민사회가 가지고 있는 부조리한 구조, 즉 사회적 불균형을 비판적으로 극복하는 일이다. 그리고 나아가서 그러한 부조리 아래에서 생겨난 부당한 갖가지 사회적 관계를 개선하는 일이다.

시민사회에서 계층적 질서를 조정하는 동시에 시민사회의 윤리를 전면적으로 폐기하는 것이 아니라 발전적으로 지양함으로써 시민윤리를 새로운 차원에서 재건하는 일이 중요하다. 좀 더 구체적으로 말하면 시민사회의 자유와 평등이 실질적으로는 부자유와 불평등으로 변질되고 있는 지금 그것을 실질적인 자유와 평등이 되게 하는 것이 오늘날 우리의 제일의 과제가 아닐 수 없다.

결국 자유는 부와 함수관계에 있는 만큼 부의 집중으로 인해 소수 집단이 특권화되는 현실을 바로잡음으로써 그러한 함수관계의 성립을 억제하고 실질적인 자유를 확립해야 한다는 것을 강조해야 한다. 이를 위해서는 계속적인 사회적 통제가 요구되는데, 단 그러한 통제는 자유를 위한 통제이어야 하고 결코 독재적 파시즘의 통제여서는 안 되며, 민주주의의 기본원리가 그 속에 보존되지 않으면 안 된다. 즉, 그것은 다수자인 근로 대중과 농민을 포함하는 시민을 위한 통제여야 하며 계층 간의 대립을 완화하고 극복해 줄 통제여야 한다.

이상으로부터 우리는 민주주의의 진정한 실현을 기대할 수가 있다. 민주적인 통제요 개인의 주체적 자발성에 기초한 통제인 까닭에 우리는 억압이나 강제를 느끼지 않게 된다. 진정한 자유를 보장하는 것이 아니라 예종으로의 길일 뿐인 자유방임과 같은 전통적인 자유관은 버려야 한다. 새로운 원리로서의 자유는 시민사회의 소극적 자유로부터 적극적 자유로 변화되어야 한다. 이는 불간섭을 의미할 뿐인 '…으로부터의 자유'가 아니라 실질적 내실을 갖는 '…에로의 자유'이다. 그럼으로써 인간의 평등도 자유와의 모순에서 벗어나 현실적으로 확고하게 보장될 수가 있다.

새로운 사회는 개인의 능력이 최대로 발휘되는 사회이며 능력을 무시한 다른 특권들에 의해 좌우되는 사회여서는 안 된다. 봉건사회의 신분적 특권으로부터 벗어난 시민사회가 새로운 특권을 산출함으로써 시민사회적 이상의 실현은 좌절되고 말았다. 시민사회의 진전을 통해 인격의 분열과 더불어 심각한 자기소외가 결과되었다는 것을 우리는 보았다.

새로운 사회는 인격을 통일하고 물화되고 도구화된 인간을 회복해 주는 사회가 아니면 안 된다. 그 사회는 모든 인간이 자유로이 발전하며 또한 그러한 자유로운 발전을 위한 조건을 갖춘 사회여야 한다. 애덤 스미스(Adam Smith)가 말한 자연적 조화는 이기심의 긍정에 기초했다. 그러나 자본주의를 지배하는 이기심이 시민사회의 본래적인 영리심으로 승화됨으로써 상실된 생산적 노동의 윤리가 다시 확립되어야 한다. 시민사회의 윤리에서 부인되어야 할 것은 그 배타적 이기주의이지 건전한 개인주의가 아니다. 이러한 개인주의에 기초한 자각적인 시민적 연대성이 확립되어야 하며 그것이야말로 진정한 단합과 협동의 윤리가 될 수 있다.

그러한 협동은 전근대 사회에서의 맹목적인 단결이 아니고, 자유롭고 평등한 인간이 그들의 이해관계를 자주적으로 판단하고 호혜적인 관계 속에서 조정하는 협동이다. 나아가서 우리에게 요청되는 것은 이러한 협동적 조정을 파괴하는 각종 이기주의와 투쟁하기 위한 단결이고 부정의를 발본색원하는 단결이다. 새로운 시각에서 정의를 자각하고 정의의 적에 대해 설득하고 투쟁하는 윤리가 바로 우리가 확립해야 할 협동과 단결의 시민윤리이다.

우리는 이 절에서 시민사회의 장점을 보존하면서도 그 단점을 지양한 발전적 종합의 모형으로서 시민 공동체의 이념을 모색해 보고자 한다. 그리고 이것이 성숙한 사회의 충분조건을 모두 갖춘 사회는 아나나 적어도 그 기본적인 필요조건을 구비한 사회로서 생각해 보고자 한다. 사회적 연대주의를 기조로 한 이러한 사회 모형의 과학적, 방법적, 이념적 근거들을 차례로 논의해 보고자 한다.

2) 연대의 과학적 기반

근대 시민사회를 지배했던 인생관과 사회관은 일차적으로 생물학적인 기초에 바탕을 둔 것으로 볼 수가 있으며, 이러한 생물학적인 모형은 나름의 강점 및 한계를 갖는 것으로서 이는 바로 근대적 인생관과 사회관의 강점 및 한계로 간주될 수 있다. 생명 현상은 생명 활동의 부단한 지속과 발전을 그 특징으로 삼는 까닭에 생명 현상의 근본 법칙을 발견하고자 하는 생물학은 결국 생명의 지속 및 발전의 근본 법칙을 추구한다고 볼 수 있다.

19세기 후반 다윈의 진화론이 생물학계 전반을 풍미하였는데, 이는 자연도태와 적자생존의 원리로서 생물의 진화를 설명하고자 했다. 열악한 자연 환경과 부족한 생존 조건 속에서 생물들은 종족 상호간에는 물론이고 동일한 종족 내부에서도 서로 상대방을 배제하고 자신의 생존을 보장하고자 노력하지 않을 수 없으며, 이로부터 생존을 위한 경쟁과 투쟁이 불가피하게 된다. 이와 같은 생존경쟁이 이루어지는 가운데 생활 조건에 가장 적합한 존재는 생존하게 되고 이러한 적자들은 자기의 특질을 후손에게 전하게 된다. 이러한 현상이 계속됨으로써 그러한 종족의 생활 조건에 가장 적합한 특질은 더욱 조장되고 발전된다. 이렇게 해서 생활 조건에 적합한 적자가 부적격자를 배제하고 소외시킴으로써 전체 종족은 보다 유력한 특질을 발전시키게 되고, 그 종족을 구성하는 각 생물은 더욱 우수한 기관과 기능을 갖춘 존재로 진화되어 간다.

인간도 역시 생물의 한 종족으로서 각 개인은 자기의 생명을 유지하고 발전시키려는 욕구를 가장 기본적인 욕구로서 지니고 있으며, 이러한 욕구의 충족을 위해 자기의 힘이 미치는 한 생존경쟁을 하고 자신이 가진 능력을 최대한 발전시키고자 한다. 그리고 이것은 결국 개인의 생존과 발전을 도모하는 일일 뿐만 아니라 전체로서의 인류의 발전과 복지를 증진시키는 결과도 가져오게 된다. 이러한 생각은 사회적 다윈주의로 알려져 있으며, 이는 니체와 같은 극단적인 초인 숭배 사상이나 근대를 지배한 경제학적 자유방임주의에 새로운 무기를 제공하게 된다.

이들 자유방임주의자들은 사회의 진보는 종족의 진화와 동일한 원리 위에 서 있다고 말한다. 경제생활의 경쟁도 생존경쟁의 한 형식이며 그 결과는 이러한 경쟁에서 우월한 사람만이 생존하게 된다. 자기의 이익을 증진하기 위해 상호 경쟁을 하고 서로 자기의 능력을 발휘하기 위한 경제활동을 영위할 경우 각자는 자신의 부를 증진시키는 동시에 사회 전체의 복지도 증진한다는 애덤 스미스의 사상은 바로 이러한 생각에 바탕을 두고 있다. 적자생존을 지향하는 생존경쟁을 인간의 삶 전반에 확대함으로써 결국 전체로서의 인류의 복지가 증진된다는 것이 근대의 인생관, 사회관의 바탕을 흐르는 지배적 사조라고 할 수 있다.

이상과 같은 사회적 다윈주의에 대립하는 입장을 사회적 연대주의(social solidarism)라 한다면, 이러한 입장 역시 그 과학적 근거를 일차적으로 생물학에서 구할 수가 있다. 이는 생존경쟁을 생물 진화의 근본 원리로 보는 데 반대하고 유대나 협동의 사실을 생명 현상의 특징으로 생각한다. 만일 우리가 하나의 생물을 정의하고자 할 경우 여러 부분들과 그 기능들의 유대라는 사실에 바탕을 두지 않을 수 없으며, 따라서 죽음은 생명을 구성하는 각종 요소들 간의 연대가 파괴되어 각 요소가 분해된다는 사실에 불과하다.

생명체는 하나의 조직체로서 각종 세포들에 의해 구성된다. 그런데 이들 세포들은 서로 충돌하는 것이 아니라 생명을 지속, 발전하기 위해 서로 유대를 맺고 협력하게 된다. 나아가 이들의 지속과 발전은 그것이 구성하는 전체 유기체의 지속과 발전에 기여하게 된다. 이러한 세포들이 서로 결합되어 그 생물체의 각종 기관을 구성하고, 그 각 기관은 생명에 필수적인 각종 기능을 분담하여 상호 협조하고 보충하며 이로써 그 생명체의 생명이 유지되고 발전된다. 이상과 같이 생명체에서의 생리적 분업과 협동이 서로 표리를 이루어 생명 현상의 기본원리를 이루게 된다. 고등동물로 나아갈수록 기관은 더욱 분화되고 세분되나 유대와 협동의 사실은 진화의 정도가 고차적일수록 더욱 현저하게 드러나게 되는데, 이를 생리적 연대라 할 수 있다.

생리적 연대, 즉 신체의 각 부분 간에 나타나는 연대관계로부터 나아가 이러한 상호 의존과 협조의 관계가 개체들 간에도 성립함을 알 수 있다. 물론 개체들 간에는 유기체의 부분들 간의 상호관계보다도 상당한 정도의 부조화가 있음을 부인할 수는 없다. 유기체 내의 연대와는 달리 개별 생물들 간의 연대는 꿀벌이나 개미 등과 같은 예외를 제외한다면 특정한 경우가 아닌 한 조화롭게 나타나지 않는 것이 보통이다. 그러나 사회생활을 하는 생물에서는 그 개체들 간에 다소간의 상호관계를 갖는 것이 사실이며, 사회생활의 요소는 생물 진화의 정도에 따라 증대되어 진화의 최종 단계에 있는 인류에게서 최고의 발달을 보이고 있다.

우선 가장 중요한 사실은 인간이 고립해서 생활할 수 없다는 사실이다. 인간은 사회 속에서 생활하며 사회를 구성하고 그 속에서 다른 성원들과 상호 의존관계를 맺고서 살아간다. 우리의 육체는 이미 양친으로부터 받은 것이며, 우리의 마음을 구성하는 사상이나 감정 역시 대체로 모방, 교육, 암시에 의해 타인으로부터 전해 받는다. 그리고 인간의 행위 또한 그 내적 조건으로서 의지와 욕구에 의해서만이 아니라 언제나 외적 조건으로서 타인의 의지 및 욕구와 물질적 상태에 의존하는 것이라면, 인간의 행위도 사회적 조건에 의해 규정되는 것이라 할 수 있다.

인간의 마음이 생각, 감정, 의욕 등으로 구성된다고 한다면 이것들이 부단히 자기 이외의 인간에 의해 규정되고 변하는 만큼 우리는 언제나 사회에 의해 수정, 변화된다고 볼 수 있다. 우리의 사상, 감정 및 의욕의 표현은 타인의 직간접적인 영향에 의한 것일 뿐만 아니라, 또한 타인에게 영향을 미치는 까닭에 인간은 언제나 상호관계에 의해 살아간다는 것을 부인할 수 없다.

우리의 상호관계의 연쇄는 직간접으로 복잡 미묘하게 얽혀 작게는 한 사회 전체, 크게는 전 인류가 상호 관련된 유기적 전체로 간주될 수 있다. 이러한 심리적 연대는 사회의 진화와 더불어 더욱 복잡하고 다양해지며, 이에 따라 인간의 의식 내용 또한 다양하고 풍부하게 되었으며, 또한 상호 보충하고 상호 규정할 가능성도 증가되었다. 결국 심리적 연대의 진보는 사회적 진보의 조건인 동시에 그 결과라 할 수 있다.

나아가 현대사회에서는 산업상의 분업을 위시해서 전체로서의 사회적 분업이 현저하게 발달하였다. 정치가, 사업가, 종교가, 학자, 군인 등이 사회적 업무를 분담하고 있으며, 사업가도 생산업, 가공업, 판매업으로 분화되고 이들은 다시 특정 상품과 관련하여 세분된다. 이와 같은 분업은 미세하게 세분화되고 그것들이 원활하게 관련되어 효율을 높인다. 인간은 분업을 통해서 생활상의 필수조건들을 타인에게 의존하여 구하며 자신도 타인에게 일정한 서비스를 제공하고 다른 식의 서비스를 그 대가로 받게 된다. 이 같은 서비스를 교환하는 관계 속에서 인간은 상호 의존적인 삶을 살아간다.

그런데 이러한 분업도 사회진화와 더불어 더욱 다원화되어 간다. 원시시대에서는 모두가 대체로 동일한 업무에 종사했으나 문명이 진보함에 따라 일을 분담하는 편이 유효하고 능률적임을 알게 되었다. 사회의 진화에 따라 인간 생활의 요구는 더욱 다양하게 되고 이를 만족시키기 위해서는 특수한 능력들이 요구된다. 사회적 분업은 특이한 재능의 발휘를 가능하게 하고, 그 결과 전체로서의 사회는 더욱 우수한 서비스를 수용하게 되며 사회복지는 현저히 증진된다. 이렇게 볼 때 분업의 진화는 사회진화의 조건인 동시에 그 결과라고 할 수 있다. 개인이 발전하면 그들 간에 서비스의 유대가 더욱 유효하게 이루어지는 동시에 그에 따라 사회의 진화도 이루어지게 되며, 따라서 분업의 정도는 사회진화의 척도라 할 수 있다.

또한 분업의 다른 면은 상호 협동이다. 상호간에 서로 협력한다는 사실은 분업의 전제조건이다. 협동이 전제되지 않는 분업은 전혀 의미를 가질 수 없다. 그리고 협력이란 말 속에는 암암리에 서로를 자신과 동등한 인격으로 대우한다는 사실이 함축되어 있다. 이러한 동등성으로부터 동일한 사실에 대해 동일한 이해관계를 갖는다는 사실이 의식된다. 이러한 인식에 도달한 인간은 자연히 자기 혼자의 힘으로 불가능한 일에 대해 동일한 이해관계를 갖는 사람들과 서로 협력하는 것을 당연한 것으로 받아들이게 된다.

이와 같은 협력의 바탕에 깔린 인간의 평등 의식을 올바르게 이해한다면, 연대관계가 성립할 범위가 어디까지 확대되어야 하는지를 알 수 있다. 이 점은 분업의 지평을 말한다는 점에서 공간적인 연대관계를 의미한다. 우리는 혈연, 지연과 같은 자연적이고 운명적인 연대만으로 만족할 수가 없다. 자연적 연대는 순전히 이기심에 뿌리를 둔 것으로 우리는 이러한 좁은 틀을 벗어나 더 널리 모든 인간에게 보편적으로 적용되는 유대관계로 나아가야 한다. 이는 동서의 모든 성현들이 제시했던 바로 그러한 도덕적 이상에 부합되는 길이다.

그런데 인간은 공간적으로 당대인들과 상호 의존의 관계에 의해 결합되어 있을 뿐만 아니라 시간적으로 앞선 조상들과도 관련되어 있다. 우리는 육체와 그를 구성하는 온갖 유전적 소질이 먼 조상들로부터의 유산일 뿐만 아니라 우리가 사용하는 언어와 거기에 담긴 온갖 관념은 인류의 오랜 경험과 노력의 결정임을 알고 있다. 나아가서 우리가 사용하는 온갖 도구로부터 종교, 철학, 문예, 과학, 정치, 경제 등에 이르기까지 찬란한 현대 문화는 먼 조상들로부터 면면히 이어온 역사적 산물이다. 오랜 과거의 역사를 전제하지 않고서는 현대 문화를 생각할 수 없으며, 이런 의미에서 우리는 과거의 무수한 인간들에 대해서 엄청난 빚을 지고 있다. 우리 생활은 조상들의 생활을 뿌리로 한 꽃에 비유될 수 있으며, 그런 뜻에서 우리들은 조상들과 유기적 유대로 묶여 있다.

이상과 같이 우리가 과거의 인간들에게 빚지고 있음을 인식할 때 우리는 이를 다시 개선해서 미래에 전해야 할 책임을 지게 된다. 이런 의미에서 우리는 과거에 묶여 있는 동시에 미래와도 묶여 있다. 이러한 유대에 의해 현재의 인간뿐만 아니라 과거의 인간, 미래의 인간까지도 포괄하는 개념으로서 인류라는 것이 성립한다. 사회가 진화해 감에 따라 사람들의 유대의 범위는 더욱 확대되고 과거의 유산이 더욱 다양해지고 풍부해진다. 시간적 연대가 누적되어 확대되는 일은 사회진화의 조건인 동시에 사회진화의 결과라 할 수 있다.

지금까지 우리는 공간적 연대와 시간적 연대 전반에 걸친 인류의 연대관계를 살펴보았다. 결국 사회생활은 상호 의존의 생활이다. 우리의 언행 하나하나가 가까이로부터 멀리까지 영향을 미치고 파문을 일으킨다. 우리가 품는 생각은 그대로 타인에게 전염되고 감사하는 생각 역시 타인에게 파장을 일으킨다. 이같이 사회생활에서 한 개인의 행동은 모두 직간접적으로 주위 사람들에게 자극을 주고 반응을 일으킨다. 사회는 연대의 법칙에 묶인 개인과 개인의 연합으로서, 어떠한 개인도 이러한 연대의 고리로부터 고립되어 존재할 수 없으며, 연대에 의한 운명공동체의 성원으로서만 존재할 뿐이다.

3) 사회적 부채와 상환의 의무

직간접적인 연대관계의 그물망으로서의 인류 사회에서 인간은 정신생활에서나 물질생활에서 언제나 타인에게 빚을 지면서 살아가고 있다. 우선 사회생활에서 갖가지 사회적 힘이나 사회적 시설의 도움을 받게 되며, 개인 스스로 수행할 수 있는 일에서도 사회적 요소를 배제할 수 없다. 어떤 학자가 고심해서 연구, 저술한 한 권의 책도 전적으로 자신의 힘만으로 된 것이 아니며 선현들과 동료들의 연구 결과가 그의 노력에 기본 바탕을 이룬다. 또한 그가 자신의 사상을 표현하기 위해 사용하는 언어 또한 선조들로부터 전해진 것이며, 언어와 지식을 습득하는 데에도 타인의 조력은 필수적이다.

인간들 간의 상호 연대관계는 개인의 사고를 풍부하게 하고 그 능력을 증진시키고 사업을 가능하게 하고 복지에 기여하게 된다. 그러나 동일한 연대관계에 의해 개인은 사회의 악도 감수하지 않을 수 없다. 전염병의 유행을 비롯해서 도덕적 퇴폐, 정치적 부패 등의 영향은 사회 전역에 파급되어 개인에게 전해진다. 그러나 연대관계에 의해 개인이 받게 되는 이익은 손실을 크게 능가하는 것이 사실이다. 두뇌를 풍부하게 하는 지식, 가슴을 채우는 감정, 마음에서 솟아나는 의욕은 연대관계에 따른 사회적 요소들이 나의 내면으로 들어온 것인 만큼 인류의 오랜 지적, 정서적, 도덕적 전통이 바로 나의 현재 삶을 조건 지운다. 사회의 역사적 유산을 바탕으로 삼지 않고서는 나는 지적으로나 정서적으로 설 자리를 잃고 만다.

또한 우리들이 향유하는 재산도 사회적 협동에 의해 생산된 것임을 생각해야 한다. 정교하고 간편한 각종 소도구로부터 정치한 대규모의 기계에 이르기까지 각종 기구를 사용함으로써 생산능력이 엄청나게 증대되었다. 나아가 우리가 누리는 각종 의식주 생활의 편리함은 연대관계에 의하지 않고는 설명될 수가 없다. 요약하면 인류는 일반적으로 사회적 유대의 관계로부터 헤아리기 어려운 이득을 얻고 복지를 증진시키게 된다.

원칙적으로 각 개인은 사회적 부와 시설을 자기의 공적에 따라 공정하게 향유하지 않으면 안 된다. 연대성은 각 개인이 그의 공적에 따라 상호 협동한다는 사실로서 그 협동의 소산을 수용함에도 역시 그 공적에 따른 공평한 조건 아래 수용한다는 것이다. 그리고 연대관계에 의한 해악이 불가항력적으로 발생할 경우 그것 역시 공평하게 분담되어야 할 것으로서 그 능력에 따라 공정히 나누어야 할 것이다. 이와 같이 공정한 조건 아래 각 개인이 사회생활을 영위할 경우 연대에 의한 복지와 해악이 공평하게 수용되고 분담된다. 그러나 현실은 이러한 수용과 분담의 공평성이 견지되지 못하고 있다.

정신문화와 더불어 물질 재화는 부당한 차등을 두고 배분되고 있으며, 혹자는 과분하게 수용하는 반면 혹자는 과소하게 분배받고 있다. 즉, 어떤 이는 하등의 노력이나 공적도 없이 엄청난 복리를 향유하는가 하면, 어떤 이는 피땀 어린 노무를 치르고도 노동에 대한 응분의 대가를 제공받지 못한다. 문화의 어떤 부분과 물질적 재화는 소수자가 많은 부분을 점유하고 있으며 타인들은 그로부터 소외당하고 있다. 한마디로 말해서 생활상의 불공평의 심각성이 극단에 이름으로써 이러한 불공정과 부정의를 척결해 줄 공정과 정의의 실현이 시급히 요청된다고 할 수 있다.

현재 우리는 조상이 획득하고 축적한 유산을 수용, 향유하고 있다. 즉, 오랜 역사를 통해 획득되고 집적된 거대한 자산을 오늘날 우리가 향유하고 있다. 우리의 삶에서 없어서는 안 될 이러한 유산은 모두 우리 자신이 산출한 것이 아니다. 우리는 오직 우리 선인들이 남긴 이러한 거대한 부와 문화를 자기의 생활을 위해 수용할 뿐이다. 따라서 이러한 유산은 우리의 조상들이 우리에게 남겨 준 것으로서 원리상 우리 사회에 속한 것이 아니며 이러한 의미에서 우리는 그에 대해 선인으로부터 상당한 부채를 지고 있다.

언어, 풍습, 사상 등 일체의 문화적 산물로부터 금전, 토지, 식량 등 물질적 부에 이르기까지 우리는 선인들에게 빚을 지고 있으며, 따라서 그것들은 우리에게 부채가 된다. 나아가 우리는 우리 사회의 동료 성원들의 협력이 아니라면 그러한 무한한 문화와 거대한 재화의 혜택 아래 삶을 영위할 수가 없다. 우리는 우리 사회와 동료 성원들에 대해 엄청난 부채를 지고서 이 땅에 태어난다. 이상과 같이 우리는 과거에 대해 부채를 지며 동시대에 대해서도 부채를 지고 있다. 과거의 유산을 받아들이고 그것을 수단으로 해서 동시대인들 상호간에 상부상조하며 서비스를 교환하면서 각자의 생명을 유지하고 발전시켜 간다. 이런 뜻에서 우리의 부채는 이중의 부채라 할 수 있다.

부채의 관념은 의무의 관념을 함축한다. 실제로 우리의 지적, 도덕적, 육체적 활동의 결과는 거의 전부가 우리의 소산이 아니다. 우리가 소유하는 지식의 대부분은 오랜 세기에 걸친 연구들이 누적된 결정이며 우리가 쓰는 언어도 장구한 시대를 거쳐 구성되고 정돈되어 온 것이다. 우리가 지적으로 사회로부터 고립되었다면 우리에게 언어란 불가능했을 것이다. 또한 경제적인 면에서 어떤 생산 행위도 오랜 과거로부터 발명되고 개량되어 온 정밀하고 복잡한 기구들의 사용에 의해서만 가능하다. 이와 같이 우리는 무한한 부채를 사회에 대해 지고 있다. 사회에 진 부채는 사회에 도로 갚는 것이 우리의 정당한 의무일 것이다.

우리의 사업은 그 사업의 성과를 타인의 성과와 교환하고 자기가 생산하지 못한 재화를 타인으로부터 얻게 함으로써 생활의 다양한 측면을 만족시켜 준다. 사실 우리의 동료 인간들이 없었다면 우리의 지적, 도덕적, 감정적 생활은 아무런 의미도 갖지 못했을 것이다. 동료 인간들과 상부상조함으로써 우리의 감정이 생겨나고 우리의 지식이 활용된다. 우리가 소비하는 일체의 재화는 어떤 것이건 간에 그 속에는 타인의 노동이 포함되어 있다. 타인의 노동이 없었다면 우리의 현재의 삶은 지속될 수가 없다. 타인이 있음으로써 우리의 생활이 유지, 발전되는 것이라면 이는 우리가 타인에게 빚을 지고 있는 것이다. 타인에게 지고 있는 부채에 대한 이러한 자각은 당연히 그 부채를 진 사람들에게 상환할 의무의 관념을 일으키게 된다.

사회생활은 나 자신의 지속과 발전을 요구할 권리의 세계인 동시에 우리의 지속과 발전을 가능하게 하는 사회 일반에 대한 의무의 세계라 할 수 있다. 따라서 부채의 관념은 의무의 관념과 관련되어 있다. 부채를 지고 의무를 지는 한에서 모든 사람은 동등하며 예외가 있을 수 없다. 그러나 그 정도는 모든 사람이 똑같을 수는 없으며 많은 부채를 지고 있는 사람이 많은 것을 지불하고 상환해야 할 당연한 의무를 갖는다.

선조에게 진 채무의 일부는 후손에게 그것을 지불하게 된다. 즉, 조상에게 진 부채는 후손에 대한 의무도 함축한다. 우리가 향유하는 광대한 문화와 거대한 부를 우리에게 전해 준 조상들은 이미 유명을 달리했기 때문에 채무를 그들에게 직접 갚을 길이 없다. 우리는 조상 및 후손들과 더불어 한 동포, 한 인류로서의 유대관계를 갖는다. 우리가 조상에게 진 빚을 후손에게 갚을 경우 우리는 동포와 인류로부터 진 빚을 동포와 인류에게 도로 갚는 셈이 된다. 이러한 논리에 의해 모든 과거가 모든 미래를 향해 전승된다.

과거로부터 받은 것을 미래에 전함에 있어 우리는 그것을 더욱 개선, 증대해야 하며 그것을 훼손하거나 손상해서는 안 된다. 결국 과거에 대한 부채이건 현재에 대한 부채이건 간에 부채는 반드시 상환되어야 한다. 여기에서 부채는 어떻게 상환되어야 하는가, 즉 이제는 부채 상환의 공정한 방법이 중요하다. 여하튼 앞서 논의한 정신적, 물질적 자산의 공정한 배분 방법과 아울러 부채의 공정한 상환 방법의 이면에는 정의의 이념이 함축되어 있음이 분명하다.

4) 사회계약과 정의의 이념

사회문제에서 가장 핵심인 정의의 실현은 각 개인이 사회로부터 진 부채를 상환함으로써 가능하다. 그런데 정의의 실현을 위한 바람직한 실제적 방법은 외적 권력에 바탕을 둔 강제에 의거한 것이기보다는 일종의 사회계약에 바탕을 둔 합리적 자발성에 의거하여야 한다. 우리가 살고 있는 현대사회는 계약이 차지하는 범위나 비중에서 과거의 사회와 크게 다르다. 법 제도에서도 권력의 지배가 계약의 지배로 대체되고 자발적 제한을 의미하는 자유의 지배가 권력의 지배를 대신하는 것은 근대 이후 법제의 진보를 말해 주는 것이다.

계약이란 특정한 목적에 관해 당사자들이 의견의 일치를 보고 그 목적을 추구할 때 따르는 책임을 수행하리라는 당사자들 간의 의식적 승인을 말한다. 즉, 당사자들 간의 합의에 의해 특정의 목적을 설정하고 그 목적의 추구로부터 생기는 책임을 부담하기로 합의하는 것이 계약이다. 어떤 두 사람이 서로 필요하다고 생각하는 재화나 용역을 교환할 때 서로에게 공평하다고 인정되는 조건에 따라서 그 교환을 실현하려는 의지를 결정하게 되는데, 이 경우 특히 '공평'이라는 말에 중요한 의미를 부여할 필요가 있다. 왜냐하면 사람들은 일반적으로 자기에게 유리한 점이 있다 할지라도 다른 사람이 받게 될 이득이 지나치게 큰 경우에는 함께 그 일을 도모하려 하지 않기 때문이다. 따라서 일정한 일을 함께 도모하는 것은 서로에게 공평한 결과를 초래할 조건 아래에 서만 가능하다.

타인의 이익을 보증한다는 것은 자기에게는 의무가 된다. 타인의 이익은 타인의 권리에 해당하는 것으로서 그에 대해서 우리는 의무를 지게 된다. 이로써 계약은 자기의 의무와 권리의 균형에서 성립하는 동시에 자기의 이익과 책임의 차이가 상대방의 이익과 책임의 차이에 적합할 경우 성립한다. 공평이란 계약에서 상호간의 이익과 책임의 균등을 의미한다. 당사자는 계약에 들어감에 앞서 일체의 요소를 충분히 고려하고 비교함으로써 자신의 이익과 책임, 상대방의 이익과 책임 간의 균형을 확인한 후 계약이 유효하게 이루어진다.

우선 중요한 것은 계약에서 생겨나는 이익과 책임의 문제이다. 이 경우에 책임은 계약 당사자가 자기 의사에 따라 자신에게 부과하는 책임이다. 계약은 개인 간에 성립하는 것으로서 이 계약에서 이익을 얻는 사람은 자신의 욕구로 인해 책임을 자신의 어깨에 짊어질 각오가 되어 있다. 그 책임을 부담하고 이행하지 않는 한 계약은 효력을 발생하지 못한다.

계약에서 받게 될 자신의 이익을 존중하는 동시에 타인의 이익도 존중하지 않을 수 없다. 타인의 이익을 존중한다는 것은 자기의 이익이기보다는 지게 될 부담이다. 각 계약 당사자는 그 계약에서 자기에게 부과된 책임을 자기 의지로서 자기에게 부과된 제한으로 생각한다. 그러므로 이러한 책임은 자기 스스로 부과한 책임으로서 결코 외적 권력에 의해 부과된 것이 아니다. 계약 관념의 발달과 더불어 권력의 지배로부터 자유의 지배로 이행하는 것은 당연한 귀결이다.

계약에는 자유로운 두 사람의 개인 간에 체결되는, 재화나 용역의 교환에서의 개인적 계약이 있다. 이러한 교환 계약의 양식은 "네가 준데 대해 나도 준다"는 식의 가장 일반적인 계약이라 할 수 있다. 또한 계약에는 보다 복잡한 형식으로서 단체 계약이 있다. 예를 들어 사람들의 연합은 단체 계약으로서 다수자가 이에 관여한다. 이 경우 각 당사자는 일정한 권리를 주장하게 되는데, 단지 그 권리는 공동의 노력에서 각 당사자가 차지하는 몫에 비례한다.

그런데 이와 달리 제3의 형식으로 단체적인 동시에 호혜적인 계약으로서 이상의 계약들과는 다소 새로운 요소가 더해진다. 이 계약은 특정한 결과를 목적으로 해서 체결되는 계약이 아니고 불특정한 결과의 도래를 예비하기 위한 계약이다. 예를 들어 설명해 보면, 화재나 여타 불행한 재액이 예상될 경우 그러한 재액의 결과를 감소시키기 위해 미리 예비하는 계약이다. 앞의 두 계약은 "네가 준 데 대해 내가 준다"는 원칙에 의한 것이나, 여기에서는 "내가 준 데 대해 내가 받는다"는 원칙에 의해 계약이 성립한다. 여하튼 서로의 불행을 막기 위해 도래할 위험을 상호화하는 계약이라 할 수 있다. 우리는 어떠한 위험이 실제로 누구에 올지조차 모르는 상황에서 혼자서 부담하기 어려워 서로 의존해서 위험의 결과를 상호화하게 된다. 공제 조합이 가장 적합한 예라고 할 수 있다.

이상과 같은 계약 개념, 특히 세 번째 유형의 계약 개념에 비추어 볼 때 현대의 진보적인 사법(私法)은 모두가 계약에 근거해 있다고 해도 과언이 아니다. 그런데 한 개인이나 특정 집단이 절대권을 가지고 일체의 법률을 만들었던 전제군주 시대에는 이러한 사법의 이념을 공법(公

法)에 적용하는 것은 불가능한 것이었다. 하지만 시민의 주권을 인정하고 그에 따라서 사회제도를 확립하고 운용할 때 만인의 합의가 필요하다고 생각되는 오늘날의 민주 세계에서는 사법의 원리를 공법의 영역에도 적용하지 못할 아무런 이유가 없을 것으로 보인다.

18세기 중엽 루소는 유명한 사회계약의 이론을 세우고, 우리 각자는 그 인격과 권력을 일반의지의 최고 지배 아래 두어야 한다고 천명했다. 우리가 자신의 인격과 권력을 일반의지의 지배 아래 둔다는 것을 승인하는 것이 사회계약이며, 이리한 일반의지는 사회계약의 결과로서 생겨나는 독립적인 사회 의지이다. 이러한 일반의지는 그것을 형태로서 말하면 바로 국가이며, 그것을 작용으로서 말하면 주권이라 할 수 있다. 법률은 바로 이러한 일반의지의 표현이며, 따라서 법률의 연원은 사회계약에 있다는 것이 루소의 주장이다. 그런데 그는 이러한 사회계약설을 전개할 때 계약 당사자, 즉 시민들 간의 합의가 역사상 실제로 있었다고 생각한 것은 아니다. 사회적인 의무와 관련해서 계약 당사자, 즉 시민의 합의는 사실이었던 것도 아니고 있을 수도 없다.

계약설을 과거의 역사적 사실에 대한 서술이 아니라 다른 시각에서 해석할 경우 그것은 중대한 함축을 갖는다. 사회 구성에 대한 개인 간의 합의가 실제로 있다고 보기는 어려우나 우리가 그것을 기원에 대한 설명으로서가 아니라 정당 근거에 대한 논의로서 받아들일 경우 중대한 의미를 부여할 수가 있다. 사회는 오랜 역사의 소산으로서 현재 우리 사이에 존재한다. 그러나 이 사회가 현재 가지고 있는 중대한 특징을 모두 유지하는 것은 사회 유지에 관한 암묵적인 합의가 각자들 간에 성립하기 때문이다. 이러한 암묵적인 합의가 없을 경우 현재 사회는 그 뿌리에서부터 흔들릴 수밖에 없다. 사회의 유지에 관한 암묵적인 합의가 성원들의 의식상에 성립하는 것은 이들 각 성원들 간에 어떤 암묵적 계약 내지 준계약에 상당하는 것이 존재한다고 생각할 수 있다. 사회는 그 성원들 간의 암묵적 승인에 의해 유지되는 까닭에 그 성원들 간에는 가상적인 계약 내지 준계약이 성립하고 있다.

우리는 정신문화와 물질문명을 유산으로 받아 향유하고 있다. 그런데 이러한 문화와 문명의 유산은 우리가 동시대인들과 더불어 공동으로 물려받은 것이다. 우리가 이러한 문명의 유산을 받아들일 경우 우리는 그에 부수하는 책임 역시 승인하는 것이며 우리에게 유산을 남긴 사람들의 유지를 받들지 않을 수 없다. 또한 선조들이 축적하여 우리에게 남겨 준 것과 마찬가지로 우리 역시 이를 발전시켜 후대의 사람들에게 전해야 할 의무도 갖게 된다. 나아가서 유산에서 생기는 이득을 분배하는 방식에서도 형평을 고려해야 한다. 지나치게 많은 부분을 향유하는 사람은 소외된 사람들에게 나눔으로써 부당한 이득의 정당한 처분이 이루어져야 한다.

사회를 정당하게 유지하고자 하는 사람들의 의식 속에는 이와 같은 점을 암암리에 받아들이고 있을 것으로 보인다. 왜냐하면 사회생활을 이런 식으로 보는 것은 각 성원들에게 이익과 채무를 고르게 분배하는 것이며, 따라서 이런 종류의 승인의 조건으로서 이득과 책무의 균형이 확실히 존재한다. 사회 성원들 간에 이익과 책무를 균형 있게 분배하는 것이 바로 정의의 실현이라 할 수 있다. 사회계약이 이득과 책임의 균형 있는 분배를 사회에 실천한다는 데 대한 승인이라고 한다면 사회계약의 목적은 이와 같은 정의의 실현으로서 규정할 수가 있다.

이상과 같이 생각할 때 정의를 사회에 실현하는 일은 외적 권력의 강제가 아니라 각인의 의식 속에 성립하는 일종의 합의, 즉 사회계약의 적용에 의해 가능한 것이다. 즉, 올바르게 정의를 실현하는 일은 사회 부채를 지고 그것을 상환하는 일로서 이는 사회의 부와 문화를 수용하고 향락하는 데 따라오는 당연한 의무라는 것을 모든 성원이 승인할 때 가능하다. 이와 같은 승인은 사회의식을 갖는 사람에게는 당연히 성립할 것으로서 이러한 승인으로부터 정의가 도출되는 것은 정당하고도 합리적이다. 계약이란 일정한 목적을 추구함에 있어 생겨나는 것으로서 이에 따르는 책임을 자신에게 부과하고 스스로 자기의 자유를 제한하는 것이다. 개인의 자유를 기준으로 해서 모든 문제를 해결하는 현대에서 이러한 계약의 이념은 가장 올바른 기초가 될 수 있을 것으로 보인다.

이상에서 볼 때 사법의 방법이 공법의 영역에서도 적용될 수 있다. 개인 대 개인 간에 성립하는 계약의 관념을 개인 대 사회 간의 관계로 이행하여 개인 간의 관계를 해결하는 방법을 개인과 사회 간의 문제를 해결하는 방법으로 활용할 수가 있다. 제재로서의 법률은 개인들 간의 합의의 형식적인 표현이다. 법률이 사회생활의 제약으로서 사람들 간의 합의의 형식적 표현이라 한다면 법률은 일종의 계약의 산물이라 할 수 있다. 계약에서 일방의 계약 당사자가 이를 준수한 경우 타방의 계약자에게도 그에 대한 준수를 강요할 수 있다.

법률에서도 마찬가지로 계약 당사자가 그 계약의 조항을 준수할 경우 다른 모든 계약 당사자에게도 그 준수를 강요할 수 있다. 즉, 계약 당사자의 자의적 불이행을 다른 모든 계약 당사자들이 억제함으로써 법률의 효과가 유지된다. 이와 같이 법률 당사자의 제재가 바로 법률의 제재가 되며, 그런 의미에서 법이란 국가의 강제 권력에서 나온 것이 아니라 시민으로서 우리 자신의 자율적 의지에서 나온 것이라 할 수 있다.

5) 정의의 내용과 그 구현

사회계약을 실제로 적용할 경우 각종 사회적 위험을 공동으로 부담하고 특정한 사회적 이득을 모든 성원에게 보증하는 것으로 나타난다. 우선 첫째로, 사회의 모든 성원은 사회에 대해 부채를 지고 있는 까닭에 이러한 부채의 상환과 관련하여 그들이 사회에 대해 이행해야 할 사회적 의무의 성격과 내용이 규정되어야 한다. 그리고 둘째로, 이런 의무를 이행하는 일이 개인의 자유에 손상을 주지 않고 이루어질 수 있는 방도가 강구되어야 한다.

의심할 여지없이 사회 성원들은 모두 예외 없이 부담해야 할 공동의 의무를 갖는다. 사회가 유지, 존속하기 위해서는 외적으로는 그 사회를 위협하는 적에 대해, 내적으로는 그 사회를 문란하게 하는 세력에 대해 그 사회를 보호할 의무가 있다. 전쟁의 경비 및 재판과 경찰 등 공공복지를 위한 관리에 드는 비용의 부담은 사회 성원이면 누구든 면제될 수 없다. 제거되어야 할 내외의 위험은 단지 일부만의 위험이 아니라 사회 일반의 위험이다. 따라서 그러한 위험을 전체 성원에게 상호화함으로써 그것을 없애는 데 필요한 비용을 사회의 모든 성원에게 부담시키는 것은 정당한 일이다.

공통의 사회적 위험이 있는 것과 마찬가지로 공통의 사회적 이득도 있다. 어떤 사회, 어떤 시대에서건, 지적, 도덕적 내지 문화적 유산으로서의 오랜 전통이 있다. 이에는 사회 성원 모두가 예외 없이 참여해서 혜택을 누려야 한다. 이것을 사회의 성원들에게 분배하는 것이 교육의 임무이다. 사회적 이득 또한 상호화되어야 한다는 견지에서 볼 때 현행 교육 현상은 여러 면에서 반성이 요구된다.

사상과 지식은 그 누구에 의해서도 독점될 수 없으며 우리 모두의 것으로서 그 혜택에 모든 사람이 동참해야 한다. 진리는 그것이 과학적이건 도덕적이건 간에 교육에 의해서 만인에게 나누어진다. 물론 이러한 진리를 수용할 능력이 모든 인간에게 동등하지 않은 것이 사실이다. 그러나 이것이 불가피한 자연적 요인에서 유래한 것이 아니고 사회적 불공정의 결과로서 생겨난 것인 한 이는 타파되지 않으면 안 된다.

이상의 논의가 타당한 것이라면 사회에서 단지 초등교육뿐만 아니라 중등교육, 즉 중학교와 고등학교에서도 의무교육을 실시함으로써 교육비의 부담이 절감되어야 한다. 교육비의 과중한 부담으로 인해 인생살이에서 가장 중요한 바탕인 중등교육을 단념하는 일은 없어야 할 것이다. 감당할 수 없는 자연적 무능력 때문이 아닌 한 중등교육에서 제외되는 청소년이 있어서는 안 된다.

나아가서 인간의 배움은 유년기에만 국한되는 것이 아니며 인간은 평생토록 부단히 향상할 수 있는 존재이다. 이러한 향상이 가능하기 위해서는 어떤 연령의 인간이든 기본적인 생활고에서 해방되는 충분한 여가가 주어져야 한다. 이는 실로 인간으로서의 모든 능력을 종합적으로 발전시키는 데 있어 없어서는 안 될 조건이다. 여가를 보장하는 문제는 노동시간의 제한과 관련된다. 노동시간을 제한함으로써 사람들은 생애의 많은 부분을 자기계발과 자기완성에 활용할 수 있게 된다. 힘겨운 노역에 짓눌려 향상하고 발전할 여가를 갖지 못할 경우 우리는 현재뿐만 아니라 장래까지도 희생당하는 셈이다. 또한 노동시간의 제한은 도덕 생활을 위해서도 요구된다.

인간이 기계적 노무에 종사하는 동안은 정신적 자유를 향유하지 못하고 정서나 감정도 생기 있는 즐거움을 누리지 못한다. 인간이 노동에서 해방되어 자기가 사랑하는 사람들과 즐거운 시간을 가짐으로써 본래적 도덕 생활이 가능해진다. 진정한 인간 생활을 위해서는 우리 생애

170

의 일부를 할애하여 진선미에 서의 자기완성과 동시에 사랑하는 사람의 인격 완성에 참여할 수 있는 시간을 보장받아야 한다. 이런 의미에서 노동시간의 제한은 인간 생활에서 지극히 긴요한 문제가 아닐 수 없다.

특정인에 의해 독점되어서 안 될 것은 지적, 도덕적 유산뿐만이 아니라 물질적 부도 마찬가지다. 물질적 부는 언제나 그 양에 있어 부족하고 한정되어 있으며 분할에 의해 감소되고 소비에 의해 소멸된다. 따라서 정신문화에 비해 경쟁성을 크게 띠게 되고 독점될 가능성이 크다. 노동에 의해 소득이 주어질 경우 부의 평등은 보장할 수 없으며, 각자 노동의 양이나 질에서의 차이로 인해 부의 무조건적 평등은 불공정하고 부정의할 수도 있다. 따라서 사회는 부의 획일적 평등이 아니라 모든 성원에게 인간다운 삶을 위한 최소한의 조건을 보장하는 데 주력해야 한다. 특히 노쇠나 질병으로 노동력을 상실하여 자기 생활을 지탱할 수 없는 사람, 병이나 노동 중의 상해 혹은 해직에 의해 일시적으로 생활을 꾸리기 어려운 사람 등에 대해서는 사회 전체가 공동의 구조를 통해 생활조건을 보장하는 일은 정당하다.

나아가서 타인의 이익을 수탈하는 어떤 특권도 사회적으로 용납되어서는 안 된다. 특권 계층의 존재는 사회계약의 기준, 즉 사회생활의 기본 약속에 위배된다. 왜냐하면 그것은 자연적 불평등에 사회적 불평등까지 가세하는 일이기 때문이다. 그리고 사회 성원들의 사상이나 양심의 자유를 유린해서도 안 된다. 이러한 유린은 사회생활의 본래적 목적을 파괴하는 일이다. 직간접으로 이러한 죄악을 범할 수 있는 특권 계급의 존재는 용납될 수 없다. 사회연합의 결과로서 생겨난 책무는 모든 성원이 분담해야 하는 것인데, 특권제도는 이러한 원칙을 무시하고 일부인에게 이러한 책임을 면제해 준다. 이것은 사회생활의 약속에 위배되는 것으로서 이런 제도는 당연히 용인될 수 없다. 특종 산업이 사회를 위해 절대 필요하며 그것을 보호할 수밖에 없는 경우에는 그 산업을 경영하는 개인을 위해서가 아니라 일반 사회의 이익에 기여한다는 의미에서의 보호임을 분명히 해야 한다.

국가나 개인의 권익을 보호하고 의무를 수행하게 하는 제도를 활용하기 위해서는 일정한 경비가 요구되는데, 이는 모든 성원들이 사회에 대한 의무로서 부담하지 않으면 안 된다. 이런 경비의 부담은 과세로서 부과되는데, 과세 부담은 사람들이 사회적 시설을 이용해서 그로부터 끌어내는 이윤에 비례해야 할 것이다. 이러한 과세제도는 재분배정책의 일환으로서 앞에 나온 여러 목적에 비추어 조정되어야 할 것이다.

나아가서 현대사회에서 토지의 가치는 소유자의 노력과는 무관하게 등귀하며 대부분의 경우 이는 모든 성원의 사회적 공동 노력의 결과로 볼 수 있다. 이런 의미에서 특히 도시에 있는 토지의 잉여가치의 대부분은 사회적 잉여가치로서 이는 사회의 공동선을 위해 선용되어야 한다.

끝으로, 이상과 같은 각종 사회문제를 해결하는 방식으로서 사회교육의 중요성을 강조할 필요가 있다. 사회문제의 해결 방법으로서 흔히 제시되는 두 가지는 급진적 행동에 의한 것과 점진적 교화를 수단으로 하는 것이다. 사회주의자를 위시한 각종 혁신론자는 대체로 전자의 수단에 의거하며, 도덕적, 사회적 개조론자는 후자의 수단을 이용한다. 점진적 수단이란 바로 사회교육을 말하며 비록 급진적 행동에 의거한 혁신을 주장한다 할지라도 이런 사회교육을 등한히 하고서 철저한 사회개조를 한다는 것은 불가능하다.

사회교육의 목적은 개인들이 서로 연합해서 생존한다는 개념을 각자의 정신에 심어 주는 것, 다시 말하면 각 개인을 사회화하여 사회인으로 만드는 일이다. 사회인은 단순한 사교적 인간과는 다르며 서로 연합함으로써 생겨나는 이득 및 연합의 조건을 이해하고 연합의 규칙에 복종할 줄 아는 인간이다. 이러한 요구에 따름으로써 사회인은 자신이 사회적 존재, 즉 연합의 일원임을 이해하고 연합원으로서 행동하는 인간이다. 그리고 타인과의 서비스의 교환이 필수적인 것으로 이해하고 그러한 사정에 따라 행동하는 인간이다. 그리고 우리의 재산, 활동, 자유의 일부, 인격의 일부가 사람들의 공동 노력에서 얻어진다는 것, 즉 이것들이 사회에 기원을 둔다는 것, 따라서 이것들은 각자가 자신의 몫을 다하는 공동 노력에의 기여에서만 생겨날 수 있다는 것을 이해하고 그것을 실행에 옮기는 인간이 바로 사회인이다. 달리 말하면 사회인은 공동의 양심 내지 사회적 양심을 갖춘 인간이라 할 수 있다.

사회교육의 목적이 사회인의 양성에 있다고 한다면 이는 결국 사회교육의 목적이 각 개인의 양심을 공동의 양심, 즉 사회적 양심으로 드높이는 일에 있다고 할 수 있다. 사회적 양심을 갖게 될 경우 인간은 개인적 인격으로부터 사회적 인격으로 확대됨으로써 인격의 사회화가 이루어지게 된다. 사회적 양심을 갖는다는 것은 상호 의존과 상호 연대에서 생겨나는 부채를 분담하고 이를 상환하는 일을 자신의 의무로서 인식하는 것이 중요하며, 이를 단지 관념적으로 의식할 뿐만 아니라 실천에 옮기는 데까지 나아가야 한다.

사회적 양심은 정의의 관념을 기조로 한다. 정의의 요구, 즉 사회부채를 상환하고자 하는 것은 바로 사회적 양심에서 비롯된다. 사회교육이 목적으로 하는 바는 사람들의 사회적 의무의 관념을 고양하고 사회적 행위의 상호성과 연대관계를 이해시키고 고립된 존재로서가 아니라 호혜성의 기반 위에 연합된 공동체의 성원으로서 자신을 바라보게 하는 데 있다.

3. 공정한 경기와 정의사회

1) 인생이라는 불공정한 경기

마이클 샌델(Michael Sandel)의 『정의란 무엇인가』라는 책이 한국의 독서계를 마치 쓰나미처럼 훑고 지나갔다. 출간된 지 몇 개월 되지도 않아 1백만 부 판매를 넘겼다니 저자마저도 놀란 한국적 신드롬이라 할 만하다. 진정 한국사회가 정의에 대한 목마름이 이다지도 심각했던 것이 사실이라면 샌델의 정의론은 한국사회가 정의사회로 변화하는 데 있어 크게 기여할 것으로 기대되는 천재일우의 기회라 할 만하다.

그러나 이 같은 야단법석은 내공이 부족한 우리 지성계의 지적 천박성을 보이는 징표로 해석하고자 하는 이들도 있으니 그리 간단한 문제는 아닌 성싶다. 하버드 대학이라는 미국의 명문대 명강사이고 보면 샌델의 정의론이 마치 명품 구매와도 같은 지적 허영에 그치는 것이 아니길 바랄 뿐이다. 논리 논술에 행여 도움이 될까 싶어 많은 수험생들이 구매했다면 그것도 그리 나쁜 일만은 아니리라는 안도감이 위안이 되기도 한다.

때마침 2012년 8·15 경축사에서 이명박 대통령이 국정 후반기 정치적 지표로서 공정사회 실현을 내세운 것과 우연히 중첩되는 가운데 정의와 공정은 우리 사회 변화의 화두로 떠오르는 듯하다. 한때 '정의사회 구현'이라는 주제가 정치적 캐치프레이즈로 내세워진 적이 있기는 하나 부정의한 정권에 의해 주도되어 냉소적인 반응으로 인해 현실 개혁의 지도이념으로서 호소력을 갖지 못한 듯하다.

정의사회만큼 강력한 정치이념이 아닐지는 모르나 정의사회로 가는 데 있어서 해결되어야 할 최소한의 필요조건으로서 공정사회는 우리의 노력 여하에 따라 실현 가능할 뿐만 아니라 시의 적절한 현실 개혁의 가이드라인이 될 수 있을 것이다. 더욱이 최고 지도자가 반복, 강조하고 있어 그 파장은 공직사회만이 아니라 기업문화에 이르기까지 영향을 미치고 있음이 감지된다. 단지 이 같은 이념은 시장경제적 입장에 부합하는바, 신자유주의적 정치경제학과 유관하다는 태생적 한계가 있음은 인지할 필요가 있음을 앞으로 논구해 가고자 한다.

우리의 인생을 100미터 경주에 비유해 보자. 그런데 문제는 우리가 이 경주에서 모두 원점에서 동시에 출발하지 않는다는 점에 있다. 많은 사람들이 원점의 가까이에서 출발하기는 하나 일부는 50미터 전방에서 출발하는가 하면 소수의 사람은 90미터 혹은 95미터 전방에서 출발하기도 한다. 그래서 인생이라는 경기는 원천적으로 불평등한 경기라 할 수 있다. 그러나 이 같은 원천적 불평등은 자연적 사실일 뿐 그것이 부정의하다거나 불공정하다고 할 수는 없다. 정의나 공정과 같은 평가어는 우리가 그 같은 불평등을 인간적으로 처리하고 관리하는 방식에 부여할 수 있는 용어이기 때문이다.

그런데 우리 사회는 이 같은 원천적 불평등을 어떤 방식으로 처리 혹은 관리하고 있는가? 물론 우리 사회도 이 같은 불평등이나 격차를 다소간 약화 내지 완화시키고자 노력하고 있는 것을 부인하기는 어려우나 그 성과 또한 미미한 것임이 사실이다. 더욱이 가슴 아픈 사실은 이 같은 불평등이 세세대대로 대물림하고 있다는 점이다. 부모의 경제적, 사회적 조건이 자녀의 학업 성취, 입학, 취업에 이르기까지 광범위하게 상속되어 가난이 대물림하고 불평등이 구조적으로 고착화되고 있다는 것이다.

1970-2003년 사이에 입학한 서울대 사회대생 1만여 명을 대상으로

분석한 자료를 보면, 전문직, 관리직으로 이루어진 고소득 직군 부모를 둔 학생의 입학률이 저소득 직군 부모의 학생보다 무려 16배(2003년)나 높았다. 2004-2010년 서울대 신입생의 아버지 직업 변천을 보면, 전문직, 경영관리직의 아버지를 둔 신입생이 2004년에는 전체 신입생의 60%를 차지했는데 2010년에는 64.8%로 늘어난 반면, 농축수산업, 미숙련 노동에 종사하는 아버지를 둔 신입생 비율은 2004년 3.3%에서 2010년 1.6%로 더욱 줄어들었다. '개천에서 용 나는 일'은 시간이 갈수록 불가능해지고 있는 것으로 평가된다.

한 달에 사교육비로 평균 50만 원을 지출하는 고등학생이 내신 성적 3등급 이상에 속할 확률은 사교육을 전혀 받지 않았을 경우보다 2배 이상 높다.[8] 부모의 소득 수준에 따라 아이들의 꿈인 장래희망도 큰 차이가 있었다. 부모의 소득이 높고 특목고에 다니는 학생일수록 고소득 전문직을 희망하는 반면, 부모의 소득이 낮은 특성화고(옛 전문계고) 학생일수록 저소득층 직업군을 희망했다. 가난이 젊은이들의 꿈마저 가난하게 만들고 있는 것이다.[9]

취업을 비롯해서 일생을 살아가는 동안 우리 사회에서 겪어야 할 학벌, 지연 등에 따른 심각한 차별을 생각하면 부모의 사회경제적 조건이 자녀 세대로 세습되고 이로 인해 신분의 양극화가 더욱 심해지는 세습적 불평등 구조를 깨는 것은 공정한 사회, 정의로운 사회로 가기 위해 가장 먼저 해결되어야 할 절박한 과제가 아닐 수 없다.[10]

---

8) 김민성, 「고등학교 내신 성적에 대한 사교육비 지출의 효과」.
9) 권영길 전 민주노동당 국회의원 조사 자료 참조.
10) 정연주 칼럼, "세습과 공정사회", 『한겨레』, 2010년 11월 1일자.

2) 공정성과 절차주의적 정의

전통적으로 정의론자들은 정의를 결과주의적 관점에서 접근해 왔다. 그런데 결과의 정의를 평가하기가 어려운 까닭은 그 결과가 다양한 요소들의 복합적인 성과라는 점, 따라서 결과의 정의를 평가하기 위해서는 경쟁적인 다원적 기준들이 갈등하게 되며 그 같은 갈등을 해결해 줄 단일한 우선의 원칙을 발견하기 어렵다는 점에 있기 때문이다.

업적, 노력, 능력, 필요 등이 대립하고 있으며, 이들의 비중을 계산하여 모두가 합의할 수 있는 단일한 기준의 제시가 쉽지 않은 것이다. 이 같은 결과주의적 정의관은 "각자에게 그의 X에 따라서"와 같은 정형적 정의관(patterned conception of justice)과 쉽사리 연결되며 마르크스의 "각자로부터 그의 능력에 따라서, 각자에게 그의 필요에 따라서"라는 기준 역시 이 같은 기준의 하나로 간주된다.

이상과 같은 이유 때문에 현재의 정의론자들은 결과주의적 관점에서가 아니라 결과보다는 과정을 중요시하는 절차주의적(proceduralist) 관점에서 정의에 접근하는 것이 보다 합당하다는 생각에 이르게 된다. 결과의 정의를 분석, 평가하기는 쉽지 않지만 절차의 공정성이 보장될 경우 결과는 어떤 것이든 공정하고 정의롭다는 생각에 이르렀기 때문이다. 이 같은 절차주의적 정의관은 절차를 중요시하는 민주주의(democracy as procedure) 정치의 보편화 경향과도 무관하지 않다.

플라톤의 철인왕 사상은 선(善)이 무엇이고 정의(正義)가 무엇인지에 대한 지혜를 지닌 현자, 즉 철인에 전적으로 의존해 있다. 하지만 현재의 민주주의 사상은 그 누구도 타인 위에 군림할 정도로 현자는 아니며 보통사람들이 자유로운 대화와 토론을 통해 중지(衆智)를 모으고 정책에 반영해 나가는 과정을 중시하며 그에 바탕한 점진적 개선주

의에 기대를 거는 사상이다. 이런 점에서 절차로서의 민주주의와 절차
주의적 정의관은 상호 친화성을 갖는다 하겠다.

자유지상주의자(libertarian)인 로버트 노직(Robert Nozick)도 그러하
지만 자유주의적 평등을 내세우는 정의론자 존 롤스(John Rawls)는 전
형적인 절차주의적 정의론자라고 할 수 있다. 롤스는 정의를 공정성
(fairness)으로 이해하고 당사자들을 공정하게 대우하는 절차를 구상하
여 그로부터 합의를 도출하는바, 계약론적 토대 위에 정의론을 세우고
자 한다. 그러기 위해서 롤스는 합의 당사자 모두를 공정하게 대우하는
합당한 조건들을 하나로 묶어 계약의 전제로 삼고 그로부터 합리적 추
론을 통해 그들 간의 합의 결과로서 정의의 원칙들을 도출하고자 한다.
여기서 롤스가 가장 주목하고자 하는 것은 정의의 원칙을 선택함에 있
어 도덕적 관점에서 볼 때 부당하거나 편파적이고 편향적으로 작용할
요인들을 배제함으로써 당사자들을 모두 공정하게 대우하는 전제들을
구성해야 한다는 점이다.

원초적 입장(original position)으로 불리는바, 정의원칙의 도출을 위
한 전제조건들 중 특히 인지적 요건들을 묶어 롤스는 무지의 베일(veil
of ignorance)이라는 이름 아래 다루고 있다.11) 무지의 베일은 심리적,
사회적, 경제적 일반원칙을 가리지 않을 정도로 충분히 엷은(thin) 베
일이어야 하고, 편향과 편파의 소인이 될 지식들은 가릴 정도로 충분히
짙은(thick) 베일이어야 한다고 본다.

이같이 편향적, 편파적 원칙을 선택하게 할 요소로서 배제되는 지식
은 개인들의 타고난 천부적 재능과 사회적 지위, 소속된 세대, 개인의
가치관 등등과 관련된 지식이다. 이 중에서 특히 천부적 능력과 사회적

---

11) John Rawls, *A Theory of Justice*, Cambridge University Press, 1971, ch. 3
참조.

지위는 태생적 행운과 불운으로서 롤스에 따르면 도덕적 관점에서 볼 때 정당 근거가 없다(arbitrary from moral point of view)는 것이다.12) 따라서 롤스는 정의의 출발점을 운의 중립화(neutralizing luck)에서 찾고자 한다고 할 수 있다.

자연적 운이건 사회적 운이건 간에 운의 지배를 그대로 방치하고서는 정의와 관련해서 우리는 어떤 합의에도 이르기 어렵다. 이를테면 천재와 천치 사이에 어떤 합의가 가능할 것인가? 또한 재벌 2세와 거지 2세 간에는 어떤 합의점에 이를 것인가? 재벌 2세는 가능한 한 기득권을 챙기려 안간힘을 쓸 것이며 쪽박밖에 깨질 것이 없는 거지 2세는 나름의 배짱을 부리게 될 것이다. 결국 어떤 합의도 결렬될 것임이 명약관화하다. 실질적 합의를 위해서는 일정한 형태의, 이를테면 이 같은 자연적, 사회적 운을 괄호 치는 무지의 베일이 불가피한 것이다.

이 같은 운의 요소가 아니고서도, 정의에 대한 실질적 합의를 위해서는 특히 다원주의(pluralism) 사회를 살아가는 현대인들에게는 일정한 무지의 베일이 절실히 요구된다. 자유주의 사회가 전개된 이래 가치관을 중심으로 한 다원주의적 불일치는 불가피한 사회적 사실이 되었으며 이것이 정의사회를 향한 합의 도출에 있어 어떠한 걸림돌이 되어서는 안 될 것이다. 우리는 인생관, 가치관 등에 있어 견해를 달리할지라도 그 같은 다양성이 평화 공존할 수 있는 사회의 기본구조를 보장해 줄 정의의 원칙에 합의할 필요가 있기 때문이다.

또한 분배적 정의의 문제는 단지 당대인들 개인 간의 문제일 뿐만 아니라 세대 간에 있어서도 제기될 수 있다. 따라서 무지의 베일은 개인 간뿐만이 아니고 세대 간의 정의(justice between generations) 문제

---

12) 위의 책, ch. 2, §§12-13.

에 있어서도 확대, 적용될 필요가 있다. 우리는 사회 발전의 초기 자수성가한 세대에 속하건, 상당한 발전이 이루어진 유복한 세대에 속하건 간에, 모두가 자원을 적절히 소비하고 차세대를 위해 적정한 자원을 비축할 정의의 의무를 지게 된다. 다시 말하면 세대 간의 정의 문제에 있어 모든 세대는 정의로운 절약과 저축의 원칙에 따라 삶을 영위할 의무가 있다 할 것이다.

인생을 살아가면서 우리는 갖가지 문제에 부딪치게 되고 그럴 때면 우리는 숙고를 통해 크고 작은 선택(choose)들을 수없이 행하게 된다. 그러나 사실상 우리는 자율적으로 선택할 수 있는 나이에 이르기 전에 여러 가지 관점에서 이미 선택된(chosen) 존재라 할 수 있다. '자유의지와 결정론' 등의 전문적 논의를 끌어들이지 않더라도 우리는 이미 유전적으로나 기질적으로 혹은 사회경제적 여건에 있어 이미 선택된 기반 위에서 우리의 성격과 정체성이 형성되며, 그런 기반 위에서 형성된 주체로서 우리가 어떤 선택을 하게 되는 것이다. 그런 의미에서 우리의 선택은 실존철학자들의 용어를 빌리면 피투(被投)된 기투(企投)(projected projection)라 할 수 있을 것이다. 이로 인해 우리의 소위 자유로운 선택이 갖는 성격상의 한계가 불가피하다 할 것이다.

최근 일부 윤리학자들이 인간의 성품과 관련하여 운명적인 요소, 즉 도덕운(moral luck)에 주목하고 있다.13) 이들에 따르면 인간의 모든 자율적이고 자유로운 선택이 사실은 각종의 도덕운에 의해 조건화되고 제약되어 있다는 것이다. 그중 하나는 우리가 타고난 유전적, 기질적 소인 등 이른바 태생적 운(constitutive luck)이라는 것으로 존재한다. 그리고 이 같은 초기조건이 갖가지 여건과 환경을 만나 다양하게 발전,

---

13) Bernard Williams, ed., *Moral Luck*, Cambridge: Cambridge University Press, 1981 참조.

전개되는 개발운(developmental luck)이 있다. 이 같은 운들에 의해 성취된 성격이나 성품이라 할지라도 갖가지 변수들과 얽히고설키는 가운데 성공과 실패가 가려지는바, 결과운(resultant luck)도 존재한다. 사실상 우리는 흔히 운칠기삼(運七技三), 즉 70%의 운과 30%의 능력이 성공의 조건이라 하나 이 같은 능력 또한 갖가지 운에 기반하고 있다고 보면 인생을 좌우하는 운의 비중이 어느 정도인지는 분명하지 않다.

그런데 이와 같은 운의 영향력이 그대로 방치된 사회는 인간다운 사회로 보기 어렵고, 그야말로 약육강식의 정글의 법칙이 지배하는 동물의 왕국이라 할 것이다. 문화나 도의가 지배하는 것이 아니라 원색적인 자연이 모든 것을 결정하는 복불복의 사회임에 틀림없다. 여기에서 운이나 복을 타고나지 못한 사람은 억울하기 그지없을 것이나 그 같은 울분을 해소할 방도가 없는 셈이다.

이런 관점에서 볼 때 우리는 앞서 언급한 롤스의 정의론에 따라 정의란 운의 중립화에서 시작된다는 입장에 가까이 이르게 된다. 운이란 천부적, 사회적 우연이며 그것에 대해 우리는 아무런 책임이 없는 것이다(not responsible for it). 그런 의미에서 그것은 우연적이고 운명적인 것이며 도덕적 관점에서 볼 때 정당 근거가 없다 할 것이다. 이는 행운을 타고난 사람이나 불운을 타고난 사람 모두에 있어 동일하다고 할 수 있다. 바로 그 점에 있어서 어느 쪽에 서든 간에 우리는 운명 공동체의 일원으로서 그런 공동체에 가담하고 있다고 할 수 있다.

만일 우리가 이 같은 운명들의 배정을 공동의 운명으로 받아들일 수 있다면 바로 그 지점에서 정의의 실마리가 풀릴 수 있다는 것이 롤스의 구상이다. 타고난 원천적 불평등은 단지 자연적 사실일 뿐 그를 두고 정의 여부를 논할 수는 없을 것이다. 정의는 우리가 이 같은 자연적 사실을 인간적 관점에서 처리하고 관리하는 방식에 대해 평가할 경우 문제되는 가치이다. 그럴 경우 정의로운 처리가 있고 부정의한 관리가 있다 할 것이다.

3) 기회균등, 자유주의와 민주주의

과거 우리는 미국이 기회의 땅(the land of opportunity)이라 하여 아메리칸드림(American dream)을 시발했음을 알고 있다. 미국은 사회적 지위가 아니라 능력, 성취, 성과가 성공을 보장하는 나라로 간주되었고 가난한 사람도 부자가 될 수 있고 하층민도 대통령이 될 수 있는 것으로 생각되었다. 그야말로 개천에서 용이 날 수 있는 나라라는 기대로 인해 세계 각국으로부터 이민이 몰려들었다.

그러나 사실상 기회균등의 이념은 평등주의적 외양과는 달리 다소 보수적인 함축을 지니고 있다. 기회균등은 사실상 인간의 인격이 갖는 평등한 가치(equal worth)보다는 사회적 게임에 있어 각자가 지닌 경쟁력을 최우선 기준으로 선별하는 원리이다. 이로 인해 경쟁력이 없는 사람은 소외되기 마련이며 사회적 불평등이 증대할 가능성을 가짐으로써 업적주의적 계층구조를 강화하고 영속화할 소지를 갖게 된다.

나아가서 인종차별이나 남녀차별의 관행이 오랜 세월 누적된 사회에 있어서 기회균등의 원리는 공허한 형식적 평등을 조장할 우려가 있다. 이를테면 남녀차별의 관행이 사회 곳곳에 잔존하고 있을 경우 "여성들이여, 용기를 가지고 도전하세요. 남녀는 평등합니다"라는 선언은 무의미한 평등주의에 불과할 뿐이다. 진정한 평등사회를 위해서는 보다 적극적인 차별 시정 조치(affirmative action)가 요구된다 할 것이다.

여성들에게 일정한 쿼터를 배정하거나 적정한 가점을 더해 주는 역차별(reverse discrimination) 내지 특혜 차별 정책만이 기존의 차별을 상쇄함으로써 실질적인 평등을 보장할 수 있다 할 것이다. 결국 현재 우리가 지향하는 공정사회가 단지 이와 같은 기회균등을 겨냥하는 것이라면 그것은 진정한 의미에 있어서 평등을 보장하는 것이 아니며 정의로운 사회로 나아감에 있어서 유력한 전략이 되기 어렵다 할 것이다. 그러나 기회균등이나 공정사회는 정의사회로 가기 위해 우리가 반드시 짚고 넘어가야 할 징검다리임을 놓쳐서는 안 될 것이다.

우리는 타고난 재능 등 천부적 운(우연)과 사회적 지위 등 사회적 운(우연)의 영향을 그대로 방임하고서도 기회균등의 원칙(principle of equal opportunity)을 내세울 수가 있다. 상전의 자식은 상전이 되고 노비의 자식은 노비가 될 수밖에 없었던, 엄격한 계급세습이 시행되던 사회에 비하면, 오늘날 우리가 살고 있는 사회에서 "재능이 있으면 출세하라(careers open to talents)"는 식의 기회균등은 다소 진일보된 체제라 할 수 있다. 그러나 천부적 운과 사회적 운의 영향력이 그대로 방치된 채 내세워진 기회균등의 원칙은 원초적 불평등을 기정사실화하는 가운데 운용되는 형식적 기회균등에 불과하다 할 것이다. 이런 체제 아래에서 제시되는 최소한의 국가로서 경찰국가는 결국 가진 자의 재산을 못가진 자들로부터 보호하는 경비국가에 지나지 않는 것으로 보인다.

재능이 있으면 출세할 수 있다는, 이른바 자연적 자유 체제(system of natural liberty)는 평등한 자유를 전제로 한 자유시장경제를 기반으로 하고 있으며, 이는 적어도 모든 사람들이 유리한 사회적 지위에 오를 수 있는 동등한 법적 권리를 갖는 형식적 기회균등을 내세운다.[14] 그러나 사회적 여건의 평등 내지 유사성을 보장하기 위한 노력이 없기

---

14) John Rawls, *A Theory of Justice*, §12.

때문에 자산 분배는 일정 기간 동안 자연적, 사회적 우연성에 의해 강력한 영향을 받게 된다. 다시 말하면 현존하는 소득과 부의 분배는 천부적 재능과 능력의 선행적 분배가 사회적 여건 및 행운과 불운 등 우연적 변수들에 의해 개발되거나 개발되지 못했거나 일정 기간 동안 그것이 유리하게 혹은 불리하게 이용됨으로써 나타난 누적된 결과인 것이다. 롤스에 따르면 직감적으로 생각할 때 자연적 자유 체제가 갖는 가장 뚜렷한 부정의는 도덕적 관점에서 볼 때 정당 근거가 없는 임의적인 이런 요인들로 인해서 배분의 몫이 부당하게 좌우되는 것을 허용하고 있다는 점에 있다는 것이다.

롤스에 따르면 자유주의적 체제는 재능이 있으면 출세할 수 있다는 요구조건에 공정한(fair) 기회균등이라는 조건을 부가시킴으로써 자유방임 체제의 부정의를 시정하기 위해 노력하는 진일보된 체제라는 것이다. 그 주요 사상은 직위가 단지 형식적 의미에서만 개방되어서는 안 되고 모든 사람이 그것을 획득할 수 있는 공정한 기회를 가져야만 한다는 것이다. 좀 더 분명히 말하면 동일한 수준의 천부적 재능과 능력을 가진 사람으로서 그것을 사용할 동일한 의향을 가진 사람들은 그들의 최초의 사회적 지위에 상관없이 동일한 성공의 전망을 가져야 한다는 것이다. 사회의 모든 계층에 있어서 유사한 동기와 능력을 가진 사람들은 대체로 교양이나 기술에 있어서 동등한 전망을 가져야 하며, 동일한 능력과 포부를 가진 사람들의 기대치가 그들이 처한 사회적 계층에 영향을 받아서는 안 된다는 것이다.

그런데 롤스에 따르면 자유주의 체제가 분명히 자유방임 체제보다 나은 것으로 생각되긴 하지만 거기에도 아직 결함이 있다는 것을 직감적으로 알 수 있다고 한다. 이 체제가 사회적 우연성의 영향을 감소시키는 작용을 하는 한 가지 장점이 있긴 하지만, 아직도 능력과 재능의 천부적 배분에 의해 부나 소득의 분배가 결정되는 점을 허용하고 있으며, 이는 도덕적 관점에서 볼 때 자의성이 일부 용납되고 있기 때문이다.15) 소득과 부의 분배가 역사적, 사회적 행운에 의해 이루어지는 것을 허용할 이유가 없는 것과 마찬가지로 천부적 능력의 분배에 의해 소득과 부의 분배가 이루어지는 것도 용납할 이유가 없다. 따라서 우리는 천부적인 운수 자체가 갖는 부당한 자의적 영향을 완화시키는 체제에로 나아가야 하는 것이다.

롤스는 자신의 정의원칙을 구현할 체제가 민주적 평등(democratic equality) 체제임을 해명하기에 앞서 자연적 귀족주의(natural aristocracy) 체제에 주목하면서 귀족주의가 갖는 나름의 강점에 언급하고 있다. 물론 귀족주의에도 형식적 기회균등이 요구하는 이상으로 사회적 우연을 규제하기 위한 노력이 이루어지는 것은 아니다. 그러나 더 큰 천부적 재능을 가진 사람들에게 이익과 특권을 주는 것이 사회의 가난한 부류의 처지를 증진시키는 것에 의해 제약된다는 점, 상층에 있는 사람들에게 더 적게 주어지면 하층에 있는 사람들에게도 불이익이 될 경우에만 유리한 사람들의 보다 나은 처지가 정의로운 것으로 간주된다는 점에서 귀족주의에 주목할 필요가 있다는 것이다. 그래서 롤스에 이르면 바로 이 같은 논리에 의거해서 귀족에게는 귀족으로서의 의무가 있다(noblesse oblige)는 관념이 자연적 귀족주의 입장 속에 형성된다는 것이다.16)

그런데 롤스에 따르면 자유주의 체제나 귀족주의 체제는 모두 불안정한(unstable) 것이다. 왜냐하면 우리가 분배의 몫을 결정함에 있어서 사회적 우연성이나 자연적 운수 중 어느 하나에 영향을 받게 될 경우

15) 위의 책, §12 참조.
16) 위의 책, §12 참조.

에는 반사적으로 반드시 다른 하나의 영향도 받기 마련이기 때문이다. 그리고 도덕적 관점에서 볼 때 그 두 가지는 마찬가지로 자의적인 요소이며, 정당 근거가 없는 것이다.

이 같은 연유로 해서 롤스는 자유주의 체제나 귀족주의 체제를 넘어서 자신의 정의원칙을 가장 잘 실현하는 민주주의적 평등 체제로 나아가고자 한다. 롤스에 따르면, 모든 사람을 도덕적 인격으로서 동등하게 대우하고 사회적 협동 체제의 이득과 부담에 있어 사람들의 몫을 그들의 사회적 운수나 천부적 행운에 따라 평가하지 않는 한 민주주의적 평등 체제는 최선의 선택이라는 것이다.

롤스는 민주주의적 평등 체제는 공정한 기회균등의 원칙과 차등 원칙(difference principle)의 결합에 의해 이루어진다고 한다. 나아가서 차등의 원칙은 기본구조의 사회적, 경제적 불평등을 판정할 특정한 입장을 선정함으로써 효율성 원칙의 불확정성을 배제하고자 한다는 것이다. 따라서 평등한 자유와 공정한 기회균등이 요구하는 체제를 전제할 경우 처지가 나은 자들의 더 높은 기대치가 정당한 것으로 인정될 수 있는 유일한 조건은, 그것이 사회의 최소 수혜자들의 기대치를 향상시키는 체제의 일부로서 작용하는 경우로 규정한다. 롤스에 따르면 직감적으로 생각되는 것은 혜택 받은 사람들에게 보다 매력적인 전망을 허용함으로써 더 혜택 받지 못한 사람들의 전망이 상향되지 않는 한, 사회체제는 그러한 전망을 설정하거나 보장해서는 안 된다는 것이다.

그런데 롤스는 각종 체제에 대한 이 같은 설명을 끝낸 뒤 자신의 공정한 기회균등의 원칙이 순수 절차적 정의(pure procedural justice)의 이념을 구현한 것이라고 해명한다. 정의가 무엇인가를 평가할 독립적 기준도 존재하고 거기에 이르는 절차도 구상할 수 있는 완전한 절차적 정의나, 정의의 독립적 기준은 존재하지만 그것에 이르는 절차는 부실한 불완전한 절차적 정의와는 달리, 순수 절차적 정의는 정의를 판정할 독립적 기준은 없지만 공정한 절차가 있어서 그 절차만 따르면 내용에 상관없이 도달된 어떤 결과든 공정하고, 따라서 정의임을 보장할 수 있다는 것이다.

물론 여기에서 중요한 것은, 순수 절차적 정의라는 개념이 분배적 몫에 적용되기 위해서는 정의로운 제도 체제가 확립되고 그것이 공평하게 운영될 것을 선결 요건으로 한다. 따라서 정의로운 정치적 조직이나 사회경제적 제도의 정의로운 체제를 포함하는 정의로운 사회의 기본구조(basic structure of society)를 배경으로 해서만 정의로운 절차가 존재한다고 할 수 있을 것이다.[17]

4) 절차와 결과의 조정과 공유자산

결국 롤스의 정의관은 정의의 제1원칙인 평등한 자유의 원칙과 제2원칙의 첫 번째 부분인 공정한 기회균등을 통해 사회적 게임을 위한 공정한 절차를 마련하고 제2원칙의 두 번째 부분인 차등의 원칙에 의해 최소 수혜자의 관점에서 조정함으로써 절차적 공정성의 현실적 한계를 보완하는 입장으로 요약된다. 그런데 여기에서 우리는 논의의 결론 삼아 두 가지 의문을 제기함으로써 정의에 대한 성찰의 화두로 삼고자 한다. 그중 하나는 롤스의 정의론이 과연 순수 절차적 정의인가 하는 의문이고, 다른 하나는 그의 정의론에 있어서 천부적 능력과 사회적 지위를 공유자산으로 간주한다는 기본적 직관과 관련된다.

첫째, 롤스는 그의 정의론이 공정한 기회균등을 기반으로 하는 순수

17) 위의 책, §43.

절차적 정의관이라고 말한다. 그러나 그의 공정한 기회균등의 이념이 개념적으로는 이해되지만 그것을 현실에 구현하는 데 있어서는 갖가지 장애와 한계가 있음을 그 스스로 인정하고 있다. 우선 우리가 사회적 행운을 최대한 약화 내지 완화하는 제도적 장치를 확립하는 데 성공한다 할지라도, 나아가 그 같은 사회적 행운이 자연적 행운에 영향을 미치는 부분을 보완할 수 있다는 점을 감안한다 할지라도, 자연적 행운에 대해 우리가 손을 쓸 수 없는 여지는 남기 마련인 것이다. 롤스 자신도 이 점과 관련하여 우리가 우생학적 접근을 하는 점에 대해서는 회의적이며 또한 현실적으로 그 같은 자연적 불평등의 모태인 가정(family)은 해체되기보다 존치되는 것이 더 이롭다고 가정하는 한 자연적 우연을 완벽하게 배제할 방도는 없다 할 것이다.[18]

또한 다른 측면에서 롤스는, 이른바 자유경쟁시장은 조만간 자유롭지도 경쟁적이지도 않을 가능성, 즉 시장의 실패에 대해서 보완적인 각종 장치를 마련하고 있으며, 비록 시장이 글자 그대로 자유롭고 경쟁적으로 운용된다 할지라도 그것이 정의를 보장하지 못한다는 정의의 실패(justice failure)를 인정하는 한에 있어서, 롤스는 순수 절차적 정의관을 끝까지 견지하기 어려운 한계에 이르게 되는 것은 아닌지 하는 의문을 갖게 된다.[19]

이 같은 관점에서 볼 때 정의의 제2원칙의 두 번째 부분인 차등의 원칙에 있어서 최소 수혜자 최우선 고려는 순수 절차적 정의의 소산이기보다는 순수 절차적 정의의 한계에 대한 결과적 정의의 조정 내지 보완이 아닌가 하는 의문이 든다. 물론, 롤스가 차등의 원칙 또한 원초

---

18) 위의 책, §12 참조.

19) Rex Martin, *Rawls and Right*, University Press of Kansas, 1985, ch. 8 "Rawlsian Economic Justice", pp.160-162.

적 입장의 당사자들에 의한 공정한 합의의 산물이라고 강변할 여지가 전혀 차단된 것은 아니지만 말이다.

다른 한 가지 의문은 최소 수혜자 최우선 배려를 중심으로 한 차등 원칙의 직관적 배경을 이루고 있는바, 천부적 능력과 사회적 지위가 도덕적 관점에서 볼 때 정당 근거가 없으며, 결국 이 같은 자연적 운과 사회적 운 양자를 공유자산(common assets)으로 간주하는 것이 정의에 대한 올바른 접근을 가능케 한다는 점과 관련된다. 우리의 의문은 우리 중 얼마나 많은 사람들이 롤스의 이 같은 직관을 공유하는지, 나아가 현실적으로 공유하지 않는다면 철학적으로 설득시킬 만한 정당화 논변이 어느 정도 강력한지 등이다.[20] 우선 롤스와 다른 정의관을 제시하는 사람들은 롤스와는 다른 직관적 토대 위에 서 있다고 할 수 있다. 특히 자유지상주의적 정의관을 제시하는 로버트 노직은 롤스의 이 같은 직관의 정당성에 의문을 제기한다. 우리에게 주어진 천부적 재능과 사회적 지위는 공유자산이라 하기보다는 우리 자신의 사적 자산이라 함이 보다 직관적으로 설득력이 있다는 것이다.

여하튼 롤스의 정의론이 비록 이상적 정의관으로서는 상당한 가치를 갖는 것이 사실이기는 하나, 그것이 현실인들이 수용하기에는 지나치게 높은 문턱을 가진 것이어서 그 이후 많은 정의론자, 특히 고티에 (D. Gauthier) 같은 학자들은 롤스 정의론의 문턱을 낮추는 과정에서 나름의 정의관을 제시하고 있다고 할 수 있다.[21] 여기에서 우리의 관심은 롤스의 정의관이 갖는 눈높이가 너무 높은 것인지, 아니면 우리들이 갖는 눈높이가 너무 낮아 그것을 대폭 끌어올려야 할지에 대해 성찰의 여지가 있다는 점이다.

---

20) John Rawls, *A Theory of Justice*, §17 참조.
21) David Gauthier, *Morals by Agreement* 참조.

5) 공정, 공평과 정의로운 사회

우리 사회에서 공정사회 담론이 시작된 이래 가족유사성을 가진 일군의 개념들이 혼용되고 있어 담론의 명료성과 효율성을 위해 다소간 교통정리가 요긴한 듯하다. 우선 정의(正義)라는 말은 공정(公正)이라는 개념보다 정확한 규정이 어려울 것으로 보인다. 정의는 형사적 정의(criminal justice)와 같은 법적 정의와 더불어 분배적 정의(distributive justice)와 같은 사회정의까지도 함축하는 개념이다. 형사적 정의의 정당화를 위해서도 여러 측면으로부터의 고려가 요구되며, 따라서 양형의 기준 또한 애매할 수밖에 없다. 분배적 정의 또한 결과주의적 관점만이 아니라 절차주의적 관점에서 접근할 수 있으며, 결과의 정의 여부를 평가하는 데 있어서도 다원적 기준들이 상충하고 있다.

앞서 우리가 살핀 롤스의 입장은 정의의 여러 분류들 중 분배적 정의의 문제에 국한되며 또한 이 같은 분배적 정의를 결과주의가 아니라 절차주의적 입장에서 접근하는 것으로 제한하고 있으며, 그런 의미에서 정의의 문제를 공정으로 해석하고자 한다(공정으로서의 정의관, justice as fairness). 결과에 대한 평가기준이 아니라 절차의 공정성을 다룸으로써 정의의 문제를 단순화하고 합당하게 접근할 수 있는 길을 선택했다고 볼 수 있다. 그러나 이 같은 접근방식을 통해 정의의 문제가 모두 해결되는 것이 아님은 위에서도 간단히 언급된 바 있다.

이미 앞에서도 지적된 바 있듯이 롤스의 '공정으로서의 정의관'은 표면상 순수 절차적 정의관으로 출발하지만 이 같은 절차의 현실적 구성에 있어서는 자연적 능력과 사회적 지위의 배정 등 운의 문제를 공유자산(common asset)으로 간주하는 우리의 기본적 직관을 그 기반으로 전제하고 있다. 그런데 이같이 정의에 대한 도덕적 직관이 과연 모든 사람이 공유하고 있다고 할 만큼 기본적인 것인지, 아니면 모든 사람을 설득시킬 만큼 철학적 정당화가 가능한지에 의문의 여지가 있음도 지적되었다. 또한 이 같은 우연적, 운명적 변수들을 완화하고 중립화하는 일 역시 현실적 제약 내지 한계에 부딪치게 됨도 지적되었다. 이 같은 과제들은 바로 순수 절차적 정의관의 이론적, 현실적 한계로 해석될 수 있을 것으로 보인다.

롤스는 이 같은 공정한 기회균등의 현실적 구현 과정에서 만나는 절차상의 제약 내지 한계를 결과의 조정을 통해서 보완하고자 한 듯이 보인다. 그것은 바로 정의의 두 번째 원칙, 즉 차등의 원칙에 있어서 최소 수혜자 최우선 고려를 통해 표현되고 있으며, 이 또한 그가 전제하고 있는 기본적 직관인 공유자산론에 근거한 운명 공동체관과 관련된다 할 것이다. 물론 롤스는 최소 수혜자 최우선 고려가 순수 절차를 통한 합의의 소산이기에 그의 정의관은 순수 절차적 정의관으로 족하다는 강변을 할지 모르나, 이는 설득의 근거가 다소 부족한, 무리한 논변이라 생각된다. 그것은 공정한 절차를 통한 합의의 산물보다는 그의 정의론이 기반하고 있는 기본적 직관으로 해석하는 것이 보다 자연스러울 것으로 보인다.

만일 이 같은 해석이 나름의 정당성을 가질 수 있다고 한다면 순수 절차적 정의관으로서 롤스의 정의론은 한계를 갖게 되며 이는 동시에 공정으로서의 정의관의 한계로 해석될 수 있을 것으로 생각된다.[22] 그렇다면 정의를 공정성으로 환원하는 절차주의적 정의관의 영역 바깥에 있는 지분, 즉 최소 수혜자 최우선 고려점을 절차주의적 공정보다는 결과주의적 조정으로 보는 것이 자연스러워 보이며, 이는 우리의 일상 용

---

22) Plato, *Republic*, 359c-362c.

어법상 공정보다는 오히려 평등주의적 함의를 갖는 형평 내지 공평으로 부르는 것이 보다 합당하지 않을까 생각된다.

공정과 공평은 모두 영어로 'fairness'로 번역될 수밖에 없는 것이긴 하나, 우리말 용어법상으로는 공정은 더 절차주의적 어감을 띠고, 공평은 평등을 함축하는 더 결과주의적 어감을 갖는 말이라 하겠다. 그런 맥락에서 우리에게는 공정과세보다는 형평과세나 공평과세가 자연스러우며, 공평한 게임이나 게임의 룰보다는 공정한 게임이나 게임의 룰이 더 편하게 들린다.

공정(公正)은 글자 그 자체로서도 공적 정당성(rightness) 내지 공적 올바름을 의미한다면, 공평(公平)은 공적 형평(equity) 내지 공적 평등(equality)을 가리킨다 할 것이다. 또한 공정은 자칫 형식적 평등에 그칠 우려가 있으며, 공평은 실질적 평등에의 요구로 기울 가능성이 있다. 이렇게 본다면 롤스의 정의론은 평등한 자유원칙이나 기회균등의 원칙에 의해 출발선(start line)에서의 공정과, 최소 수혜자 최우선 고려라는 차등원칙에 의해 종착선(finish line)에서의 공평을 요구하는 입장으로 해석될 수 있다.

오늘날 우리 사회가 진정으로 정의사회를 지향한다면 공정성에 함축된 절차적 정의를 추구하면서도 그것이 갖는 형식적 정의를 지양해야 할 것이며, 이를 위해서는 공평성에 함축된 평등주의적 요소를 보완함으로써 실질적 정의를 구현해야 할 것이다. 그런 의미에서 우리가 추구하는 사회는 절차상의 공정성과 아울러 결과적 공평성이 보완된 명실상부한 정의사회여야 할 것이다. 그런 사회는 절차상 최대의 자유와 기회가 개방되어 있는 동시에 결과적인 형평과 복지가 고려되는 사회라 할 수 있을 것이다.

정의는 올바른 사회로 가기 위해서 기본적으로 요구되는바, 개인적으로 뿐만이 아니라 사회구조적 측면에서 필수적으로 갖추어야 할 엄격하고 엄정한 덕목이다. 그러나 정의가 이다지 절실하고도 긴요하게 요청되는 덕목임에도 불구하고 현실적으로 그 실현이 어려운 까닭은 어디에 있는 것인가? 플라톤이 비유한 '기게스(Gyges)의 반지'가 보여주듯, 인간이 자신의 이익을 갈망하는 존재이고 또한 이익 추구의 과정이 투명하지 않은 관계로 정의와 같이 자신의 이익을 다소간 희생할 것을 요구하는 행위 수행은 동기 부여에 있어 구속력이 없기 때문이다. 그래서 성인들이 정의롭기를 기대하기보다는 어린 시절부터 정의로운 행위를 반복적으로 수행하도록 가르쳐 정의로운 행위에 습관화되도록 훈련함으로써 정의의 덕을 내면화하고 내재화하는 교육이 필요한 것이다.

맹자는 자신의 저서 『맹자』의 서두에서 양나라 혜왕이 나라를 이롭게 하는 방법을 물었을 때 이에 대한 대답 대신에, "그대는 어찌 나라를 의(義)롭게 하는 방법을 묻지 않고 이(利)롭게 하는 방법을 묻는가"라고 반문한다. 모두가 이익만을 추구하게 되면 서로 경쟁하게 되고 갈등과 불화가 양산된다. 이에 비해 모두가 인의(仁義)를 지향하게 되면 서로 협조와 화합이 가능해진다는 것이 맹자의 논리이다. 물론 우리는 여기에서 이(利)와 의(義)를 지나치게 이원적으로 대립시킬 필요는 없다. 사실상 각자가 자신의 정당한 이득이나 몫에 만족한다면 어떤 의미에서 그것이 의에 부합하는 것일 수도 있다. 이런 관점에서 『주역』에서는 "利, 義之和也"라 했으며 이를 다소 원용하면 "義, 利之和也"라고도 할 수 있을 것이다. 다시 말하면 각자의 이익이 조화를 이루면 그것이 바로 정의(正義)와 일치한다 할 것이다. 같은 관점에서 서구에서도 정의의 고전적인 정의는 "각자에게 그의 몫을 주는 것"이라 했을 것으로 보인다.[23]

그런데 앞서 지적한 바와 같이 롤스는 이 같은 정의감의 근저에, 천부적 재능과 사회적 지위의 배정이 도덕적 관점에서 볼 때 정당 근거가 없으며 이러한 배정을 우리 모두의 공유자산(common asset)으로 보는 것이 정의의 문제에 대한 올바른 접근이라는 직관이 깔려 있음을 지적했다. 이는 롤스가 정의감의 뿌리를, 인류의 운명을 공동 운명으로 보고 운명 공동체에 동참하고자 하는, 이른바 일종의 공동 운명애에서 찾고자 함을 의미하는 것으로 보인다. 그래서 롤스는 그의 『정의론』에서 자신의 정의관은 프랑스혁명의 3대 이념인 자유, 평등, 박애 중 그간 가장 그 정치경제적 함의가 논의되지 않은 박애(fraternity)의 함축과 관련된다고 한다. 이는 그의 정의관이 근세 이후 서구에 있어서 지배적이었던, 개인이 자신의 이익에 집착하는 개인주의적 인간관이 아니라, 인간과 그의 운명에 대한 공감 혹은 사랑과 관련해서만 의미를 갖는다는 것을 천명한 셈이다.24)

기독교 윤리신학자들 중에도 정의와 사랑의 관계를 이같이 해석하고자 하는 입장을 공유하면서 "정의는 최소한의 사랑이고 사랑은 정의의 완성"이라는 견해를 제시하는 학자들이 있다. 나아가 일부 윤리신학자들은 정의에 대한 관심과 배려의 동기는 바로 사랑이며 이는 정의를 실현하고자 하는 실천의지와 상관된 것이기도 하다는 것이다. 우리가 친구의 술잔에 술을 가득 채우고자 할 경우 가능한 유일한 방법은 그의 술잔이 넘치도록 따르는 한 길만이 있을 뿐이라는 것이다. 넘치게 따르지 않고는 결코 우리는 그의 잔을 가득 채우기는커녕 그에 못 미치게 따를 수 있을 뿐인 것이다. 이런 의미에서 각종 종교에서는 정의보다는 그것을 능가하는 사랑, 자비, 인애를 실천적 지침으로 내세우는

---

23) 『孟子』, 「梁惠王章句上」 참조.

24) John Rawls, *A Theory of Justice*, ch. 17 참조.

이유를 이해할 수 있는 것이다. 바로 이 같은 맥락에서 사랑이 정의의 완성이라는 말이 갖는 깊은 실천적 의미를 실감하게 된다.[25]

정의의 현실적 구현을 위해서는 이상과 같은 정의감이나 인류애 혹은 실천적 의지와 같은 동기상의 조건도 필요하지만, 현실의 부정의와 그 잠재적 메커니즘을 통찰하고 분석할 수 있는 사회과학적 식견 또한 필수적이라 생각된다. 현실 인식에 기반하지 않는 막연한 열정이나 실천의지는 때때로 맹목적일 가능성도 배제하기 어렵다. 더욱이 맹목적인 현실 개혁은 자칫 현실의 부정의를 호도하거나 강화할 가능성도 있을 수 있기 때문이다.

전통적으로 부정의한 현실로부터 정의로운 세계를 꿈꾸는 방식에는 여러 가지 유형이 제시되었다. 그중 하나는 종교적인 방식으로서 이를테면 기독교에 있어서와 같이 현실의 부정의로 고통당하는 사람들에게 내세의 보상을 약속함으로써 심리적 위로를 도모하는 방식이다. "의에 주린 자 천국이 저희 것"이라는 산상수훈식의 위로는 내세를 믿는 이들에게나 유효한 방식일 것이며 현실의 부정의는 그대로 방치됨으로써 오히려 이를 방조하는 어용 사상이 될 우려마저 지적되고 있다. 물론 진정한 기독교 이념은 '지금 여기에' 지상천국을 건설하는 것이라고 해석될 여지가 다분히 있지만 말이다.

또 하나 정의사회를 꿈꾸는 오도된 방식은 우리의 전통에서와 같이 현실의 부정의로 인해 유린당한 원혼들이 죽어도 눈을 감지 못하고 구천을 헤매다가 음습한 야밤에 원귀로 나타나 복수전을 벌이는 '전설의 고향'식 방법이다. 원귀가 십중팔구 소복한 여성이고 보면 과거 우리의 현실이 여인들을 얼마나 학대하고 유린해 왔는지 여실히 보여주고 있

---

25) Emil Brunner, *Justice and The Social Order*, ch. 15 "Justice & Love" 참조.

다. 여하튼 이 같은 방식 또한 권선징악적 메시지가 있고 심리적 위안을 다소간 줄 수 있을지 모르나 부정의한 현실의 개혁과 변화에 별다른 영향력이 있다 하기 어려울 것이다. 이상에서 말한 종교적 방식이건 무속적인 방식이건 간에 이들은 모두 정의에 대한 갈망을 나타내고 있긴 하나, 정의 실현의 처방에 있어 오도되거나 왜곡된 것이라 할 수 있다. 현실의 강고한 부정의는 심리적 위안으로 인해 척결될 수 있는 것이 아니고 현실 그 자체의 변혁을 통해서만 청산될 수 있을 뿐이기 때문이다.

진정한 의미의 정의 실현은 현실 개혁을 통해, 그것도 구조적 변혁을 통해서만 가능하다고 생각된다. "땅에 걸려 넘어진 자는 땅을 짚고서야 일어날 수 있다"는 말이 있듯 현실의 부정의는 그 부정의한 현실의 변화를 통해서만 성취될 수 있는 것이다. 물론 현실 변혁의 방법론에 있어서는 점진적 개혁과 급진적 혁명론 간에 합의하기 어려운 이견이 있을 수 있을 것이다.

또한 개혁의 방법론과 관련해서 종래 외식 개조와 구조 개혁 간에 논쟁도 있어 왔다. 그러나 이 같은 논쟁은 닭이 먼저냐 달걀이 먼저냐의 논쟁과도 같이 공허한 것일 수도 있다. 의식 개혁에 기반하지 않은 구조 개혁은 공허하거나 현실성이 없으며 구조 개혁에 의해 주도되지 못한 의식 개혁 또한 지속적이거나 구속력이 없을 것이기 때문이다.

도대체 정의란 무엇인가

1. 머리말: 왜 정의가 문제인가?

우리는 세상을 살아가면서 억울한 일을 당하기도 하고 남이 당하는 것을 보기도 한다. 억울한 일을 당하거나 목격하면서 우리는 억울해서 느끼는 분노, 즉 울분을 느낀다. 억울한 일이란 그래야 할 정당한 근거도 없이, 그래야 할 당연한 이유도 없이 부당한 피해를 받는 것을 말한다. 단순한 울분을 넘어 정의에 근거한 분노일 경우 우리는 이를 의분(義憤)이라 하기도 한다.

무고한 사람이 유죄 선고를 받거나 죄질에 합당한 처벌이 아닐 때 우리는 억울하다고 생각한다. 또한 범죄자가 이유 없이 무죄를 선고받거나 중죄인이 부당하게 감형을 받을 때 우리는 울분을 참지 못한다. 한편 우리는 자기가 일한 만큼 대가를 받지 못하거나 응분의 몫을 누

* 유석성 편, 『사회정의론 연구』, 서울신학대학교 출판부, 2016에 게재.

리지 못할 때 억울하다고 생각한다. 또한 불로소득자가 자신의 몫 이상을 향유하거나 호사를 과시할 때 울분이 치밀게 된다.

범죄 유무를 가리고 정당한 처벌을 시행하는 것이 법적 정의(legal justice), 형사적 정의(criminal justice)의 문제라면, 응분의 몫을 가리고 각자에게 그의 몫을 배정하는 것은 사회정의(social justice), 분배적 정의(distributive justice)의 문제라 할 수 있다. 억울한 시언이 많고 울분이 들끓는 사회라면 그것은 필경 법적으로나 사회적으로 부정의한 사회가 아닐 수 없다. 억울한 일이 없는 사회, 즉 정의로운 사회가 일차적으로 성취해야 할 사회라면 그것을 위해 우리가 할 수 있고 해야 할 일은 무엇인가?

인생을 100미터 경주에 비유해 보기로 하자. 달리는 능력도 타고났고 또한 열심히 노력을 했는데도 불구하고, 능력이나 노력 어디를 봐도 나보다 못한 사람에게 뒤지고 말았다면 그보다도 억울한 일이 어디 있을까? 억울하다는 것은 불평이나 불만을 토로할 정당한 이유가 있다는 뜻이다. 실력이나 노력 어디를 봐도 나보다 못한 사람에게 지고 말았다면 그에 대해서는 불평과 불만을 토로할 정당한 이유가 있는 셈이며, 그런 의미에서 억울한 일이고 의분이 치미는 일이 아닐 수 없는 것이다.

100미터의 인생 경주가 모든 사람이 공평하게 동일선상에서 능력과 힘을 겨루는 것이라면 그 결과에 대해서는 승복할 수밖에 없고 그에 대해서 정당하게 불평하거나 불만을 토로하기는 어려울 것이다. 그러나 인생의 경주에서는 모두가 원점에서 동시에 출발하지 않는다는 데 문제가 있다. 어떤 사람은 유족한 중류 가정에 태어나 훌륭한 교육을 받아 이미 50미터 전방에서 출발하기도 하고, 어떤 사람은 재벌 2세로 태어나 상당한 사회적 지위와 엄청난 상속으로 95미터 지점에서 경주를 시작한다면, 적수공권으로 원점에서 출발하는 많은 사람들의 의분은 이유 있는 정당한 의분이 아닐 수 없다.

이러한 경주가 더욱 억울한 것은 '거북이와 아킬레스의 경주'에 대한 제논의 패러독스 때문이다. 거북이는 모든 동물들 중 가장 굼뜬 존재의 상징이라면 아킬레스는 가장 날랜 존재를 의미하는 신화적 존재이다. 그런데 제논에 따르면, 출발점에서 거북이가 일정한 거리를 앞서서 달리게 될 경우 아킬레스는 결코 거북이를 따라잡을 수 없다는 것이다. 왜냐하면 아킬레스가 현재 거북이가 있는 지점에 당도할 때 그 시간 동안 아무리 느린 거북이일지라도 어느 정도나마 앞으로 전진할 것이며, 다시 아킬레스가 지금 그 지점에 이를 때 그동안 거북이는 다시 조금이나마 앞으로 나갈 것이고…, 이런 까닭으로 해서 아킬레스는 영원히 거북이를 따라잡지 못하게 된다는 논법이다.

한갓 코웃음으로 넘겨 버릴 말장난 같은 이야기이긴 하나 이것은 인생의 경주와 관련해서 매우 시사적인 의미를 전해 준다. 그것은 엄청난 상속과 불로소득을 가진 게으른 부자가 놀고먹어도 뼈 빠지게 일하는 부지런한 가난뱅이가 따라잡을 수 없다는 말이다. 설사 천부적 능력을 가진 사람이 열심히 노력한다 할지라도 이미 유리한 고지를 선점한 게으른 둔재를 따라갈 수 없다는 것을 풍자하고 있다. 그러한 논법으로 보면 빈익빈 부익부의 사회적 불균형은 쉽사리 극복할 수 없다는 결론이 나온다.

좋은 부모를 갖거나 갖지 못하거나 하는 일, 상속을 받거나 받지 못하거나 하는 것, 어떤 사회적 지위에 태어나거나 그렇지 않거나 하는 일, 심지어 천부적 자질을 타고나거나 타고나지 못하거나 하는 것, 이 모든 변수들은 인생의 경주를 지배하는 결정적인 요인들임에도 불구하고 그것은 내가 자유로이 선택할 수 없다는 것, 그래서 내가 책임질 수 없다는 것, 어떤 의미에서 그것은 우연적 사실로서 주어진 것, 그런 뜻에서 운명적인 것이라는 점에 문제가 있다.

우리가 이성적 존재로서 모든 것을 자연 그대로 방임하는 '정글의 법칙'에 만족할 수 없다면, 그래서 도덕이니 정의니 하는 것에 중요한 가치를 부여하고자 한다면, 우리는 저 우연적이고 운명적인 요인들을 인간적으로 제한, 조정하지 않으면 안 될 것이다. 정의로운 사회란 바로 이와 같은 제한과 조정의 제도적 장치가 확립된 사회를 말하는 것이다.

어떤 학자의 말대로 "정의(正義)는 지상에 있는 인간의 최대의 관심사"라 할 수 있다. 이 세상의 피해는 모두 괴로운 것이지만 부당한 피해는 더욱 가슴 아픈 일이다. 운명적인 피해라면 사람들은 서로 협동하고 연합하지만 부당한 피해는 오히려 불화와 분노를 불러일으킨다. 이렇게 정의의 문제는 그 단초부터 흥분을 유발하기 쉬운 주제로 보이며 이러한 문제를 두고 하등의 감정적 동요도 일지 않는 사람은 일단 자신의 정의감을 재고해 봄직도 하다.[1]

그러나 단순한 감정적 흥분만으로 처리될 수 없는 데에 또한 정의가 요구하는 준엄한 냉정함이 있다. 사회의 부정을 개탄하고 대국적인 울분을 토로하기는 쉬우나 그러한 병폐를 차분히 진단하고 이를 개선하기 위해 구체적인 방안을 모색하는 것은 지극히 어려운 일인 것이다. 우리에게 부족한 것은 바로 이 같은 사회적 의제를 합리적 논의에 부치고 사회적 합의를 도출하는, 지속적인 담론의 관행이 아닐까?

정의의 문제가 해결되기 어려운 이유 중의 하나는 인간의 행위와 사회조직 속에는 지극히 복합적이고 다양한 변수들이 작용하고 있으며

---

1) 황경식, 『사회정의의 철학적 기초』, 문학과지성사, 1985, 서문.

이 복합체를 분석, 처리할 수 있는 능력 내지는 실천적 의지가 우리에게 부족하기 때문이다. 정치경제적 사회 체제에 내재하는 논리나 역학에 대한 우리의 인식이 조직적인 부정의를 의도하는 세력의 그것을 능가하는 경우만이 부정에의 경향에 대한 효과적인 제동이 가능하다. 그래서 열 명의 파수꾼이 한 명의 도둑을 지키기 어렵다 하지 않았던가.

부정의의 극복을 어렵게 하는 또 한 가지 이유는 정의의 이론이 갖는 추상성 내지 다의성에 기인한다. 정의의 기준이 갖는 이러한 애매성은 "각자에게는 그의 정의가 있다"는 난맥상을 초래하게 되며, 결국 이러한 혼돈은 어떠한 부정의도 정당화되는 소지와 구실을 마련하게 된다. 사회의 구조적 병인과 그 역학관계를 설명함으로써 개인이나 제도적 부정의 원천을 진단, 처방하는 것이 언론과 제반 사회과학의 책임이라면, 정의에 대한 설득력 있고 타당한 기준을 제시하는 것은 바로 철학의 사명에 속할 것이다.[2]

2. 정의의 개념과 정의관

1) 정의의 개념과 그 사용례

정의(定義)라는 말은 영어의 'justice' 혹은 독일어의 'Gerechtigkeit'의 번역어이다. 정의라는 말이 통용되기 이전에 동양에서는 의(義) 혹은 의리(義理)라는 말이 사용되었다. 전통 유학에서 가장 중요시하던 덕목은 인(仁)과 의(義)로서 인은 인간의 사랑을 의미하는 보다 보편적인 덕목이라면, 의는 사회적인 맥락에서의 올바름을 뜻한다고 할 수 있다.

---

2) 위의 책, 서문 참조.

이 점으로 미루어 볼 때 의는 보다 구체적이고 윤리적인 덕목으로서 영어로는 'righteousness'에 해당한다고 할 수 있다. 그러나 한자어 '의(義)'의 상형이 '양(羊)'과 '나(我)'의 합성어로서 방목하던 시대의 양 떼들 중 나의 양과 너의 양을 구분하는 표식을 나타내고 있음을 감안할 때 그 속에 정의의 근거를 함축하고 있다고 할 수 있다.

서양에 있어서도 정의라는 말은 우선 그리스의 'dikaiosyné(righteousness)', 즉 정의의 덕을 의미하는 데서 시작된다. 그러나 다른 용어 법으로서 정의란 또한 'diké(justice)'를 의미하기도 하였다. 전자, 즉 디카이오시네가 대체로 주체적인 정의, 즉 윤리적 덕의 일종인 데 비해 후자, 즉 디케는 객관적으로 성립하는 정의, 즉 정의라고 부르는 질서, 원리 등을 뜻하는 것이었다.

그러나 그리스에 있어 정의관의 변천은 전자가 갖는 보다 포괄적이고 윤리적인 의미로부터 보다 엄밀하고 법적인 맥락을 뜻하는 후자로 이행하고 있음을 알 수 있다. 또한 디케는 그리스 신화에서 정의의 여신을 가리키는 것으로서 그 여신은 오른손에 칼(sword), 왼손에 천칭 저울(balance)을 가진 눈먼(blind) 여신으로 묘사되고 있는 것도 지극히 상징적인 의미를 지닌다고 할 수 있다.

여하튼 동서를 막론하고 정의는 보다 포괄적이고 주체적이며 윤리적인 덕목으로부터 보다 구체적이고 객관적인 질서, 원리로서의 정의로 이행해 가는 추세에 있음은 흥미로운 유사점이 아닐 수 없다. 주체적이고 윤리적인 덕목으로서 의(義)도 더 객관적인 질서, 원리로서 의리(義理)로 관심의 초점이 옮겨가게 되며, 유학의 핵심 논의를 의리지학(義理之學)이라 함도 바로 그 점을 말해 주고 있다. 그러나 의리라는 말의 일상적 용례는 원래의 의미에서 다소 변질되어 명분의 옳고 그름보다는 우연적 연고관계를 고수하는 덕목으로서 명분을 위해 연고를 깨는 경우에도 의리 없는 사람으로 간주되며 나아가 깡패나 도둑들 간의 의리까지도 문제되기에 이른다.

정의라는 말이 더 빈번히 사용되는 서양의 용례들을 살펴보면 우선 정의(justice)의 개념은 권리(rights)의 개념과 다소 중첩되기는 하나 이들의 의미는 서로 다르며 이 두 개념은 공리주의적 윤리설을 비판함에 있어 가장 핵심적인 개념이기도 하다. 일반적으로 말해서 정의는 공정(fairness)과 대체적으로 동의어라 할 수 있다. 즉, 정의로운 대우, 분배, 절차는 곧바로 공정한 대우, 분배, 절차라 할 수 있다.

또한 정의의 한 가지 의미는 응분(desert)의 몫을 갖는 것이라 할 수 있다. 즉, 응분의 성적을 받을 경우 정의로운 대우를 받았다고 할 수 있다. 그러나 도둑들이 훔친 물건을 고루 나눌 경우 공정한 분배이기는 하나 응분의 몫을 갖는 것은 아닌 까닭에 정의와 응분이 완전히 같은 의미라고 할 수는 없다.

정의라는 개념의 의미에 대해서 이상과 같은 구분들 이외에도 이 개념의 특성은 여러 방식으로 설명될 수 있다. 우선 정의는 사람에 대한 대우가 다른 사람에 의해 이루어질 경우에 적용되는 개념이다. 이를테면 인종차별이 부정의한 것은 바로 특정 인종을 다른 인종이 부당하게 다루고 있기 때문이다. 이에 비해서 인간에 의해서가 아니라 자연적으로 생겨난 불구나 질병은 인간적 처우라기보다는 자연적 사실(natural fact)인 까닭에 부정의하다기보다는 불운하다는 말이 더 적합하다.3)

또한 정의는 미래지향적인 함의를 갖는 공리(utility)와는 달리 과거회고적인 개념이라 할 수 있다. 즉, 정의는 사람을 응분에 따라 처우할 것을 요구하는데 이때 응분은 과거의 행적과 관련된 개념이라 할 수

---

3) 존 롤즈, 황경식 옮김, 『정의론』, 이학사, 2003 참조.

있다. 그리고 정의는 집단보다 개인에게 보다 자연스럽게 해당되는 개념이기도 하다. 개인의 공과를 무시하고 집단적으로 칭찬과 비난을 하는 집단주의적 발상은 부정의하다고 할 수 있다.

이 같은 집단적 사고는 과거로 거슬러 올라갈수록 더 강한 경향이 있으며, 이 점은 분배적 정의에 있어서 뿐만 아니라 형사적 정의에 있어서도 마찬가지다. 또한, 정의는 개인들 간의 관계에서 평가되는 까닭에 상대적, 비교적 정의와 부정의라는 개념도 성립하게 된다. 동일한 범행을 했는데 한 사람은 중형을 받고 다른 사람은 방면될 경우 상대적 부정의가 이루어진다고 할 수 있다.

정의가 각자에게 그의 몫을 주는 것과 관련된다면 각자의 몫은 사람들 상호간에 비교적(comparative) 근거에서 결정될 수도 있고 비교가 없이(noncomparative) 결정될 수도 있을 것이다. 다시 말하면 각자의 정당한 몫이 타인들의 권한과 상대평가를 통해 결정되기도 하고 타인과 상관없는 객관적 기준에 의거해서 정해지기도 한다. 예를 들어서 갑이라는 사람이 공정한 재판을 받을 권리는 특별한 경우기 아닌 한 을이라는 사람과 상관없이 성립한다. 그러나 부족한 재화를 여러 사람이 요구하는 경우 각자의 몫은 이들 요구의 상대적 비중에 따라 결정되는 것이 정의롭다고 할 수 있을 것이다.4)

비교적 정의의 고전적 유형의 하나는 아리스토텔레스가 제시한 형식적 원리(formal principle)로서 "동등한 자는 동등하게, 동등하지 않은 자는 동등하지 않게" 대우받아야 하며, 이는 그들의 관련 유사성과 차이성에 비례해서 이루어져야 한다는 것이다. 비교적 정의의 형식적 원리는 불평등한 대우보다는 근거 없는 대우를 피하고자 하는 것으로

---

4) William C. Heffernan and John Kleinig, eds., *From Social Justice to Criminal Justice*, Oxford University Press, 2000 참조.

서 합당한 근거에 바탕을 둘 경우 정의로운 불평등도 용납할 수가 있는 것이다. 그러나 합당한 근거가 무엇인지에 대해서는 형식적 원리가 아니라 정의의 보다 실질적인 원리(material principle)가 제시되어야할 것이다.

2) 정의의 개념과 정의관의 구분

이상과 같은 의미들을 염두에 두고 우선 정의의 개념(concept)과 정의관(conception)을 나누어 살피는 것이 좋을 것이다. 정의의 개념이란 정의라는 말에 대한 형식적 정의(formal definition)를 의미하며 지금까지의 설명은 이와 관련된 것이라 할 수 있는 데 비해, 정의의 실질적 내용에 대한 다양한 입장 내지 해석은 정의관이라 할 수 있을 것이다.5) 또한 정의의 종류는 형사적 정의(criminal justice)와 분배적 정의(distributive justice)로 나눌 수 있는데, 전자를 법적 정의(legal justice)라 한다면 후자는 사회정의(social justice)라 불리고 있다. 형사적, 법적 정의가 범죄 여부와 관련된 적정한 처벌을 의미한다면, 분배적 정의, 사회정의는 사회적 권익의 적정한 배분을 뜻한다. 이에 대해서는 앞으로 자세히 논의하고자 한다.

정의의 개념이 정의의 사전적, 형식적 의미로서 보다 단순한 데 비해 정의관 혹은 정의를 바라보는 입장들은 시대와 문화권에 따라 혹은 이념적 스펙트럼에 따라 천차만별이고 다종다양하다. 우선 시대별로는 서양에 있어 고대 그리스적 정의관, 중세 기독교적 정의관, 로크를 위시한 근세 사회철학의 정의관, 이를 비판하고 나온 마르크스의 정의관

---

5) 존 롤즈, 황경식 옮김, 『정의론』 참조.

등을 들 수 있을 것이다. 문화권과 관련해서는 기독교적 정의관, 유교적 정의관, 불교적 정의관, 이슬람적 정의관 등으로 대별해 볼 수 있을 것이다.

시대나 문화권에 따른 분류와 다소 중복되기는 하나 이념의 스펙트럼에 따른 정의관의 분류는 정의관의 차이를 이해하는 데 있어서 가장 유용할 뿐만 아니라 아직도 크게 영향력을 지닌 정의관과 관련된 분류이다. 이념적 스펙트럼에서는 대체로 정의관에 있어 가장 핵심적 개념이라 할 수 있는 자유와 평등의 개념을 어떻게 규정하며 이들의 관계를 어떻게 설정하는가에 따라 다양한 유형의 정의관이 생겨난다. 흔히들 우리가 좌파, 중도파, 우파로 분류하는 것도 이 같은 이념적 스펙트럼에 기반을 둔 이해 방식이라 할 수 있을 것이다.

일반적으로 평등보다 자유에 우위를 두는 이념을 자유주의적(liberal) 정의관, 평등을 우선하는 이념을 평등주의적(egalitarian) 정의관이라 할 수 있을 것이다. 근세 이후 번성하게 된 자유주의는 마르크스 이래 사회주의 운동이 전개되면서 두 갈래로 갈라지게 된다. 자유의 절대적 우위를 고수하는 전통적 자유주의를 자유지상주의(libertarianism)라 한다면 자유나 평등의 조정을 시도하는 보다 진보적인 입장을 자유주의(liberalism) 혹은 자유주의적 평등(liberal equality)의 이념이라 부를 수 있을 것이다. 전자를 우파라 부른다면 후자는 중도파라 부를 수 있을 것이다.6)

이에 비해서 마르크스의 영향을 받아 공산주의 내지 사회주의 이념을 내세우는 사람들은 대체로 평등주의적 입장에 서며 따라서 좌파적 입장으로 분류된다. 이들 중에도 평등에 절대적 비중을 부여하는 극좌

---

6) 황경식, 『자유주의는 진화하는가』, 철학과현실사, 2006 참조.

파도 있으나 자유주의적 입장을 다소 수용하는 중도 좌파 내지 좌파 자유주의(left liberal)의 노선을 따르는 사람들도 있다. 사실 마르크스는 분배보다는 생산에 더 관심을 가진 학자로서 그의 사회철학에 있어 정의는 보다 부차적 중요성을 갖는 것으로 해석되기는 하나 그에게도 나름의 정의관이 있음을 부인할 수 없으며, 이를 사회주의 단계와 공산주의 단계로 나누어 고려할 수도 있을 것이다.

이념적 스펙트럼에 따른 정의관들은 주로 분배적 정의와 관련된 분류라 할 수 있을 것이다. 그러나 앞서 언급한 것처럼 분배적 정의가 아니라 형사적 정의와 관련해서도 다양한 정의관이 있을 수 있으나 형사적 정의관은 크게 보아 전통적인 입장으로서 응보형, 보복형 이론과 보다 현대적인 입장으로서 예방형, 교도형 이론으로 나눌 수 있다. 전자는 처벌을 저지른 범죄에 대한 응분의 처벌로서 간주한다면, 후자는 처벌이란 동일한 범죄가 다시 재발하지 않게 이를 예방하고 교육한다는 의미를 갖는다는 것이다. 최근에는 처벌이란 보복이나 예방이 아니라 피해자에 대한 보상적 의미를 갖는다는 제3의 입장이 제시되기도 한다. 응보형 이론과 예방형 이론은 범죄자를 자유의지를 가진 존재로 보느냐 여부와 관련된 또 다른 문제를 제기한다.

유교의 정의관과 관련해서는 맹자(孟子)에서 두드러지게 나타나는 의(義) 사상과 명대 이후에 주목을 받게 된 분(分) 사상에 대한 연구가 요구되고, 의(義) 사상에 대해서는 의(義)와 이(利)가 어떤 관계를 갖는가에 주목할 만하며, 고전에 나타난 "利, 義之和也" 혹은 "義, 利之和也" 등은 유교의 정의관을 이해하는 데 지극히 시사적이다.[7] 분(分) 사상과 관련해서는 분이 선천적으로 정해지는지 후천적으로 바뀔 수 있

---

7) 『周易』, "利, 義之和也" 참조.

는지, 모든 사람에 있어서 분이 동등한지 차등적인지도 밝혀져야 한다. 이 점이 밝혀지지 않는 한 "守分"이나 "분수를 지켜라"라는 명법은 기존 체제를 유지하기 위한 보수주의적 이데올로기로 전락하게 될 것이다. 불교나 이슬람 사상에 있어서도 유사한 연구가 가능할 것으로 생각된다.

3) 분배적 정의와 형사적 정의

정의의 종류는 크게 나누어 형사적 정의(criminal justice), 즉 법적 정의(legal justice)와 분배적 정의(distributive justice), 즉 사회정의 (social justice)로 구분된다. 그런데 앞서도 지적했지만 어떤 종류의 정의든 정의의 기본개념 중에는 응분(desert)의 개념이 함축되어 있다. 그래서 우리가 형사적 정의를 말할 때 "그가 그런 벌을 받아서 마땅하다. 혹은 그는 응분의 벌을 받았다"고 말한다. 또한 분배적 정의를 언급할 때도 "그녀가 그런 보상을 받아 마땅하다. 혹은 그녀는 응분의 상을 받았다"고 말하게 된다. 여하튼 응분의 개념을 중심으로 상벌을 말하게 되며 여기에서 형사적 정의와 분배적 정의가 갈라지게 된다.

형사적 정의와 분배적 정의의 관계에 대해서는 다양한 관점에서 다양한 논의가 이루어질 수 있다. 우선 형사적 정의와 분배적 정의는 응분의 개념을 중심으로 한 상벌의 개념으로서 상호 대칭적(symmetrical)인 관계에 있다는 주장이 가능하다. 그러나 형사적 정의가 범행에 나타난 악덕(vice)에 대해 응분의 처벌을 하는 것인 데 비해, 분배적 정의가 과연 도덕적 덕(virtue)에 대한 응분의 보상인가에 대해서는 이견이 있을 수 있다. 롤스 같은 정의론자는 분배적 정의를 도덕적 덕에 대한 보상 내지 받을 만한 자격(deserve to)보다는 합당한 기대치 혹은 현실적으로 취득한 권한(entitled to)으로서 양자를 구분함으로써 형사적 정의와 분배적 정의의 비대칭성(asymmetrical)을 내세우기도 한다.[8]

나아가서 형사적 정의와 분배적 정의의 관계에 대해서는 두 종류의 정의에 대한 다양한 정의관에 따라 여러 가지 관계가 있을 수 있겠으나 크게 나누어 경험적(empirical) 관계와 규범적(normative) 관계로 구분될 수 있을 것이다. 가장 일반적인 관점으로서 재분배적 사회정의관(redistributive conception)을 생각해 보자.[9]

경험적 주장에 의하면 어떤 형태의 재분배적 정의는 발전된 산업사회에 있어 범죄율의 감소에 본질적 중요성을 갖는다. 따라서 소득의 불평등은 그런 사회의 범죄율과 상관관계를 가지며 상하층 간의 부의 격차가 큼에 따라 범죄율이 증대된다는 것이다. 또한 기본욕구의 충족을 위한 최저 생활수준 이하로 떨어지는 최저 계층 성원 수가 많을수록 범죄율이 증대된다는 것이다. 반대로 부의 격차가 적고 최저 생활이 해결될 경우 범죄율은 감소하는 까닭에 시민사회의 안녕을 위해 국가는 사회정의 구현에 총력을 경주해야 한다는 것이다.

규범적인 주장에 따르면 사회정의에 의거한 응분의 몫을 누리지 못한 사람들에게 내려지는 현행 형사적 정의의 판단들은 재고의 여지가 있다는 것이다. 다시 말하면 재분배적 사회정의의 맥락에서만이 응보적 정의가 가능하고 합당한 의미를 갖는다는 것이다. 그 이유는, 형법에 의해 부과되는 처벌의 부담이 도덕적으로 정당화되기 위해서는 그것을 감당할 사람이 공동체의 이득을 향유한 사람일 경우에 한정될 것을 요구한다는 것이다. 그렇지 못할 경우 그들의 행위를 범죄로 규정하

---

8) William C. Heffernan and John Kleinig, eds., *From Social Justice to Criminal Justice* 참조.
9) 위의 책 참조.

는 그 자체가 문제될 수 있다는 것이다.

사회적 박탈 상태에서 고통받는 자들은 부정의한 사회질서로부터 보호받아 마땅하며 이런 점에서 분배적 사회정의와 응보적인 법적 정의 간에 직접적이고도 긴밀한 관계가 성립된다는 것이다. 이러한 관련에 의거해서 사회개혁적 정의관(social reform version)이 제시되기도 한다.10)

4) 결과적 정의와 절차적 정의

정의에 대해서는 역사적으로 다양한 정의관이 모색되고 제시되어 왔으나, 근래에 이르러 정의에 대한 전통적 접근방식에 대해 지극히 회의적인 입장이 제기되고 있다. 과거에 정의의 기준으로 제시된 공식들이 대체로 순환론적이거나 공허한 것이며, 아니면 지나치게 일반적이고 추상적이며, 나아가서 그들 간에 상충이 불가피하다는 것이다.

더욱이 다양한 기준들이 제시될 뿐만 아니라 그 아래 무수한 하위 기준들이 있어 실제로 그러한 기준들이나 하위 기준들 간의 상충을 제거해서 정의를 실현할 수 있는 방도가 없다고 한다. 결국 구체적 상황에 있어 정의에 대한 결정은 고려되어야 할 지극히 복잡한 변수들로 인해서 전통적 이론들 중 어떤 것도 그 임무를 성공적으로 수행할 수 있는 것은 없다는 것이다.

이 같은 회의주의의 극복을 위해 우리가 주목하고자 하는 최근의 시도 중 한 가지는 정의로운 결과(just result)와 정의로운 과정 혹은 공정한 절차(fair procedure) 간의 구분에 근거를 둔 것이다. 절차도 정의롭

---

10) 위의 책 참조.

고 결과도 동시에 정의로울 수 있다면 더없이 바람직할 것이나, 우리의 구체적 상황은 그중 하나를 위해 다른 것의 희생이 불가피한 경우들이 대부분이기 때문이다.11)

예를 들어서 분배적 정의에 있어 정의로운 결과, 즉 가난한 이에게 최소한의 생계를 보장해 주기 위해서 부자에게 그가 원하지 않는 과도한 세금을 징수하는 부당한 절차가 시행되지 않을 수 없다. 또한 형사상의 정의에 있어서도 재판관은 공정한 절차를 마련하기 위해 최선을 다하게 되지만 재판의 결과는 무고한 사람이 처벌되거나 죄인이 무죄 방면되는 부정의한 결과가 생겨날 수도 있는 것이다.

따라서 정의에 대한 논의에 있어 주목해야 할 것은 우리가 정의로운 절차와 정의로운 결과 중 어느 것에 대해 논의하고 있는지를 분명히 해야 한다는 점이다. 특히 그것은 모든 경우에 있어서 정의로운 결과를 보장할 기준이 제시되기 어렵다는 주장과 관련될 경우 보다 중요한 의의가 있게 된다. 물론 정의로운 결과와 정의로운 절차를 모두 갖는다면 가장 이상적일 것이며 정의로운 결과에 이르기 위해서 최선의 절차를 구상하는 일도 중요한 것이다. 그러나 사회정의의 문제에 있어 그런 이상을 기대하기가 어려우며 따라서 최근의 많은 정의론자들은 정의에 대한 절차주의적(procedural) 접근을 시도하게 된 것이다.12)

절차주의적 정의론의 한 사례로서 로버트 노직의 정의론에 따르면, 우리의 사적 소유가 정의롭고 정당할 조건은 그에 대한 원초적 취득(original acquisition)과 개인 간의 유무상 양도(transfer)의 절차에 있어 어떤 하자가 없을 경우, 이를테면 취득과 양도의 과정 중 타인에게 치명적인 해악을 끼치지 않을 경우라는 것이다. 물론 취득과 양도에 있어

---

11) 황경식, 『개방사회의 사회윤리』, 철학과현실사, 1995, p.84.
12) 위의 책, pp.85-104 참조.

하자나 실수가 발견될 경우에는 추후에 이를 시정(rectification)하는 또 하나의 절차적 원리가 요구될 수 있다고 한다. 여하튼 이같이 절차상의 부당함이 없을 경우 취득과 양도의 과정이 무한히 반복된다 할지라도 최종적 소유 상태의 정의로움은 그대로 유지된다는 것이다.13)

그러나 다른 절차주의적 정의론자인 존 롤스에 따르면, 이상과 같은 정의론이 절차주의적 입장임은 사실이나 그러한 절차적 원리가 일정한 사적 소유권을 강하게 전제하는 한 그 절차적 순수성을 인정하기가 어렵다는 것이다. 그에 따르면 절차적 원리의 전제가 되는 사적 소유권이 어떻게 정당화되며 어느 정도까지 정당화되는지도 역시 공정한 절차에 의해 정당화되어야 하며, 이런 의미에서 자신의 정의관을 순수 절차적 정의관(pure procedural justice)으로 명명하고자 한다. 어떤 실질적 정의의 기준도 미리 전제함이 없이 공정한 룰에 의해 공정한 절차를 거쳐 수행된 게임의 결과는 언제나 공정하며, 이런 뜻에서 롤스의 정의관은 공정으로서의 정의관(justice as fairness)이라 불리는 것이다.14)

3. 분배적 정의(사회정의)

1) 분배적 정의의 역사

서양에 있어서 정의(justice)의 고전적 정의(definition)는 "각자에게 그의 몫을"이라고 할 수 있다. 그러나 이 같은 정의는 지극히 형식적인 정의로서 각자의 몫을 정하는 기준이 밝혀지지 않는 한 정의의 실질적 내용을 말해 주지 못한다. 그런데 고대 그리스에서는 각자의 몫이 "각

---

13) 위의 책, pp.85-94 참조.
14) 위의 책, pp.94-104 참조.

자의 가치에 따라서" 비례적으로 정해진다고 생각했고, 나아가 각자의 가치는 각자가 타고난 이성(理性)의 분량에 따라 결정된다고 생각했다. 자유인 남성을 기준으로 본다면 아이와 여성은 그보다 적은 이성을 타고났고 노예는 이성이 결여된 존재라고 간주됨으로써 차등주의적 계층사회를 정당화하게 된다.

또한 정의의 문제를 주제적으로 다룬 아리스토텔레스에 따르면 정의란 광의로 사용할 경우에는 법(nomos)에 따른다는 의미를 지니고 있으며 협의에 있어서는 균등(ison)을 의미한다는 것이다. 그런데 균등에는 기하학적 균등과 산술적 균등이 있는데 전자는 A : B = C : D라는 식의 균등이고 후자는 C = D라는 의미의 균등이다.

아리스토텔레스는 정의가 비례적 균등을 의미하는 경우에는 분배적 정의(distributive justice)라고 불렀고, 절대적인 균등의 의미에 있어서의 정의는 시정적 정의(corrective justice)라고 불렀다. 범죄에서 유발되는 상해나 물품 교환, 대여 등에 있어서는 절대적인 균등의 원리에 의거해서 회복과 시정이 이루어지는 것이 정의인 반면, 재화나 영예, 권력 등 국가의 공민 간에 이루어지는 모든 분배는 각자의 "가치에 비례해서" 행해질 때 정의로운 것이라고 했다.

여하튼 그리스적 정의관은 대체로 계층적인 질서 위에 성립하는 신분사회적, 차등주의적 정의관이라 할 수 있으며, 이런 사회에서 인간의 가치는 시민이라는 자유인에 한정되고 이방인은 인간으로서 가치를 지니지 못한 존재로 간주되었으며 이들이 사회적 권익의 분배에서 제외되는 것은 지극히 당연하였다. 플라톤은 그리스인이 전쟁 포로로 잡힌 이방인을 노예로 삼는 것을 권장했으며 노예제도에 반대하는 아테네의 움직임을 공격하면서 노예제도의 합법성을 주장했다. 아리스토텔레스 역시 노예제도의 적합성을 주장하면서 날 때부터 자신을 위해서가 아

니고 타인을 위해서 태어난 천부적인 노예가 있음을 내세우고 있다.15)

기독교의 정의관을 일의적으로 이야기하기는 어려우나 그리스 정의관에 복잡한 굴절을 부여함으로써 정의의 역사에 있어서 획기적 기여를 하게 된다. 구약적 정의관은 대체로 응보적(retributive) 정의관으로서 "눈에는 눈, 이에는 이"라는 식의 탈리온의 법에 의거한 정의로 표현된다. 예수가 반대하고 나온 것은 바로 이러한 율법주의적 규범이었다. 예수에 의해 대변되는 신약은 구약의 응보 대신에 사랑의 복음을 내세웠다. 사랑에 의한 구제의 복음을 통해서 기독교가 전통적인 정의의 이념에 가한 변혁의 의의는 대단한 것으로서, 그것은 무엇보다 "가치에 따라서"라고 할 때의 바로 그 가치의 관점이 혁명적으로 변화되었음을 의미한다.

여기에서는 모든 인간이 갖가지 차이들에도 불구하고 동등하게 취급되어야 할 인간으로서의 존엄성을 지닌다. 이 같은 기독교적 정의 이념은 근본에 있어서 하느님께서 인간을 "자신의 형상대로 창조"하였다는 성서의 계시로부터 유래되며 하느님의 자녀로서 한 형제됨(brother-hood)과 관련된다. 인간의 존엄성에 대한 이 같은 교리는 신약에서 더욱 심화되어 예수에 대한 신앙으로 인해 그 완전한 표현을 얻게 된다.

신약은 "모든 사람은 예수 그리스도 안에 신앙으로 말미암아 하느님의 아들이 되며", 또한 그를 믿는 사람은 "유대인이나 이방인의 차이도 없고 노예나 자유인, 남자와 여자의 차이도 없으니 무릇 너희는 모두 예수 그리스도 안에 하나인 연고이니라"라고 말한다. 이 구절이 바로 모든 인간의 동등한 기본적 권리에 대한 정의의 이념을 기초하는 기독교의 교의인 것이다.16)

---

15) 황경식, 『사회정의의 철학적 기초』, pp.310-317 참조.
16) 위의 책, pp.318-326 참조.

위에서 말한 기독교의 평등주의적 이념은 정의의 역사에 있어서 획기적인 것이긴 했으나 그것은 끝내 종교적 신념에 그쳤을 뿐 현실 속에 누적되어 온 고대로부터의 완강한 잔재 앞에 변질을 가져오게 된다. 따라서 근대 이후 정의 이념의 역사적 과제는 사회 현실 전반에 걸친 고대적 잔재의 청산과 그 위에 평등주의적 이념의 명실상부한 현실화를 도모하는 일이었다. 근대사 전반에 걸친 지속적인 계몽운동과 자유를 쟁취하기 위한 투쟁은 바로 이 같은 근대적 과제를 수행하고자 하는 자각적인 몸부림인 것이며, 드디어 피나는 오랜 투쟁의 결과는 미국의 독립선언과 프랑스의 인권선언 등에 의해 집약되어 결실을 맺게 된다.

그러나 만인에 있어서 기본적 인권의 절대적 평등이라는 정의의 요구가 오랜 역사의 투쟁에 의해 현실화된다 할지라도 정의의 이념에는 인간들 간의 현실적 차이와 자질 및 노력에 대한 보상 등 절대적 평등만으로 해결하기 어려운 또 다른 요구가 있음을 부인하기 어렵다. 다시 말하면 현대적 정의론자들은 정의가 평등(equality)을 기조로 하되 정당한 혹은 정당화 가능한 차등(justifiable inequality)이 있을 수 있는지를 신중히 탐색하고자 한다. 물론 우리가 정의와 평등이 긴밀한 관련을 갖는다는 직관을 공유하고 있는 것이 사실이라면 증명의 부담은 차등을 도입하려는 사람에게 주어진다고 할 수 있을 것이다.17)

2) 분배적 정의의 기준

분배적 정의의 기준은 무엇인가? 앞서 밝힌 바와 같이, 플라톤 이래 전통적으로 분배적 정의의 기준을 "각자에게 그의 몫을(summ cuique,

---

17) 위의 책, pp.327-337 참조.

to each his own)"이라는 공식으로 표현해 왔다. 그러나 이러한 공식은 다시 각자의 응분의 몫이 무엇인가를 밝히지 않는 한 지극히 공허한 형식적인 것에 불과하게 된다. 따라서 각자의 몫이 서로 다르다면 차등적인 정의관이 성립할 것이고 각자의 몫이 모두 동일하다면 평등적 정의관이 성립하게 될 것이다.

그런데 현대의 대부분의 정의론자들이 합의하고 있듯이 정의는 평등을 기본 개념으로 하고 있으며 그런 한에서 정당 근거가 있는 차등을 용납할 수 있는 것으로 볼 수 있다. 물론 정의가 평등을 기반으로 해야 한다는 주장 자체에도 논의의 여지가 없는 것은 아니나 정의와 관련해서 일차적으로 증명의 부담(burden of proof)을 져야 할 것은 차등을 용납하려는 사람이 제시하고자 하는 차등의 근거와 관련된다.

절대적 평등을 내세우는 극단적인 평등주의(egalitarianism)도 있기는 하나 그 현실적 실현은 거의 불가능에 가까우며 비록 실현의 제도적 장치가 가능하다 할지라도 그것은 자유와 같은 더 귀중한 가치의 희생을 요구하게 된다. 또한 모든 인간이 정확히 동일한 방식으로 대우받아야 한다는 평등주의적 입장의 난점은 그것이 현실적으로 실현 불가능하다는 점을 넘어서 극단적인 평등은 정당화되기 어려우며 따라서 부정의하다는 점이다.

사람들은 언제나 동등한 대우를 받을 정도로 충분히 동등하지 않으며, 인간은 필요, 능력, 신체적 특성, 이해관심(interest)에 있어서 동일하지가 않다는 것이다. 이 점에 관한 논의의 여지를 배제하기는 어려우나 여하튼 우리가 살펴보고자 하는 정의관은 평등을 기반으로 하고 정당화 가능한 차등을 용납하는 어떤 형태에 국한하고자 하며, 과연 허용할 만한 차등의 기준은 무엇이며 그것이 허용되어야 할 정당 근거가 무엇인가에 논의의 초점을 맞추고자 한다.

216

전통적으로 우리는 '안분지족(安分知足)'을 미덕으로 알았고 인간은 자신의 '분수(分數)'를 지켜야 한다고 배웠다. 그러나 이러한 말들은 자신의 응분의 몫이나 분수가 과연 무엇인가에 대한 인식이 전제되지 않는 한 삶에 대한 숙명론적인 태도를 조장하는 것이 아닐 수 없다. 자신의 응분의 몫이 무엇인지도 모르는 사람에게 분수를 넘지 말라고 하고 안분지족을 요구하는 것은 기존 질서(status quo)에 순종하라는 보수주의적 이데올로기에 불과하게 된다.

　각자의 분수나 응분은 천부적인 것도 고정 불변의 것도 아니며, 설사 천부적으로 정해진 것이라 할지라도 그것이 정확히 무엇인가에 대한 인식이 없는 한 마찬가지 결과가 된다. 역사상 천부적인 것으로 생각했던 대부분의 분수나 응분은 사실상 기존 질서의 요구를 반영하는 것에 불과하다는 것이 판명되었다고 할 수 있다.

　일반적으로 각자의 응분의 몫을 정하는 가장 손쉬운 기준으로서 각자가 성취한 업적(achievements)을 들게 된다. 이는 각자가 투여한 노력에는 상관없이 결과적으로 나타난 성과에 주목하는 것으로서 우선 객관적인 평가와 측정이 용이하다는 실제상의 강점을 가지며 생산에의 동인(incentive)을 유도함으로써 사회적 유용성의 관점에서도 높이 평가될 수 있다. 학교의 성적 평가를 위한 각종 시험을 위시해서 사회의 취업, 승진을 위한 대부분의 평가제도에 있어 기본이 되는 것은 바로 업적이라 할 수 있다.[18]

　그러나 업적이라는 기준에 있어서도 그 양과 질의 평가에 있어 문제가 없는 것이 아니며, 우수한 교수와 우수한 교사, 우수한 의사와 우수한 예술가 등 서로 다른 직종에서 산출된 업적의 질을 상호 비교하는

---

18) 황경식, 『시민공동체를 향하여』, 민음사, 1997, p.145.

일 또한 지극히 어려운 문제이다. 현재 우리 사회에서 통용되고 있는 소득 배분이 어떤 근거에서 응분의 몫으로 정당화될 수 있는 것인지는 자못 의심스러운 노릇이다. 자유시장(free market)의 수요공급에 의한 업적의 평가는 우선 손쉬운 것이기는 하나 아무런 제한조건도 없이 시장의 결과만으로 정의에 부합된다고 할 수는 없는 것이다.

업적의 구성요인을 다시 세분해 보면 그것은 능력과 노력의 공동 산물이라는 결론이 나온다. 혹자는 결과로서 나타난 업적에 상관없이 각자의 응분의 몫은 그가 투여한 노력(effort)에 비례해야 한다고 주장한다. 물론 여기에서 노력이란 단지 노동에 소모한 물리적 시간이 아니라 노동에 투입한 정력과 열성을 의미한다. 그래서 그 주장은 동일한 시간에 동일한 정력을 소모했다면 업적이 다르다 할지라도 응분의 몫은 동등해야 한다는 주장이 되는 것이다. 각자의 능력은 주어진 것이며 그야말로 자신의 것으로 내세울 수 있는 것이라곤 자기가 쏟아 넣은 노력뿐이라고 할 수 있다.

능력, 즉 달란트(talent)는 하늘의 것이고 노력만이 각자의 것이며, 따라서 응분의 몫은 노력의 함수로 정해져야 한다는 것이다. 그러나 이러한 주장은 도덕적 정당화에 있어 상당한 설득력을 갖기는 하나 노력의 측정과 평가가 어렵다는 치명적인 실제상의 난점을 갖는다. 또한 인내하고 열심히 노력하려는 경향 역시 천부적 자질 내지 타고난 능력의 측면이 있으며 이러한 성향의 개발에 있어서도 가정적, 환경적 용인이 크게 작용한다면, 노력 역시 응분의 몫을 정하는 절대적 기준이 되기는 어렵다 할 것이다.[19)

성취된 업적 중에는 노력과 더불어 능력(ability)도 가담해 있다. 물

---

19) 위의 책, p.145.

론 여기에서 능력이란 잠재된 가능성으로서의 능력이 아니라 현실적으로 실현된 능력을 말하는 것이나, 이러한 능력도 응분의 몫을 정하는 기준으로서는 갖가지 문제를 내포하고 있다. 우선 능력 중에는 천부적으로 타고난 능력도 있고 후천적으로 습득된 능력도 있다. 천부적으로 타고난(natural) 능력은 나로서는 어쩔 수 없는 것, 나와 상관없이 밖으로부터 주어진 것에 불과하다. 그런 의미에서 그것은 전적인 우연의 소산이며 운명적으로 부여된 것이라 할 수 있다. 그렇다면 그것은 도덕적 개념으로서 응분의 몫에 대한 정당 근거가 되기는 어렵다는 결론이 나온다. 그것은 단지 자연발생적인 사실에 불과한 것이며 도덕적 당위의 차원은 그러한 자연적이고 우연적인 사실을 인간이 처리하는 방식에서 비롯되는 것이기 때문이다. 자연 그 자체로서는 정의나 부정의를 말할 수 없으며 정의 여부는 인간의 판단과 행위에서 시작되는 것이라 할 수 있다.

또한 능력 중에는 후천적으로 습득된(acquired) 능력도 있는데, 이는 선천적 능력과 후천적 여건의 바탕 위에 자신의 노력이 합해진 결과이다. 선천적 능력과 후천적 여건에 의존하는 것인 한 그것은 우연히 주어진 사실에 불과하며 그런 의미에서 도덕적 의의를 찾기가 어려운 한편, 개인 자신의 노력이 가담하는 한에서는 다시 앞에서 논의된 노력이라는 기준으로 환원되고 마는 결과를 갖는다.[20]

나아가서 선천적인 능력이건 습득된 능력이건, 능력이란 그 자체만으로는 응분의 몫을 정하는 기준이 될 수 없으며, 그것이 구체적인 활동을 통해 업적으로 구현된 능력이 아닌 한 무의미한 것이 되고 만다. 그런 한에서 능력이나 노력은 결국 업적 혹은 공적이라는 하나의 기준

---

20) 위의 책, pp.145-146.

으로 통합됨으로써 응분의 차등을 뒷받침하는 근거가 된다 할 것이다.

이상의 기준들과는 다소 다른 측면에서 인간의 기본욕구 혹은 필요 (need)가 응분의 몫을 정하는 기준이어야 한다는 주장이 있다. 여기에 서 필요라는 말이 인간이 느끼는 모든 욕구와 욕망(felt need)을 가리킨 다면 그러한 욕구를 모두 충족시키는 사회는 이미 정의를 초월한 유토 피아가 아닐 수 없다. 따라서 여기서 말하는 필요는 인간다운 삶을 위 해서 기본적으로 요구되는 실질적 욕구(real need)에 한정되어야 할 것 이다.21)

인간은 인간으로서 최소한의 생활을 영위해야 할 권리를 지닌 존엄 한 인격이며 그런 한에서 정의는 평등주의적 측면을 갖는 것이다. 그러 나 응분의 몫을 누릴 수 있는 적극적인 자격 요건에 대한 규정도 없이 필요만이 절대적인 기준이 될 때 생산에의 유인이 위협받게 되며 그 결과로서 사회의 생산이 감소될 경우 상대적 빈곤이 아닌 절대 빈곤 (absolute poverty)이라는 난관에 봉착하게 된다.

응분의 몫을 받는 데 적극적 자격 조건이 전제되지 않을 경우 애써 능력을 개발하고 힘써 노동할 사람이 누구이겠는가? 모든 사람은 무위 도식 속에서 단지 필요가 가장 큰 사람이 되고자 힘쓰게 될 것이다. 그 럴 경우 게으른 사람의 욕구 충족을 위해 부지런한 사람의 노동이 세 금을 통해 강요받게 된다는 비판도 생겨나게 될 것이다.

결국 필요는 나름의 도덕적인 정당 근거를 갖는 것이기는 하나 다른 고려사항과 더불어서 의미를 갖게 되는 상대적인 기준에 불과하다는 결론에 이르게 된다. 또한 기본적인 욕구나 필요의 충족을 위한 생활수 준의 하한선(social minimum)도 일률적으로 그어지기 어려운 것으로

---

21) 위의 책, pp.146-147.

서 사회의 전반적인 여건의 향상에 따라 점진적인 상향 조정이 불가피한 일인 만큼 최저 생계비를 정하는 전략도 그 한계가 있다 할 것이다.

4. 형사적 정의(법적 정의)

처벌(punishment)은 고통을 가하는 행위와 관련되지만 고통을 가한다고 해서 모두 처벌은 아니다. 처벌은 어떤 사람이 저지른 특정 잘못(범행)에 대해 특히 법적인 맥락에서 고통을 가하는 일이다. 따라서 처벌은 제도적(institutional) 개념으로서 저지른 잘못에 대해 사적으로 이루어지는 보복(vengeance)과 구분되어야 할 것이다.

처벌이 사적인 보복과 달리 공적으로 이루어지는 데는 여러 가지 이유가 있다. 우선 복수가 무한히 지속될 수 있음에 비해 법적인 처벌은 사안을 일거에 마무리하기 위한 것이며, 복수가 사감(私感)에 의해 편향되거나 무한 증폭의 우려가 있음에 비해 공적으로 제삼자에 의해 수행되는 처벌은 형평과 공평무사를 도모할 수가 있다. 또한 처벌은 공지된 법규에 의해 이루어지는 까닭에 행위 당사자들에게 예견 가능성을 갖는다는 점에서도 구분된다.

처벌에 대한 해석이나 설명과 관련해서는 크게 세 가지 유형의 이론이 제시되고 있다. 첫째는 처벌이 예방이나 교도의 의미를 갖는다는 예방형 이론(preventive theory)으로서 주로 공리주의자들에 의해 제시된다. 둘째는 처벌이 저지른 범죄에 대한 응분의 대가라는 보복형 이론(retributive theory)으로서 의무주의자 혹은 법칙주의자들에 의해 주장된다. 셋째는 처벌이 범행으로 인해 피해를 받은 당사자에 대한 보상의 의미가 있다는 보상형 이론(restitution theory)이다.

1) 결과주의적, 예방형 처벌이론

이는 주로 결과주의적 윤리설을 내세우는 공리주의자들에 의해 주장된다. 특정 범죄의 처벌 여부나 처벌의 정도는 처벌로 인해 예견되는 결과에 의해 결정되어야 한다고 본다. 이 같은 결과는 우선 범행을 행한 사람에 대한 결과로서 갱생이나 교도 혹은 재교육(rehabilitation, reformation)의 관점에서 평가될 수 있다. 나아가서 그러한 결과는 잠재적 범법자들에 미치는 결과로서 억지 내지 억제(deterrence) 효과의 관점에서 평가될 수 있으며 사회 전반에 미치는 결과로서 범법자에 대한 처벌이 나머지 사회 성원들을 보호(protection)하는 효과를 갖는다는 관점에서도 평가될 수 있다는 것이다.

범법자를 처벌하는 한 가지 주요 목적은 그가 다시는 동일한 범행을 반복하지 않도록 하는 것이다. 그러나 처벌이 이 같은 효과를 거두는 일도 쉬운 것은 아니며 복역자들의 갱생 비율이 그리 높지 않다는 것이 보고되고 있다. 감옥행이 범법자의 성품을 개선하는 효과가 대단치 않다는 보고로 인해 복역 대신 정신과 치료가 제시되기도 한다. 그러나 정신치료 역시 감옥과 같은 열악한 상황에서 대단한 효과를 거두지 못하는 것으로 알려져 있다. 정신과 치료가 강제적으로 이루어질 경우 오히려 반감을 살 우려가 있으며 치료에 불응하는 경우 또한 빈번하다.

처벌의 보다 일반적인 효과는 잠재적 범법자들이 동일한 범행을 하지 못하게 하는 억제 내지 예방이다. 범행이 발각되어 범인이 체포되고 처형이 이루어질 경우 처벌의 두려움은 타인들에게 상당한 억제 및 예방 효과를 거둘 것으로 보는 이 같은 공리주의적 처벌이론은 바로 이런 이유에서 때때로 억지이론(deterrence theory)으로 불리기도 한다.22)

나아가, 처벌은 범법자를 사회로부터 격리시킴으로써 죄 없는 사람들을 보호하는 효과를 거둘 것으로 기대된다. 위험한 범법자들을 그대로 방치할 경우 시민들이 경험하게 될 공포와 불안은 엄청날 것으로 예상된다. 비록 범인 당사자의 개과천선이 쉽지 않고 억지 효과 또한 여의치 않을지라도 범죄자를 감옥에 가두어 처벌하는 공리주의적 이유는 충분하다고 볼 수 있다. 처벌이 갖는 공리주의적 결과는 이상과 같은 긍정적 효과 이외에 부정적 결과도 예상되며 이 같은 처벌의 사회적 비용 또한 심각하게 고려되어야 할 것이다.

하지만 이 같은 공리주의적 처벌이론은 나름으로 단점을 갖는 것으로 비판되고 있는데, 우선 잠재적 범법자에 대한 억지 효과나 사회 성원의 보호라는 관점에서 처벌할 경우 처벌자를 타인에 대한 수단으로 다룬다는 비판, 처벌의 유용성이 주요한 사안일 경우 굳이 범법자가 아닌 무고한 사람도 처벌할 가능성을 열어 둔다는 비판, 끝으로 공리주의적 처벌론은 처벌의 유용성만 말할 뿐 그 자체의 정당성이나 정의 여부에 대해서는 언급하지 않는다는 비판 등이 제기되고 있다. 유용하기는 하나 정의롭지 못한 처벌이 얼마든지 있을 수 있기 때문이다.[23]

2) 응보주의적, 보복형 처벌이론

공리주의적, 예방형 처벌이론에 맞서는 비공리주의적 처벌이론은 보복형 처벌이론이라 할 수 있다. 공리주의적 처벌이론이 결과론(results theory)이라면 보복형 처벌이론은 응보론(deserts theory)이라 할 수 있다. 보복형 처벌이론에 따르면 처벌은 처벌받을 만한 경우 처벌받을 정

---

22) William C. Heffernan and John Kleinig, eds., *From Social Justice to Criminal Justice* 참조.

23) 위의 책 참조.

도만큼 처벌받아야 한다는 것이다. 이는 공리주의의 경우처럼 특정 결과를 위하여(in order to) 처벌하는 것이 아니라, 특정 범죄 때문에(because of), 응당 처벌받을 만하기 때문에 처벌받아야 한다는 것이다.

'범죄가 처벌을 요구하는' 정당한 이유에 대해서 응보주의자들이 동일한 해답을 제시하는 것은 아니다. 바빌로니아나 히브리 법까지 그 역사가 거슬러 올라가는 한 설명에 따르면, 정의는 균형을 유지해야 하는 저울(scale)과 같아서 모두가 서로 상대방의 권리를 존중할 경우 사회는 도덕적 균형(moral balance)을 유지하지만 권리의 침해가 일어날 경우 그 균형이 깨어지게 된다는 것이다. 도덕적 불균형이 생겨날 경우 정의의 저울은 기울어지게 되는데 범법자를 처벌하는 방법으로 그 저울의 균형이 다시 회복될 수 있다는 것이다.

"처벌은 응분(desert)에 비례해야 한다"는 것은 응보이론의 대표적 공식이다. 처벌은 범행에 따른 응분의 몫이어야 하고 더도 덜도 정당화될 수 없다는 것이다. 그러나 이 같은 공식은 다양한 여건들의 차이를 고려할 수 있는 신축성을 결여한 것으로 비판받을 수 있다. 결국 처벌은 경우에 따라 응분의 몫 이하일 수도 있다는 비판이 가능하다. 오랜 세월이 흘러 이미 개과천선한 나치 당원은 응분의 처벌을 받아야만 하는가? 정의는 자비(mercy)에 의해 조정의 여지가 없는지, 혹은 정의와 공리는 상호 조정될 수 없는지 등의 의문이 제기된다.24)

그러나 이상과 같은 고려사항들도 응보론이 풀어야 할 중심문제, 즉 구체적으로 범법자가 특정 범행에 대해 어떤 응분을 갖는지에 대한 해답을 제시하지는 못한다. 역사적으로 가장 영향력 있는 견해 중 하나는 처벌이 범행과 어떤 방식으로든 동등(equal)해야 한다는 것이다. 구약

---

24) John Hospers, *Human Conduct*, Harcourt Brace Jovanovich Publishers, 1982, pp.328-348 참조.

이 제시한 공식이 그 대표적인 것으로서, "눈에는 눈, 이에는 이"라는 것이다. 그러나 이에 대해서도 서로 구분되어야 할 두 가지 견해 간에 혼동이 있을 수 있다.

첫 번째 견해는 처벌이 범행과 그 강도에 있어서 동일한 정도이거나 같은 것이어야 한다는 것이다. 이를테면 살인을 한 사람은 자신도 살해당해야 한다는 것이다. 우리는 이를 반영이론(mirror image theory)이라 부를 수 있을 것인데, 이는 처벌이 범행을 거울로 비추는 일종의 반영이라는 것이다. 하지만 이 같은 이론은 살상에는 적용하기가 쉬우나 도둑질의 경우 혹은 강간의 경우는 어떤 방식으로 적용될 수 있을지 알기 어렵다.

두 번째 견해에 따르면 처벌이 범행과 동등해야 한다는 것은 대칭적 반영의 의미이기보다는 처벌이 저질러진 종류의 범행에 적정한(appropriate) 것이어야 한다는 의미라고 한다. 그러나 죄질의 경중과 처벌의 강약을 평가하기가 그리 쉬운 일은 아니며 적정성에 대해서도 이견의 여지가 있을 수 있다. 이 같은 정량화의 어려움으로 인해 응보형 이론과 공리주의 이론을 결합하고자 하는 시도가 있게 된다. 양 이론은 서로 강점과 약점이 대칭적인 것이어서 상보적 관계에 있기 때문이라는 것이다.[25]

3) 피해자 중심의 보상형 처벌이론

지금까지는 주로 범행을 행하고 처벌의 대상이 되는 사람의 관점에서 해명하는 이론들이라면 범행을 당한 피해자의 관점에서 처벌을 보

---

25) 위의 책 참조.

려는 것이 바로 보상형 처벌이론이다. 범행을 당한 사람은 권리를 유린 당한 사람일 수도 있고 상해를 당하거나 재산상의 손실을 본 사람일 수도 있다. 흔히 처벌문제를 두고 우리는 범법자가 받아야 할 응분의 처벌에 주목하는 반면, 피해자의 문제는 간과되는 경우가 많다. 그러나 피해자는 적어도 피해에 대해 보상받아야 하며 처벌과 아울러 이에 대한 배려도 이루어져야 할 것이다.

과거 한때 범법자가 직접 어떤 방식으로 피해자에게 보상을 하거나 응분의 봉사를 부담으로 지우기도 했다. 그러나 오늘날은 범행을 단지 개인으로서 피해자에 대한 상해보다 일차적으로 국가와 사회에 대한 범행으로 간주하는 쪽으로 이행하고 있다. 따라서 개인 피해자에 대한 손상은 부차적인 것이며 그 보상 또한 형사적 정의 과정의 기능으로 보지 않는 경향이 있다. 범행과 처벌은 모두 사회나 공동체와 관련해서 고려되며 형사적 정의 체계는 범죄들을 처벌하고 범죄자를 교도하며 그럼으로써 정의를 구현하게 된다는 것이다.

보상형 처벌이론이 제안된 배경에는 범행을 당한 당사자로서 피해자는 범법자로부터 보상을 받아야 하나 피해자의 요구에 따라서가 아니고 재판 절차에 따라 보상이 이루어져야 하기 때문이다. 유죄판결이 선고된 피고는 원고가 받은 피해와 더불어 재판상의 비용까지 감당해야 한다. 감당 능력이 없을 경우 원고의 요구에 따라 노력 봉사를 하든지, 그러한 보상도 불가능할 경우 복역을 할 수밖에 없는 것이다.[26]

이 같은 처벌관은 나름의 장점을 지닌다. 이는 범법자의 노동을 요구함으로써 응보형 처벌론의 요구를 보다 유용하고 생산적인 방식으로 충족시키는 셈이다. 나아가서 이는 그 같은 보상 과정에서 피해자와 지

---

26) 위의 책 참조.

속적인 접촉을 하여 자신이 저지른 범행을 반복해서 상기함으로써 피해자의 처지를 깊이 이해하고 진정한 개과천선의 효과도 갖게 된다. 이런 방식을 통해 보상형 처벌론은 범법자의 응보와 더불어 피해자의 응보(보상)까지도 고려하게 되는 강점이 있다.

그러나 응보형 처벌론 또한 나름의 한계를 갖는 것으로 지적되는데, 우선 살인과 같은 범행에 대해서는 당사자 자신에 대한 보상이 더 이상 불가능하다는 점, 그리고 동일한 범행에 대해 경제적 여유가 있는 범법자는 재정적 보상을 쉽게 할 수 있는 데 비해 빈한한 범법자는 그러한 보상이 불가능하다는 점, 그 밖에 범법자가 불구이거나 노약자인 경우에도 자신의 범행에 대한 보상이 쉽지 않다는 점 등이 지적된다. 보상적 처벌론의 가장 큰 난점은 의도적 범행과 비의도적 범행 간의 차이가 이 같은 처벌에는 반영되기 어렵다는 점이다.27)

5. 맺음말: 정의의 현실적 구현

정의가 무엇인지 규명한다는 것은, 그리고 만인이 합의할 만한 기준을 밝힌다는 것은 지극히 어려운 일이다. 그러나 다행히도 어떤 부정의는 너무나 자명해서 삼척동자도 쉽사리 알아볼 수 있을 때가 있다. 그럴 경우에 보다 중요한 것은 이론적 논변이 아니라 실천의 의지인 것이다. 어쩌면 우리 사회에서 제기되는 정의와 관련되는 대부분의 문제는, 이론상 논란의 여지가 있는 것이라기보다는 실천의 의지가 박약하여 부정의가 제대로 척결되지 못하는 데에 기인한다고 해도 과언이 아니다.

---

27) 위의 책 참조.

그리스 신화에 나오는 정의의 여신인 디케(Diké)는 눈먼 봉사로 알려져 있다. 신화가 상징하고자 하는 의미는 정의가 사리사욕에 눈을 감는 공평무사한 것이라는 점이다. 또한 정의의 여신은 왼손에 저울(천평칭)을 들고 있는데 이는 정의의 엄정한 기준을 의미한다고 할 수 있다. 나아가 정의의 여신은 오른손에 칼을 쥐고 있는데 이는 정의의 실현을 위해서는 힘이 요구된다는 것을 암시하고 있다. 정의를 결여한 힘은 맹목일 것이나 힘이 없는 정의 또한 공허하고 무력할 것이기 때문이다.

그래서 현실 구제를 열망했던 그리스의 철학자 플라톤에 따르면 현실을 구제할 수 있는 두 가지 길이 있다는 것이다. 하나는 정의를 아는 현자(철인)가 권력을 잡는 일이고, 다른 하나는 권력을 쥔 자가 정의의 지혜를 갖춘 철인이 되는 것이다. 그러나 역사는 전자가 현실성이 없는 소망임을 보여주는 동시에, 후자 또한 허망한 기대임을 말해 주고 있다. 이제 우리는 더 이상 플라톤의 철인왕이나 유교의 내성외왕(內聖外王)을 기다릴 수 없으며 통치자가 선의지를 갖는다는 것은 백년하청임이 이미 알려진 시대를 살고 있다.

현실의 부정의를 극복하는 방도에는 몇 가지가 있을 수 있다. 그 하나는 현세의 부정의가 내세의 보상 체계에 의해 균형을 회복하는 방식이다. 그러기 위해서는 내세가 분명히 존재해야 하고 그 내세에서 정당한 보상을 집행할 자로서 신(神)이 존재해야 한다. 그러나 이런 식의 보상 체계는 내세와 신의 존재를 담보로 해서만 설득력을 가지며 그러지 못할 경우 이는 현세에서 억울한 사람들에 대한 한갓 심리적인 보상으로서만 의미가 있을 뿐이다. 나아가서 이는 현실의 부정의에 눈감고 그것을 정당화해 줄 어용의 논거로도 오용될 수 있으며 현실 개혁의 의지가 나약하거나 현실 개혁에 실패한 사람들의 도피처가 될 수 있을 뿐이다.

그런데 이상과 같이 내세에 대한 확고한 신념조차 없었던 우리 선조들은 이승의 비리가 내세에 의해 보상된다는 기대마저 가질 수 없었다. 그들은 "개똥밭에 굴러도 이승이 더 낫다"는 강한 현세주의를 고수하고 있었다. 현실의 부조리를 개혁할 강한 의지도 없고 내세에 의해 보상되는 길마저 막혀 있을 때 가능한 제3의 길은 소위 '전설의 고향'식의 보상 체계라 할 수 있다. 이승에서 억울하게 죽은 한 맺힌 자들은 원귀가 되어 죽어도 눈을 감지 못하고 구천을 헤매다가 음습한 야밤에 이승에 출몰하며 보복적 정의를 구현하게 된다. 그러나 이 역시 상상적인 보상일 뿐 현실에 맺힌 응어리는 그대로 남는 까닭에 거기에 한(恨)의 문화가 뿌리를 내리게 되는 것이다.

오늘날 내세를 담보로 해서 현실의 억울함을 그대로 감수하거나 원귀가 되어 복수할 그날을 기다리며 이승의 한을 그대로 감내한다는 생각은 이미 설득력을 잃은 지 오래이다. 여기에 현실의 부정의와 비리를 현세에서 보상해 줄 현실 변혁의 방법에 기대를 걸게 된다. 그것은 불확실한 내세나 원귀의 보복에 소망을 거는 것이 아니라 이승에서 일도양단 간에 결과를 보고자 하는 것이다.

급진적 혁명론자이건 점진적 개혁론자이건 이러한 입장을 취하는 사람들은 현실의 부정의와 비리는 오직 현실 속에서만 보상될 수 있다고 믿는다. 그들은 땅에 걸려 넘어진 사람은 오직 땅을 딛고서만 일어설 수 있다고 믿는다. 기약 없는 내세의 축복을 기다리는 것보다 현세에 낙원을 세우고자 하며 내세를 빙자하여 현세를 호도, 무마시키려는 것을 일종의 기만술로 간주한다.

결국 정의로운 사회를 향한 현실 개혁의 주체는 우리 자신, 즉 시민들일 수밖에 없다. 우리는 더 이상 통치자의 선의지를 기대하지 않으며 비록 정의의 최종적 구현자가 통치자일 수밖에 없다 할지라도 그는 시민적 합의와 압력에 의해 강제될 수 있을 뿐이다. 우리 사회에 있어 사회정의가 구축, 수호되기 위해서는 정의로운 개인, 즉 의인들의 희생이 요구된다. 소돔과 고모라는 의인 열 명만 있었어도 그렇게 비참하게 파멸하지는 않았을 것이라 한다.

그러나 개인으로서 우리의 힘은 너무나 미약하며 조직적인 부정의를 탐하는 사람들에 의해 농락당하고 만다. 따라서 의인들이 사회의 유력한 파수꾼이 되기 위해서는 그들을 중심으로 시민들의 힘이 조직되어 사회적 연대를 형성하지 않으면 안 된다. 선구적 지도층을 중심으로 한 시민운동의 확산만이 사회통제 및 사회정화의 기능을 감당할 수 있을 것이며 정의의 현실적 구현을 앞당기는 유일한 길이 아닐 수 없다.

참고문헌

John Hospers, *Human Conduct*, Harcourt Brace Jovanovich Publishers, 1982. 최용철 옮김, 『인간행위론』, 간디서원, 2003.

John Rawls, *A Theory of Justice*, Harvard University Press, 1971, 1999 (revised edition). 황경식 옮김, 『정의론』, 이학사, 2003.

Robert Nozick, *Anarchy, State and Utopia*, New York: Basic Books, 1974. 남경희 옮김, 『아나키에서 유토피아로』, 문학과지성사, 2000.

William C. Heffernan and John Kleinig, eds., *From Social Justice to Criminal Justice*, Oxford University Press, 2000.

황경식, 『사회정의의 철학적 기초』, 문학과지성사, 1985.

황경식, 『개방사회의 사회윤리』, 철학과현실사, 1995.

황경식, 『시민공동체를 향하여』, 민음사, 1997.

황경식, 『자유주의는 진화하는가』, 철학과현실사, 2006.

존 롤스의 자유주의를 위한 변명:

현대 자유주의의 진화와 정당화

1. 들어가는 말

자유주의의 역사가 시작된 이래 자유주의는 각 시대의 상이한 요청들에 부응하면서, 또한 그에 대한 반론들을 발전적으로 수용하면서 이념적 진화를 해온 것으로 판단된다. 특히 존 롤스(John Rawls)가 『정의론』을 통해 제시하고 있는 자유주의 유형은 이 같은 자유주의의 진화를 여러 측면에서 이해하는 데 도움을 줄 수 있는 좋은 예화라고 생각된다. 필자는 롤스의 자유주의가 보여준다고 생각하는 세 가지 측면을 논구하는 가운데 자유주의가 진화해 온 세 계기를 정리해 보고자한다. 이 같은 세 가지 계기는 자유주의가 과거에 당면했던 도전들, 그리고 현재 직면하고 있는 상황들에 대한 응전의 형태로서 자유주의의진화 과정을 여실하게 보여주는 것으로 생각된다.

* 한국윤리학회 편, 『롤즈의 정의론과 그 이후』, 철학과현실사, 2009에 게재.

우선, 롤스의 자유주의는 다소 이론의 여지가 있기는 하나, 복지 자유주의(welfare liberalism)라 불러 무리가 없을 것이다. 이는 다소 소박한 초기 자유주의에 대해 사회주의적 도전의 결과로서 자유의 절대 우위를 내세우는 자유지상주의(libertarianism)로부터 사회주의적 평등을 수용한 자유주의(liberalism)에로 한 단계 진화가 이루어진다. 롤스는 이른바 자유주의적 평등(liberal equality)이 대변자 중 한 사람으로서 그는 자유주의가 자유지상주의가 아니라 자유주의적 평등으로 발전해야 할 이념상의 논거를 제시하면서 최소 수혜자를 중심으로 한 모든 사회 성원들의 품위 있는 삶의 질을 보장하는바, 복지 자유주의를 지지하고 있다. 이같이 현대 자유주의가 평등에 관심을 갖는 이유는 실질적 자유의 실현이 가장 중요하기 때문이며, 이는 롤스가 자유주의 이념 속에 사회주의 이념을 통합하고자 한 시도의 귀결로 해석될 수 있을 것이다.

둘째, 롤스의 자유주의는 다소간의 오해에도 불구하고 공동체 자유주의(communitarian liberalism)의 핵심을 담고 있음을 논변하고자 한다. 초기의 자유주의가 지나치게 소유적 개인주의(possessive indivi-dualism)에 편향되어 있어 헤겔이나 마르크스의 공동체주의적 도전을 받았음은 주지의 사실이거니와, 근래에 이르러서도 헤겔이나 아리스토텔레스의 철학에 입각해서 자유주의에 대한 공동체주의적 도전이 파상적으로 진행되어 왔다. 특히 공동체주의자로 자처하는 마이클 샌델(Michael Sandel)이 롤스를 겨냥하여 자유주의를 논박한 것은 널리 알려져 있기는 하나, 샌델의 비판은 롤스에 관한 상당한 오해에 근거하고 있을 뿐 아니라 방법론적 보편주의나 개인주의적 존재론과 관련된 비판에 있어서도 롤스의 편에서 갖가지 해명이 제시될 수 있다는 생각이다. 사실상 롤스의 자유주의에는 어떤 의미에서 마르크스를 능가하는 공동체주의적 요소가 함축되어 있음을 논증하고자 한다.

끝으로 롤스는 오늘날과 같은 다원주의적 대세 속에서도 지속 가능한 자유주의가 되고자 자신의 자유주의를 정치적 자유주의(political liberalism)로 발전시키고자 한다. 칸트나 밀 등이 제시한 전통적 자유주의가 보다 철학적이고 포괄적인 자유주의라 한다면, 종교, 철학, 도덕과 관련된 포괄적 교설(comprehensive doctrine)에 있어 서로 합의를 얻기 어려운 다원주의라는 사회적 사실에 직면하여 그러한 형이상학이나 철학과 무관하게 자립적인, 공적이고 정치적인 정의관에 중첩적 합의(overlapping consensus)를 도출함으로써 제시되는 정치적 자유주의를 지지하고자 한다. 이는 다원주의에 대응하기 위해 최대의 수용 가능성을 도모하기 위한 최소주의적 프로젝트로서의 자유주의라 할 수 있을 것이다.

우선 롤스의 진화된 자유주의의 배경에 깔린 직관적 생각은, 자유주의가 지향하는 바가 특정 개인의 특수한 자유(재산 취득, 처분, 양도의 자유 등)가 아니라 사회 성원 모두가 향유할 자유의 총체(소유권, 생존권, 행복권 등의 꾸러미 체계)를 극대화하는 것이라면, 그리고 그들이 향유하는 자유가 단지 유명무실한 형식적 자유가 아니라 명실상부한 실질적 자유라면, 즉 그들이 의미 있고 효율적인 자유 실현을 위한 사회경제적 가치에 기반한 자유를 지향한다면, 자유주의는 단지 자유지상주의가 아니라 품위 있는 삶의 질을 보장하는 복지 자유주의 혹은 평등과 효율이 조정되는 자유주의적 평등 이념으로 발전할 수밖에 없다는 것이다.

또한 자유주의의 존재론이 지나치게 추상적 개인들에 기반을 둔 원자적 개인주의에 편향될 경우, 그것은 사회적 현실에도 부합하지 않을 뿐 아니라 바람직한 공동체적 삶의 이념에도 어긋나는 일일 것이다. 이런 관점에서 자유주의를 비판한 헤겔이나 마르크스로부터 근래의 공동체주의자들에 이르기까지 자유주의에 대한 공동체주의적 비판은 나름의 정당성을 갖는다. 그러나 근래에 공동체주의적 관점에서 롤스의 자유주의를 비판한 것은 롤스의 정의론을 오해했거나 그의 정의론을 전체적인 관점에서 이해하지 못한 데에서 비롯된 것이라고 필자는 판단한다. 원초적 입장의 당사자는 합리적(rational) 선택의 주체로서 원자적 개인이라 할 수 있을지 모르나, 정의의 담론에 관심을 갖고 무지의 베일을 쓸 용의를 갖는 한 이미 그는 정의관을 소지한 합당한(reasonable) 도덕적 주체로서 선택하고 있음을 간과해서는 안 될 것이다.

상호 무관심하고 자신의 이익을 극대화하고자 하는 합리적 선택자로서 원초적 입장의 당사자에 대한 서술이 마치 롤스의 인간관을 대변하는 듯 생각할 경우 롤스 정의론에 대한 돌이킬 수 없는 오해가 시작된다. 나아가 롤스는 자신의 자유주의적 평등 이념에 기초한 정의관을 구현하기 위해 천부적 능력이나 사회적 지위 등 우연적 변수들은 도덕적 관점에서 볼 때 정당한 근거가 없는 임의적인 것임을 논증하는 데 주력하고 있다. 이 같은 논증의 귀결로서 롤스는 천부적 능력이나 사회적 지위는 모든 사회 성원들 공동의 자산(common asset)으로 간주되어야 한다고 보고 이에 기초해서 정의의 원칙들을 구성한다. 이 같은 견해는 사실상 우리를 서로의 운명에 동참해야 하는 운명 공동체의 성원으로 보고자 하는 것으로서 바로 이 점에 있어 마르크스보다 더 공동체주의적이라 할 수 있으며, 따라서 그는 공동체 자유주의의 전형이라 할 만하다는 것이 필자의 견해이다.

끝으로 자유주의는 그 근원에서부터 근세 이후 가치의 분화 내지 다원화에서 비롯되는 다원주의적 현실에 대한 합당한 대응 전략으로 시작되었으며 그 이후 자유주의가 진화해 온 역사도 바로 이 같은 다원주의(pluralism)를 보다 효율적으로 관리하는 가운데 진행되었다고 생각한다. 그런데 근래에 이르러 이 같은 다원주의적 현실은 국내적으로나 국제적으로 더욱 심화되고 있어 거의 양립 불가능할 정도의 갈등을 자아내고 있음이 사실이다. 그러나 우리가 공동체적 유대를 포기하지 않는 한 우리는 이 같은 다원주의적, 원심적인 갈등에도 불구하고 지속 가능한 안정된 구심적 유대를 보장할 방도의 모색이 필수 불가결한 것으로 보인다. 이에 롤스는 종교, 철학, 도덕과 관련된 우리의 포괄적 교설에 있어 심각한 불일치가 있음에도 불구하고 최소한 공적이고 정치적인 영역에 있어 중첩적 합의를 도출하고자 하는 자유주의의 최소주의적 프로젝트에 기대를 걸고자 하며 이 같은 모색의 과정에서 정치적 자유주의가 구상된 것이다.

2. 자유지상주의에서 복지 자유주의로

하이에크(F. A. Hayek), 존 호스퍼스(John Hospers), 로버트 노직(Robert Nozick) 등 이른바 자유지상주의자들(libertarians)은 자신들이야말로 자유의 옹호자라고 생각한다. 이러한 자유지상주의자들이 자신의 이론을 일관되게 전개할 경우 그들은 자유지상주의적 근거로부터 약물 이용의 합법화를 위시해서 각종 불간섭주의적(nonpaternalistic) 정책을 도출할 수가 있을 것이다. 그런데 불행하게도 이런 방향으로 자유지상주의를 전개해 갈 경우 복지 혜택이나 기회균등에 있어 자유지상주의자와 복지 자유주의자들 간의 간격은 멀어질 수밖에 없다. 일반적으로 자유지상주의적 이념은 복지나 기회균등의 권리에 대한 거부를 요구하는 데 비해 복지 자유주의는 이를 그들 이념의 요구조건으로 수용하기 때문이다. 그런데 만일 우리가 자유지상주의적 이념도 복지 자유주의와 동일한 복지 및 기회균등에 대한 권리를 요구할 수밖에 없음을 입증할 경우, 자유지상주의는 복지 자유주의적 방향으로 진화할 수밖에 없을 것이다.[1]

자유지상주의적 입장을 평가하기 위해 그들이 옹호하는 자유의 이념으로부터 부자와 빈자 간에 전개될 전형적인 갈등 상황을 숙고해 보기로 하자.[2] 이런 상황에서 부자는 그들의 기본적인 필요(basic needs)를 충족시킬 충분한 재화와 자원 이상을 지니고 있으며, 이에 비해 빈자는 그들에게 가용한 모든 수단을 시행했음에도 불구하고 그들의 기본적 필요를 대부분 충족시킬 재화와 자원을 결여하고 있다. 이 같은 여건에서 자유지상주의자들은 일반적으로 부자가 그들의 사치스런 필요까지 충족시킬 재화와 자원을 이용할 자유를 당연히 지니게 된다고 생각한다. 나아가 자유지상주의자들은 이 같은 자유가, 빈자의 기본욕구 충족을 희생하고서도 얼마든지 향유될 수 있다고 본다. 그들이 생각하기에 자유는 언제나 다른 정치 이념에 비해 우선권을 갖는다는 것이다. 그리고 자유지상주의자들은 가난한 사람의 자유는 이 같은 갈등 상황에서도 문제되지 않는다고 가정하는 까닭에, 그들은 부자가 가난한 사람들의 기본욕구의 충족을 위해 그들의 자유를 희생할 것이 요구되지 않는다는 손쉬운 결론으로 이행한다. 물론 자유지상주의자들도 부자가 빈자와 더불어 그들의 잉여 재화와 자원을 공유한다면 좋은(nice) 일이긴 하나, 이 같은 자선 행위(charity)가 도덕적으로 요구(required)될 수는 없다는 것이다.

그러나 사실상 이 같은 갈등 상황에서 빈자의 자유도 문제될 뿐 아

---

1) James P. Sterba, *Justice for Here and Now*, Cambridge University Press, 1998, p.41.
2) 위의 책, pp.44-46 참조.

니라 중요시되어야 한다는 것이 우리의 숙고된 판단이라 생각된다. 여기서 중요한 것은 빈자들이 자신의 기본적 필요를 충족시키는 데 필수적인 부자의 잉여 소유물을 취하는 일을 방해받지 않을 그들의 자유이다. 물론 자유지상주의자들은 빈자들이 이 같은 자유를 갖는다는 사실을 부인하고자 할지 모르나, 이 같은 부인을 그들은 어떻게 정당화할 것인가? 빈자의 이 같은 자유는 보다 정확히 말하면 무언가를 받을 적극적 권리가 아니라 불간섭이라는 소극적 권리라 할 수 있다. 여하튼 자유지상주의자들도 이 같은 자유의 존재를 인정하지 않을 수 없을 것이며, 나아가 그런 자유가 부자의 다른 자유와 갈등하고 있다고 해야 할 것이다. 물론 이 같은 상황을 직시하고서 자유지상주의자들은 경악과 동시에 각성하게 될지도 모르는데, 왜냐하면 그들은 부자와 빈자 간의 갈등을 지금까지는 자유의 갈등으로 이해하지 못했기 때문이다.[3]

부자와 빈자의 갈등이 양자가 지닌 자유들 간의 갈등으로 간주될 경우 부자는 그들의 잉여 재화와 자원을, 기본욕구의 충족을 넘어 호사스런 용도로 이용하는 일에 방해받지 않아야 할 자유를 지니고, 빈자는 그들의 기본적 필요의 충족을 위해 요구되는바, 부자의 잉여 소유물을 취하는 일에 방해받지 않을 자유를 지니며, 이 두 가지 자유 간에 갈등과 상충이 있게 되는 셈이다. 우리가 한쪽 자유를 받아들일 경우 다른 쪽 자유는 배척하게 될 것이기에 갈등이 있게 된다. 따라서 이들 중 어떤 자유가 도덕적으로 더 우선적인 것인지, 즉 부자의 자유와 빈자의 자유 중 도덕적으로 비중이 더 큰 쪽이 어느 것인지가 결정되어야 하는 것이다.[4] 물론 자유들 간의 도덕적 우선성 문제를 해결하기 위해서는 도덕의 근본원리들에 대한 보다 심층적인 논의가 요구되기는 할 것

---

3) 위의 책, p.45.
4) 위의 책, pp.45-46 참조.

이다.

　이상과 같은 논변에서 자유지상주의자인 로버트 노직이 사유재산권의 가치를 자명한 것으로 간주하는 이유는, 그것이 개인의 자유와 밀접한 관련이 있기 때문이라고 생각된다. 애덤 스미스를 비롯해서 로크를 거쳐 헤겔에 이르는 사유재산권을 옹호한 사람들은 전통적으로 소유권과 개인의 자유를 관련지어 왔다. 노직 역시 이 같은 전통 위에서 복지국가적 간섭주의와 그러한 복지정책을 지지하는 분배적 정의관에 대항해서 재산권에 대한 자신의 옹호론을, 새로운 논변을 통해 전개하고 있다.5) 그러나 라이언(Cheyney C. Ryan)이 지적하듯이 이 같은 논변에서의 문제는 그것이 사유재산권과 그러한 권리가 보장하는 자유 간의 관계를 미리 전제하고 있다는 점이다.6)

　그런데 자본주의자와 사회주의자 간의 정의관 논쟁은 대체로 사유재산권의 존재 여부에 달려 있기 때문에 이런 권리를 당연한 것으로 전제하는 노직의 논변은 이를 받아들이지 않는 사람들에게 별다른 설득력을 갖지 못한다는 데 문제가 있다. 라이언의 비판에 따르면 만일 우리가 사유재산제도 그 자체가 다수자의 자유에 대한 지속적인 침해를 내포하는 것임을 입증할 경우 노직의 논변은 자기모순에 빠지는 자멸적인 것으로 판명되며, 나아가 이는 노직이 옹호하고자 하는 자기소유권(self-ownership)이라는 자본주의의 기본 전제와도 상충하는 치명적인 결과를 가져오는 것이 아닐 수 없다.7)

---

5) Robert Nozick, *Anarchy, State and Utopia*, Basic Book, 1974 참조.

6) Cheyney C. Ryan, "Yours, Mine, and Ours: Property Rights and Individual Liberty", Jeffrey Paul, ed., *Reading Nozick*, Rowman & Littlefield, 1981, p.324.

7) 위의 논문, pp.324-325.

라이언이 요약하고 있는 소유권의 역사에 따르면, 자본주의 이전의 재산 형태에 있어서는 대부분의 공동체가 거대한 공유지를 가졌고 모든 성원들은 그로부터 목축과 농사와 주거를 해결했다. 모든 거주자는 토지에 대한 이용권을 가졌으며 이용의 자유는 모든 시민의 기본적 자유로 간주되었다. 그러나 인클로저 운동에 뒤이어 이 토지는 공유로부터 사유로 넘어갔으며 토지 소유권의 이전이 이루어지게 된다. 근세 이후 소유권의 확대는 대부분의 주민에게 지금까지 누리던 권리의 폐기를 의미하는 것이다. 다시 말하면 그것은 토지 이용권의 엄청난 감소와 토지를 사용할 자유의 상당한 제한을 뜻하는 것이다. 이는 결국 많은 사람이 가진 권리와 자유로부터 비교적 소수가 가진 사적 권리에로의 이행을 함축하는 까닭에 우리는 사적 소유권의 확대가 다수 성원의 자유를 감소시키는 결과를 가져왔다고 말할 수 있을 것이다.8)

이상과 같은 주지의 역사적 사실로부터 우리는 개인적 소유권에 대한 반대 논변을, 그것이 가져올 자유의 전반적 감소를 지적함으로써 쉽사리 구성할 수 있을 것이다. 그런데 여기에서 논의되고 있는 자유는 노직이 자유 일반에 대해 이야기할 때 염두에 두고 있는 것과 동일한 것이 아니라는 점에 주목할 필요가 있다. 노직이 전개하는 논변은 특히 재산을 처분할 수 있는 자유(즉, 소극적 자유로서의 재산권)와 관련되어 있는 데 비해, 사적 소유권에 의해 제한되는 자유는 재산을 이용할 수 있는 자유(즉, 적극적 자유)로서의 복지권이다. 우리의 관심이 총체적 자유에 있다면 소유와 관련된 모든 자유가 고려되는 것이 마땅하며, 따라서 이런 방식으로 사유재산권의 확대에 대한 반대 논변이 제시될 수 있을 것이다.

---

8) 위의 논문, p.337.

요약해서 말하자면 비록 우리가 소유권을, 소유물에 대해 갖는 하나의 권리(a right)라고 말할지라도, 사실상 그것은 소유물을 이용할 권리를 포함해서 그것을 처분, 양도할 권리 등 여러 권리들의 꾸러미 개념(bundle concept)이라 할 수 있다.9) 그리고 이러한 각각의 권리들은 그 소유자가 소유물과 관련해서 갖는 특정한 자유들을 보장하며 때로는 그러한 특정 자유들을 구분하는 일이 필요하다. 이렇게 볼 때 노직의 논변에서 내세우는 자유는 사실상 자유 일반이 아니고 소유자가 그의 재산을 처분할 수 있는 특정한 자유라 할 수 있다. 이에 비해 사유재산의 확대에 반대하는 논변 역시 자유에 의거하고 있으나 이것이 의거하는 특정 자유는 일련의 소유물을 이용할 수 있는 비배타적인 자유이며, 재산을 교환할 자유의 상대적 가치는 여기에서 덜 중요한 것이 된다 할 것이다.

롤스를 위시해서 현대의 자유주의자들이 평등에 대해서도 관심을 갖는 이유는 이상과 같은 관점에서 볼 때 자유주의가 보장하는 자유가 단지 형식적 자유가 아니라 실질적 자유이며 사회경제적 관점에서 효율적으로 실현되는 자유이어야 하기 때문이다. 정치철학적으로 롤스의 정의론이 갖는 실질적 내용을 평가하기 위해서는 그로부터 유래된 일차적이고도 가장 특징적인 변화로서, 자유주의적 이론 체계 속에 사회주의적 요구를 통합했다는 점에 주목할 필요가 있다고 생각된다. 로크의 사회계약에 등장하는 당사자들과는 달리, 롤스의 원초적 입장에 등장하는 계약 당사자들은 자신의 상대적 부나 소속된 사회계층을 모르는 가운데 분배적 정의의 원칙들을 선택하게 된다. 자신이 자본가인지 노동자인지 알지 못하는 상태에서 그들은 재산 소유자의 이득을 보호

---

9) 위의 논문, "Conclusion" 참조.

하는 일보다 자신과 후손들이 인간으로서 품위 있는 삶(decent life)을 향유하는 사회적 조건을 보장하는 데 더 큰 배려를 하고 있는 것이다.

이상과 같이 볼 때 롤스의 정의론은 최소 수혜자를 가장 우선적으로 고려하는 자유주의라 할 수 있으며 사회주의적 비판이 함축하고 있는 도덕적 의미를 충분히 참작한 자유주의라 할 수 있다. 차등의 원칙(difference principle)으로 인해 빈곤한 계층은 그들의 인생 전망을 고양시킬 여지가 더 이상 남아 있어서는 안 될 정도까지 가능한 한 최고의 인생 전망을 보장할 것이 요구된다. 마찬가지로 공정한 기회균등은 재능이 있으면 출세할 수 있다는 식의 고전적 자유주의의 이념을 능가하는 것으로서, 그것은 보상적 교육의 실시와 경제적 불평등에 한계를 부여함으로써 사회의 모든 부분에 걸쳐 유사한 동기와 자질을 가진 모든 이에게 교양과 성취를 위한 거의 평등한 전망이 주어져야 한다는 것이다.

3. 개인적 자유주의에서 공동체 자유주의로

자유주의가 공동체의 가치를 무시한다는 비난은 오랜 역사를 지닌다. 롤스의 정의론이 오늘날 가장 체계적이고 정연한 자유주의 이론으로 평가받고 있는 이상, 그가 이 같은 자유주의에 대한 혐의로부터 어떻게 벗어날 수 있는지는 지극히 중요한 과제가 아닐 수 없다. 가상적 계약의 당사자들과 같이 자유롭고 평등하면서도 모든 구체적 개별성을 결여한 합리적이고 추상적인(disembodied) 인간을 끌어들인 이상, 그는 개인들이 속한 사회적 맥락이 함축하는 형성적 의의(formative significance)를 무시하고 그들 간의 관계가 갖는 도덕적 의의를 간과하는 바 개인적 인간관을 전제하고 있다 할 것인가. 그래서 그가 흔히 자유주의자들이 범한 것으로 열거되는 근본적 과오를 범하고 있다는 비판으로부터 무사할 수 있을 것인가.

자유주의를 겨냥하는 비판들이 다양한 측면에서 전개되고 있기는 하나, 이 중 특히 롤스의 자유주의와 관련해서 필자는 두 가지 관점에서 문제를 제기하고 롤스의 입장에 서서 그의 자유주의를 변명해 보고자 한다. 그중 하나는 롤스의 자유주의 이론의 전개과정과 관련된 방법론(methodology)의 문제라면, 다른 하나는 그의 자유주의에 함축된 인간과 사회의 성격과 관련된 존재론(ontology)의 문제라 할 수 있다. 방법론적 관점에서 일반적으로 자유주의자들은 시공을 초월해서 보편적으로 적용될 수 있는 정치이론을 제시하고자 하는데 비판자들은 이를 추상적 보편주의로 매도한다. 존재론적 관점에서 자유주의자들은 대체로 개인주의적 입장에서 공동체에 대해 도구주의적 가치를 부여하고자 하는데 비판자들은 이를 원자적 개인주의로 비난한다. 일부 공동체주의자들에 의해 롤스의 정의론이 전형적으로 이 두 가지 혐의를 갖는 것으로 해석되고 있는 셈이다.

우리는, 외견상의 인상과는 달리 롤스는 그가 비판받고 있는 이상과 같은 이론적 과오를 범하지 않을 뿐 아니라 소위 공동체주의자들 이상으로 공동체주의적임을 논변하고자 한다. 이 같은 옹호론은 롤스 서술에 친숙한 연구가들에 있어 이미 새로운 사실이 아니며, 대부분의 오해가 그의 이론에 대한 전반적 이해가 없거나 특정 부분에만 주목하는 데서 빚어진 것임이 입증되었다. 롤스의 이론을 제대로 이해하게 될 경우 그의 이론은 그야말로 공동체주의적 자유주의(communitarian liberalism)라 불러 합당하며, 그의 자유주의와 이를 비판하는 공동체주의와의 차이는 개인을 소중히 여기느냐 공동체의 가치를 존중하느냐 간의 문제가 아니라, 공동체와 그에 거주하는 개인들의 관계에 대한 상충

242

하는 견해 간의 차이라 할 수 있을 것이다.

정의론이 추상적 보편주의라는 방법론적 편향을 보이고 있다는 점과 관련해서 마이클 월쩌(Michael Walzer)는 주장하기를, 롤스의 정의론은 보편적 적용을 위해 구상되었으며 따라서 상이한 문화권에 따라 상이한 가치관과 관행이 구현되는 구체적인 방식에 충실하지 못하다는 것이다.[10) 월쩌가 말하듯 정의가 요구하는 원칙에 의거한 분배와 관련해서 사회적 자원에 대한 롤스의 입장은 개념적으로 부정합하다는 것이다. 왜냐하면 분배 항목으로서 제시된 롤스의 사회적 기본 가치(primary goods)는 각자의 가치관과 무관하게 누구나 최대한 욕구하게 될 것이라는 극단적 추상성으로 인해 그와 관련된 분배원칙은 우리가 그의 원칙에 대해 기대하는바 유용한 지침을 줄 수 없기 때문이라는 것이다. 또한 월쩌에 따르면 원초적 입장에 의해 상징되듯 롤스의 이론이 갖는 구체적 사회로부터의 추상적 거리(detachment)는 문화 산출자로서 구체적 사회 성원들의 법적, 문화적 권리를 존중하지 못하는 결과에 이르게 된다는 것이다.

롤스의 『정의론』을 읽은 독자들은 월쩌의 이 같은 비판이 다소 실감날 만한 구절들을 상기할 수 있을 것이다. 특히 『정의론』의 마지막 구절에 나오듯 "원초적 입장으로부터 사회를 바라보는 것은 영원의 상 아래서(sub specie aeternitatis) 사회를 바라본 것"[11)이라는 언명이나, 공정으로서의 정의관이 합리적 선택 이론의 일부라는 주장은 월쩌가 반론을 제기하듯이, 인간의 합리성과 인간성에 대한 일종의 비역사적

---

10) Michael Walzer, "The Communitarian Critique of Liberalism", *Political Theory* 18(1): 6-23.

11) John Rawls, *A Theory of Justice*, Harvard University Press, 1999(revised edition), p.514.

(ahistorical) 이해를 함축한다 할 것이다. 그러나 『정치적 자유주의』에 따르면 공정으로서의 정의관은 입헌 민주제와 관련된 공적인 정치문화에 대한 지적 표현이며 더욱이 그러한 정의관은 이 같은 민주제의 정치 영역에만 적용될 수 있다고 한다. 다시 말하면 롤스의 『정의론』은 월쩌가 바라는 바와 같은 방식으로 문화 의존적(culturally dependent)이고 영역 특수적(sphere specific)인 것으로 제시된 것이다.

원초적 입장은 문화적 특수성을 초월하는 시도로서 제시되었다기보다 특정 문화들에 공유된 이해를 대변하기 위한 방도라 할 수 있다. 나아가 롤스가 제시한 사회적 기본 가치의 추상성도, 그것이 시민적 인간관에 대해 갖는 사회적 의미는, 우리가 특정한 포괄적 가치관으로부터 거리를 취함으로써 그러한 가치관을 형성, 추구, 개선해 갈 동등한 능력을 갖는 존재로 대우받기를 요구한다는 생각을 반영하는 것으로 해석될 경우, 충분히 납득할 수 있는 것이다. 이 같은 추상화 작업은 단지 추상을 위한 추상과 같이 명분 없는 일이 아니며, 오히려 롤스가 우리의 현실적 불일치에 충실하기 위한 전략으로서 합당한 다원주의 시대에 우리의 공유된 사회적 의미의 현실적 한계에 대한 감수성에 있어 월쩌보다 더 월쩌적인 조처라 할 만한 것이다.

주지하다시피 우선 롤스의 입장은, 특히 『정치적 자유주의』 출간 이래 문화적 특수성(cultural particularity)을 초월하고자 하는 시도로서보다는 우리의 입헌민주주의적 정치문화에 충실하려는 시도로서 이해되어야 하며, 그러면서도 그의 입장은 공동체주의자인 월쩌의 입장에 내재된 상대주의적 혐의로부터 벗어나고자 하는 노력을 보인다. 비록 롤스가 정치이론가들의 과제를, 공유된 의미 체계(shared meaning)를 단지 해명하는 것만으로 간주하지는 않지만, 그는 그와 유사한 작업이 입헌민주주의에 있어 공유된 의미가 특정 내용을 가질 경우 그에 대한 해명이 정치이론가의 합당한 방법일 수도 있는 것으로 생각한다. 나아가 우리는 그와 같은 민주사회의 경우에 있어서는 롤스의 방법이 월쩌의 접근과 일관성이 있을 뿐 아니라 월쩌 이상으로 공유된 의미에 충실하다는 점에서 더 성공적이라고도 할 수 있을 것이다.

왜냐하면 롤스는 우리가 공유하고 있는 부분이 얼마나 약소한 것인지를 잘 알고 있기 때문이다. 특히 정치적 정의관에 대한 그의 탐구에 있어 동기가 된 것은 다원주의라는 사실의 인정, 좀 더 자세히 말하면 국가권력의 억압적 사용이 없을 경우 가치관의 다원성이 존재하고 앞으로도 지속될 것이라는 사실의 인정에 있다. 이런 사실을 전제할 경우 정치에 대한 이해, 정치적 사회관, 시민으로서의 인간관 등이 원초적 입장 속에 구체화될 수 있는바, 우리가 합의할 수 있는 것의 전부인 것이다. 그리고 이 같은 최소한의 합의로 인해 사람들은 자유로이 그들이 선택한 가치관을 형성, 개선, 추구할 수 있게 된다. 월쩌는 외면적인 견해의 차이가 있긴 하나 그 아래에서 우리는 모두 실제로 특정 재화가 배분되어야 할 방식에 대한 이해를 공유하고 있다고 가정한다. 그러나 이에 비해 롤스의 자유주의는 우리가 그런 점에 있어서 의견이 분분함을 인정하고 민주사회의 시민들이 삶의 방식이나 재화의 분배 방식에 대해 지극히 상이한 인식을 지니고 있다는 점에 대한 인정에서 출발한다. 월쩌가 상이한 문화가 서로 다른 방식의 가치관을 갖는다는 주장에 주목하고 있다면, 롤스는 우리의 다원주의 문화 속에서 서로 다른 성원들이 상이한 가치관을 갖는다는 점을 인정하는 데서 출발하고자 한다.

월쩌가 비판하듯 롤스는 우리 문화로부터 거리를 취하는 추상적 입장을 취하기보다는 문화 내에 존재하는 특정한 포괄적 가치관들로부터 중립적 입장에 서고자 하며, 이렇게 하는 이유는 그것이 바로 우리의 정치문화에 충실하고 우리가 공유하는 의미에 충실하게 되는 적절한 방식이기 때문이다. 나아가 사회적 기본가치에 대한 롤스의 이해 또한 우리의 공유된 의미에 충실하기 위한 것으로, 우리 사회의 시민으로서 사람들이 필요로 하는바, 공적으로 정당화 가능한 지표(index)로서 제시된 것이다. 기본적 선으로서 가치관 속에 내포된 추상성은 따라서 우리의 정치문화나 공유된 의미로부터의 추상이기보다는 특정 가치관이나 포괄적 교설로부터의 중립적 입장에 주목하기 위한 것이다. 결국 정치적 자유주의가 특정한 포괄적 가치관들로부터 추상적 거리를 취하는 것은 오히려 우리의 공유된 의미에 충실하기 위해서는 그런 추상이 요청되기 때문이라 할 수 있을 것이다.

　롤스에 대한 공동체주의자들의 또 한 가지 일반적인 공격은 그의 정의론에 함축된 존재론적 측면으로서 원초적 입장에서 무지의 베일을 쓴 계약 당사자의 특성화에 함축된 추상적 인간관을 겨냥하고 있다. 그러나 사실상 원초적 입장은 순전히 가설적 상황에 대한 방법론적 모형으로서 이는 롤스의 심리학이나 형이상학적, 존재론적 입장을 대변하는 것이 아니다. 원초적 입장의 제약 조건들을 형이상학이나 심리학적인 것이 아니라 인식론적이고 도덕적인 것으로서 사람들이 자유롭고 평등하게 대우받을 것을 정의가 요구한다는 롤스의 견해를 반영하는 것이다. 그들의 평등성에 대한 존중은 사람들이 각자의 천부적, 사회적 행운에 대한 지식을 배제함으로써 보장되며 사람들의 자유에 대한 존중은 특정한 가치관에 대한 지식이나 그와 관련된 동기를 배제하고 가치관을 형성, 추구, 개선할 수 있는 일반적 능력을 옹호함으로써 보장된다고 할 수 있다.

　원초적 입장이 무연고적 자아(unencumbered self), 즉 자신의 목적이나 가치관으로부터 추상된 그림자 자아(shadow self)를 가정한다는 마이클 샌델의 비판12)에 대해 롤스가 대답할 수 있는 것은, 원초적 입장이 정의의 관점에서 볼 때 사람들에게 중요한 것은 그들이 우연히 갖게 된 연고와 애착을 반성하고 개선하는 능력이라는 주장을 모형화하고 있는 것에 불과하다는 점이다. 우리는 이 같은 주장을, 사람들이 동시에 그들의 모든 목적이나 가치관으로부터 거리를 취하지 않으면서도 충분히 가능하다고 할 수 있다. 이 같은 응답은 『정의론』의 수준에서도 얼마든지 제시할 수 있으며 『정치적 자유주의』에서는 더 이상의 근거를 댈 수가 있다. 이 같은 이론의 핵심에 있는 인간관은 시민(citizen)으로서의 인간관으로서 입헌민주주의의 공적인 정치문화에 함축되어 있으면서 특정한 포괄적인 도덕적, 철학적 교설로부터 독립적으로 존재한다는 것이다.

이상과 같은 인간관은 우리가 각기 자신의 목적으로부터 물러나 거리를 취할 것을 함축하거나 가치관으로부터 형이상학적으로 추상화될 것을 함축하지 않는다. 사실상 롤스는 우리의 도덕 경험의 현상학에 대한 샌델의 공동체주의적 해명이 갖는 타당성을 명백히 수용하며 이 같은 형성적 가치나 공동의 애착이 가정생활, 교회, 학문 공동체의 맥락에서 번성하는 현상을 기꺼이 인정하고자 한다. 단지 그가 거부하고자 하는 것은 그런 것들이 정치적 영역에 있어서 갖는 적합성과 관련된 것이다. 왜냐하면 시민으로서 우리의 정체성은 우리가 특정한 가치관에 동조하는가의 여부에 달려 있는 것이 아니라고 한다면, 공적으로 모든 시민들에게 정당화되기 어려운, 그럼으로써 자유주의적 정치 이념을 유린하게 될 특정한 포괄적 교설에 봉사하기 위해서는 강제적인 정치권력을 활용하게 될 것이기 때문이다.

추상적 인간관에 대한 공격과 유관한 또 한 가지 공동체주의적 비판

---

12) Michael Sandel, *Liberalism and the Limits of Justice*, Cambridge University Press, 1982 참조.

은 롤스가 비사회적 개인주의(asocial individualism)를 전제하고 있어 사람들의 정체성과 그와 관련된 가치관을 형성하는 것은 그들이 몸담고 있는 사회라는 사실을 무시하고 있다는 점이다. 이 점은 앞서의 비판과 다소 중첩되는 면이 있기는 하나 나름으로 차별화된 논점을 내포하는 것으로 보인다. 이와 관련된 비판은 테일러(C. Taylor)와 매킨타이어(A. MacIntyre)가 제시한 사회학적, 철학적 논점으로서, 사람들은 자기이해와 가치관을 사회적 모태(social matrix)로부터 형성하게 된다는 사실이다. 사회화 과정과 관련된 준경험적 함축도 지닌 것으로서 이 같은 비판에 따르면, 자유주의는 개인들이 자신에 대한 이해방식을 위시해서 각종 사고방식에 있어 자신이 거주하는 사회에 깊이 의존하고 있다는 점을 무시한다는 것이다.13)

이와 관련된 또 한 가지 논점은 사람들의 자기에 대한 이해와 더불어 가치관 이해의 원천만이 아니라 그 실질적 내용과 관련되어 있다. 특히 이 점과 관련된 비판은 샌델과 매킨타이어에 의해 제기된 것으로서, 자유주의는 사회를 개인적 이익의 추구를 위한 협동체에 불과한 것으로 간주함으로써 개인과 공동체 간의 관계를 제한적으로 이해하는 사회관을 조장하며, 따라서 개인 간의 관계나 공동체가 단지 도구적인 차원을 넘어 그 자체로서 가치 있는 것이라는 점을 간과하게 한다는 것이다. 특히 자유주의는 정치 공동체의 진정한 가치를 오해하고 이로 인해 도구적 사회관은 비사회적 개인관과 상호 간접적인 관련을 갖는다고 할 수 있다.

이상과 같은 일련의 비판들 역시 롤스에 대한 중대한 오해에서 비롯

---

13) A. MacIntyre, *After Virtue*, University of Notre Dame Press, 1984; C. Taylor, "Atomism", *Philosophy and the Human Science. Philosophical Papers*, vol. 2, Cambridge University Press, 1985, pp.187-210.

된 것으로 판단된다. 주지하다시피『정의론』에서 롤스는 개인에 비해 사회적 모태의 우선성을 분명히 인지하고 있는 것으로 보인다. 롤스에 따르면 "사회적 삶은 우리가 사고하고 표현하는 능력을 개발하기 위한 조건이다. 나아가 정의의 주제로서 사회의 기본구조(basic structure of society)에 주목하는 한 가지 이유는 사회체제가 시민들이 갖게 될 욕구와 포부를 형성하기 때문이다. 그것은 부분적으로 우리의 현실 존재만이 아니라 앞으로 되고자 원하는 인간 유형을 결정한다."14) 나아가『정치적 자유주의』에서 롤스는 완전한 공지성(publicity) 조건과 관련해서 "사회의 기본구조는 시민들의 자기이해, 성격, 목적 등도 형성하며, 공적으로 가용한 정의론은 그럼으로써 교육적 역할도 수행하게 된다"는 것이다. 롤스는 공동체가 단순한 수단이 아니라 본질적 목적 가치도 지니고 있으며 바로 그러한 가치의 보존을 위해 그것이 특정한 포괄적 교설들로부터 자유롭고 중립적이어야 한다고 생각했던 것이다.

롤스의 정치적 자유주의는 공동의 목적 수용을 지향하며 이런 목적은 공동체주의자들이 강조하는 방식과 똑같이 인간의 정체성 형성에 중요한 의미를 갖는다고 생각한 점에 주목할 필요가 있다. 자유주의가 정치에 대한 이해에 있어 지나치게 개인주의적이고 도구주의적이라는 비난, 그리고 자유주의는 사회를 단지 개인이나 집단의 이익 추구를 위한 수단으로 간주한다는 비난에 응대하면서, 롤스는 그의 정치적 정의관이야말로 공동의 목적 수용을 지향하며 이런 목표는 개인의 정체성의 형성에 중요한 일부임을 강조한다. 그에 따르면 시민들이 갖는 가장 우선적인 공동의 목표는 정치적 정의라는 목적으로서 정치사회의 제도가 정의를 보증하고 시민들이 스스로 혹은 상호간에 필요로 하는 것과

---

14) John Rawls, *A Theory of Justice*, pp.6-7.

관련해서 일반적으로 정의를 실현하고자 하는 것이라고 했다. 이런 의미에서 자유주의적 입장에 있어 시민들에게 공동의 궁극적 목적이 없다는 것은 사실이 아니며, 정치적 정의라는 목적이 시민들의 정체성에 있어 중대한 일부가 아니라는 것도 진실이라 할 수 없는 것이다.

공정으로서의 정의관에 의거한 질서정연한 사회는 개인이나 집단이 자신이 사적 이득을 추구하기 위해 협동하는, 헤겔이 이른 바 사적 사회(private society)15)가 아니며, 그것은 공동의 목적을 인정하고 그런 목적이 각자가 가진 사적 이해관세에 우선하는 것임을 인정하며 그럼으로써 이 같은 이해관계들이 정의로운 체제의 제약 내에서 추구될 수 있음을 인정하는 사회이다. 나아가서 공적으로 정당화될 수 있는바 정치적 정의와 사회의 가치는 포괄적 가치관의 갈등에도 불구하고 모든 성원들이 기꺼이 동의하게 될 가치이며, 이런 의미에서 사회의 가치는 롤스의 정의론에 있어 단지 도구적인 의미의 가치가 아니라 본질적인 의미의 가치라 할 수 있다. 정치사회가 갖는 가치는 사생활의 다른 가치들에 우선해서 헌신할 만한 본질 가치인 것이다. 샌델이 생각하듯 자유주의적 자아관이 특정 목표로부터 분리됨으로써 공동체의 가치를 무시하게 되는 것이 아니라, 롤스의 경우에는 이 같은 분리가 시민들로 하여금 포괄적 가치관으로부터 거리를 두게 함으로써 공적으로 정당화될 수 있는 정치사회의 본질적 가치를 성취하기 위한 바로 그 이유 때문에 잠정적 분리가 요구되는 것이다.

끝으로 롤스의 자유주의가 공동체에 대해 어떤 가치를 부여하는지는 그가 우리의 천부적 자질이나 사회적 지위와 같은 우연적 변수들을 해석하는 방식에 분명히 표명되고 있다. 그에 따르면 우리가 타고난 천

---

15) 위의 책, pp.457-458 참조.

부적 자질의 배정 방식은 그 자체로서는 단지 우리에게 주어진 자연적 사실(natural fact)일 뿐이다. 따라서 자연적 사실 그 자체로서는 각 개인의 신체에 주어진 자질이라 해서 개인에게 그 소유권이 있다거나 (로버트 노직의 주장과 같이), 공동체 성원들에게 공동 소유권이 있다고 말하기 어렵다. 그런 의미에서 자연적 자질의 존재론에 대해서는 더이상 왈가왈부할 여지가 없다. 그러나 도덕적 개념으로서 정의 여부가 자연적 사실 그 자체로부터가 아니라 이 같은 자연적 사실을 다루는 인간의 방식에서 비로소 문제되는 것이라면, 우리는 자연적 자질을 어떤 방식으로 간주하고 관리하는 것이 우리의 정의감에 가장 잘 부합하는지를 물을 수 있다.16) 각자 타고난 자연적 자질에 대해 개인에게 배타적 소유권을 부여하는 것이 우리의 정의감에 부합하는가? 아니면 공동체 전체의 자연적 자질의 배정을 공동의 소유로 간주하고 관리하는 것이 우리의 정의감에 더 잘 부합하는 것인가?

이상의 문제는 천부적 자질이라는 자연적 우연성을 도덕적 관점에서 어떻게 간주하는 것이 합당한가의 문제이기도 하다. 자연적 우연성은 그에 대해서 우리 중 아무도 원인 제공을 한 적이 없으며, 그래서 누구도 책임질 수 없는(not responsible for it), 따라서 어떤 의미에서 운명적인 것이라 할 수 있으며, 그런 점에서 롤스가 말하듯 천부적 자질의 배정은 도덕적 관점에서 정당 근거가 없는 자의적인 것(arbitrary from moral point of view)이라 할 수 있다.17) 사회정의라는 도덕적 문제가 자연적이고 우연적인, 운명적이고 자의적인 요소를 전제하고 그 연장선상에서 성립하는 어떤 것이라고 생각하지 않는다면, 우리는 이 같은 자연적 사실을 인간적으로 수정하고 시정하는 방식에서 사회정의

---

16) 위의 책, p.87.

17) 위의 책, p.63.

의 의미를 찾아야 할 것이다. 이는 우리 인간들을 운명 공동체의 성원으로서 서로 어떻게 처우해야 할 것이며 공동의 운명에 동참하는 방식이 무엇인가를 찾는 문제라 할 수 있을 것이다.

이 점에서 롤스는 현대적 정의감을 대변하는 자신의 정의론을 구성함에 있어서 자연적 자질의 배정 방식을 공유 자산 혹은 집단 자산 (common asset, collective asset)으로 간주하는바, 지극히 공동체주의적인 관점을 전제하는 것으로 보인다. 이는 전통적 공동체주의자들 가운데 하나인 마르크스보다 더 공동체주의적이라 해도 과언이 아니다. 사실상 마르크스는 공산주의의 낮은 단계인 사회주의(socialism)에 있어서는 개인들이 각자 자신의 노동에 대한 배타적 소유권을 갖는 것으로 상정하고 타인의 노동을 탈취하는 착취야말로 가장 부도덕하고 부정의한 것으로 생각했다. 따라서 사회주의적 정의사회에 있어서는 생산수단의 사유제가 폐지되는 일만 제외한다면 일종의 업적주의적(meritocratic) 사회, 즉 자신의 노동 성과에 대해서는 각자가 배타적 소유자가 되는 것으로 간주하는 사회가 정당화되는 셈이다. 이런 한에서 롤스는 마르크스보다 더 공동체주의적 측면을 보인다 해도 과언은 아닐 것이다.

물론 마르크스는 이 같은 사회주의적 단계를, 그가 최종적으로 지향하는 이상사회인 공산주의 사회로 이행하는 과도적 단계로 생각했다. 공산주의 사회의 정의관은 "각자로부터 그의 능력에 따라(from each, according to his ability), 그리고 각자에게 그의 필요에 따라(to each according to his need)"라는 형태로 정식화한다. 여기에서 생산과 분배 체계는 이원화됨으로써 생산은 각자의 능력에 따르고 분배는 각자의 필요에 따르는 것으로 본다. 물론 생산과 분배가 이원화되었을 때 생산에서 동인(incentive) 문제는 어떻게 해결되는지, 그런 유인이 없이도 사회적 생산이 보장될 수 있는지, 그리고 재화의 상태가 완전한 풍요일 수 없는 이상 상당한 풍요(reasonable abundance)가 전제될 경우 충족될 수 있는 합당한 필요(rational and reasonable need)의 내용과 한계는 무엇인지 등은 더 논의되어야 할 문제이다.

롤스는 마르크스에 대한 오랜 연구와 강의를 통해 마르크스주의적 이념의 상당 부분을 수용하면서도 그가 남긴 미제를 해결하는 데 골몰한 것으로 보인다. 마르크스에 있어서도 공산주의적 분배 방식이 정당화되기 위해서는 이미 각자의 능력과 그에 따른 노동에 대해 어느 정도 집단적 소유권(collective ownership)이 전제되어야 할 것이며, 그런 조건 아래 생산이나 능력과 무관한 모든 성원의 합당한 필요가 충족될 수 있는 길이 열릴 것으로 보인다. 롤스 역시 이 점에 착안하여 모든 성원이 천부적 능력과 자질이 공동의 자산으로 간주되는 조건 아래 공정으로서의 정의관의 실질적 정의원칙, 특히 차등의 원칙을 도출하고 있다.

그러나 롤스는 마르크스가 남긴 미제로서 생산과 분배, 능력과 필요 간의 이원화 문제를 해결하는 일에 주력함과 동시에 생산에의 동인에 의거해서 사회적 생산 문제가 해결되는 한에서 균등분배의 문제를 해결하려는 전략을 따른다. 그러나 그는 생산에의 기여에 따른 불평등한 분배를 정당화하는 명분이 최소 수혜자를 위시한 공동체 모든 성원의 합당한 필요를 충족시키고 그럼으로써 모든 사람의 인간다운 삶의 향유에 있다는 입장으로 나아간다. 이는 마르크스가 남긴 생산과 분배 간의 관련 문제를 해소하는 동시에 생산에의 동인을 생산에의 기여나 효율성 일변도에 의존하는 공리주의적 정당화 방식 또한 피할 수 있는 길이라 생각한 것이다.

4. 포괄적 자유주의에서 정치적 자유주의로

옳은 것(the right)과는 독립적으로 좋은 것(the good)을 정의하고 이렇게 정의된 선이나 가치를 극대화시키는 것이 바로 옳은 것(혹은 정의)이라고 정의하는 것을 윤리학에 있어서 목적론적(teleological, 혹은 결과론적(consequentialist)) 이론이라 할 수 있다 이런 점에서 고전적 공리주의가 가장 전형적인 목적론적 윤리설이라 할 수 있을 것이다. 이에 대해서 롤스는 자신의 입장을 비목적론적인, 그래서 의무론적인 (deontological) 진영에 속하는 이론으로 규정하며, 이는 위에서 제시한 목적론적인 이론 어느 것도 받아들이지 않는 것으로 본다. 다시 말하면 의무론적 이론은 좋은 것을 옳은 것과 무관하게 독립적으로 규정하지도 않으며 옳은 것을 좋은 것의 극대화로 규정하지도 않는다는 것이다. 물론 그렇다고 의무론이 반목적론적이거나 반결과론적인 이론인 것으로 귀결되지도 않는다.18)

여하튼 가치 일원론적인 이론들이 갖는 한 가지 매력은 이러한 이론들이 기본적으로 합리적인 숙고(rational deliberation) 과정에 있어 합리적인 선택에 대한 명확한 기준을 제공해 준다는 점에 있다. 다양한 가치들이 상충하는 상황에서 우리가 어떤 선택을 해야 할 경우, 만일 우리에게 주어진 어떤 지배적인 목적(dominant end)이나 가치가 없다면 우리는 이 같은 가치 갈등 상황에서 합리적인 선택을 하는 것이 어려울 것으로 생각된다. 그러나 어떤 지배적인 목적이나 가치가 있다면 이러한 갈등 상황에서 우리가 합리적인 선택을 하는 것은 원칙적으로 가능할 것으로 보인다. 이 같은 이유에서 우리는 가치 일원론과 그에

---

18) 위의 책, pp.26-27.

연계된 목적론적인 이론들에 매혹되기 쉽다.19) 롤스에 따르면 "목적론적인 세계관이 직관적인 호소력을 갖는 이유는 그러한 세계관이 합리성을 반영하는 것으로 보이기 때문이다. 우리는 일반적으로 합리적이라는 것이 무엇인가를 극대화하는 것이라고 생각한다. 만약 도덕의 영역에서 합리성이 무엇인가를 극대화하는 것이라면 그것은 당연히 선(good), 즉 가치의 극대화라 할 수 있을 것이다."

그러나 롤스는 가치 일원론을 비판하면서 가치 일원론자들이 내세우고 있는 어떤 '지배적인 가치'란 존재하지 않는다고 말한다. 어떤 것이 지배적인 목적 가치가 되기 위해서는 그것이 다양한 가치들을 환원할 만한 지표가 될 수 있어야 할 뿐만 아니라 인간의 가치감에 합당하고 바람직한 것이어야 하는데, 그 같은 지배적인 목적 가치는 존재하지 않는다는 것이다. 또한 롤스는 다양한 목적이나 가치들이 어떤 하나의 지배적인 목적이나 가치들로 환원되지 않는다고 해서 합리적인 숙고나 선택을 하는 일이 불가능해지는 것은 아니라고 한다. 인간에게 주어진 단일하고 지배적인 가치가 있다면 사회제도를 그 같은 가치를 극대화하는 방식으로 구성하는 것이 설득력이 있겠지만, 만약 기본적인 인간의 가치나 목적이 다양하고 다원적일 수밖에 없다면 각자 자신이 추구하는 다양한 목적과 가치를 실현할 수 있는 공정한 사회적 협동 체제(fair framework of social cooperation)를 구성하는 것이 보다 설득력이 있을 것이라고 주장한다.

롤스의 이 같은 비판은 일차적으로 양적 쾌락주의를 내세우는 고전적 공리주의에 가장 잘 적용될 수 있을 것이다. 물론 현대의 공리주의자들은 쾌락과 같은 특정한 의식 상태에 주목하는 것이 아니라 사람들

---

19) 위의 책, pp.480-486.

이 다양하게 갖는 선호(preference)에 관심을 갖는다고 할 수 있다. 그러나 롤스의 관점에서 보면 현대적인 공리주의 이론들조차도 암암리에 쾌락주의를 전제하고 있다고 할 수 있다. 이러한 이론들 역시 사람들 간의 복지 정도를 상호 비교하기 위해 공유된 최고차적 선호 함수(shared highest order of preference function)와 같은 개념에 의존하는데, 이러한 개념은 오직 사람들이 쾌락을 지배적인 목적으로 간주한다고 전제될 경우에만 제대로 이해할 수 있기 때문이다. 롤스의 이 같은 분식이 옳다면 가치 일원론에 대한 롤스의 비판은 보다 광범위한 공리주의 이론 일반에까지 적용될 수 있을 것이다.

누군가가 자유주의의 개념 정의를 묻는다면 우리는 자유주의가 단일한 한 개념(the liberalism)으로 요약되기보다는 다양한 자유주의의 버전들(liberalisms)이 존재하며, 자유주의는 각 시대의 질곡과 장애에 저항하고 또한 각 시대의 요구와 요청을 수용하면서 부단히 발전했고 또한 진화해 갈 정치 이념이라고 응수할 수 있을 것으로 보인다. 이미 앞서 살핀 바와 같이 고전적 자유주의는 사회주의적 비판을 수용하면서 복지 자유주의로 발전하고 지나친 원자적 개인주의로부터 공동체의 가치와 개인권을 동시에 고려하는 공동체 자유주의로 진화하고 있다. 또한 자유주의는 현대의 다원주의적 도전에 직면해서 지속 가능한, 그러면서도 최대한의 수용 가능성을 갖는 자유주의로 변신, 진화하기 위한 모색을 하고 있는바, 롤스의 정치적 자유주의 또한 그 응답 중 하나라고 생각된다.

롤스는 그의 후기 저서 『정치적 자유주의』에서 정치철학의 성격과 임무에 대해 매우 색다른 입장을 표명하고 있다. 공정으로서의 정의관은 더 이상 보편적인 도덕이론(universal moral theory)이 아니며, 유독 현대적 문제를 다룬다는 점에서 실천적인 정치이론(practical political theory)이라는 것이다. 다시 말하면, "합당한 종교적, 철학적, 그리고 도덕적 교설에 있어 심각하게 이견을 보이는, 자유롭고 평등한 시민들로 이루어진 안정되고 정의로운 사회를 오랜 기간 유지하는 방도를 찾는 현대적 문제를 과제로 하는 정치이론"이라는 것이다.20)

정치철학의 목적은 이제 더 이상 보편적 진리인 정의론이 아니라, 특정 사회나 일련의 사회들에 있어 문제 해결책을 발견하는 실천적인 사회적 과제를 수행하는 일이다. 그리고 우리의 경우 이러한 사회는 입헌 민주 체제라 할 수 있으며, 우리의 주된 문제는 다원주의라는 사실을 전제할 경우 사회적 통합(social integration)의 기반을 확립하는 일이 된다고 한다. 이때 다원주의의 사실이라 함은 현대사회가 서로 다른 신조와 이념에 대한 다양한 입장들(롤스는 이를 상이한 포괄적 가치관, 혹은 교설이라 부름)에 동조하는 사람들을 포함하고 있음을 의미한다. 롤스는 이 같은 다원주의를 현대사회로부터 제거하거나 피할 수 없는 것으로 간주한다. 따라서 목표는 시민들이 합리적이고 지식에 기반한 자발적인 정치적 합의의 기초로서 공유할 수 있는 이론을 추구하는 것이다.21)

철학자로서 우리가 정치적 자유주의의 프로젝트에 참여하게 될 경우, 우리는 그 과제를 정의에 대한 참된 이론을 발견하는 전통적인 것으로서가 아니라, 우리 사회에서 정치적 정당화를 위한 적절한 전제들을 확인하고 그 의미와 결과를 이끌어 내는 일에 한정해야 할 것이다. 이같이 정의에 대한 합의의 기반을 탐색함에 있어, 우리는 정의론에 대해서 우리 자신이 내세우고 철학적으로 선호하는 전제들만이 진리라고 고집하는 일을 삼가야 한다. 왜냐하면 그 같은 전제들 역시 종교적이고

---

20) John Rawls, *Political Liberalism*, Columbia University Press, 1983, p.XXV.
21) 위의 책, p.9.

도덕적인 입장에 못지않게 경쟁적인 입장들의 다원주의를 구성하는 일부이기 때문이다. 근본적인 가치관에 대한 철학적 불일치의 사실에 봉착할 경우, 우리는 정의에 대해 아직 합의되지 않은 전제들을 강요하는 일을 삼가는 가운데 철학 그 자체에도 관용의 원칙(principle of toleration)을 적용할 용의를 가져야 할 것이다.22)

이같이 겸양의 태도를 받아들이고자 하는 용의는 우리가 정치적 자유주의의 과제에 참여할 수 있는 조건이라 할 수 있다. 그래서 우리는 우리 사회의 제도들과 관련된 합당한 정의의 원칙을 이끌어 낼 수가 있는 것이다. 합의를 통해 정의에 이르고자 하는 목적을 전제할 경우, 그리고 가치에 대한 경쟁적 교설들의 존재를 전제할 경우, 우리는 현실적으로 경쟁적인 입장들 간의 도덕적 합의점이 얻어질 기반이 되는 이론을 전개하는 것으로 만족해야 한다. 우리는 민주사회의 공공적 정치문화에 있어 이같이 합의된 견해를 모색하고 있으며, 그로부터 일정한 합의점을 발견하게 된다. 즉, 시민으로서 우리는 자유롭고 평등하다는 점, 강제적인 사회질서 원리는 그것을 인정해야 할 모든 이에게 정당화되어야 한다는 점, 우리의 제도들은 이 같은 핵심적인 정치적 가치관을 반영해야 한다는 점 등이다.

롤스의 정치적 자유주의 프로젝트를 이해하기 위해 가장 관건이 되는 것은 포괄적인 도덕 교설(comprehensive moral doctrine)과 정치적 정의관(political conception of justice) 간의 구분이다. 롤스에 따르면, 포괄적 견해는 인간의 삶과 관련된 가치관, 인간적 성품에 대한 이상, 그리고 우정을 위시해서 가족적, 사회적 인간관계의 이상 등을 포함한다. 중요 종교들이 그 사례들 중 하나이며 칸트나 밀의 자유주의를 포

---

22) Attracta Ingram, "Rawlsians, Pluralists and Cosmopolitans", David Archard, ed., *Philosophy and Pluralism*, p.148.

함한 철학적 도덕이론 역시 그 한 경우이다. 포괄적 교설은 시민사회의 배경적 문화, 즉 정치적 문화이기보다는 사회적 문화에 속한다.23)

롤스는 이 같은 포괄적 견해와 정치적 정의관을 세 가지 측면에서 대조한다. 우선 정치적 정의관은 특정한 대상, 즉 사회의 기본구조—주요한 사회적, 경제적, 정치적 제도들—를 위해 제시되는 도덕적 입장이지 삶의 전반과 관련된 가치관은 아니다. 둘째, 정치적 정의관은 하나 이상의 포괄적 가치관에 의거해서 정당화되기는 하나, 그것은 이런 교설을 대변하거나 그것으로부터 도출된 것은 아니다.24) 그 대신 그것은 그러한 정치관에 의해 규제되는 사회에서 지속하게 될 다양한 합리적인 포괄적 교설들에 의해 지지될 수 있고, 그것과 양립 가능한 본질적 구성 부분이며, 자립적 견해(free-standing)이고 일종의 모듈(module)이라고도 할 수 있다.

그리고 특히 세 번째 특징으로서 정치적 정의관의 내용은 민주사회의 공공 문화 속에 함축된 것으로 보이는 일정한 기본 이념들에 의거해 표현될 수가 있다.25) 여기에서 롤스는 그가 관련된 사회에 있어 가치관의 다원주의에도 불구하고 광범위한 지지를 받고 있는 정치문화와 제도의 측면이 존재한다는 것이다. 이 같은 공통된 이념과 가치관이 체계화되어 하나의 정의론을 구성하게 된다. 그것은 포괄적 교설상의 차이에도 불구하고 시민들 간에 중첩적 합의(overlapping consensus)의 초점을 이루게 된다. 이것이 동일한 정의관을 옹호할 수 있는 까닭은 그 원칙들이, 시민들에 의해 이미 수용되고 있는 가치관에 의해 구성된 것일 뿐만 아니라, 그것은 또한 그들 자신의 포괄적 교설에 근거를 두

---

23) John Rawls, *Political Liberalism*, p.13.
24) 위의 책, p.14.
25) 위의 책, p.12.

고 있는 것이기 때문이다. 정치적 정의관은 여러 상이한 철학적, 종교적, 도덕적 교설과 관련될 수 있으며, 서로 다른 여러 논변의 통로를 통해 이를 수가 있다. 어떤 통로를 거치느냐는 문제되지 않으며, 각 시민들은 자기 나름의 일정 통로를 이용할 수가 있다. 그러나 절대적으로 우월한 통로나 모두가 취해야 할 단일한 통로는 없는 것이다.

그런데 자유주의는 오늘날 전 지구촌을 지배하며 큰 영향력을 행사하고 있음에도 불구하고 그 내재적인 난점과 갈등으로 인해 지속적으로 어려움을 겪고 있다. 예를 들어서 자유주의적 관용(toleration)의 한계는 무엇인가? 전 지구촌에 이르는 자유주의적 질서는 비자유주의적(non-liberal) 정치체제도 합당한 것으로 수용해야 할 것인가? 그리고 자유주의적 지구촌 이론은 인민권 내지 민족권(rights of peoples or nations) 같은 개념을 수용할 수 있는가? 다시 말하면 개인주의적 정치도덕이 이 같은 집단권(collective or group rights)에 어느 정도 동조할 수 있는가? 이상과 같이 상호 연관된 두 가지 문제는 특히 자유주의의 확대 적용을 위해 해결되어야 할 중요 문제가 아닐 수 없다.

정치적 자유주의와 포괄적 자유주의는 이상의 문제들에 대해 상이한 입장을 제시한다. 자유주의에 대한 두 견해 간에 근래에 전개되고 있는 논점의 대부분은 한 국가 내에서, 즉 단일 국가의 맥락 가운데 이루어지고 있기는 하나, 이 같은 논의를 국가 간, 전 지구적 맥락으로 확대할 경우 위에서 언급한 긴요한 지구촌적 문제들을 해명해 줄 기본 개념들이 제시될 수 있을 것으로 보인다. 나아가 논의를 이같이 확대할 경우 자유주의에 대한 두 가지 상이한 견해를 평가할 수 있는 추가적 여건도 제공될 것이며, 그럼으로써 논쟁 중에 있는 근본적인 철학적 문제들도 성찰할 수 있는 새로운 시각을 시사받을 수도 있을 것이다.26)

특히 이 같은 관점에서 콕 코르 탄(Kok-Chor Tan)의 연구는 흥미롭다. 그의 주장에 따르면 포괄적 자유주의(comprehensive liberalism)는 자유주의의 기본 이념에 보다 충실한 자유주의적 정치도덕을 해명함에 있어 보다 유력한 유형이라는 것이다.[27] 여기에서 그가 말하는 자유주의의 기본 이념이란 개인이 자신의 인생관이나 가치관을 형성, 추구, 개선할 자유나 자율성을 갖는다는 점이다. 이에 비해 롤스류의 정치적 자유주의(political liberalism)는 이 같은 개인적 자유에 대한 적절한 비중을 주는 데 실패하고 있다는 것이 그의 주장이다. 이 같은 결함은 자유주의의 전 지구촌적 적용에 있어 가장 생생하게 노정된다는 것인데, 정치적 자유주의가 기본적인 자유주의의 원리로서 관용(toleration)을 지나치게 강조한 과오에서 그 같은 문제가 생겨난다는 것을 갖가지 논변을 통해 입증하고 있다.

현대철학에 있어 정치적 자유주의는, 비록 롤스가 창도한 것은 아니라 할지라도 그에 의해 온전하게 체계적으로 전개되었다 해도 과언이 아니며, 그런 의미에서 롤스를 그 대변자라 할 수 있다. 더욱이 롤스는 정치적 자유주의와 포괄적 자유주의를 대비적으로 논의한 최초의 학자일 뿐만 아니라, 특히 최근 그의 후기 저작에 이르러 롤스는 정치적 자유주의를 국제적 맥락에 확대 적용하고 있다. 이런 점에서 자유주의를 국제적 문제에 확대 적용했을 때 두 유형의 자유주의가 어떤 함축을 지니는지는 그 각각에 대한 평가에 있어 중요한 의의를 지닌다 할 것이다.

콕 코르 탄에 따르면 자유주의의 원리 체계에 있어 보다 우선적인 가치는 개인의 자유 혹은 자율이며 관용은 부차적인 가치일 뿐이라는

---

26) Kok-Chor Tan, *Toleration, Diversity and Global Justice*, The Pennsylvania State University Press, 2000, "Preface".

27) 위의 책 참조.

것이다. 그런데도 불구하고 관용에 지나친 비중을 둘 경우 그로 인해 개인의 자유나 자율성이 침해되는 사례가 발생한다면, 이는 롤스가 말한 중첩적 합의의 결과가 세력 균형에 의한 잠정협정(modus vivendi)이 아니라 가치에 기반한(value-based) 합의라는 원칙에도 배치되는 결과가 된다는 것이다. 이를 국제정치와 관련해서 말하면 비자유주의적 체제에 대해 지나친 관용을 베풀 경우, 이는 결국 그런 체제의 성원들이 개인의 자유나 자율성을 침해당하는 것을 그대로 용납하는 결과를 가져오게 된다는 것이다.

생명, 신체적 안정과 생존 등에 대한 인간의 기본을 침해하는 억압적이고 반자유주의적인(illiberal) 체제를 용인하는 자유주의자는 없을 것이다. 그러나 그 같은 기본권을 존중하면서도 언론과 결사의 자유, 성의 평등, 양심의 평등한 자유 등 자유민주주의의 핵심 권리 등을 제대로 보장하지 않는 비자유주의적(non-liberal) 체제 등에 대해 자유주의적 관용이 어떤 응수를 해야 하는지와 관련해서 문제가 생겨난다.28) 자유주의적 관용의 원리는 자유주의 국가가 개인의 자유를 희생하면서도 이 같은 비자유주의적 관행을 관용할 것을 요구하는 것인가? 아니면 자율성을 핵심 가치로 하는 자유주의는 관용에 한계를 둠으로써 이 같은 비자유주의적 삶의 방식을 배제해야 할 것인가? 이렇게 볼 때 오늘날과 같은 다원주의적 지구촌의 시대에 롤스의 정치적 자유주의는 과연 가장 지속 가능하고 수용 가능성이 높은 자유주의적 버전이라 할 만한가?

---

28) 위의 책, "Introduction", p.3 참조.

사교육의 번성과 교육정의의 실종

    정의란 무엇인가? 연전에 하버드 대학 마이클 샌델 교수가 우리에게 던진 화두이고 한국의 많은 독자들이 이에 호응하여 150만 권이나 팔린 인문학 저술, 그것도 번역서로서 장안의 지가를 올린 보기 드문 저서의 제목이다. 그러나 실상 우리가 정의가 무엇인지 몰라서 우리 사회가 이렇게 부정의한 것은 아니지 않은가. 사실 정의가 무엇이고 부정의가 무엇인지는 삼척동자도 다 알 만하지만 우리가 알고 있는 그대로 살고자 하는 실행의 의지가 부족한 것이 더욱 심각한 문제라는 생각이 든다.

    사회정의가 무엇인지를 쉽게 설명하고자 할 때 필자는 자주 인생 여정을 100미터 경주에 빗대어 이야기하곤 한다. 인생이라는 100미터 경주를 우리 모두가 동일한 출발선상에서 시작하지 않는다는 점에 주목할 필요가 있다. 대부분의 사람들은 원점에서 출발하지만 상당한 사람

* 『월간교육』, No. 9, 2016년 11월호에 게재.

이 50미터 전방에서 시작하고, 또 일부의 사람은 80미터 전방에서 시작하며, 더욱이 극히 소수의 사람이긴 하나 95미터 전방에서 스타트하는 사람도 있지 않은가. 그래서 인생이라는 경주는 원초적으로 불평등한(original inequality) 게임이라고 할 수 있다. 이는 어쩔 수 없는 사실인 동시에 지극히 우연적이고 운명적인 것이기도 하다.

최근 우리 사회에 떠도는 밀로서 인구에 회자하는 풍자어 중 금수저, 은수저, 동수저, 흙수저론이 있다. 우리는 태어날 때 자신의 선택과는 무관하게 운명적으로 금, 은, 동 혹은 흙수저를 입에 물고 나온다는 것이다. 이 이야기에는 두 가지 함축이 들어 있다고 생각된다. 그중 하나는 우리의 인생이 이같이 자신이 책임질 수 없는 운명적인 요인에 의해 좌우된다는 운명론적인 발상이다. 다른 하나는 그와 같은 운명을 바꾸거나 개선할 현실적인 제도나 정책이 없거나 있어도 무능하고 무력하다는 다소 냉소적이고 비관론적인 전망이다.

그런데 우리가 불평등하게 태어난다는 운명은 그야말로 인정할 수밖에 없는 사실이지만 그러한 운명을 시정하거나 조정해 줄 현실적 제도나 정책이 무능하고 무력하다는 비관적 전망이 사회적 공감을 얻고 있다는 것이 보다 심각한 문제라 생각된다. 불평등한 운명은 모든 인간 사회가 일반적으로 공유하는 불가피한 사실이지만 그러한 사정을 변화시키고 변혁시킬 방책이 부실하여 그야말로 복불복의 사회, 운명이 모든 것을 좌우하는 사회관이나 인생관이 널리 퍼지는 것은 가슴 아픈 현실이다.

한때 세계 여러 나라의 많은 사람들이 미국으로 이민 가는 꿈을 꾸던 시절이 있었다. 미국은 그야말로 '기회의 나라(land of opportunity)'라 생각되었기 때문이다. 미국은 태어난 부모나 타고난 사회적 지위에 상관없이 각자 노력한 만큼 보상받고 가난한 사람도 부자가 될 수 있는 땅이라 생각되었다. 그야말로 개천에서 용이 날 수 있는 나라였던 것이다. 사실상 많은 이민자들이 이 같은 아메리칸드림을 성취한 것 또한 사실이며 우리나라 사람들 중에도 이런 기적 같은 꿈을 이루었다는 소식이 심심찮게 들려왔던 것이다.

개천과 같은 열악한 환경에 태어났어도 고귀한 용으로 등천할 수 있는 가능성을 열어 줄 기회의 통로, 그것은 바로 교육이라 생각된다. 특히 그러한 통로로서의 교육은 어떤 부모나 사회적 지위를 타고나든 모든 이에게 공정하게 주어지는 교육의 기회, 사람답게 사는 법을 가르치는 공교육의 장이 아닐 수 없는 것이다. 그러나 현행 대한민국의 교육은 파행에 파행을 거듭하고 있다. 공교육 현장인 학교는 무너지고 있고 사교육 시장인 학원은 번성하고 있는 것이 현실이다. 통계에 따르면 연간 우리나라 사교육비는 20조 원에서 30조 원에 이르는 수준으로서 사교육 시장의 일원에서는 신흥 재벌들이 생겨나고 있다는 소문이고 불행하게도 세계의 거대 자본들이 한국 사교육 시장에 투자를 탐하고 있다고 한다. 한국의 교육계가 어쩌다 이 지경이 된 것인지 모를 일이다.

조선시대에는 백성들 중 노비에 속하는 사람이 적게는 50%, 많게는 70%였다는 통계가 있다. 노비는 계층 이동(status mobility)이 원천적으로 봉쇄된 천민들이었다. 노비가 아닌 일반 백성들에 있어서도 중인 계층이나 서얼 출신의 사람은 입신(立身)에 장애가 있었던 사회가 조선이었다. 그래서 "개천에서 용 난다"는 말은 현실적으로 불가능한, 있을 수 없는 기상천외의 기적 같은 경우를 묘사하기 위해서 생겨난 말이라 생각된다. 개천과 같은 열악한 환경에서는 용과 같은 영물이 날 수 없는 것이니, 이는 논리적으로나 현실적으로 불가능한 '둥근 사각형'과도 다를 바 없는 것이었다. 물론 오늘날 대한민국 사회가 조선 사회와 비슷할 정도로 계층 이동이 어렵다고 하면 망발이 될 것이다. 그러나 사실상 우리 사회도 곳곳에 이같이 계층 이동을 가로막는 장애물이 도사리고 있어 여전히 개천에서 용이 나는 일은 희귀한 일이라 생각된다. 개천에서 용이 날 수 있는 최대의 기회요 등용문은 교육이거늘 교육계가 이같이 파행으로 치닫고 있으니 우리 아이들의 어두운 미래가 걱정스럽기만 하다.

우리가 가끔 농담처럼 하는 말이 있다. 팔자를 바꾸려면 두 가지 길이 있는데, 하나는 배우자를 잘 만나 결혼을 잘하는 길이요, 다른 하나는 공부를 잘해서 좋은 대학, 좋은 직장에 들어가는 길이라는 것이다. 교육은 우리의 팔자를 바꿀 수 있는 두 번째 길이라 할 수 있다. 그런데 이 중에서 특히 두 번째 길이 중요한 까닭은 첫 번째가 우리의 노력보다는 운명적으로 결정되기 쉬운 길이라면, 그래도 두 번째 길은 우리의 노력에 따라 성취할 가능성이 더 큰 길이기 때문이다. 더욱이 두 번째 길은 다시 첫 번째 길을 결정하기도 하는 점에 주목해야 한다. 좋은 직장은 또한 좋은 결혼을 할 수 있는 유리한 단서이기 때문이다.

앞서 이야기한 우리가 태어날 때부터 운명적으로 입에 물고 나온다는 수저론과 같은 원천적 불평등을 우리 사회는 어떤 방식으로 처리 혹은 관리하고 있는가? 원천적 불평등 그 자체는 단지 운명적으로 주어진 자연적 사실(natural fact)일 뿐 그를 두고 정의 여부를 따질 수는 없을 것이다. 정의와 부정의를 평가하는 것은 그 같은 자연적 사실을 우리가 인간적으로 시정하고 조정하며 관리하는 방식을 두고 평가할 때 문제가 된다. 원천적 불평등을 시정하고 조정, 관리하는 체제나 시스템을 두고 우리는 정의로운 체제, 제도, 시스템이라 평가하게 되는 것이다.

물론 우리 사회도 이 같은 원초적 불평등이나 격차를 다소간 약화 내지 완화시키고자 노력하고 있는 것을 부인하기는 어려우나 교육의 기회 혹은 교육복지의 관점에서 볼 때 그 성과 또한 미미한 것이 사실이다. 더욱이 가슴 아픈 사실은 이 같은 불평등을 세세대대로 대물림하고 있다는 점이다. 부모의 사회경제적 조건이 자녀의 학업 성취, 입학, 취업에 이르기까지 광범위하게 상속되어 가난이 대물림되고 불평등이 구조적으로 고착화되고 있다는 것이다.

1970-2003년 사이에 입학한 서울대 사회대생 1만여 명을 대상으로 분석한 자료를 보면, 전문직, 관리직으로 이루어진 고소득 직군 부모를 둔 학생의 입학률이 저소득 직군 부모의 학생보다 무려 16배(2003년)나 높았다. 2004-2010년 서울대 신입생의 아버지 직업 변천을 보면, 전문직, 경영관리직의 아버지를 둔 신입생이 2004년에는 전체 신입생의 60%를 차지했는데 2010년에는 64.8%로 늘어난 반면, 농축수산업, 미숙련 노동에 종사하는 아버지를 둔 신입생 비율은 2004년 3.3%에서 2010년 1.6%로 더욱 줄어들었다. '개천에서 용 나는 일'은 시간이 갈수록 불가능해지고 있는 것으로 평가된다.

한 달에 사교육비로 평균 50만 원을 지출하는 고등학생이 내신 성적 3등급 이상에 속할 확률은 사교육을 전혀 받지 않았을 경우보다 2배 이상 높다.[1] 부모의 소득 수준에 따라 아이들의 꿈인 장래희망도 큰 차이가 있었다. 부모의 소득이 높고 특목고에 다니는 학생일수록 고소득 전문직을 희망하는 반면, 부모의 소득이 낮은 특성화고(옛 전문계고) 학생일수록 저소득층 직업군을 희망했다. 가난이 젊은이들의 꿈마저 가난하게 만들고 있는 것이다.[2]

취업을 비롯해서 일생을 살아가는 동안 우리 사회에서 겪어야 할 학벌, 지연 등에 따른 심각한 차별을 생각하면 부모의 사회경제적 조건이

---

1) 김민성, 「고등학교 내신 성적에 대한 사교육비 지출의 효과」.
2) 권영길 전 민주노동당 국회의원 조사 자료 참조.

자녀 세대로 세습되고 이로 인해 신분의 양극화가 더욱 심해지는 세습적 불평등 구조를 깨는 것은 공정한 사회, 정의로운 사회로 가기 위해 가장 먼저 해결되어야 할 절박한 과제가 아닐 수 없다.3)

물론 모든 사교육을 무조건 나쁜 것으로 매도하는 것이 필자의 진의는 아니다. 다양한 재능과 자기개발을 위한 사교육, 나이에 상관없이 꾸준한 배움을 통해 인생의 보람과 의미를 향유하는 평생교육은 쌍수를 들어 권장할 만한 일이다. 단지 우리 사회에 있어서와 같이 어린이와 청소년들을 병들게 하는 사교육, 지나친 선행학습으로 공교육의 비효율화와 역기능을 조장하는 사교육은 하루 빨리 청산할 수 있는 제도적 혁신이 요청되는 순간이 아닐 수 없는 것이다.

---

3) 정연주 칼럼, "세습과 공정사회", 『한겨레』, 2010년 11월 1일자.

3부 사회 변화와 윤리적 대응

소통을 위한 정보기술:

정보 유토피아로 가는 혁신적 지혜

여러분들 잘 아시겠습니다만 오늘날 우리는 기술 주도적 사회에 살고 있습니다. 21세기를 주도하는 두 가지 중심 기술은 IT, 즉 정보통신기술과 BT, 즉 생명공학기술입니다. 현대의 기술 중심 사회는 과거에는 상상조차 할 수 없었던 변화가 가속화되어 그야말로 변화무쌍한 사회라 할 수 있습니다. 자고 일어나면 우리는 어제와는 다른 새로운 사회에 살고 있어 잠시도 긴장을 늦출 수 없을 지경입니다.

다행히 한국은 빨리빨리 정신에 힘입어 IT 기술사회를 선도하는 지구촌에서 1, 2위를 다투는 'IT 강국'이라는 세계적인 명성을 자랑하는 대단한 나라가 되었습니다. 그러나 우리는 IT 기술과 문명에 걸맞은 IT 문화와 정신을 향유하고 있는지 걱정입니다. 기술과 문명은 첨단적이

---

* SBS 주관, 서울디지털포럼 주제발표, 2015. 원래 손화철 교수(한동대)와 필자 두 사람이 발표하고 대담했지만, 손화철 교수의 발표문과 대담은 제외하고 필자의 발표문과 대담만 실렸음.

지만 문화와 정신은 후진적인, 그야말로 문명과 문화 간의 시간 지체 현상(time lag) 속에서 고통을 당하고 있지나 않은지 성찰해 볼 필요가 있다는 생각입니다. 바로 이 같은 기술문명의 첨단과 정신문화의 지체 사이의 간극을 어떻게 메꾸느냐 하는 것이 오늘 여러분들과 제가 함께 고민해 보고자 하는 과제입니다.

수년 전 스위스 로잔에서 열렸던 국제정보통신 정상회이에 한구 사회단체 대표의 일원으로 참여한 적이 있었습니다. 그 회의의 화두는 IT(정보기술)가 원래 ICT(정보소통기술)였으나 IT라는 약칭이 통용되는 바람에 IT 기술 본래의 목적과 취지가 망각 내지 훼손되고 있음을 성찰하고 이제부터 원래의 명칭인 ICT를 그대로 쓰자는 결의와 더불어 회의의 공동 선언으로 채택하자는 것이었습니다. 저는 이러한 결의와 선언이 오늘 우리가 주제로 택한 '공공선을 향한 기술이라는 혁신적 지혜'와 일맥상통하는 것으로 해석하고 싶습니다.

IT(Information Technology)라는 개념에서 정보는 어디까지나 생산 매체로서 과거 농업이나 산업과 같이 생산의 도구나 수단을 말할 뿐입니다. 그런데 우리가 이 같은 도구나 수단으로서의 가치를 갖는 정보에만 주목하다 보면 주로 기술적인 면만 부각되기 마련입니다. 물론 그렇게 해서 기술의 엄청난 발전과 혁신이 거듭되고 있습니다. 그러나 여기에서 우리는 그러한 수단과 도구로서의 기술이 과연 무엇을 위한, 어떤 목적 가치를 위한 수단과 도구인지를 물어볼 필요가 있습니다. 정보라는 기술이나 도구의 최종 목적 가치는 인간 간의 의사소통, 감정소통을 증진시켜 지구촌 성원 모두가 잘 사는 인간다운 사회, 인간의 얼굴을 한 지구촌 공동체를 이루는 것이 아니겠습니까? 여기에서 소통은 바로 communication으로서 ICT의 C, 즉 우리가 그간 심각하게 성찰하지 못하고 망각해 온 인간 간의 소통이라는 사실입니다.

IT는 정보라는 소통의 도구요 수단이며 그래서 정보기술만을 의미합니다. 그러나 ICT는 정보기술이 궁극적으로 지향하는 목적 가치인 인간 간의 소통까지 함축하는 말입니다. IT만을 말하면 단지 수단이나 도구에만 주목하는 정보기술을 말할 뿐이지만, ICT를 말하면 이 같은 기술이 지향하는 인간 간의 소통까지 함축하는바 공공선을 위한 기술로서 사회를 혁신하는 지혜로 변하게 되는 것입니다. 그럼으로써 우리는 기술지배나 기술만능이 아니라 인간 간의 소통이라는 공공선에 기여하는 기술을 말하게 되는 것입니다. 지금부터 여러분도 IT를 말하지 말고 ICT를 생각할 수 있다면 여러분은 단순한 기술인이 아니라 지혜인으로 격상된다는 사실을 잊지 마십시오. 그리고 지금까지 communication을 번역했듯 소통의 핵심은 신뢰의 소통, 즉 믿음을 주고받는 통신(通信, 신뢰 소통)임도 명심해야 할 것입니다.

이상과 같이 인간 간의 소통이라는 고귀한 목적을 상기하면서 그런 시각에서 정보기술의 문제를 다시 성찰해 볼 경우 적어도 몇 가지 문제가 중심 화두로 떠오르게 되고 그에 따른 대책의 강구가 중심 이슈가 되어야 할 것으로 보입니다. 그중 첫 번째는 모든 사람이 원하는 정보를 공유해야 하고 정보사회에 동참할 수 있어야 하며, 그래서 열린정보, 열린사회를 구현하는 일입니다. 다시 말하면 정보 자원의 배분이 공정하게 이루어져 정보사회정의가 구현되어야 한다는 뜻입니다.

저는 과거 40여 년간 대학에 몸담아 오면서 그동안 학자 생활 대부분을 사회정의, 즉 분배적 정의 문제에 골몰해 왔습니다. 이상적인 사회인 유토피아로 가기 위해 반드시 충족해야 할 최소한의 필수요건이 바로 사회정의라고 생각했기 때문입니다.

정보재가 공정하게 배분되어 모든 성원이 자유롭게 소통하는 열린정보, 열린사회, 정보정의사회의 관점에서 볼 때 우리 사회는 어떤 모습인가요? 산업사회에서 비롯된 자본주의의 횡포는 정보사회에도 그 대로 이전되어 정보의 빈익빈 부익부라는 정보 양극화 현상이 우리를 괴롭히고 있습니다. 정보 분배상의 불공정은 개인용 컴퓨터(PC)가 지난 사회의 수직적 지배구조의 피라미드를 무너뜨리고 수평적 민주사회의 실현을 가져오리라는 정보사회에 대한 우리의 기대를 여지없이 망가뜨리고 있습니다. 오늘날 우리의 개혁적 지혜는 산업화 시대의 낡은 폐쇄적 소유관을 버리고, 정보화 시대의 열린, 개방적 소유관으로 깨어날 것을 명하고 있습니다.

정보재는 무형적 재화로서 산업재와 같은 유형적 재화와는 달리 비영합 게임(non-zero-sum game)이 가능한 재화입니다. 다시 말하면 유형의 재화와 같이 총량이 일정하게 정해져 있어 일부의 사람이 많이 가지면 나머지 사람이 적게 가질 수밖에 없는 경쟁적이고 경합적인 가치가 아닙니다. 피카소의 그림이나 베토벤의 교향곡은 일부의 사람이 향유한다고 해서 그들이 그런 예술적 가치를 독점하거나 전유할 수 있는 것이 아닙니다. 지난날 산업사회에서 지녔던 배타적, 독점적 소유관을 버린다면 그래서 열린, 개방적 소유관을 갖는다면 정보재는 얼마든지 공유재(common asset)로서 가치를 가지며 정보사회정의의 실현도 어렵지 않으리라고 봅니다. 산업사회와 같은 물질적 소유의 탐욕이 다수를 궁핍하게 하는 일이 정보사회에서는 개혁되고 개선되어야 할 것입니다.

인간의 얼굴을 한 정보사회로 가기 위해서 성찰해야 할 두 번째 과제는 익명성(anonymity)의 함정을 극복하는 것으로서, 익명성 관리의 문제입니다. 익명성이 제대로 관리되지 않을 경우 정보사회는 마귀 소굴을 방불케 하는 사회로 변할 것입니다. 사이버 공간에서 문제되는 익명성은 두 가지 기능을 가진 것으로 알려져 있습니다. 그중 하나는 우리를 일상적 공간의 폐쇄성으로부터 해방하여 다양한 사유의 실험과 상상을 가능하게 하는 해방적 기능입니다. 그러나 사이버 공간의 익명성은 이 같은 순기능에 못지않게 범죄적 기능이라는 역기능의 폐해 또한 심각하게 나타나게 됩니다. 사람들은 일반적으로 자신의 신원을 숨길 수 있는 익명적 공간에서는 범죄 심리가 발동할 가능성이 커집니다. 그래서 오늘날 우리가 체험적으로 실감하듯 근거 없는 악플을 위시해서 사이버 공간의 각종 부도덕한 행위나 범죄는 바로 이 같은 익명성을 빌미로 해서 벌어지는 현상이 아닌가 합니다.

익명성과 도덕성은 반비례하는 관계에 있다고 생각됩니다. 익명성이 관리되지 못하는 정도에 따라 범죄 심리가 준동할 가능성이 증대한다고 생각됩니다. 결국 사이버 공간의 윤리적 문제는 이 같은 익명성을 적절하게 관리하는 문제라고 생각됩니다. 익명성의 긍정적 측면인 해방적 기능을 최대한 조장하면서도 그 부정적 측면인 범죄적 기능을 배제하는 문제입니다. 이 두 가지 기능을 적절히 조율하면서 그 중용점(via media)을 찾는 지혜를 통해 모든 대책과 정책이 구상되어야 할 것입니다.

그런데 한 가지 첨언할 것은 사실상 사이버 공간에서는 ID를 소지하지 않는 한 어떤 행위도 불가능한 까닭에, 엄밀히 말하면 이름을 감춘다는 의미의 익명성(anonymity)은 존재하지 않으며 단지 얼굴을 감추는 익면성(facelessness)이라 해야 할지 모르겠습니다. 그래서 모든 피의자들이 그렇듯 얼굴 가리기에 바쁘고 과거에 얼굴을 가리키는 체면(體面)이라는 말은 윤리와 거의 동의어로 쓰여 왔습니다. 체면을 무릅쓰고 비윤리적 행위를 할 경우 안면몰수라 할 수 있듯 사이버 공간의 익명성은 익면성이라 개명함이 어떨지요. 이런 점에서도 인간의 얼굴을 한 정보사회의 회복을 위해 우리 모두가 노력해야 할 일은 절실한 과제로 다가온다는 생각입니다.

끝으로 우리는 정보 네트워크가 제공하는 안정된 그물망 속에 안주하지 말고 정보기술 세계로부터 거리를 갖고 부단한 자기반성과 성찰적 지성을 통해 자기와의 소통도 게을리하지 않는 삶을 연습해야 한다고 말하고 싶습니다. 우리는 타인과의 소통은 물론 자기와의 소통도 게을리해서는 안 되며 반성과 성찰은 자신과의 대화, 자신과의 소통을 할 수 있는 최선의 방도라 생각합니다. 세계적 교육심리학자인 하워드 가드너(Howard Gardner) 하버드대학 교수는 국내 언론과의 인터뷰에서 앱(App)을 이용하는 젊은이들을 "길을 잃어 본 적이 없는 세대"로 규정하면서 젊은 세대들의, 실패를 두려워하는 극도로 '안정 지향주의적'인 성향은 미래에 크게 문제가 될 수 있다고 주장했습니다.

앱이라는 정보기술 그물망 속에 안주하려는 우리에게 가드너 교수의 이런 지적은 성찰적 삶과 혁신적 지혜, 그리고 자신과의 소통의 중요성을 일깨우는 시의 적절한 메시지를 담고 있다는 생각입니다. 오늘날 우리는 어느새 내비게이션과 앱이 최적화된 길을 찾아 줌으로써 낯선 곳에서 길을 묻거나 길을 잃으면서 만나게 되는 새로운 경험을 거의 하지 않고 있습니다. 과거 허술한 여행 정보로 길을 잃고서 갖가지 사고와 해프닝을 통해 만난 사람과 장면들이 정해진 루트보다 오히려 더 큰 추억과 색다른 즐거움을 맛볼 수 있게 했던 게 아닌가요. 그런 난관과 고통을 통해 우리는 더 성숙하고 지혜로워지는 게 아닌지요.

오늘날 앱의 네트워크 덕분에 소비 경향도 지나치게 단순화되고 패턴화됨으로써 창의적인 중소기업들은 배제되고 오히려 대형업체의 독점을 유발하게 되어, 결국 소비자인 우리 스스로 피해를 보고 있는 것은 아닌지, 또한 다양한 맛을 경험할 수 있는 모험을 배제하고 어디서나 평균적인 맛을 제공하는 프랜차이즈 음식점과 커피숍에 길들여져 가고 있는 것은 아닌지, 이 같은 안정 지향적 삶의 방식은 어느새 우리의 도전의식을 약화시키고 우리는 낯선 곳을 즐겨하고 실패를 기꺼이 받아들여 우연히 만나는 행복을 즐기는, 그래서 삶의 지혜를 성취하는 기회를 놓치는 것이 아닌지 생각해 볼 일입니다.

요즈음 힐링이라는 말이 유행하고 있습니다. 하지만 우리는 힐링을 너무 손쉽게 얻을 수 있다고 생각하는 듯합니다. 그러나 힐링은 남이 대신해서 줄 수 있거나 시장에서 돈으로 살 수 있는 것이 아니라, 오직 스스로의 힘으로, 자신의 노력에 의해서만 얻을 수 있는 것이라고 생각합니다. 그리고 또한 힐링은 고통의 감수를 통해서, 자신의 십자가를 스스로 짐으로써 성취할 수 있는 고귀한 선물이라고 생각합니다. 자신을 돌아보는 부단한 성찰과 반성, 그리고 자신에게 말을 걸면서 자신과 소통하고자 하는 철학적 노력, 이것은 길을 잃어 보지 못한 세대들이 음미해 볼 만한 소중한 메시지를 함축하고 있는 것이 아닐까요?

대담 의제 세 가지

대담 의제 1 : '디지털 유토피아 대 디지털 디스토피아: 혁신적 지혜를 찾아서'라는 주제로 한국을 대표하는 두 철학가인 황경식 교수님과 손화철 교수님의 발표를 들었습니다. 황교수님 발표를 떠올려 보면 유토피아가 정말 손에 잡힐 것 같기도 하고, 손교수님 발표를 떠올려 보면 디스토피아의 위험에 왠지 가슴이 섬뜩하기도 할 정도로 두 분 모두 흥미로운 발표였다는 생각이 듭니다. 그렇다면 다시 한 번 청중들의 이해를 돕기 위해 두 분께 여쭤보겠습니다. 먼저 황교수님, 정말 그런 유토피아가 가능하다고 생각하시나요? 그리고 손교수님, 지금 상황이 그렇게 비관적이라고 보시는지요?

황교수님 답변 : 정보사회는 유토피아도 될 수 있고 디스토피아도 될 수 있는 그야말로 정보기술은 양날의 칼입니다. 정보사회는 누구도 소외되지 않고 모두가 소통에 동참하는 열린사회적 이상향이 될 수도 있고, 정보의 빈익빈 부익부에 의한 양극화와, 서로 악플과 험담으로 아귀다툼하는 마귀 소굴이 될 수도 있습니다. 유토피아는 좋은(Eu) 땅(Topos), 이상향을 의미합니다. 동서양의 많은 철인과 현인들이 그곳을 그리워하고 이 세상을 그런 곳으로 만들고자 열정을 불태웠습니다.

그러나 과거에는 그런 유토피아가 현실에 구현되기에는 물적인 토대나 교통 및 통신 수단이 턱없이 부족했습니다. 하지만 우리는 오늘날 많은 인프라가 갖추어져 있어 유토피아가 손에 잡힐 듯 가까이 다가와 있는데도 우리가 스스로 성찰하고 서로 소통하고자 하는 마음의 문을 열지 않아 안타깝기만 합니다. 지금 우리에게 절실히 필요한 것은 성찰과 소통을 위한 마음의 여유, 즉 혁신적 지혜입니다. 그러한 여유와 지혜를 갖는다면 바로 지금 여기가 유토피아, 이상향으로 바뀔 것이라 확신합니다.

대담 의제 2 : 두 분 모두 '소통'과 '성찰'의 중요성을 강조하셨습니다. 정의론의 대가이신 황교수님과 기술철학 분야의 리더이신 손교수님은 실제로 어떻게 그 두 가지 가치를 실생활에서 실천하고 계신지요? 저희 일반인들 입장에서는 두 분이 실제로 어떻게 실천하고 계신지, 또 그 실천이 얼마나 어려운지를 이야기 들을 수 있다면 여러 가지로 큰 도움이 될 것 같아 여쭤봅니다.

황교수님 답변 : 동양 고전에 이런 이야기가 전해져 오고 있습니다. 어느 농부가 논에 물을 대기 위해 힘들게 물길을 내고 있는데 이웃이

278

물을 대는 데 아주 편리한 기계를 빌려주려 했더니 그 농부 왈, 기계를 쓰게 되면 사람도 기계를 닮아 기계적 마음, 즉 기심(機心, mechanic mind)이 된다 하여 거절합니다. 편리하다고 해서 기계만 쓰다 보면 인간의 마음, 인간성, 인간적인 품성을 잃게 되어 결국 로봇 같은 기계의 마음으로 변화되어 버린다는, 한 번쯤 성찰해 볼 만한 메시지를 담고 있다고 생각합니다. 오늘날과 같이 기계화된 시대, 기술지배적 시대에 과연 우리는 인심(人心)을 그대로 유지하고 있는지, 아니면 기계의 원리, 기계의 조작에 따라 인심이 훼손되어 버린 시대에 살고 있지나 않은지 물어볼 필요가 있지 않을까요? (솔직히 말씀드리면 저는 컴맹에 가깝습니다. 핸드폰이나 스마트폰을 제대로 쓸 줄 모릅니다. 제 친구들은 저더러 미캐닉 포비아(mechanic phobia), 즉 기계 공포증 환자라 빈정댑니다.)

소탐대실이란 말이 생각납니다. 우리는 번잡한 호기심과 사소한 욕심 때문에 소중한 많은 것을 잃게 되는 바보짓을 하고 있는 게 아닌지 모르겠습니다. 손교수는 이 같은 어리석음을 "모든 것과 연결되고 자신을 잃다"라는 함축적 표현으로 비유했습니다. TV CF에 스마트폰에 중독되어 우리가 잃어버린 소중한 것이 가족과의 대화, 열정과 관심이며 그에 대해 묵념을 하자고 했습니다. 지금 우리에게 필요한 것은 자신과의 소통은 물론이고 가족이나 이웃과의 대화이며 이 소중한 것들에 대한 묵념, 즉 철학적 성찰이 절실히 요구된다는 메시지로 해석하고 싶습니다.

대담 의제 3 : 자, 이제 세션을 마무리하며 마지막 질문을 두 분에게 드리기로 하겠습니다. "소통과 철학이 혁신적 지혜의 시대를 여는 열쇠"라고 청중들에게 그 열쇠를 선사해 주셨습니다. 그러면 좀 더 쉽게 청중들에게 그 의미를 풀어서 설명하기 위해서 이렇게 해보면 어떨까요? '혁신적 지혜'를 한마디의 고사성어나 어떤 명언으로 표현한다면 무엇일지 이야기해 주시면서 세션을 마무리해 보면 좋을 것 같습니다. 먼저 손교수님께서 말씀해 주시고, 세션을 마무리하는 말씀과 함께 황교수님께서 답변해 주시겠어요?

황교수님 답변 : 아시다시피 올해는 말의 해입니다. 말과 관련된 사자성어로서 주마간산(走馬看山)이라는 말이 있습니다. 달리는 말에서는 산도 휙휙 스쳐 지나가 주변 경계는 대충대충 제대로 볼 틈이 없습니다. 정보사회에서 우리가 사는 모습이 그야말로 주마간산이 아닐까요? 어느 것에도 오래 머물지 않고 대충대충 따라가도 숨이 찰 지경입니다. 어떤 것도 우리에겐 심각하게 경험되지도 않고 어떤 것도 깊이 생각할 여유도 없이 정신없이 지나가는 우리의 일상, 주마간산이 아닙니까? 그럴수록 우리는 정신을 놓아서는 안 되고 정신을 바짝 차려야 합니다. 정신 나간 사람이 되어서는 결코 인간다운 삶이 불가능하기 때문입니다. 그래서 저는 주마간산이 아니라 주마가편(走馬加鞭)이라는 사자성어를 추천하고자 합니다. 달리는 말을 더 빨리 달리게 채찍을 치라는 것이 아니고, 정신을 차리고 지혜를 일깨우는 채찍을 쳐야 한다는 뜻입니다.

우리는 단지 달리는 기술만이 아니라 소통이라는 공익을 위한 기술이 되게 하기 위해, 그리고 기술의 혁신만이 아니라 혁신적인 지혜를 얻기 위해 주마가편, 즉 달리는 말에 채찍을 힘껏 내리쳐야 할 때입니다. 우리가 남들에게 가르침을 청할 때 지도와 편달을 요청합니다. 지도는 당근의 자양분을 구하는 것이요, 편달은 정신을 일깨우는 채찍을 말합니다. 달리는 말에게 당근을 주고 채찍을 쳐야 할 때가 바로 지금이 순간이 아닐까요?

　모두들 아시겠습니다만 철학의 어원은 philosophy, 즉 지혜에 대한 사랑(love of wisdom)이라 합니다. 오늘 이 시간을 통해 우리가 좀 더 지혜로운 사람이 될 수 있다면, 그리고 지혜를 사랑해야 할 이유를 알 았다면, 이것이 계기가 되어 우리의 정보사회가 지혜로운 소통 공동체 로 거듭 나는 기회가 될 것으로 확신합니다. 그동안 경청해 주셔서 감 사합니다.

과학 기술의 발달에 의한 사회 변화와 윤리적 대응

1. 머리말

과학 기술의 발달은 교통, 운송에서 비롯해서 최근의 정보통신 및 생명공학에 이르기까지 우리의 삶의 양태와 사회의 구조에 엄청난 변화를 가져왔다. 그로 인해 우리는 시대에 따라 사회의 각 층위별로 다양한 현실적 과제와 윤리적 대응으로 고심해 오고 있다. 과학과 기술은 활인검이 될 수도 있고 살인검이 될 수도 있는 양날을 가진 문명의 도구이다. 그로부터 연유된 사회적 성과에 대한 우리의 윤리적 대응에 따라 인류 문화는 진화의 길을 갈 수도 있고 퇴락의 길로 빠질 수도 있다.

우선 우리는 이 글의 2절에서 교통과 운송을 비롯해서 현대의 정보통신 등 과학 기술의 발달로 인해 나타난 사회 변화의 외연적(外延的)

---

* 학술원 주관, 국제학술대회 주제발표, 2014.

특성을 지구화 내지 세계화로 규정짓고자 한다. 다른 한편 이 같은 사회 변화와 상관된 내용적(內容的) 측면으로서 해체, 탈구조화, 연성화 혁명을 지적하고자 한다. 그리고 이 같은 외연적 특성과 내용적 특성이 상호 교차되고 중첩되는 가운데 사회의 다양한 층위에서 갖가지 윤리적 문제 및 대응들이 전개됨을 보게 될 것이다. 이어서 3절에서는 사회의 각 층위마다 생겨날 윤리적 문제 및 대응을 서술하고자 한다. 첫째, 거시적 공간에서는 다문화주의와 문명 간의 갈등 및 대화 문제를 다루고 다문화 간의 중첩적 합의에 기반한 지구촌 정의 문제를 거시 윤리의 과제로서 다루고자 한다. 둘째, 우리가 거주하는 일상의 공간으로서 중도적 층위에서는 생명공학으로 인해 제기되는 윤리적 문제들과 그에 대한 사회적 통제, 정치보다는 협치에 기반한 사회적 그물망과 전자 민주주의를 논의할 것이다. 끝으로 정보기술이 주도하는 미시적 층위에서는 다중 자아 및 자아 정체성 위기의 문제와 사이버 공간에서의 익명성 관리 등이 주요 윤리적 과제로서 다루어진다.

마지막 절인 4절에서는 해체 시대의 중심 잡기를 위해 지구촌 성원들에게 요구되는 윤리의식 내지 윤리교육 문제를 다룬다. 모든 시민들에게 일반적으로 요구되는 소양으로서 실천윤리를 논의하고 다음은 사회 안전망의 파수꾼이라 할 수 있는 전문가 집단에 요구되는, 실천윤리의 연장선상에서 성립하는 전문직 윤리의 중요성을 논의할 것이다. 끝으로 이 같은 전문직 윤리를 보완하는 이른바 윤리 전문가의 사회적 역할과 이들로 구성되는 윤리 전문가 커미티를 사회적 멘토 그룹으로 요청하게 될 것이다.

2. 과학 기술에 기반한 사회 변화의 특성

1) 시공의 축약과 지구화 시대

독일의 문화철학자 슬로터다이크(Peter Sloterdijk) 교수는 한국철학회 주관 '다산기념 철학강좌'의 강연 "세계의 밀착: 지구시대의 사회학에 대한 철학적 단상"에서 지구시대(Global Age)를 역사의 종말 담론과 연결시킨다.1) 슬로터다이크 교수에 따르면 콜럼버스가 신대륙을 발견한 이후부터 최후의 유럽 식민지가 독립하고 소련의 붕괴와 더불어 옛 유럽의 마지막 이데올로기가 종말을 고하는 1990년까지의 역사는 공간적으로 전 지구를 하나로 묶으면서 단선적이고 일방적으로 전개되었다는 것이다.

유럽인들은 지리상의 발견에 동원되었던 교통수단을 통하여 기독교의 복음과 구원의 이념뿐만 아니라 다른 많은 유럽적인 것들을 일방적으로 신대륙에 확산시켰다. 이것은 소위 지구화(globalisierung)라고 부를 수 있는 역사적 사건들 가운데 중요한 하나의 유형이다. 식민지 개척, 식민지 해방, 자본주의화, 도시화, 세계대전, 네트워크화 등은 저마다 지구화를 야기한 다양한 사건들이었다.2)

슬로터다이크는 식민지를 확장시킴으로써 지구화를 전개해 왔던 유럽의 근대화 과정을 '세계사' 또는 '보편 역사'로 규정한다. 이런 의미에서 역사란 유럽에 의해 일방적으로 세계 체제(Welt System)라는 신화가 탄생되어 가는 과정이다. 세계 체제 신화의 영웅들은 그들의 동기

---

1) 페터 슬로터다이크, 한정선 편,『세계의 밀착: 지구시대에 대한 철학적 성찰』, 다산기념 철학강좌 8, 철학과현실사, 2007, 제1강연.
2) 위의 책, 편집자 서문.

가 어떻든 간에 지구화 과정에 기여한 인물이었다. 오늘날의 시점에서 바라보자면 세계 체제 신화는 '십자가'라는 기호를 물리치고 마침내 '지구'(둥근 지구, Globus)라는 기호가 승리하는 과정이기도 하다.[3]

오늘날의 형태로 지구화가 모습을 드러내고 있는 시대, 곧 지구시대와 함께 앞에서 언급한 의미의 역사 또는 보편 역사의 시대는 종말을 고하였고, 이제 '역사 이후(Posthistoire)'의 시대가 전개되고 있다. 지구시대에는 문화 다양성이 공격적으로 대두된다. 과거에 유럽 주도적으로 역사를 진척시키던 주역들은 그 힘을 소진하였고, 지구시대에 새로 등장한 오늘날의 주역들은 탈유럽에 비중을 둔 시나리오를 써야 할 때가 되었다고 슬로터다이크는 말한다.

슬로터다이크는 그의 네 번째 강연에서 오늘날의 세계를 공간 철학적으로 관찰하고 있다. 서양이 주도해 왔던 지리상의 발견과 영토 확장에 골몰했던 제국주의적 세계사의 과정은 해양을 사이에 두고 극복할 수 없었던 거리를 축약함으로써 공간을 응축시켰다. 오늘날 확산되고 있는 지구화 과정은 세계를 하나의 체제로 연결시킴으로써 공간을 응축시키고 있다. 그 결과 한 지역과 다른 지역 사이의 간격이 더 이상 의미가 없을 정도로 사람들은 원거리 정보통신매체, 교통수단, 그리고 각종 스피드 기술과 네트워크를 통해 지구상의 어떤 곳과의 공간적 간격도 극복하고 있다. 문제는 과거에 보편 역사의 지구화 과정이 그랬듯이 오늘날의 지구화도 다양한 모습을 가진 삶의 공간들을 무차별적으로 균질한 공간으로 만들어 버리는 경향이 있다는 것이다.[4]

공간이 응축되는 최초의 역사적 사건은 문자의 발명에서 비롯된다. 문자는 의미가 발생하는 상황과 의미 자체를 분리시키는 매체로서 문

---

3) 위의 글.
4) 위의 글.

자로 기록된 텍스트 덕분에 독자들은 텍스트의 의미를 발생시킨 특정한 상황을 체험하지 않고서도 텍스트의 의미를 표상할 수 있게 되었다. 이같이 문자문화는 직접적으로 콘텍스트 안에 들어 있지 않은 세계들을 표상하는 지성을 가능하게 해주었으나 이러한 탈문맥적 의미 이해에 반기를 들고 특정 장소의 현장성과 콘텍스트성을 옹호한 반동도 제기되었다. 이러한 반동들은 오늘날 지역적(local)인 것과 특정 장소의 고유한 현장성이 탈문맥적으로 세계화되어 전 지구적(global)인 보편적 체제에 편입되어 들어가는 시점에서 매우 시사하는 바가 크다. 슬로터다이크는 다른 지역과 균질한 공간으로 간주되거나 응축되어서는 안 되는 각각의 고유한 실존적 공간인 지역 또는 장소의 소중한 의미를 지역주의(Lokalismus)라는 개념과 함께 생각해 볼 필요가 있다고 강조한다.5)

독일의 사회사상가 울리히 벡(Ulich Beck) 또한 지구성(Globalität)은 세기말의 시점에서 회피할 수 없는 인간 행위의 조건이라고 말한다.6) 이미 우리의 세계나 사회구조가 지구사회와 상호 연관되어 있고, 지역사회 역시 서로 영향을 주고받는 지구성의 특성을 지니고 있기 때문이다. 맥루언(M. McLuhan)의 진단처럼 지구촌 사회는 컴퓨터가 보급되고 인터넷이 출현하자 세계와 동시적으로 접촉하며 우리의 감각과 소통의 영역을 지구촌으로 확장시켰다. 이메일을 통해 일상의 공간을 현재화하고 가상현실을 통해 전 세계를 동시적으로 접촉할 수 있게 된 것이다.7)

---

5) 위의 글 참조.
6) 울리히 벡, 조만영 옮김, 『지구화의 길』, 거름, 2000, p.35.
7) 김정현, 「글로컬리즘에 대한 철학적 성찰」, 『범한철학』, 제67집, 2012년 겨울, p.319.

이러한 과정에서 세계의 문화와 삶의 방식, 사고방식이 나의 삶 속으로 유입되고, 동시에 나 자신의 삶의 방식을 세계로 송출하는 쌍방향의 교류가 이루어졌다. 전자 대중매체나 교통수단의 발달로 인한 이동의 자유는 다른 문화와 접촉하는 기회를 다양하게 만들어 냈고, 이는 기존의 전통문화와 충돌하며 또 다른 혼성문화를 만들어 냈을 뿐만 아니라 동시에 문화적 정체성의 혼란도 야기했다. 기든스(A. Giddens)도 비슷한 맥락에서 세계화를 공간과 시간의 변형과 관련시킨다. 신속한 전 지구적 차원의 의사소통 및 교통수단의 등장과 연관해 지구화는 대규모 체계의 창출뿐만 아니라 사회적 경험의 국지적, 개인적 맥락의 변형에도 관계한다고 지적한다. 즉, 우리의 일상적 활동은 점차 세계의 다른 부분에서 일어나는 사건에 의해 영향 받으며 국제적 생활습관은 전 지구적 파급력을 가진다는 것이다. 세계화는 이제 일상적 경험이 되고 자연적 태도가 된 것이다.8)

지구지역화(glocalization)의 현상 중 한 가지 특징은 우리가 현재 영토상으로 고정되어 있지 않고 배타적이지 않은 복수지역적 세계사회에 살고 있다는 점이다. 울리히 벡은 이러한 복수지역적 세계사회의 삶을 복수지연성(Ortspolygamie)이라고 부르며 "여러 곳에 산다는 것은 사적 삶의 지구화로 들어서는 입구이다"라고 말한다.9) 여러 장소에 걸쳐 있는 것, 이것이 사적 삶의 지구성으로 들어가는 입구이며, 이로부터 개인적 삶의 지구화가 시작된다는 것이다. 삶의 지구화란 세계의 대립들이 삶 외부에만 있는 것이 아니라 자신의 사적인 삶 중심에 자리 잡고 있는 것을 뜻하는 것으로, 문화권을 달리하는 결혼과 가족 구성, 회사 근무, 친교 범위, 교육, 영화 관람, 식품 구입, 음악 감상, 저녁 식사,

---

8) 앤소니 기든스, 김현옥 옮김, 『좌파와 우파를 넘어서』, 한울, 1997, p.17.
9) Ulich Beck, *Was ist Globalisierung*, Frankfurt a. M., 1997, p.127.

연애 등 삶의 전 영역에 걸쳐 삶의 지구화가 진행된다는 것을 말한다.

복수지역적 삶을 살아가는 사람들에게는 대륙, 문화권, 종교의 온갖 대립과 충돌이 사적인 삶 속에서 벌어지기도 한다. 그래서 벡은 사적인 삶이 바로 지구지역적인 것이 현존하는 장소라고 말한다. 복수지역적 삶을 살아가는 사람의 사적인 삶은 더 이상 장소에 구속된 삶이나 고정되고 정착된 삶의 형태를 지니지 않는다. 이는 여행을 지향하는 삶이며 유목민의 삶이고 자동차, 비행기, 철도, 전화, 인터넷 속의 삶이자 대중매체에 의해 지탱되고 각인되는 초국민적 삶이기도 하다. 이러한 복수지연성의 삶을 산다는 것은 더 이상 같이 산다는 것을 뜻하지 않으며, 같이 산다는 것은 더 이상 같은 곳에 산다는 것을 의미하지 않는다. 복수지역적 삶에서 함께 산다는 것은 더 이상 정착적 공간에 거주하는 것을 의미하는 것이 아니기 때문이다.10)

전자매체는 다른 맥락에서 이러한 복수지연성을 가능케 해준다. 전화와 인터넷 메일을 통해 우리는 한 곳에 있으면서 동시에 있지 않으며, 대답하지 않으면서 자동적으로 소식을 보내고 소식을 받고 살아간다. 인터넷이나 스마트폰, SNS 등은 공간의 정착성을 유목적으로 확장시킬 뿐만 아니라 시간의 다양한 축을 동시성의 연결망으로 바꾸어 놓는다. 이 같은 유목적 삶은 부재(不在)의 현존(現存)을 가능케 하며 동시에 다른 곳에서의 현존을 통해 부재를 은폐시키기도 한다. 인터넷으로 접속하는 이상 내가 외국에 가 있어도 아무도 나의 한국에서의 부재를 눈치 채지 못하는 것이다. 나는 동시에 여러 곳에 거주하는 복수적 삶의 형식을 갖게 되기 때문이다.11)

전자통신은 지금까지 배제된 요소, 즉 나라, 종교, 대륙 등 일체의 경

---

10) 김정현, 「글로컬리즘에 대한 철학적 성찰」, pp.324-325 참조.
11) 위의 논문, p.325.

계를 초월해 개별 행위자들 사이의 적극적이고 동시적인 상호 접촉을 수용할 수 있게 하며, 특정 지역에 구속된 공동체와는 달리 디지털로 매개되는 대화 형태는 혈연적인 전통사회적 구속력 혹은 공간적 친연성에 바탕을 두는 것이 아니라 오직 네트워크 속에서 네트워크에 결부된 공통의 관심사에 바탕을 두게 된다.12) 복수지역적 생활 형식들은 서로 다른 생활 형식으로 이전되고 번역되며 복수적인 삶을 영위하기 위해서는 자신을 위해서나 타인을 위해서 지속적으로 번역되고 이전되어야 하기에 한 문화권과 다른 문화권의 이동과 중층적 이야기, 유동성에 대한 새로운 이해를 필요로 한다. 전자매체는 이러한 전자 네트워크 속에서 다른 문화의 이야기를 번역하고 이전하는 상호 교류를 매개하는 것이다.

2) 해체, 탈구조화, 연성화 혁명

고도 기술 사회의 철학적 전망을 한마디로 말하기는 어려울 것이다. 다양한 관점에서 전망이 가능하고 다원적인 추세를 보이는 현실을 어떤 한 가지 특성으로 환원적인 분석을 한다는 것은 무리한 과제이고 무의미한 작업일 수 있다. 그러나 본 과제를 성찰하면서 나름으로 생각하게 된 한 가지 추세를, 특히 그 내용적 관점에서 굳이 제시하라면 그것은 바우만(Zygmunt Bauman)이 지적한 대로 현대가 구성, 구조화, 경성 시대로부터 해체, 탈구조화, 연성화 혁명(destructualizing, soft revolution)의 시대라 할 만하다고 판단된다. 이는 물론 현시대와 앞 시대 간의 상대적 비교 관찰에 의한 것으로서 중세 이전에 비해 근대가,

---

12) Ulich Beck, *Was ist Globalisierung*, p.179.

그리고 근대 전기에 비해 현대가, 특히 고도 과학 기술에 의해 그러한 과정이 더욱 가속화되는 추세가 아닐까 한다.13)

기독교가 지배했던 서구의 중세는 그 세계관, 사회관, 인간관에 있어 그야말로 불변하는 신학적 질서에 의해 고착되고 구조화된 경성(硬性, solid) 시대라 할 만하다. 이 같은 신 중심적인 중세적 질서가 퇴조하고 인간 중심적인 근대적 질서로 이행하기 시작한 근대 초기는 일단 해체, 탈구조화, 연성화(軟性化, liquidize) 과정의 시발점이라 할 수 있을 것이다.14) 그러나 무질서와 더불어 예견되는 불안정을 두려워한 나머지 근세인들은 중세의 신적 구조물에 대신할 만한 새로운 인간적 구조물을 축성하기에 이르렀다. 물론 그것은 다시 중세와 같은 고착화된 질서로 회귀하는 것은 아니었으나 이를테면 개체화 경향이 계층(status)이나 성별(gender) 등과 같은 유적 카테고리 속에 안주하고 재구조화되었다고 할 수 있다.

이같이 중세에 비해 근대를 전반적으로 해체와 탈구조화가 진행되는 시기로 본다 할지라도 우리는 근대를 다시 근대 전기와 근대 후기, 즉 현대로 나눌 때 (바우만의) 분류 방식에 따라 근대 전기를 경성 혹은 고형 근대(solid modernity), 근대 후기, 즉 현대를 연성 혹은 액상 근대(liquid modernity)로 부를 수 있을 것이다.15) 경성 근대에 있어서는 인간관 특히 자아 정체성에 있어 통일적 자아(unitary self)를 추구함으로써 인식과 도덕에 있어 아르키메데스적 거점(archimedean point)을 확보하고자 했다. 또한 사회관, 공동체관에 있어서도 국가의 주권(sovereignty)을 확보함으로써 개별 국가(nation state)의 형성을 지상의

13) 지그문트 바우만, 이일수 옮김, 『액체 근대』, 강, 2009 참조.
14) 위의 책 참조.
15) 위의 책 참조.

과제로 삼았던 시대라 할 만하다. 우리는 이 같은 추세를 근대철학의 아버지 데카르트에서 계몽철학의 완성자인 칸트를 거쳐 국가철학을 전개한 헤겔에 이르기까지, 이른바 근대철학의 흐름을 통해 확인할 수 있다.

"나는 생각한다. 고로 나는 존재한다"라는 데카르트의 선언이 근대철학의 문을 연 명제로 해석되는 까닭은, 그것이 생각하는 나(thinking I)의 존재를 존재론적, 윤리학적 거점으로 요청함으로써 인간 중심적, 주체주의적, 주관주의적 전환으로서 근대의 핵심을 천명하고 있기 때문이다. 그런데 통합된 주체로서 단일한 자아가 아닐 경우 그것은 인식론적으로나 도덕철학적 거점으로서 역할을 수행할 수 없다는 것이 근대철학자들이 공유한 인식이었다. 생각하는 나로서 통합된 인식 주체가 없이는 통일된 인식이 불가능하며, 생각하는 나로서 통합된 인격이 없이는 도덕적 인식이나 실천 또한 불가능하다고 생각되었다. 물론 이같은 이해는 대륙의 선험철학적 프로젝트에 의해 더욱 강력히 추구되었고, 영국의 경험철학에 있어서는 그 같은 요청과 더불어 회의 또한 동반되고 있었다 할 수 있다.16)

사회철학, 정치철학에 있어서도 전통적인 공동체의 해체로 인해 예견되는 시민사회적 무질서, 무정부 상태는 근대인들이 극복해야 할 불안정과 불확실성으로 간주되었다. 시민사회는 그야말로 전통적인 공동체의 해체요, 곧바로 무정부, 무질서를 의미하는 것이었다. 그래서 근대 사회철학의 과제는 이해타산에 의해 이합집산하는 시민사회를 지양함으로써 새로운 공동체적 유대와 통합을 담보하는 민족국가의 건립이었고, 이성적 존재들에게 납득 가능한 합리적 질서체로서의 정부였다.

---

16) 황경식, 「고도 과학 기술 사회의 철학적 전망」, 정보통신정책연구원 편, 『21세기 한국 메가트렌드』, 민음사, 2005, pp.10-20.

세계 국가는 가능하지도 바람직하지도 않으며 개별 국가가 공동체의 최종목표라는 헤겔의 국가철학에 있어 근대적 국가 이데올로기는 그 절정에 이르게 된다.

그러나 자아 정체성이나 국가의 주권을 통해 질서와 안정을 추구했던 경성 근대의 프로젝트는 그 이후 서서히 무너지는 해체의 과정을 겪게 되고 현대의 정보기술에 의거한 지식기반사회 이념에 이르러 그러한 해체의 추세는 더욱 가속화된다. 자아 정체성에 있어 강조된 통일적 자아나 개별 국가에 있어 강조된 국가 주권이 이제 그것에 부여되었던 시대적 소명을 넘어 오히려 인간 자아에 대해 억압과 구속의 기제가 되고 개인의 인권에 대해 침해와 유린의 기제로 이해됨으로써 자아와 국가의 해체, 탈구조화, 연성화를 추동하게 된다.17)

해체 시대, 연성화 혁명의 시대에 있어 자아관은 근대의 통일적 자아로부터 근래의 다중 자아(multiple self)로의 경향으로 대변된다. 이제는 "나는 생각한다. 고로 나는 존재한다"라는 명제 대신 "나는 접속한다. 고로 나는 존재한다(I connect, so I am)"라는 명제로 대체되고 있으며, 이 같은 전환에 있어 더 중요한 것은 생각하고 접속하는 주체인 '나'가 우주의 절대 거점으로서 통일적 자아이기보다는 여러 자아로 분립된 자아로 다중화되고 있다는 점이며, 그것은 또한 전 지구적 그물망(worldwide network) 속의 한 매듭에 불과하게 된다는 점이다.

통일적 자아를 요청하고 그것을 확립하기 위해 전력투구했던 시대에 이중적, 다중적 자아는 병리적 현상으로서 비정상적 자아로 간주되었다. 그러나 최근 다중 자아와 관련된 담론에 있어서는 다중 자아의 역기능과 더불어 그 중요한 순기능, 즉 그 양면성이 논의되기에 이른

---

17) 지그문트 바우만, 이일수 옮김, 『액체 근대』 참조.

다. 자아의 절대 통합이 요구되던 시기에 억압되고 예속되던 자아의 다양한 측면들이 해방되고 각기 제 목소리를 갖게 됨으로써 오히려 자아 통합성에 대한 과도한 강조가 다면적 자아에게 엄청난 스트레스로 인지되었고 자아 인식의 왜소화, 빈곤화를 결과했던 것으로 간주된다. 그러나 이제 다중 자아는 이같이 해방적, 적극적 측면을 갖는 동시에 그 범죄적, 부정적 측면 또한 갖는다는 점에 주목할 필요가 있다.[18]

우리가 살고 있는 정보사회는 여러 가지 방식으로 설명되고 있지만 요약하면 세 가지 코드에 의해 이해될 수 있다. 정보사회는 지식정보(information) 사회를 의미하며, 디지털 전자(electronic) 사회이고 동시에 온라인 네트워크(network) 사회이다. 정보사회가 온라인 네트워크 사회라 함은 과거 유형의 고착된 사회가 종언을 고하고 무정형적으로 끊임없이 변화를 거듭하는 새로운 '리좀형 사회'가 도래했음을 시사하고 있다.

'리좀(rhizome)'이란 뿌리 없이 무정형적으로 뻗어 나가는 덩굴식물을 의미하는 것으로서 나무와 같이 뿌리가 있는 식물, 즉 수목(arborescent)과 대비되는 개념이다. 어느 한 지점에 뿌리를 박고 있는 수목은 위계적 질서(hierarchy)의 체계를 가지고 있다. 따라서 수목적 구조 속의 개인은 권력에 의해 장악됨으로써 사회의 지배적 질서를 내면화하고 그것에 포섭되는 정착민적(sedentaries) 존재로 남는다. 한편 리좀은 중심이 없이 유동적으로 뻗어 나가면서 끊임없이 새로운 연결을 만들어 낸다. 그리고 리좀적 네트워크 속의 개인은 기존의 사회질서에 포함되지 않고 끊임없이 변화하면서 새로운 가치를 창출해 가는 능동적 주체인 유목민적(nomad) 존재인 셈이다. 따라서 수목형 사회의

---

18) 황경식, 「고도 과학 기술 사회의 철학적 전망」, pp.21-22.

기본단위가 '근대국가'라는 집단이었다면, 리좀형 사회의 기본단위는 세계화된 지구촌 속의 개인이라는 존재의 위상이 강조된다.[19]

정보사회가 유목문화적 성향을 지니고 있다 함은 현대사회가 해체, 탈구조화, 연성화 추세에 있다는 점과 합치한다. 연성 근대는 모든 구조가 해체되고 유연화하여 모든 구조물이 녹아내리는 그야말로 액상 근대(liquid modernity)라고도 할 수 있다. 모든 것이 변화무쌍하고 유동적인 가운데 고정된 거점이란 존재하지 않는다. 일정한 거점에 정착하여 안정을 향유할 수 있는 농경문화와는 달리 부단히 변화하는 정세 속에서 수시로 이동하는 유목적 삶을 통해 불안정하면서도 역동적인 삶을 추구하는 것이 연성화 혁명 후속 세대인 유목민의 생활양식인 것이다.

3. 지구화, 해체 시대의 층위별 윤리 문제

1) 거시 윤리: 문화 다원주의와 지구촌 정의

(1) 문화 다원주의와 문명 간의 대화

교통과 통신의 발달로 인한 지구화 시대에 있어, 거시적 관점에서 볼 때 가장 특징적인 현상은 이질적인 다양한 문화나 문명들 간의 충돌과 갈등 그리고 대화와 융합이라 생각되며, 이와 관련해서 논의되는 중요한 이슈 중의 하나는 다문화주의(multiculturalism)가 아닌가 한다. 1990년대 중반 이래 문화적 다원성과 다문화주의는 사회과학과 철학에 있어서 주요 관심사 중 하나가 되어 왔다. 그러나 다문화주의는 다

---

19) 민경배, 「사이버, 멋진 신세계?」 참조.

면적인 현상으로서 그 용어는 상이한 맥락에서 상이한 의미를 갖는 매우 복합적인 주제이다. 더욱이 서술적 의미에서 문화적 다원성을 부인하기는 어려울 것이나 그 정치적, 규범적 의미에서는 견해를 달리하는 여러 입장들이 제시된다.[20]

아무튼 우리는 지구화 시대에 자유주의적 체제를 전제하는 한 문화 다원주의 내지 다문화주의는 불가피한 사회적 사실이며, 그런 한에서 이질적인 문화들 간의 충돌이나 갈등이 아니라 대화와 공존을 위한 지구촌 윤리를 구상할 필요가 있다는 생각이다. 물론 이 같은 문화 다원주의를 관리해 줄 평화공존을 위한 지침은 가치관이나 인생관 전반에 걸친 포괄적 합의가 아니라 중첩적 합의(overlapping consensus)에 기반한 최소 윤리를 도출함으로써 모색할 수밖에 없다. 그리고 이러한 최소 윤리에 있어 관건은 역시 인권에 기초한 지구촌 정의(global justice)가 아닌가 판단된다. 이 같은 기본적 판단 아래 우리는 거시 윤리의 두 주제로서 문화 다원주의와 지구촌 정의를 논구하고자 한다.

서로 다른 문화나 문명들 간의 만남, 충돌, 융합 현상은 역사 이래 언제나 있어 온 일이지만 과학 기술의 발달로 인한 시공의 축약은 이 같은 현상을 더욱 빈번하게 했고 가속화시켰다. 문화들 간의 만남은 충돌하고 갈등하는 경우도 있지만, 때로는 상호 화합 내지 융합하는 경우도 적지 않았다. 이때 더 강한 문화가 약한 문화를 흡수 통합하기도 했지만 양 문화가 적절히 화합하여 혼성문화를 이루기도 했다. 오늘날 이질적인 문화들 간의 만남은 사회나 국가의 경계에서만 일어나는 것이 아니라 사회나 국가 내에서도 빈번히 나타나게 되어 다문화 간의 갈등 조정은 사회통합의 문제까지 제기하게 되는 보다 심각한 양상으로 전

---

20) Keith Banting and Will Kymlicka, *Multiculturalism and The Welfare State*, Oxford University Press, 2006, "Introduction" 참조.

개되고 있다.

　근대화와 지구화가 진행되면서 국민국가, 민족사회, 사회 공동체, 개인 등은 다양하게 변화하였고, 그 과정에서 인구 이동에 따른 이민족 간의 충돌과 이문화 간의 갈등이 더욱 증폭하였다. 다문화주의는 이민자, 노동력의 국제적 이동, 난민, 망명자, 유학생 등 다양한 민족으로 구성되는 국가가 등장함으로써 발생하는 불협화음을 극복하는 문화 갈등 극복 이론으로 각광을 받고 있다.21) 역사적으로 다문화주의가 주창되기 전에는 인종정책과 관련된 동화(同化)주의가 있었고, 다른 한편 문화인류학에서 문화 상대주의(cultural relativism)가 등장하기도 하였다.

　동화주의는 각 문화를 존중하고 고유한 가치를 인정하기보다는 문화 간의 우열관계를 인정하는 가운데 강한 문화가 약한 문화를 흡수하는 이론이다. 반면 문화 상대주의는 문화 간의 상하관계는 존재하지 않는다는 주장으로서 전혀 다른 이론적 기반을 지니고 있다. 1970년대 이후 선진국에서는 동화주의와 문화 상대주의의 한계를 극복하기 위한 이론으로서 다문화주의가 등장하였다. 이는 특히 캐나다와 호주 등에서 주목을 받게 되었는데, 이는 다문화 사회의 기본원리가 되는 다문화주의가 정치 통합이나 사회 통합에 순기능을 한다고 생각되었기 때문이다. 또한 영국 등 유럽 국가들은 외국인 노동자의 증가, 주변 민족 집단과의 공존 정책으로 다문화주의를 도입하게 되었다.

　1970년대 초 캐나다에서 처음 '다문화주의'라는 용어가 사용된 후 그 적용 범위는 점진적으로 확대되어 왔다. 다문화주의는 국적, 체류자격, 인종, 문화, 성별, 연령, 계층적 귀속감에 관계없이 모든 사람이

---

21) M. Schlesinger Jr., *The Disuniting of America*, Whittle Direct Books, 1991.

보편적 권리를 가지며 그들의 삶의 방식이 존중되어야 한다는 관점이다. 다문화에 대한 시각은 한 사회의 다문화에 대한 태도, 다문화 정책과 다문화 교육, 다문화에 관한 담론에도 큰 영향을 미친다. 다문화 현상을 바라보는 시각을 크게 나누면 앞서 언급한 동화주의와 다문화주의로 구분될 수 있다. 먼저 동화주의는 이주민 등의 소수 문화가 주류 문화에 적응하고 통합되어야 한다는 입장을 견지한다. 즉, 이주민의 정착, 적응, 동화에 초점을 두는 관점이다. 반면 다문화주의는 서로 다른 문화가 공존하고 존중받으며 함께 발전해야 한다는 관점이며, 다양성과 관용, 통합을 중요한 가치로 간주한다.

동화주의에서는 이주민을 주류 사회에 편입, 동화시키기 위한 목적으로 다문화 교육이 진행된다. 넓게는 동화주의도 다문화주의의 한 부류이지만 동화주의를 뛰어넘는 진정한 다문화주의는 인종, 민족, 성별, 취향 등의 다원성이 존중되고 다양한 문화가 단지 볼거리가 아니라 가치 있는 삶의 모습으로 받아들여지도록 교육된다. 이는 미디어를 포함한 다양한 교육적 도구를 통해 이루어지게 되며, 이에 의거해서 다문화를 수용할 수 있는 감수성 배양이 요청된다. 다문화주의에서는 소수민족의 문화나 언어, 정체성을 인정하고 존중하며 지원하는 데 초점을 두면서 모두가 더불어 사는 방법을 가르치는 방향으로 다문화 교육이 이루어진다.

근대적 프로젝트가 일반성과 보편주의를 지향하고 있었다면 다문화주의는 이 같은 보편주의의 그늘 아래 경시되고 잊혀 왔던 개별성과 특수주의에 대한 배려에서 비롯되었다고 할 수 있다. 그러나 특수주의에 대한 배려가 보편주의에 대한 경시로 오해되어서는 안 된다는 우려에서 우리는 지구화 시대 보편윤리로서 지구촌 정의를 강조할 필요가 있다고 생각된다. 이는 근대의 획일적 보편성으로 이해되는 한에서 보편윤리이기보다는 개별성의 배려에 기반한 다원적 특수 간의 중첩적 합의로서의 최소한의 보편윤리로 인식될 필요가 있을 것이다. 지구촌 정의는 다원적 차이성을 존중하는 한에서 서로 공유하는바 중첩적 합의 도출에 기반한 보편성인 것이다.

(2) 보편윤리와 지구촌 정의

국제간의 정의 혹은 분배정의에 대한 심각한 논쟁은 정치철학에 있어 비교적 새로운 주제라고 할 수 있다. 이런 논쟁에 대하여 최초의 두드러진 기여는 1972년 윤리학자 피터 싱어(Peter Singer)가 『철학과 공공문제』라는 잡지에 발표한 논문 「기아, 풍요, 그리고 도덕(Famine, Affluence and Morality)」이라 생각된다. 이 글에서 싱어는 빈자나 부자의 지리적 위치와 상관없이 부유한 사람들은 빈한한 사람들을 먹여 살릴 광범위한 의무가 있음을 옹호했다. 이것이 이른바 지구촌 정의 논쟁(Global Justice Debate)의 계기가 되어 그 후 브라이언 배리(Brian Barry), 찰스 베이츠(Charles Beitz), 헨리 슈(Henry Shue), 그리고 오노라 오닐(Onora O'Neill) 등의 저술이 잇달아 출간되었다.[22]

이들 학자들은 세계의 빈한한 사람들에 대해 전통적 규범이 요구하는 바를 훨씬 넘어서는 관심을 기울여야 한다는 입장을 옹호했고, 민족국가의 경계는 적어도 정의가 문제되는 한 그 도덕적 지위가 비교적 정당 근거가 없는 자의적인 것임을 지적했다. 그러나 이 같은 입장들에 대한 이론적 반론 또한 만만치가 않았다. 민족국가가 갖는 윤리적 의의를 옹호하는 대표적 학자로는 데이비드 밀러(David Miller), 마이클 월쩌(Michael Walzer) 등 다수가 있으며, 이들 중 일부는 애국주의적 입

---

22) 황경식, 「보편윤리와 지구촌 정의」, 『자유주의는 진화하는가』, 철학과현실사, 2006, pp.186-187.

장(patriotism)이라 할 수 있고 다른 일부는 신헤겔주의적 관점에서 국가의 주권(sovereignty)을 옹호하는 이들이라 할 수 있다.[23]

또한 『정의론(*A Theory of Justice*)』을 통해 정치철학을 부활시킨 것으로 평가되는 존 롤스(John Rawls)는 그의 저서에서 국내적 정의에 논의를 국한시키긴 했으나, 배리, 베이츠, 특히 토머스 포기(Thomas Pogge) 등은 롤스의 전제를 확대 적용할 경우 세계의 빈한한 사람들에게 부와 자원을 대규모로 재분배해야 한다는 급진적 귀결로 나아가게 된다고 주장한다.[24] 우리의 입장은 롤스의 정의론을 원용한 국제 정의관에 대체로 공감하면서 국제적 분배정의가 개인권(individual rights)을 통해 가장 잘 전개될 수 있으며 국가 간의 경계는 어떤 근본적인 윤리적 지위를 갖지 않는다고 보는 데 동조하고자 한다. 나아가 지구촌 정의는 지리적 위치, 국적, 시민 자격에 상관없이 모든 사람의 생존적 이해관심(vital interests)을 옹호하기 위해 다양한 적극적 대책을 요구한다는 생각이다.

일반적으로 분배적 정의는 사람들 간에 이득과 부담의 적절한 배분과 관련되며 정의로운 배분은 각자가 자신의 몫을 누리는 것이라 할 수 있다. 그러나 더욱 중요한 것은 각자의 몫이 실제로 무엇인가를 확인하는 문제이며 이것이 바로 정의론이 구체적으로 풀어야 할 실질적 문제이다. 일반적으로 각자의 몫은 각자가 권리로서(by right) 요구할 수 있는 것과 같다고 할 수 있다. 따라서 분배적 정의는 각자에게 권리를 올바르게 귀속시키는 것이라고도 할 수 있다. 윌 킴리카(Will Kymlicka)도 비슷한 문맥에서 정의의 의미는 사람들이 사회적으로 합

---

23) Charles Jones, *Global Justice, Defending Cosmopolitanism*, Oxford University Press, 1999, p.1.
24) 위의 책, p.2.

당한 요구로 인정받을 수 있는 기반으로서 권한(entitlements)의 체계라고 말한다.25)

그렇다면 정의가 요구하는 바는 구체적으로 무엇인가? 이 문제는 최근 롤스를 비롯하여 배리, 드워킨(R. Dworkin), 코헨(G. A. Cohen), 센(A. Sen) 등 여러 정의론자들의 중심적 관심사였으며 논의는 주로 분배적 정의에 있어 평등(equality)의 적절한 의미, 즉 복지, 자원, 복지기회, 이득 접근권 등에 대한 평등과 더불어 정의론에 있어서 한편에서 행운과 운수(luck), 다른 한편에서 선택과 책임(responsibility)이 갖는 적절한 역할을 중심으로 전개되었다. 그러나 우리의 현실적 관심사는 평등이나 불평등 그 자체보다도 빈곤(poverty)이라는 특수한 문제에 있으며 이는 국제적 정의 문제를 평가하는 데 가장 시급하고 절박한 문제라 생각된다.

끝으로 분배정의와 관련해서 권리의 주체와 의무의 주체 문제가 제기된다. 권리 주체의 범위와 관련해서는 호혜적(reciprocal) 협동 체제의 참여자에게만 배타적으로 제한하자는 입장보다는 국적이나 시민권에 상관없이 모든 인간의 기본적 이해관심과 필요가 고려의 대상이 되어야 한다는 입장을 옹호하고자 한다. 또한 우리는 이상과 같은 권리의 담지자뿐만 아니라 정의의 의무를 누구에게 배정해야 할 것이며 정의의 부담 중 어느 정도를 각 개인이나 집단이 감당해야 하는지의 문제 또한 고려해야 할 것이다.26)

국제적 분배 문제와 관련하여 한 가지 더 추가적으로 논의하고자 하는 것은 이른바 실현 불가능성 반론(incapacity objection)이다. 이러한

---

25) Will Kymlicka, *Liberalism, Community, and Culture*, Oxford: Clarendon Press, 1989, p.234.

26) Charles Jones, *Global Justice, Defending Cosmopolitanism*, pp.5-6 참조.

반론은 국제적 정의의 적실성 내지 현실성을 부인하려는 시도에 있어 가장 지배적인 입장이다. 지구촌 분배정의의 문제는 그러한 분배를 현실화할 방책이 구현 가능하지 않을 경우 무의미한 것이 되고 말거나 단지 유토피아적인 것에 불과하게 된다. 당위(ought)는 가능(can)을 함축하며 현재의 여건 아래 가능하지 않을 경우 당위를 말하는 것은 의미 없는 일이 되고 만다. 비록 지구촌의 가난과 빈곤이 애석한 일이긴 하나 구제할 지구촌적 제도 체계가 전제되지 않는 한 이를 부정의라고 말하는 것은 무의미하다는 것이다.

이 같은 반론이 의미 있는 비중을 가진 시절도 있었다. 지난 인류 역사를 돌이켜 보면 지방마다 가치 있는 자원의 잉여물이 없었을 뿐만 아니라 광역적 운송수단도 없었던 까닭에 정의가 지구촌의 지역 간에 자원의 재분배를 요구한다는 말은 무의미했다. 그러나 지구촌의 부의 분배에 영향을 주게 될 기술적 능력을 갖게 된 오늘날 그 같은 분배의 도덕성에 대해 문제를 제기하는 것은 당연하다고 하겠다. 따라서 국제적 정의를 주장하는 일은 개인적이건 제도적이건 간에 자원에 대한 권리의 배분 구조를 개혁할 수 있는 인간적 역량을 인정하는 데서 시작된다고 할 수 있다.27)

지구촌 분배정의 구현의 프로젝트에 대한 또 한 가지 반론은 개인이나 국가들 간에 인생 전망이나 부 및 자원의 불평등은 자연적(natural) 불평등일 뿐이라는 주장이다. 그러나 이 같은 주장의 그릇됨은 손쉽게 반증될 수 있다. 수백만 인류가 체험하고 있는 해묵은 가난은 자연적 사실이 아니며 높은 사망률 또한 불가피한 것이 아니다. 국제간의 가파른 불평등은 경제적, 사회적 기본구조의 보수성과 완고함에 기인한 것

---

27) Onora O'Neill, *Faces of Hunger: An Essay on Poverty, Justice and Development*, Allen and Unwin, 1986, ch. 2.

이다. 따라서 도처에 깔린 가난과 기아는 자연적 운명을 뒤바꿀 수 있는 경제적, 사회적 제도를 개혁함으로써 치유될 수 있다. 현재의 곤경은 일부에 있어서 인간들이 창출한 사회구조의 산물로서 그 변혁이 실현 가능하고 바람직한 것인 한 그것은 우리 모두의 의무가 아닐 수 없는 것이다.

2) 중도 윤리: 생명공학과 전자 민주주의

(1) 생명공학과 사회적 통제

인류가 신석기시대 이래 농경생활을 시작한 이후 생물자원의 질과 생산 속도를 향상시키고자 하는 생명공학적(bio-engineering) 관심을 가진 것은 사실이다. 그러나 최근 유전공학의 발전이 세계와 인간의 관계를 끊임없이 개념화하고 조직화하는 방법에서 보여준 변화는 단순한 정도의 변화가 아니라 좀 더 근본적이고 본질적인 변화로서, 그야말로 유전공학적 기술은 질적으로 새로운 기술이라 할 수 있다.

과거의 생명공학은 자연이 부여한 종(species) 간의 차별성으로 인해 많은 제약을 받아 왔으며 가끔 종 간의 경계를 넘는 일도 일어났지만 그 정도는 극히 미미한 수준에 불과했다. 그러나 최근 발전된 유전공학 기술은 종이 가지고 있는 제한적 요소를 모두 넘어서고자 한다. 다시 말하면 새로운 기술을 이용한 조작 활동은 그 종 단계에서가 아니라 종의 유전자 단계에서 이루어진다는 것이다. 작업 단위는 이제 더 이상 유기체가 아니라 그 유기체의 유전자이며, 따라서 종의 경계를 허무는 이 같은 사건이 가져올 영향은 엄청나고 광범위하게 미치는 것이다.[28]

---

28) 황경식, 「생명공학의 미래와 사회적 통제」, 『철학과 현실의 접점』, 철학과현실사, 2008, p.95.

우선 새로운 유전공학적 기술이 자연적인 교접에 의한 생식 한계를 뛰어넘어 상이한 유기체의 유전형질을 재조합할 수 있게 된 이상 종을 독특한 성질을 가진 독립된 실체(substance)로 인식하는 것은 이제 시대착오적인 개념이 되고 있다. 자연과 인간의 관계에서 유전공학이 만들어 낸 극적인 변화로는 인체의 성장 호르몬 유전자를 쥐의 배세포에 삽입하여 생겨난 슈퍼마우스(1983), 염소와 양으로부터 배세포 융합을 통한 양-염소 키메라(1984), 반딧불의 발광 유전자를 삽입해 만들어진 발광 담배(1986) 등을 그 예로 들 수 있다.

이같이 생명공학 실험실에서 이루어지는 재조합 기술의 가능성은 거의 한계를 모른다 해도 과언이 아니다. 자연의 경계를 넘나드는 이러한 새롭고 혁신적인 생물 조작 방법은 자연에 대한 개념과 그에 대한 인간의 관계를 모두 변화시키게 된다. 이제 우리는 화학자의 시각으로 생물을 보기 시작하며 유기체나 종은 더 이상 관심의 대상이 되지 않는다. 우리는 생물의 설계도를 구성하는 수많은 화학적 유전정보에 더 관심을 집중하며, 이렇게 해서 인간은 생물의 설계자요 인간의 요구에 부응하게끔 생물의 유전암호를 조작하는 프로그래머가 된다.

이상과 같은 생명공학기술이 가져온 큰 변화는 중요한 철학적 개념의 변화를 수반하고 있다. 따라서 우리는 그러한 변화에 부응하게끔 새로운 존재의 개념을 다시 구상하고 새로운 존재론, 형이상학을 확립하지 않을 수 없다. 이 점에서 철학자 화이트헤드(A. N. Whitehead)가 구성한 과정철학(Philosophy of Process)은 지극히 시사적이라 생각된다. 실제로 화이트헤드의 철학은 생명공학의 세기의 작용 기반으로서 진화론적 우주론의 다양한 모델을 개발하는 데 활용되고 있는 것 또한 사실이다.[29] 이제 유기체를 더 이상 영구적 존재 형식으로서 실체로 보지 않고 형성되고 있는 과정, 활동하고 있는 하나의 네트워크로 볼 수 있게 되었다.

다윈의 진화론과는 달리 진화에 대한 새로운 개념은 생명을 기계장치로 보지 않고 일종의 정보 체계로 본다. 새로운 우주론은 구조를 기능으로 분해하고 그 기능을 정보의 흐름으로 봄으로써 실체로서의 종의 온전성(integrity) 개념을 거의 제거하고 있다. 모든 생물은 실체로서 접근하기보다는 추상적인 메시지로 보며 생명을 해독 가능한 암호로 보는 것이다. 중요한 것은 실재나 존재가 아니라 순수한 활동, 과정인 것이다.

생명공학의 시대에는 서로 다른 명칭을 가진 각각의 종에 대한 개념이 무수한 생물학적 조합으로 다시 프로그램화할 수 있는 정보 시스템이라는 개념으로 대체된다. 다가오는 시대에는 하나의 존재를, 특정 시기에 나타난 특별한 정보 유형으로 기술하는 것이 더욱 정확하며 생물을 잘 갖추어진 체계적인 프로그램으로 볼 때 각각의 종은 이전 세대보다 더 정보화되고 따라서 예측력이나 제어력이 더욱 우월한 것이라 할 수 있다.

진화를 계산 능력의 증대로 본다면 인간은 장래를 예측하고 제어할 수 있도록 더 많은 정보를 처리하기 위해 끊임없이 노력하는 존재로서 새로운 우주론적 체계 안에서 그 고유한 역할을 다하고 있다. 이제 생물계에서 가장 우수한 정보 처리자인 인간은 유전자 정보를 다운받고 유전공학 원리와 수단을 이용하여 자연을 다시 프로그램화함으로써 진화과정을 앞당기고 있다. 결국 생명공학기술은 자연 자체의 작용 원리를 좀 더 확대시킨 것에 불과하다고 할 수 있다.30)

---

29) Alfred North Whitehead, *Process and Reality: An Essay in Cosmology*, Cambridge University Press, 1929 참조.

30) 황경식, 「생명공학의 미래와 사회적 통제」, p.98 참조.

304

그런데 생명공학과 관련된 대부분의 문제들은, 인간 복제(human cloning)와 같이 가장 중대하고도 극단적인 문제들에서까지 윤리적 관점이든 윤리와 무관한 관점이든 시시비비를 가리기가 쉽지 않으며 반대론에 못지않게 찬성론 역시 만만치 않다고 생각된다. 우선 권리나 존엄성 등 본질적 가치(intrinsic value)와 관련된 반대 논변이 흔히 제시되고 있기는 하나, 마찬가지로 동일한 본질적 가치에 의거해서 찬성 논변을 제시하는 입장 역시 소홀히 취급하기 어려워 찬반양론이 격돌하고 있는 셈이다.

나아가 생명윤리와 관련된 제반 문제에 대해 수단적 가치(instrumental value)와 관련된 결과론적(consequentialist) 찬반 논변에 있어서도 생명공학적 성과의 빛과 그림자가 교차하면서 개인적 차원과 더불어 사회적 차원에 있어서 이해득실이 대립하고 있다. 이 경우에는 결과 예측의 불확실성이 가세함으로써 찬반 논의는 더욱 오리무중에 빠지게 된다. 우리는 이같이 생명공학의 미래에 대한 윤리적 찬반 논변이 현재로서는 승부를 가리기 어렵다는 점을 감안해서, 현실적으로 이 같은 문제에 대처하는 좀 더 효율적인 방안이 일정한 유형의 사회적 통제(social control)일 수밖에 없다는 점에 주목하고자 한다.

「생명복제기술에 대한 사회학적 성찰」이라는 논문에서 김환석 교수는 유전자복제와 생명공학의 사회적 배경과 문제점을 살핀 후, 현재의 사회구조에서 진정 위험의 원천이 되고 있는 것은 생명공학의 산업화로 표상되는 자본과 과학 간의 결합, 그리고 이에 뒤따르는 과학과 시민사회의 괴리로 판단된다고 하면서 다음과 같이 부연한다. "자본의 이윤 추구에 과학 활동이 예속됨으로써 과학과 윤리는 점점 거리가 멀어지고 과학자는 명성과 사적 이익을 추구하기 위해 점점 과열된 경쟁 구조 속에서 활동하게 되며, 그 결과 과학자 사회에서 정보의 공유나 공개적인 토론보다 비밀주의가 팽배하게 된다. 한편 과학의 진보성, 가치중립성이라는 과학주의 이데올로기에 젖어 있는 일반 시민은 과학자의 지식 독점을 용인하면서 과학의 사회 정치적 측면에 대해 무관심과 몰이해에 빠져 있을 뿐 아니라 정치, 경제, 과학 엘리트의 의사 결정권 독점으로 과학 기술에 대한 일반 시민의 참여 기회가 박탈됨으로써 시민의 가치관과 이해가 진혀 빈영되지 않는 과학 기술이 계속헤서 발전되고 있다."31)

이 같은 현실에 대응해서 우리에게 유용하다고 판단되는 제도 중 하나로 최근 유럽의 과학 기술 정책에서 큰 주목을 받고 있는 합의 회의(consensus conference)라는 방식에 관심을 가질 필요가 있다. 이는 생명공학처럼 정치적, 사회적으로 쟁점이 되는 과학 기술적 주제에 비전문가인 보통 사람들이 전문가와의 조직화된 공개토론을 통해 정리된 견해를 매스컴에 발표함으로써 시민사회의 여론 형성과 정책 결정에 영향을 미치는 새로운 시도이다. 덴마크에서 시작된 이 제도는 현재 유럽 여러 나라들에 폭넓게 확산되고 있으며, 최근 우리나라에서도 부분적으로 시행되고 있다.

이와 더불어 이와 같은 활발한 시민 참여를 위한 토대로서 과학 기술과 사회(STS) 교육의 필요성도 강조되어야 할 것이다. 우리의 사회화 과정에서 인문사회계와 이공계 간의 고착된 깊은 골을 메움으로써 일반 시민에게 먼 세계의 암흑상자처럼 되어 버린 과학 기술에로의 길을 열어야 한다. 결국 이같이 생각할 때 생명공학이 던지는 제반 문제를 푸는 관건은 시민에게 달려 있다는 것으로 귀결된다. 그동안 일반 시민에게 주어진 역할이란 기술 정책의 일방적 홍보 대상이 아니면 이

---

31) 김환석, 「양의 복제, 시민의 침묵」, 『생명 의료 윤리』, 동녘, 1999, pp.215-216 참조.

306

미 정해진 과학 기술 문명의 소비자일 뿐이었으나, 시민이 이제 그러한 굴레에서 벗어나 과학 기술을 민주적으로 통제할 수 있는 주체로 설 수 있느냐 없느냐에 미래가 달려 있다 할 수 있을 것이다.

(2) 협치사회와 전자 민주주의

과학 기술 문명 일반의 운명에 대해서도 그러하듯 정보사회의 미래에 대해서도 상반된 두 가지 전망이 있다. 정보사회를 긍정적으로 보는 시각에 따르면 급속히 발전하는 통신기술은 정보에 대한 보편적이고 즉각적인 접근을 가능하게 함으로써 점진적으로 부자와 빈자, 특권 계층과 소외 계층 간의 간격은 사라질 것이고, 정치적 영향력은 더욱더 광범위하게 공유될 것이라 한다. 개인용 컴퓨터가 위대한 평균자(great equalizer)로서 기능함에 따라 중앙집권적 권위에 의한 지배, 사회적 위계질서와 군림은 퇴조할 것이라 한다. 낙관적 정보 이론가들은 정보사회의 진보적 특성을 부각하기 위해 피라미드 구조에 의해 지배되는 엘리트 정치체제인 사업국가는 애초부터 그것이 약속한 민주주의와 양립 불가능한 것이었으며 정보사회에서야 비로소 진정한 민주사회의 실현을 목격하게 될 것이라고 말한다.[32]

대표적인 정보사회 이론가인 존 나이스비트(John Naisbitt)는 정보사회의 도래를 다음과 같이 환호하고 있다. "컴퓨터는 피라미드를 단숨에 파괴할 것이다. 과거 우리는 사람들이 하는 일을 추적하기 위해 수직적이고 피라미드적인 경영 체계를 필요로 했다. 이제 컴퓨터가 이 일을 대신하기 때문에 우리는 우리의 제도를 수평적으로 재구조화할 수 있게 되었다."[33] 미국의 앞날을 예측하는 『메가트렌드(*Megatrends*)』

---

32) 강정인, 「정보사회와 원격 민주주의」, 계간 『사상』, 1995년 가을호.
33) John Naisbitt, *Megatrends*, New York Warner, 1984, p.282.

에서 나이스비트는 정치 영역에 있어서 정보사회의 두 가지 추세를 다루는데 그것은 중앙집권에서 지방 분권화의 추세와 대의민주제에서 참여민주제로의 경향이다. 컴퓨터 과학자 릭리더(J. C. R Licklider)는 "대중적인 네트워크의 형성으로 정치 과정은 본질적으로 거대한 화상회의(teleconference)가 될 것이다"라고 하면서, 정보혁명은 시민들에게 새로운 정치적 참여의 시대를 열어 주는 열쇠가 될 것이라고 주장한다.34)

앨빈 토플러(Alvin Toffler) 역시 정보사회에 있어서 종래 산업사회의 기본단위였던 국가는 권력의 일부를 지방 공동체로 이양하는 지방분권화와 국가의 역량을 넘어서는 문제들을 국제 규모의 조직에 이관하는 세계화 추세로 인해 그 권력이 위축되고 해체될 것으로 본다. 나아가 토플러는 미국을 비롯한 선진 산업국가에 있어서 경직되고 융통성 없는 대의 민주제의 위기를 지적하고, 정보사회에 힘입어 21세기 민주주의의 기본원리로서 다양한 소수자의 의견을 존중하고 그 결합을 유도하는 소수파 권력의 인정, 준직접민주주의(semi-direct democracy), 그리고 결정권의 분산이 바람직할 뿐만 아니라 실현 가능하다고 말한다.

미국의 정치학자 아터턴(F. C. Arterton) 역시 정보기술의 민주적 잠재력에 관한 미래학자들의 낙관적인 견해가 "커뮤니케이션 미디어의 이용을 통한 직접민주주의의 확립이라는 슬로건으로서 원격 혹은 전자민주주의(teledemocracy)라는 용어를 유행시켰으며, 그 결과 대의 기구는 불필요하게 될 것이고 시민들은 진정 스스로를 지배하게 될 것이라는 전망을 낳게 되었다"라고 지적한다.35) 또한 토플러는 단순히 직접

---

34) J. C. R. Licklider, *Computers and Government*, Cambridge, Mass: MIT Press 참조.

민주주의가 바람직하다는 전제에서 그 가능성을 역설할 뿐만 아니라 직접민주주의의 불가피성이 점증함을 강조하고자 한다. 미래 사회를 관리해 나가는 데 필요한 결정의 양이 갈수록 복잡, 다양해지기 때문에 이러한 정치적 부담이 엘리트의 더 광범위한 확대와 일반 시민들의 민주적인 정치 참여를 통해 분담될 수밖에 없으며, 그런 의미에서 직접민주주의는 선택 문제가 아니라 진화의 필연적인 결과가 된다는 것이다.

그러나 정보기술의 민주적 잠재력에 대한 이상의 낙관론 못지않게 그에 대한 비관적 전망에서 비판적 입장에 서는 사람들도 적지 않다. 우선 루소와 같은 직접민주주의자가 주장한 필수요건으로서 정치인과 시민 간의 면접적 커뮤니케이션에 바탕한 친숙함을 전자 민주주의에서는 기대할 수 없으며, 나아가 원격 정치는 대중매체에 의한 실체의 노출보다는 외양의 조작을 통해 정치의 대중 조작과 연예화를 강화할 우려가 있다. 또한 로텐스트라이히(N. Rotenstreich)가 지적한 것처럼 고전적인 직접민주주의 이론이 기대하는 것과는 달리 결정이 수반되지 않는 방관자적 참여, 곧 소극적 참여를 결과하는 데 그칠 가능성이 존재하며 정보 과부하 현상은 오히려 일반 시민들의 정치적 무력감과 방관자 의식을 증대시킬 수 있다는 것이다.36)

나아가 앞서 지적한 정치의 대중 조작 및 정보 과부하에 따른 일반 시민들의 정치적 무력감과 무관심의 증대 현상은 첨단의 통신 전자 장치를 소수의 엘리트가 장악하는 현상과 결합할 경우 역사상 유례없는 정보 정치나 전제정치가 출현할 위험이 제기된다. 원격 정치의 장비는 시민들이 중앙의 컴퓨터와 직접 연결하여 자신들의 선호나 의견을 표

---

35) F. Christopher Arterton, *Teledemocracy*, Beverly Hills: Sage, 1987 참조.
36) Nathan Rotenstreich, *Technology and Politics*, New York: Free Press, 1972 참조.

현하고 필요한 서비스나 정보를 요청하는 장치를 전제로 할 것이다. 그럴 경우 중앙의 컴퓨터는 일반 시민의 가정을 탐색하고 개별 사용자의 정치적 성향이나 선호 등 사생활과 관련된 모든 정보를 추적함으로써 그야말로 조지 오웰(George Orwell)의 『1984』를 방불하게 하는 전제주의 국가를 창출할 위험마저 갖고 있다는 것이다.

전자 민주주의(teledemocracy)는 뉴미디어와 정보기술의 획기적인 발전으로 인하여 정치과정에의 시민 참여를 확대하여 민주주의 체제의 위기에 대한 하나의 보완책으로서, 그리스의 직접민주주의 이상을 실현할 수 있는 현실적 가능성을 가진 21세기의 새로운 정치체제의 하나라 할 수 있다. 그런데 우리는 이 같은 전자 민주주의라는 개념의 용례를 더 확대해서 사용함으로써 트렌드로서의 전자 민주주의적 성향을 포괄적으로 지칭하고자 한다. 우선 전자 민주주의가 반드시 전자투표 등과 같이 현실적으로 차용된 제도로서의 전자 민주주의가 아니라, 정치적 의사 결정과 관련해서 정보를 제공하고 토의와 합의를 유도하는 다양한 정치적 활동을 의미할 수 있다는 점이다. 또한 의사 결정의 내용도 반드시 정치적인 것이 아니라, 다양한 사회적 주제들과 관련된 문화 전반적인 의사 결정 절차를 지칭할 수도 있다는 점이다.

이상과 같이 정보통신기술의 발달에 따른 전자 민주주의의 구현은 현재의 대의 민주주의를 보완, 발전시키는 방향으로 전개되는 것이 현실적으로 합당해 보인다. 그러나 이러한 전개는 단지 정보통신기술을 정치과정에 도입하는 것으로 충분하지 않으며 사용 주체, 사회제도적 기반, 기술적 보완 등에 관련된 문제들이 뒷받침되어야만 가능할 것이다. 특히 정보통신기술의 발달이 대의 민주주의의 문제점을 보완하고 정치 발전을 가져오기 위해서는 무엇보다도 정보기술의 사용 주체인 정부, 일반 국민과 시민운동단체들의 적극적인 자세와 인식의 전환이

필요하다. 또한 사이버 공간이 활발한 정책 토론의 공론장을 제공하고
정책 결정에 영향을 미치기 위해서는 익명성을 관리하는 가운데 성숙
한 토론문화가 제대로 갖추어야 할 것이 선결 과제가 아닐 수 없다.

3) 미시 윤리: 자아 정체성과 익명성의 문제

(1) 다중 자아와 자아 정체성의 위기

적어도 근세 이후 서구의 전통적 발상에 따르면 인간이 도덕적 행위
주체가 되기 위한 요구 조건은 인간 자아의 동일성(identity) 내지 통합
성(integrity), 즉 자아 정체성이라 할 수 있다. 행위의 주체가 거주하고
책임의 귀속이 가능하기 위해서는 다양한 가운데 통합성을 유지하고
변화 속에서도 동일성을 유지하는 거점이 요구되는 것이다. 특히 이 같
은 발상이 권리와 의무의 주체로서 인간의 개체성(individuality)을 확
립하고자 한 근대철학에서 강조된 것은 당연하다 하겠다.[37]

경험과 지식의 객관성을 확보하기 위해 경험과 지식에 대한 1인칭
관점(first-person)을 확립하고자 했던 데카르트를 위시해서 자아 정체
성에 대한 요구는 이론이성 및 실천이성 모두에서 선험적 입지를 내세
웠던 칸트에 이르러 그 절정에 다다른다. 그러나 자아의 통합성이나 동
일성에 대한 이 같은 요구는 현실적이기보다는 요청적인 것이었고, 사
실 서술적(descriptive)이기보다는 규범적(prescriptive)인 성격이 강하
다고 할 수 있을 것이다.

칸트주의자에게 자아는 인식과 행위의 아르키메데스적 거점이었고
자아 정체성은 전부 아니면 전무(all or nothing)의 문제였다. 그러나

---

37) Jon Elster, ed., *The Multiple Self*, Cambridge University Press, 1985 참조.

같은 시대에 경험론적 기반에 선 공리주의자들에게 자아의 동일성이나 정체성은 현재의 자아(present self)와 미래의 자아(future self) 사이의 기억(memory)에 의해 연계되는 정도의 문제(matters of degree)였다. 공리주의에서 자아는 쾌락의 그릇에 불과하며 따라서 현재의 자아와 미래의 자아 간의 관계는 자아(my self)와 타아(other self) 간의 관계와 본질적인 차이가 없다. 그러므로 공리주의는 개체와 개인격에 집착하는 의무론이나 권리론과 길을 달리하며 다수자의 행복 극대화를 지향하는 결과론으로 나아간 것이다.38)

현대의 일부 심리학자들은 자아 동일성의 문제를 자아의 해체 쪽으로 더 강력하게 전개한다. 자아는 우리가 상식적으로 생각하는 중심의 관망자(middleman)나 중앙의 의미 산출자(central-meaner)일 수는 없으며 우리의 뇌 속에도 행위 속에도 그런 존재는 없다는 것이다. 이들에 따르면 자아의 실상을 포착하기 위해서 우리는 데카르트 이래의 관료제적인 발상을 포기해야 한다는 것이다. 우리의 자아는 복합 다양한 의식의 흐름을 연출하는 병렬회로들(뇌의 가소성에 기반한) 이상도 이하도 아니며, 이런 뜻에서 다중 자아들(multiple self)만 있을 뿐이라고 한다. 이런 다원적 자아들 너머 배후의 실체를 추적한다든지 이를 공고히 하기 위해 고정된 틀을 짜는 개인적, 사회적 노력은 자아에 대한 잘못된 개념에 기반한 것으로 본다.

사이버 철학자 터클(Sherry Turkle)은 자주 사이버 공간에 있어서 자아 정체성 문제를 프로이트의 정신분석학과의 유비를 통해 설명하고자 한다. 그에 따르면 프로이트의 무의식 개념은 원래 행위 주체로서 단일한 통일적 자아의 개념을 의문시하는 데서 시작된다고 한다. 프로이트

---

38) Derek Parfit, "Later Selves and Moral Principles", Alan Montefiore, ed., *Philosophy and Personal Relation*, Routledge, 1973 참조.

에 따르면 우리는 자신이 진정 무엇을 원하는지조차 모르며 우리의 욕구는 복잡한 억압의 과정을 거쳐 우리로부터 숨어 있다는 것이다.[39] 따라서 프로이트는 자아를 탈중심화시키고자(decentralized) 했지만 그의 후속자들 중 자아 심리학자들(ego psychologists)로 알려진 일단의 학자들은 자아의 중심적 권위 회복을 추구했다는 것이 터클의 해석이다. 자아 심리학자들은 자아를, 세계를 바라보는 안정되고 객관적인 플랫폼으로 생각하며 심리 현상들을 통합하는 능력을 가진 것으로 간주했다. 그러나 터클은 이들이 프로이트 정신분석학의 기본의도를 망각한 것으로 서술한다.

여하튼 우리가 살고 있는 탈근대적 시대에 있어 다중 자아 정체성(multiple identity)은 이제 더 이상 주변적인 담론만은 아니다. 이미 많은 사람들이 자아 정체성을, 여러 역할들이 뒤섞이고 만나며 그 다양한 요구들이 서로 중재될 필요가 있는 일련의 역할 체계로 경험하고 있다. 많은 사회학적, 심리학적 이론가들이 정체성에 대한 새로운 경험을 포착하고자 노력하고 있는데, 예를 들면 리프턴(R. J. Lifton)은 그것을 다면적 자아(protean self)라고 부르고, 게르겐(K. Gergen)은 그 가면의 다양성을 삼투된 자아(saturated self)로 묘사하며, 마틴(E. Martin)은 유기체, 인격, 조직체의 고유한 특징으로서 신축적 자아(flexible ego)를 이야기하고 있다.

그렇다면 우리는 어떻게 다중적이면서도(multiple) 동시에 정합적인(coherent) 존재일 수 있는가? 『다면적 자아』라는 책에서 리프턴은 외견상 모순으로 보이는 이 문제를 해결하는 일에 몰두한다. 우선 그는 통일적인 단일한 자아관(unitary view of self)은 안정된 상징, 제도, 관

---

39) Sherry Turkle, *Life on the Screen: Identity in the Age of Internet*, Simon and Schuster, 1995, p.140.

계를 중심으로 한 전통문화에 대응한다고 가정한다. 리프턴은 이러한 단일한 자아관이 더 이상 지탱될 수 없는 이유는 전통문화가 해체되었기 때문이라고 진단하고 그러한 상황에 대한 몇 가지 대응책을 논의하고 있다. 리프턴에 따르면 정체성 위기에 대한 한 가지 응수는 통일성을 그냥 독단적으로 고수하는 길이며, 또 하나는 종교적 근본주의와 같은 믿음의 체제로 복귀하는 것으로서 순종을 강제하는 방안이다. 세 번째 대안은 분열된 자아 개념을 그대로 수용하는 것인데, 이 또한 지극히 위험한 대안으로서 그것은 도덕적인 내용과 지속 가능한 내적 형식을 결여한 유동성으로 귀결될 것이기 때문이다. 그러나 리프턴은 다른 또 하나의 가능성을 제안하는데, 이는 건강한 다면적 자아(protean self)라 부를 수 있다. 그것은 프로메테우스처럼 유동적 변화를 겪되, 정합성과 도덕적 전망에 근거를 둔 것이다. 그것은 다중적이지만 통합적인 것으로서 이를 통해 우리는 단일한 자아가 아니면서도 하나의 자아감(a sense of self)을 가질 수 있다고 한다.40)

한 극단에 있어서 통일적 자아는 그 단일성을, 그에 맞지 않는 다른 모든 것을 억압함으로써 유지하게 된다. 물론 이러한 모형은 분명히 규정된 규칙과 역할을 가진 상당히 강고한 사회구조 내에서 잘 기능할 수 있을 것이다. 다른 극단에는 다양하게 분열된 인격 장애(MPD)로 고통당하는 존재가 있는데, 그 다중성은 서로 동등하게 억압적인 완고성의 맥락에서 성립하는 것이다. 자아의 부분들 간에 수월한 의사소통이 불가능하며 의사소통 방식도 일방적이고 유형화된, 이른바 상호관계를 맺지 못하고 파편으로 존재하는 분열된 다중 인격이다.

그러나 다중 인격 장애에 있어 그 혼란이 각각의 자아가 보호할 비

---

40) Robert Jay Lifton, *The Protean Self, Human Resilience in an Age of Fragmentation*, New York: Basic Books, 1993, p.192.

밀을 차단하기 위해 자아들 간에 강고한 벽을 필요로 하는 것이라면, 다중 인격 장애에 대한 연구는 단일하지 않으면서 여러 측면들 간에 유동적으로 접근 가능한 건강한 자아를 생각할 방도를 제시해 줄 수 있을 것이다. 따라서 단일한 자아와 다중 인격 장애라는 두 극단에 대해서 우리는 신축적인 자아(flexible self)를 상정할 수 있을 것이다. 이러한 자아의 본질은 단일하지가 않으며 그 부분들 또한 안정적인 존재가 아니다. 그 각 측면들은 쉽사리 순환할 수 있으며 이들은 서로 부단한 의사소통을 통해 변화하게 된다. 이는 철학자 데넷(Daniel Dennett)이 의식의 다중 이론에서 유동적 자아에 대해 언급하고 있는 점과도 상통하는 것이다.41)

자아관은 사회나 공동체관과도 유사한 방식으로 설명할 수가 있다. 통일된 완고한 자아관은 전체적인 통일국가와도 유사하다. 그것은 전체주의적 질서가 일사불란하게 유지되기 위해 그 이념에 맞지 않는 다양한 견해들이 유린된다. 이에 비해 유동적 자아관은 그 다중성이 민주적 사회질서를 방불하게 한다. 개별적 부분들이 가능한 한 자신의 개성을 최선의 방식으로 표현하는 데 비해, 그 전체적 모습은 다소 갈등적이거나 조화적일 수도 있고 전체적 구성은 일사불란한 통일이나 통합보다는 다소 느슨한 연결 상태를 보이거나 경우에 따라 무질서나 무정부적 혼란 상태로 나아갈 수도 있다. 하지만 여기에서 더 중요한 것은 통일성의 결여가 반드시 혼란 상태를 의미하지는 않는다는 점이다.

끝으로 우리는 다중 자아가 현출되는 가상공간이 잠정적이고 과도적인 공간임에 주목하고자 한다. 해리스(Leslie Harris)의 지적대로 가상 경험이 우리가 사물을 보는 방식을 변화시키는 인지적, 정서적 배경

---

41) Daniel C. Dennett, *Consciousness Explained*, Boston: Little, Brown and Company, 1991.

의 일부를 이루는 것으로서, 가상공간에서의 체험 결과는 현실의 생활 공간으로 이전, 전이되어 강한 영향을 미치게 된다는 것이다. 사랑, 결혼, 부성애 등에 대한 가상 경험이 현실 자아의 관점을 교정, 치유, 강화시키는 갖가지 예화들이 보고되고 있다. 이는 마치 성공적인 정신분석에서 보듯 분석 공간을 통해 환자와 의사의 만남이 종결될 경우 그 체험이 환자의 인격 속에 내면화되어 그의 삶을 치유, 고양시키는 순기능을 하게 되는 것과 마찬가지다.

나아가서 가상 세계에서의 체험은 불교도들이 수행을, 강을 건너 다른 언덕, 즉 대자유와 해방에 이르는 '뗏목(raft)'이라고 말한 것이나, 현대 언어철학자 비트겐슈타인(L. Wittgenstein)이 그의 철학적 작업을 독자들로 하여금 새로운 수준의 이해에 도달하기 위해 이용한 후 버리게 될 '사다리(ladder)'에 비유한 것과도 유사하다.42) 가상공간은 그것이 인터넷에 의한 것이건 정신분석에 의한 것이건, 혹은 학문적 활동이건 예술적 상상력에 의한 것이건 상관없이, 현실적 자아의 고통을 해소하고 병증을 치유하며 부족한 점을 개선하고 질적으로 고양하고 풍부하게 할 지렛대로 간주되어야 하며, 그런 의미에서 가상공간을 보잘것없는 것으로 보거나 과대평가해서 거기에 중독되거나 익사되어서는 안될 것이다.

(2) 사이버 공간과 익명성의 문제

전통사회의 해체로부터 도래하는 시민사회는 낯선 사람들(strangers)이 상이한 이해관계를 중심으로 이합집산하는 익명적(anonymous) 공간이라 할 수 있다. 그러나 시민사회적 공간이 보장하는 익명성은 어떤

---

42) Sherry Turkle, *Life on the Screen: Identity in the Age of Internet*, p.263.

점에서 부분적 익명성이라 할 수 있다. 공적 자아와 사적 자아는 상호 밀접하게 연계되어 있어, 비록 사적 자아가 숨겨진다 해도 그 정체는 쉽사리 확인될 수 있다. 그러나 정보사회가 제공하는 사이버 공간의 익명성은 이에 비해서 더 입체적이고 더 철저히 보장되는 익명성이다. 여기에서 익명성이 갖는 두 가지 가능성, 즉 빛과 그림자는 사이버 공간에서 더욱 강화되고 증폭되어 나타나게 된다. 익명성은 무한히 해방적인(liberating) 측면을 갖는 동시에 무한히 범죄적인(criminal) 측면을 가질 수 있는 것이다.[43]

현실 공간에서의 만남이란 직접적인 대면인 반면 사이버 공간에서의 교류는 메시지의 교환이다. 이런 교류에서 사람들은 비교적 자신에 대한 노출 없이 타인과의 관계를 형성할 수 있으며 이런 익명성은 현실 세계와는 다른 새로운 인간관계를 나타나게 한다. 이 관계의 핵심은 바로 개인의 자아 정체성의 변화라 할 수 있다. 사이버 공간에서는 현실에서 도저히 불가능한 창조적 경험을 하게 되고 현실에서는 표현하지 못하는 자신의 모습을 창조할 수 있다.[44]

사이버 공간의 대화에서는 자신이 타인에게 보여주고 싶은 모습을 가능한 한 거칠고 통제되지 않는 방식으로 나타내고자 하는 욕구가 작용한다. 이처럼 자신의 모습을 가능한 한 다양하고 예측할 수 없게끔 나타내려고 하는 것은 다양한 자신의 변신 속에서 경험하는 우월감과 통제감의 환상 때문이다. 사이버 공간에서 나타나는 다양한 자기의 모습에 대한 흥미와 관심은 지극히 나르시스적이라 할 수 있다. 여하튼 이는 바로 사이버 공간에서의 자신의 정체성 발견 과정이고 복합 정체

---

43) 황경식, 「사이버 시대, 정체성의 위기인가」, 『자유주의는 진화하는가』, 철학과현실사, 2006, p.600.
44) 황상민, 「사이버 공간 속의 인간관계와 심리적 특징」 참조.

성의 창조 과정이며, 이는 사이버 공간의 해방적 측면이라 할 수 있을 것이다.

그러나 이 같은 해방의 측면과 표리의 관계가 있는 것으로서 사이버 공간의 익명성이 갖는 범죄적 측면 또한 주목할 필요가 있다. 현실 세계에서 폭주족들이 자신의 존재를 굉음이나 스피드를 매개로 해서 나타내고자 하는 욕망을 갖는다면, 사이버 공간에서는 지나친 음란성이나 상대방에 대한 무례한 행동, 그리고 억제된 자신의 모습을 거칠게 표현하는 일 등이 통제 없이 이루어지게 된다. 마치 어린이가 장난감이나 인형으로 하나의 놀이 세계를 만들어 내듯, 청소년들은 사이버 공간 속에서의 다양한 성격이나 역할을 통해 하나의 놀이 세계를 만들게 된다. 그러나 사이버 공간의 놀이 세계는 그 익명성으로 인해 탈선적 범죄 욕구가 증가되어, 최악의 경우 복마전적 마귀 소굴이 될 우려가 있게 된다.45)

우리는 사이버스페이스나 거기에 나타나는 가상현실의 전개를 막을 수가 없으며, 그것은 실로 인간에게 주어지는 새로운 가능성이기도 하다. 다원화와 더불어 억압으로부터의 해방, 상호작용의 무한한 확산 등 이러한 가능성은 인류 역사상 주어진 적이 없는 것들이다. 그러나 바로 거기에 윤리적 진공 상태가 배태되고 윤리적 선택 행위의 가능 조건인 자율적 자아의 해체에 당면하게 된다. 자아의 해체에는 원초적 본능인 리비도의 해방, 윤리적 파트너로서의 타자의 거부, 그리고 결국 사회와 역사의 허무화라는 경향이 잠복할 수가 있다. 따라서 정보화 세계가 이 같은 윤리적 진공 상태를 벗어나고자 할 경우 그것은 파열된 자아의 상처를 보듬어 주는 자아의 배려, 리비도의 탐닉으로 빨려 들어가지 않

---

45) 위의 논문 참조.

는 절제적 자아의 발현을 위한 자아의 격려를 통해 증발의 위협 앞에 있는 윤리적 행위의 가능 조건을 확보하는 일이다.46)

초기 컴퓨터 윤리학을 정립하는 데 기여했던 무어(J. Moore)는 「컴퓨터 윤리학이란 무엇인가?」라는 논문에서, 익명성에 따른 보이지 않는 오용(invisible abuse)을 위시한 컴퓨터의 불가시적 요소를 정보통신 혁명과 사이버 공간에서 가장 중요한 측면으로 간주한 바 있다. 또한 존슨(Johnson)도 익명성을 전 지구적, 다면적 영역, 그리고 복제성과 함께 사이버 공간에서 가장 중요한 세 가지 특성으로 간주한다. 그리고 랭포드(Langford)도 전 지구적 규모, 익명성, 상호작용성을 인터넷의 가장 중요한 특징으로 들고 있다. 또한 정보통신기술 사용에서의 일곱 가지 유혹을 포착했던 루빈(R. Rubin)은 소통 매체의 복제성, 심미적 매료감, 범죄에의 유혹, 국제적 영역, 파괴력과 함께 익명성과 프라이 버시를 포함시키고 있다.

사이버 범죄를 논하는 경우 익명성은 언제나 가장 중대한 이슈로 거론되고 있다. 사이버 범죄는 비대면성, 익명성, 시공적 무제약성, 범죄의 발각 및 입증의 어려움, 자동성 및 반복성을 그 주요한 특징으로 하고 있다. 물론 현실의 생활공간에서도 미궁에 빠진 사건이 많으나 대부분의 범죄 현장에는 범인의 출현으로 말미암은 다양한 증거들이 잔존한다. 그래서 범죄의 물리적 주체가 확인 가능한 현실 공간에서는 범의, 즉 범죄 의도가 범죄를 구성하는 가장 중요한 여건이었다. 그러나 사이버 공간에서는 범죄의 물리적 실체의 파악이 범죄를 입증하는 더욱 비중이 큰 요소로 간주된다. 사이버 공간에서의 익명성은 보다 구체적으로 육체 이탈(disembodiment)과 신원적 정체의 불가시성(invisi-

---

46) 이종관, 「가상현실의 형이상학과 윤리학」, 『철학』, 5집, 1998 참조.

bility)이 결합되는 방식에 의해 증폭된다. 사이버 공간에서는 대면적 상호작용에서 발견되는 단서나 기호 등 많은 것이 탈각됨으로써 문서화된 정보만이 제공되므로 비대면적인 익명성이 강화될 수밖에 없는 것이다.

그러나 앞서도 지적한 것처럼 정보통신사회에서 익명성의 보장은, 비록 익명성이 사이비 범죄를 위시한 갖가지 역기능을 가지고 있기는 하나, 푸코가 경계했던 원형 감옥인 판옵티콘과 같은 전자 감시 사회에서 프라이버시를 지킬 수 있는 최후의 교두보로서 매우 긴요하고도 중대한 사안인 것이다. 따라서 우리는 익명성에 관련된 순기능과 역기능의 야누스적 얼굴 앞에서 익명성에 대한 일면적인 혹은 일방적인 단순 해결책에 대해 경계해야만 할 것이다. 이러한 관점에서 하버드 대학 법학과 리(G. B. Lee) 교수의 익명성 문제에 대한 해결이 다음 세 가지 도전에 직면하고 있다는 지적에 주목할 필요가 있다.

그 첫 번째 도전은 익명성의 문제 해결이 익명성의 부정적 측면을 견제하는 동시에 긍정적인 측면을 조장하는 방식으로 구현될 수 있는 가이다. 두 번째 도전은 사이버스페이스는 그 속성상 법적인 규제에 대한 일반적인 반발이 많은 곳이므로 어떻게 최소 규제의 조건을 충족시킬 수 있는가이다. 세 번째 도전은 어떤 규제가 설령 실시되었다고 해도 그것이 과연 다양한 기술적 회피책과 그 실현의 국제적 제약을 감안할 때 실행이 가능한가이다.

익명성 문제에 대해서 흔히 가장 손쉬운 해결책이라고 생각되고 있는 정보 실명제도 과연 이러한 세 가지 도전에 응답할 수 있을 것인가를 심각하게 숙고할 필요가 있다.

4. 지구촌, 해체 시대의 중심 잡기

1) 일반인의 소양으로서 실천윤리학

이미 앞서 논의한 바와 같이 우리는 과학 기술의 발전에 기반한 시공간의 축약으로 도래한 지구촌 시대에 살고 있으며, 또한 해체, 탈구조화, 연성화 혁명의 시대에 안정된 거점도 없이 떠도는 유목적 삶을 살고 있다. 이 같은 불안정한 위험사회, 해체 시대에 우리는 안정된 거점에 바탕한 윤리적 중심 잡기를 희구하게 된다. 물론, 오늘날 우리에게 가능한 중심 잡기는 (불안정한 혼란을 견제하기 위한) 최소한의 규범(minimum morality)에 의거한 균형이며 가능한 한 당면 사태들의 정보에 바탕을 둔 합리적 균형일 것으로 기대된다. 그러기 위해 우리는 세 가지 측면에서 윤리적 각성과 윤리교육을 제안하고자 한다. 첫째는 모든 일반인들이 조만간 당면하게 될 사태들에 대한 실천윤리적 교육을 통해 중심 잡기의 기초 소양을 갖추는 일이다. 다음은 위험사회의 사회안전망으로서 전문직 종사자들의 공인으로서의 윤리교육과 도덕적 역량을 확보하는 일이다. 끝으로 고도 기술사회에서 발생할 갖가지 문제들에 대해 윤리 전문가 양성과 그들로 이루어진 커미티를 운영하는 일이다.

실천윤리학이란 윤리학의 응용 내지 응용윤리학(applied ethics) 분야라 할 수 있다. 여기에서 윤리학이란 이론 규범윤리를 말하며 그것을 여러 가지 현실 문제(의료, 정보, 생태, 법 등)에 적용하는 것을 응용윤리라 부르고자 한다. 그런데 응용윤리적 접근법은 주로 구체적인 사례 연구(case study)에 의거하고 있는 까닭에, 규범윤리의 이론이 확립된 후 그것을 구체적 사례에 적용한다는 의미로 응용윤리를 이해할 이유는 없다. 구체적인 윤리적 사례 연구를 통해서 새로운 규범 이론이 형성될 수도 있으므로 이론과 응용은 일방적 관계에 있다기보다는 쌍방향적 상호작용의 관계에 있다 할 것이다.

그래서 오해의 소지가 있는 응용윤리라는 용어보다는 윤리학자 피터 싱어(Peter Singer)가 제안한 실천윤리학(practical ethics)이라는 용어가 더 적합할지도 모른다. 현실의 실제 상황이나 실천적 맥락에서 제기되는 구체적인 윤리적 문제를 논의한다는 점에서도 그러하지만 논의의 귀결이 단지 이론적 관심이나 흥미에 그치지 않고 실천이나 행동과 직접 관련된 함축을 지닌다는 점에서도 그러하다. 그러나 윤리 문제에 대한 철학적 논의는 어디까지나 이론일 뿐 실천 그 자체는 아닌 까닭에 실천윤리학이라는 용어도 다소 부적합하다는 지적이 있을 수 있다. 그런 의미에서 실제 윤리학 내지 현실 윤리학이라는 번역어가 더 적실하다는 제안이 있을 수 있다.

응용윤리학이건 실천윤리학이건 간에 그 실용적인 의도는, 다루는 문제들이 지금 당장 우리가 당면하고 있는 것은 아닐지라도 언젠가 그 같은 문제에 당면하게 될 경우 당황하지 않고 보다 지혜롭게 해법을 찾을 수 있게끔 '미리 생각해 두기(thinking ahead)'라는 점에서 예방윤리학(preventive ethics)이라는 용어와도 상관된다는 생각이다. 의료에도 병이 난 후에 필요한 치료의학이 있고, 병이 나기 이전에 미리 조심하고 예비하는 예방의학(preventive medicine)이 있는 것과 같은 이치이다. 생명 의료, 정보 사이버, 생태 환경, 법, 성 등과 관련된 문제는 시민 모두가 언젠가 당면하게 될 문제인 까닭에 그와 관련된 윤리적 선택 문제를 두고 사전에 문제의 개요와 해법들을 공부하고 성찰해 두는 것은 시민 모두의 기초 소양이라 할 만하다.

끝으로 이 같은 응용, 실천, 예방 윤리의 연장선상에 특수 전문직 윤리(professional ethics)가 있다는 점에서 주목할 필요가 있다. 각 분야의 문제들은 일반 시민들이 누구나 당면하게 될 문제이기는 하나, 이 같은 문제들은 경우에 따라 매우 복잡다단한 구조를 갖고 있어 일반인의 식견을 넘어 보다 전문적인 지식을 기반으로 해서 이해되고 해법이 제시되어야 할 문제이기도 하다. 그래서 사회적인 제반 문제들도 일반 시민들의 관심사인 동시에 때로는 전문직 종사자의 특별한 조언과 상담이 요구되는 문제이다. 따라서 실천윤리와 같이 각 윤리적 사안들에 대한 이해가 일반인의 소양으로서 요구되는 바에서 비롯해서 특수 전문직의 상담이 필요한 전문직 윤리 내지 윤리 전문가(moral expert) 수준의 윤리에 이르기까지는 연속적인 스펙트럼이 있다 할 것이다.

1950년대에 사회철학자 라슬렛(Peter Laslett)은 "정치철학은 이미 죽었으며 도덕철학은 분명 상처투성이로 비틀거리고 있다"고 단언했다. 미국의 경우를 살펴보면, 어떻게 살아야 하며 어떤 나라를 창출할 것인지 등에 대한 근본적인 물음은 당시의 풍요한 사회에 의해 대체로 해결되었다는 입장이 널리 퍼져 있었다. 하지만 1960년대 국내외의 격변은 미국의 기성 지성계에 하나의 충격으로 받아들여졌다. 베트남 전쟁, 흑인 시민권 운동, 여권신장운동 등으로 인해 1950년대의 낙관은 산산조각이 났다. 이 같은 시대적 요청으로 인해 일단의 철학자들은 이러한 사회정치적 문제를 논의할 담론의 장으로서 『철학과 공공문제』, 『응용철학』 등의 잡지를 창간했으며, 이를 전후로 해서 응용윤리 내지 실천윤리 운동이 전국적으로 확산되었다.[47]

특히 주목할 만한 사건으로서 『뉴욕타임스 매거진』에 기고한 "철학자들이 본업으로 돌아왔다"(1974)라는 글을 통해 실천윤리 학자 싱어

---

47) Dale Jamieson, "Singer and the Practical Ethics Movement", Dale Jamieson, ed., *Singer and His Critics*, Oxford: Blackwell, 1999, p.3.

는 실천윤리 운동을 비전문가들에게까지 널리 확산시키고자 했다. 싱어는 그 글에서 존 롤스 등에 의해 재개된 새로운 정치철학은 그 저술 방식에 있어 지극히 추상적이고 비현실적이어서 구체적 현실에 적용되었을 경우 그 실천적 함축을 분간하기가 쉽지 않다고 비판하면서 정치철학과 실천윤리의 분화를 주장했다. 실천윤리의 중심을 이루는 관심 시기 있다면 그것은 현실적 문맥에 있어서의 구체적 문제이기 때문이다. 정치철학과 실천윤리학의 구분 없이 공동의 공론장이었던 잡지 『철학과 공공문제』 대신 실천윤리 전문지인 『의료와 철학』, 『환경윤리학』, 『직업윤리학』 등의 잡지가 창간된 것은 바로 이 같은 배경적 이유에서이다.48)

이같이 정치철학과의 차별화를 위시해서 실제로 싱어의 모든 저술은 다음 세 가지 특징에서 기존 철학자들의 입장과 달리한다고 했다. 첫째, 실천윤리는 강한 개혁주의 내지 수정주의(revisionary)를 내세우며 실천윤리의 요체는 단지 세계를 이해하는 것이 아니고 그것을 변화시키고 변혁시키는 데 있다는 것이다. 실천윤리가 갖는 두 번째 특징은 사실(facts)을 대면하게 하는 현실적 지반을 중시한다는 점이다. 싱어의 저술들에 힘을 부여한 것은 바로 그의 저술이 담고 있는 풍부한 사실적 자료와 그에 의거한 실천적 처방이라 할 수 있다. 세 번째로 실천윤리가 갖는 특징은 구체적 실천으로서 개인의 행위(individual action)만이 세상을 변화시킬 수 있다는 가정에 있다. 물론 문제 해결에 접근함에 있어 사회정책적 차원이 중요하다는 것 또한 사실이기는 하나, 정책이 구현되는 것 역시 개인의 실천적 행위를 매개할 수밖에 없다는 점에서 싱어의 실천에의 강조는 나름의 의의를 갖게 된다. 그의 목표는

---

48) 위의 논문, p.4.

우리의 태도와 행동을 바꾸는 데 있으며, 그 이유는 그것만이 우리가 세계를 변화시킬 수 있는 방도이기 때문이다.49)

이상의 논의들을 종합해 볼 때 실천윤리는 지극히 행동주의적이고 (activitist) 실천을 강하게 요청하는 윤리임을 알 수 있다. 그것은 세상이 어떻게 돌아가는지 현실을 알아내고 그것을 변화시키고 더 개선할 수 있는 방도를 결정할 것을 요구한다. 또한 그것은 우리가 알아내고 결정한 바에 따라 행동하고 실천할 것까지 요구한다. 이러한 이유로 해서 싱어는 갖가지 사안에 대해 사회적 여론화를 불사하며 저항운동에도 가담했던 참여적 지성이었던 것이다. 실천윤리는 단지 이론윤리의 응용에 그치는 것이 아니라 현실에서 출발하여 실천을 통해 다시 현실로 돌아가는 윤리적 기획이요 활동인 것이다.

2) 사회 안전망과 전문직 윤리

특수 전문직 윤리를 논의하기에 앞서 전문직 윤리(professional ethics) 일반의 중요성에 대한 이해가 전제된다. 우리는 일반 직장보다 특히 전문직에 있어 도덕이나 윤리가 가장 강조되어야 하는 까닭에 대해 주목할 필요가 있다. 주지하다시피 모든 전문직 활동이 고도로 발전된 기술과 복잡한 지식을 요구하며, 따라서 전문직 종사자들은 어려운 임무를 관리할 수 있게끔 오랜 연수 기간을 갖게 된다. 그런데 이러한 지식과 기술은 사회 성원들에게 지극히 중대한 업무와 관련된 것인데, 그것이 중대한 까닭은 그것이 바로 인간의 기본적인 욕구와 필요를 다루기 때문이다. 예를 들어 의사는 몸이 아픈 환자를 대상으로 하며, 엔

---

49) 위의 논문, p.6.

지니어는 대중들을 위한 안전한 건물이나 교량을 건설하게 된다.

　이상의 사실들은 전문직에 있어 고도의 윤리와 도덕이 요구되는 중대한 세 가지 이유를 암시하고 있다.[50] 첫째, 전문직 종사자들의 기술이 갖는 복잡성으로 인해 우리 일반인들은 그들의 선의지(good will)에 절대적으로 의존해야 하기 때문이다. 우리가 전문직을 찾는 것은 그들이, 우리가 스스로 제공할 수 없는, 우리의 복지에 중대한 서비스를 제공한다는 이유에서이다. 만일 이 같은 전문직에의 의존이 사회적으로나 인간적으로 품위 있고 효율적이며 생산적인 것이 되려면 그들이 고객의 위험부담을 담보로 해서 활동해서는 안 될 것이다. 오히려 전문가란 그들 자신에게 위임된 임무와 더불어 도덕적 의무를 수용하는 사람으로 간주되어야 할 것이다.

　둘째로 전문직에는 도덕적으로 올바른 태도 이상의 도덕적 판단력이 요구된다. 기술이 갖는 복잡성과 관련해서 전문직은 일상에서 경험하기 어려운 복잡한 의사 결정의 상황에 봉착할 것인데, 이러한 결정은 기술 능력이나 일상적 도덕 이상을 요구한다. 한 가지 사례로서 신생아실을 생각해 보자. 미숙한 어린이의 생명을 구할 수 있기는 하나, 매우 고가의 비용을 요구하며, 또 심신의 장애가 결과할 수도 있다. 이런 경우 치료 여부와 처치 방도에 대한 의사 결정은 지극히 심각한 도덕적 함축을 지닌다. 기술상의 복잡성은 자주 도덕적 복합성을 동반하며 바로 이 때문에 전문직은 상당한 수준의 도덕적 능력을 요청하게 된다.

　셋째 전문직의 도덕성은 그것이 지니는 사회적 함축으로 인해 더욱 중요시된다. 전문직 기술이 사회 전반에 대해 갖는 중대성 때문에, 그리고 그것을 배우고 유지하는 데 요구되는 헌신(devotion)으로 인해 전

---

50) H. A. Bassford, *The Basis of Medical Ethics, Moral Expertise*, pp.128-143 참조.

문직은 경제적 보상과 권위를 동반하는 지위를 얻게 된다. 따라서 그들은 사회적 기획이나 정책에 있어 상당한 이득과 더불어 엄청난 해악을 결과할 잠재력을 지닌다. 바로 이 때문에 전문직 종사자들은 공공선이나 공익을 생각할 수 있는 사회의식과 고도의 양식을 지닐 것이 요구된다.

이상과 같은 논의들을 전제할 경우 전문직 종사자들이 어떤 종류의 윤리적 지식을 가져야 할지를 탐구해 보는 것은 지극히 중대한 일이 아닐 수 없다. 우선 우리는 일반적인(general) 도덕적 고려사항과 특정 역할과 관련된(role-specific) 도덕적 고려사항 간의 구분으로부터 시작할 수 있을 것이다.51) 그런데 전문직의 맥락에서 생기는 많은 윤리적 딜레마들은 대체로 일반적인 종류의 문제들로서 그것은 전문직에서 생기는 문제일 뿐 전문직에 특유한 문제로 보기는 어렵다. 따라서 전문직 종사자들이 그들의 활동에서 생기는 대부분의 도덕 문제를 성공적으로 해결하기 위해서 그들은 일반적인 도덕적 지식을 철저히 갖출 필요가 있다. 이러한 지식은 대부분의 선량한 시민들이 가져야 할 지식과 종류가 다른 것도 아니고, 그 의사 결정 방식 또한 전문직의 경우라 해서 특별히 상이한 것이 아니다.

그러나 주목할 필요가 있는 것은 일반적인 도덕적 지식을 얻는 것이 특정 전문직에 있어서 사실상 쉽지 않은 문제라는 점이다. 연수 기간에 걸쳐 그들의 생활은 모두 기술적 훈련에 충당되어 있고 독특한 환경 속에서 영위된다. 그들은 보통 선량한 시민과 같은 생활 체험도 갖지 못할 가능성이 있으며, 대부분의 사람들이 갖는 일반적 상식이나 기본적 양식마저 결여할 수 있다. 바로 이 때문에 전문직 종사자들은 그들

---

51) 위의 책, p.129.

의 교육 프로그램에 도덕적 차원을 보장받을 이유가 강조되어야 할 것이다. 따라서 전문직 윤리는 일반적인 도덕적 지식만으로 충분하지 않음은 물론이다. 왜냐하면 각 전문직 활동은 그에 특유한 도덕적 규범을 갖기 마련이기 때문이다. 바로 이로 인해 역할에 특유한(role-specific) 규범이라 불리는 것이 요구된다. 그것들은 전문직이 행하는 사회적 역할과 전문직 그 자체의 본성으로부터 생겨난다.

역할에 특유한 규범은 특정 전문직의 본성이나 역할이 갖는 개념과의 관련으로 인해 도덕적 규정에 있어 중심적인 위치를 차지한다. 모든 전문직은 역할 지향적이며 어떤 사회적 역할을 수행하건 일정한 목적을 증진하기 위해 존재한다. 그리고 전문직은 사실상 그들의 목적에 의해 규정되는 것이라 할 수 있다. 전문직의 기본적 목적을 이해하기 위해서는 특정 전문직종의 활동과 행위 체계, 즉 관행(practice)을 우선적으로 연구해야 한다. 그런 다음 기본적인 규범에 의해 표현된 목표를 수행하는 데 필요한 역할과 관련된 보조 규범이 있는지, 있다면 어떤 것인지를 살펴야 한다. 나아가서 전문직의 가치가 인간적 가치의 일반 체계에 어떻게 부합하는지를 이해하는 것 또한 중요하다. 또한 역할에 특유한 규범과 일반적 도덕규범 간에 어떤 관계와 상호작용이 있는지, 이를테면 인간의 자율성이라는 일반 규범과 환자의 건강이라는 의료 규범이 상충할 경우 이들을 조정하는 방식이 일정하게 정해진 것인지, 아니면 논의를 거쳐 변화, 발전할 것인지도 해명되어야 할 것이다.

그간에 이루어진 연구 성과에 따르면 전문직의 윤리교육은 대체로 다섯 가지 목표로 요약된다는 점에 합의하고 있다. 이것들은 전문직 윤리교육의 훈련 요목들이라고 할 수 있을 것이다.52)

---

52) Charles E. Harris, Jr., *Engineering Ethics: Concepts and Cases*, Wadsworth Publishing Company, 1995, pp.5-7.

우선 도덕적 상상력이나 감수성을 자극하는 일(stimulating the moral imagination)이 필요하다. 전문직 윤리 프로그램은 구체적 경우나 문제 상황들(cases)에 대해 주목하게 함으로써 전문직 종사자들의 도덕적 상상력을 함양하는 것이 첫 번째 교육 목표가 된다. 전문직 종사자들은 실제 문제에 당면하여 놀라고 당황하게 될 가능성을 줄이기 위해 가능한 대안들과 그 현실적 결과들을 상상할 수 있도록 행위 결과를 예견하고 당면한 윤리 문제의 해결을 모색함에 있어 상상력을 기르는 일이 긴요한 과제이다.

둘째로, 윤리적 문제를 인정하고 인식하는 일(recognizing ethical issues)이 요구된다. 우리가 처하게 될 모든 문제 상황들은 일정한 선택이 요구되는 상황이며 모든 선택은 또한 어떤 평가를 전제로 해서 이루어진다. 이렇게 볼 때 사실상 모든 상황은 평가에 바탕한 일정한 선택이 요구되는바, 윤리적 문제 상황이라 할 수 있다. 그러나 상황이 갖는 윤리적 차원이 항상 명료한 것은 아닌 까닭에 윤리적 문제를 발견하고 확인하고 인정하는 인지 능력의 조련이 필요하다. 문제의식이 없을 경우 해결에의 모색은 불가능하기 때문이다.

셋째로, 분석적 기술 개발(developing analytical skills)이 필요하다. 어떤 의미에서 전문직 종사자들은 상당한 분석 능력을 갖고 있음이 사실이다. 그러나 그들은 또한 이 같은 기술적인 분석 능력을 도덕 문제의 경우에도 조심스럽게 적용하는 연습을 해야 한다. 물론 때로는 그들의 분석 기술이 도덕적 분석에 방해가 될 수도 있을 것이다. 도덕적 분석을 위해서는 효용, 정의, 권리, 의무, 인간 존중 등의 개념에 대해서 명료한 사고를 요구할 것인데, 이러한 개념들은 반드시 정량 분석만으로 다루기는 어려울 것이기 때문이다.

넷째로, 책임감을 일깨우는 일(eliciting a sense of responsibility)이

중요하다. 전문직 윤리는 자신을 도덕적 행위 주체로 느끼는 사람들에 의해 가장 효과적으로 실행될 수 있다. 비록 우리가 우리의 직업윤리관에 있어서 행동 강령을 중심으로 생각한다 할지라도 그것이 무비판적으로 신뢰할 수는 없다는 점이 지적되어야 할 것이다. 행동 강령이 어떤 영역에서는 수정할 필요가 있을 것이며 그것을 구체적인 도덕 문제에 적용하는 방식이 언제나 분명한 것도 아니다. 전문직 윤리의 실천은 도덕을 주입하는 일이기보다는 독립적인 사고를 훈련하는 일이라고 할 수 있다.

마지막으로 의견의 불일치와 애매성을 용납하는 일(tolerating disagreement and ambiguity)을 배워야 한다. 문제들을 논의하다 보면 자주 실망할 일이 생긴다. 더욱이 윤리 문제들은 개념 자체가 모호한 점이 있어 논의들이 자주 의견의 불일치에 이르게 된다. 그럴 경우 합의를 얻기 어려운 점이 문제에 대한 기술적 해결에 익숙한 사람들을 당황스럽게 할 것이다. 윤리 문제에 대한 유권적인 해결은 있을 수 없으며 손쉬운 해결책이 있는 것도 아니다. 윤리 강령의 원칙이나 규칙들은 일반적인 용어로 기술되어 있고 원칙들 간의 상충도 있을 수 있는 까닭에 구체적인 상황에 적용할 경우에는 사려 깊은 판단이 요구되며 인내와 관용, 그리고 책임 있는 대응이 필요하다.

이상의 다양한 능력들을 개발하기 위해 가장 효과적인 방법은 구체적인 사례들을 분석하는 일이다. 사례 분석(case analysis)을 통해서만이 우리는 전문직 윤리에 참여하기 위해 필요한 능력을 연마할 수 있다. 사례들은 우리들이 주요 문제들을 해결함에 있어 가능한 대안들을 해결하고 그 각 대안들의 결과를 평가하게 함으로써 도덕적 상상력을 자극하게 된다. 그리고 사례들을 통해 우리는 윤리적 문제가 존재한다는 것을 인정하는 역량을 배우게 되고 그것을 해결하는 데 필요한 분석적 기술을 숙련하게 된다. 또한 사례 연구는 윤리 강령이 직업 생활에서 당면하는 모든 문제들에 대해 정해진 해답을 줄 수 없음을 배우는 효과적인 방식이며 각자 책임 있는 도덕적 행위 주체가 될 수 있는 최선의 방법이다. 끝으로 사례 연구를 통해 도덕적 분석에 있어 해결 불가능한 불확정성이 있으며 어떤 상황에서는 합리적이고 책임 있는 전문가들도 올바른 것이 무엇인지에 대해 의견이 불일치할 수 있음도 깨닫게 되는 것이다.

3) 도덕 전문가의 역할과 윤리교육

사람들은 세계가 점차 도덕적 퇴락(moral decline)의 시기로 접어들고 있다고 생각하며, 따라서 탐욕, 욕정, 허위, 허영이 비정상적인 것이기보다 오히려 정상적일 뿐 아니라 하나의 전범이 되어 가고 있는 듯하다. 갖가지 스캔들이 우리의 사회생활 각 영역에 걸쳐 부지기수로 일어나고 있다. 정치, 기업, 의료의 영역은 물론이고 심지어 학계, 교육계, 종교계마저도 예외가 아니다. 이 같은 상황 인식은 단지 현대가 과거 다른 시기에 비해 더 많은 악이 존재한다는 생각을 넘어 우리는 이미 더 이상 악이 대단한 관심사가 되지 않는 문명으로 치닫고 있다는 점에서 심각하다. 현대사회는 단지 비도덕적(immoral)으로 되어 가는 것이 아니라 탈도덕적(amoral) 내지 도덕 불감증적 상태로 되어 가고 있는 듯하다.53)

많은 이들이 우리의 전문직 생활이 더 이상 도덕적 차원을 갖지 않는 것으로 생각하는 듯하다. 어디엔가 도덕이라는 것이 존재한다면 그

---

53) Don MacNiven, ed., *Moral Expertise. Studies in Practical and Professional Ethics*, Routeledge, 1990, pp.xi-xii.

것은 가정에서나 있을 수 있는 것일 뿐 우리의 공적 삶(public lives) 속에서는 자리할 곳이 없는 것처럼 보인다. 약육강식하는 정글의 법칙(law of the jungle)이 우리의 업무 곳곳에 스며들어 의무가 아니라 생존이 사회생활의 근본을 이루는 실천적 신조가 된 듯하다. 도덕에 등을 돌리게 된 한 가지 이유는 우리의 지성계가 도덕적 회의주의(moral scepticism)에 싸여 있어 도덕적 신뢰나 지식이 실재한다는 것을 믿지 못하고 있다는 점이다. 도덕적 회의주의는 곧바로 현실의 도덕적 문제들을 제대로 인식하지 못하게 하고, 그것을 복잡하고 변화무쌍한 현대사회에 있어 우리가 감당하기 어려운 과외의 사치로 간주하게 한다.

그러나 과연 도덕적 진리가 존재하며 도덕적 지식이 가능하다는 믿음은 근거 없는 환상에 불과한 것인가. 우리가 현재 가지고 있는 지적인 자원을 이용해서 현대사회가 당면하는 도덕적 도전을 슬기롭게 처리해 나갈 방도는 없는 것인가. 물론 우리가 가진 도덕적 지식은 불완전하고 따라서 겸손이 지혜로운 사람의 중요한 미덕임을 인정해야 할 것이다. 지금까지 해온 우리의 논의와 같이 과학 기술의 발전에 의거한 사회적 변화에 윤리적으로 대응하고 지구촌 해체 시대에 중심을 잃지 않기 위해 모든 시민이 실천윤리로 무장하고 사회적 안전망으로서 전문직 종사자들이 전문직 윤리로 자신의 책임을 다할지라도 더 이상의 보완이 필요한 것은 아닌가.

맥니벤(Don MacNiven)이라는 윤리학자는 「도덕 전문가라는 아이디어(The Idea of a Moral Expert)」라는 논문에서 의료, 법조, 기업, 공학 등 다른 전문직에 있어서와 마찬가지로 도덕에 있어서도 전문가가 있을 수 있는지를 묻고 이에 대해 긍정적 해답을 모색하고 있다.54) 언

---

54) 위의 책, pp.1-10, "The Idea of a Moral Expert".

뜻 보기에 도덕 전문가라는 생각은 역설적으로 들리는데, 왜냐하면 개인들이 옳고 그름을 스스로 결정해야 한다고 믿기 때문이다. 따라서 도덕적 의사 결정은 도덕 전문가의 일이기보다는 자율적인 도덕적 행위 주체의 문제라는 것이다. 그러나 맥니벤의 주장에 따르면 도덕 전문가라는 관념이 받아들일 만하기 위한 조건으로서, 우리가 도덕적 추론을 지금까지 생각해 온 것처럼 기계적인, 연역적(mechanical, deductive) 방식이 아니라, 유기적인, 창조적 과정(organic, creative process)으로 이해할 경우임을 내세우고 있다.55)

기계적 모형의 도덕적 추론은, 만일 우리가 도덕 원칙들과 부차적 도덕 규칙들의 빈틈없는 계층적 체계 및 갖가지 논리적 규칙들을 전제할 경우 이들을 기계적으로 적용하면 모든 개별적 도덕 문제들에 대한 정확한 해결책에 이를 수 있으리라고 가정하는 것이다. 그러나 실제 우리의 체험적인 도덕 경험의 복잡성에 비추어볼 때 이 같은 기계적인 해결 방식은 사실과 거리가 멀다는 점을 실감하게 된다는 것이다. 왜냐하면 그런 식의 이해는 발전하는 사회나 성장하는 개인의 특이한 고유성을 포착할 수 없기 때문이다. 이에 비해 도덕 추론을 유기적인 창조적 과정으로 보는 모형에 있어서는 경험의 복잡성을 극복하기 어려운 문제로 간주하고 따라서 도덕 추론을, 논리적 틀에 의거, 규칙을 경험에 기계적으로 적용하는 대신 경험을 고도로 통합된 유형으로 재구성하기 위한 새로운 방식을 모색하는 것으로 본다는 것이다.

우리의 실제적 도덕 상황은 기계적 모형의 도덕 추론이 적용되기에는 너무나 복잡 미묘하다. 따라서 어떤 상황에서 합당한 것도 다른 상황에서 부적합한 것이 될 수 있다. 복잡성을 수용하는 유기적 모형에서

---

55) 위의 책, p.8.

볼 때 우리의 도덕적 상황은 자주 의무들이 상충하는 도덕적 딜레마 (moral dilemma)가 생겨나게 되는데, 이는 우리의 생각과 행위를 통제하는 도덕체계가 어떤 비일관성과 부정합성을 연출하는 것으로 긴주된다. 그리고 그런 딜레마가 해결되거나 해소될 때까지 우리는 지적으로나 도덕적으로 어떤 평형을 상실한 상태(disequilibrium)에 있게 된다. 우리가 이러한 난국을 기계적인 추론 방식으로 제거하고자 할 경우 우리는 실패하기 마련이다. 도덕적 딜레마는 기계적인 추론 방식에 종언을 알리는 조종이라고도 할 수 있다.56)

도덕적 딜레마를 해결하기 위해서는 우리가 개인적인 수준이나 사회적인 수준에 있어 성장할 필요가 있다. 도덕적 딜레마는 개인과 제도의 도덕적 발전에 있어서 중대한 위기이자 기회를 나타내며, 개인이나 사회에 있어서 불화(discord)의 시기를 의미한다. 우리는 삶의 의미를 회복하고 모든 것이 제자리를 찾을 수 있도록 그러한 불화 상태를 극복할 필요가 있다. 딜레마를 통해 우리는 개인적으로나 사회적으로 더 풍부하고 더 고차적으로 통합된 상태에 이를 수 있는 자극을 받게 된다. 도덕적 딜레마가 성공적으로 해결될 경우 개인과 제도는 도덕적으로 발전하고 성숙하게 된다. 도덕적 문제는 살아 있는 도덕체계의 죽음을 나타내는 것이 아니고 도덕적 성장의 기회를 의미하는 것이다. 성장하기 위해서 우리는 상충하는 가치관들을 좀 더 복합적인 개인적, 사회적 구조로 표현하는 방식을 배워야 하는 것이다.

따라서 유기적인 모형에서 나타나는 도덕 전문가라는 관념은 타인의 도덕적 자율성을 위협하는 도덕적 간섭자(moral busybody)라기보다는 전문직이나 개인적인 문제들에 대한 창조적 해결책을 모색하기

---

56) 위의 책, p.9.

위해 다른 전문직 종사자들과 학제 간(inter-disciplinary) 형태로 협동적 작업을 하는 도덕 교육자(moral educator)의 역할을 하게 된다는 것이다.57) 모럴리스트 혹은 도덕 교육자는 자신이 조언하고자 하는 사람의 도덕적 자율성을 존중하는 휴머니스트요 멘토(mentor)가 되는 것이다. 도덕 교육자와 도덕 전문가를 동일시하는 것이 놀라운 점이 아닌 까닭은 이 양자가 모두 도덕적 교화(indoctrination)와 같은 기계적인 도덕관이 아니라 창의적인 방식의 가르침을 선호한다는 점에서 일치하고 있기 때문이다.

앞서 예시한 바와 같이 전문직 윤리는 한편에서는 도덕 전문가와 다른 편에서는 특수 전문직 종사자 사이의 학제 간 공동과제라 할 수 있다. 그러나 특수 전문직의 도덕적 의사 결정은 결국 자율적 개인으로서 전문직 종사자 자신이 수행해야 하는 것이라면, 전문직 종사자는 도덕 전문가를 하나의 이상으로 삼고 지향하는바, 부단한 도덕적 훈련 내지 숙련(moral practice)을 위해 노력해야 할 것이다. 사안에 따라 때때로 도덕 전문가의 조언을 구하기도 하겠지만 대부분의 경우 전문직 종사자는 자신의 전문 기술과 더불어 도덕적 통찰력과 감수성을 연마하는 가운데 도덕적 의사 결정을 자율적으로 수행해야 할 것이다. 이를 위해 전문직 종사자는 다양한 사례들을 사전에 분석, 평가하는 예방 윤리적 숙련의 과정을 지속적으로 수행해 가면서 도덕 전문가로 성장해 갈 것이다.

---

57) 위의 책, pp.9-10 참조.

에이징에 대한 철학적 성찰

1. 인생은 여행처럼: 시간 선호의 문제

한때 인간은 이승의 삶이 덧없는 순례(pilgrimage)에 불과하다고 생각하고 내생의 귀향에서 누릴 영원한 지복(至福, blessedness)을 꿈꾸었던 적이 있었다. 그러나 이승에서의 장수(longevity)가 시대의 이데올로기가 되어 버린 오늘날에는 건강을 챙기는 웰빙(well-being)이 우리 모두의 화두가 되고 있다. 이에 따라 나이 들어 늙어감(aging)에 대한 아쉬움을 달래면서 각종 항노화(anti-aging, deaging) 방도들의 모색에 혈안이 되어 있다. 에이징(aging)은 일반적으로 '나이 듦'을 의미하겠으나 성인으로 성장해 가는 인생의 전반기가 아니라 쇠약해 가는 인생의 황혼기에는 '늙어감'에 대한 의식이 관심의 대상이기에 에이징은 '나이 들어 늙어감'이라는 두 가지 의미를 모두 함축한다 하겠다.

---

* 한국철학회 정기연구발표회 기조발표, 대전대학교, 2013.

미국 프래그머티즘 철학자 존 듀이(John Dewey)는 인생을 여행 (journey)에 비유한 적이 있다. 그가 의미한 바에 따르면 여행이란 별다른 하나의 목적지가 정해져 있지 않으며, 시작에서 끝이 날 때까지 모든 과정이 목적지가 될 수 있다는 것이다. 그래서 여행은 준비 과정에서부터 행선지 모두, 그리고 뒷마무리 단계까지 전부가 여행의 목적에 부합되고 즐거운 놀이가 되어야 한다는 것이다. 인생도 마치 여행처럼 따로 목적지가 없으며 에이징의 각 시기마다 다시 돌아올 수 없는 소중한 시간으로서 그 시기의 고유성과 독특한 가치를 모두 향유할 필요가 있다고 한다. 이렇게 볼 때 '안티에이징(anti-aging)'이나 '디에이징(deaging)'은 불가능할 뿐만 아니라 바람직하지도 않으며, 순리에 따라 나이와 더불어 살아가는 '위드 에이징(with aging)'이 가장 합당하다 할 수 있다.

이런 방식으로 우리의 인생을 되돌아보면, 인생에 있어 청장년기만이 목적이고 유소년기나 청소년기는 그 같은 목적에 이르기 위한 한갓 도구적이고 수단적인 단계가 아닌 것이다. 또한 장년기나 노년기 역시 굳이 인생의 사양길이 아니고 청년기와 다를 바 없이 나름의 고유성과 저마다의 가치를 지닌 시기라 할 수 있다. 유소년기는 그 나름으로 다시 돌아올 수 없는 의미와 가치를 지니며 사춘기나 청년기는 물론이고 장년기와 노년기 또한 모두 다시는 돌아올 수 없는 나름의 가치와 의미를 지닌 소중한 시기라 할 수 있다. 인생의 모든 시기들이, 어느 시기만 우월한 가치를 지님이 없이 시간 선호(time preference)상 동등한 가치를 지닌다 할 것이다.[1]

그런데 사람들, 특히 한국인들은 이같이 인생의 모든 시기들에 대해

---

1) John Rawls, *A Theory of Justice*, Cambridge University Press, 1971, §44 참조.

동등한 가치를 부여하지 않고 미래를 위해 현재를 희생하는 삶의 방식에 길들여져 있다. 우리는 우리의 유소년 시기와 청소년 시기를 명문대학에 들어가기 위한 수단이요 도구인 것처럼 희생하고 허송하지 않았던가. 우리의 학교 시절이 어떠했기에 오죽하면 입시지옥에다 비유했을까? 우리는 황금 같은 청소년 시절을 지옥과도 같은 어둡고 긴 터널을 통과해 온 시기로 기억하고 있다. 우리는 대학에 가서도 우리의 젊음과 열정을 누리기보다는 좋은 직장을 향한 취업전선에 골몰하게 된다.

우리는 조선시대부터 급제를 해서 영달하기 위해 전심전력으로 시험공부에 올인 하는 관행의 노예가 되어 있다. 하지만 대학이 도대체 무엇이기에, 직장 또한 무엇이기에, 우리는 자신의 모든 삶을 시험에 희생해도 좋단 말인가. 사실상 대학은 우리의 모든 어린 시절을 희생해도 좋을 만큼 대단한 것이 아니며, 직장 역시 우리의 젊은 시절을 포기할 만큼 가치 있는 것인지 의심스럽다. 직장생활 또한 우리의 삶에 여유를 주지 못한다. 우리는 자식들을 위해 그리고 우리의 노후를 위해 대부분의 장년 시절을 부대끼며 살게 된다. 그리고 곧장 우리는 직장에서 물러나 길고도 쓸쓸한 노년을 보내면서 잃어버린 과거에 대한 회환과 실망으로 세월을 보내다 어느 날 문득 생의 마지막 날에 다다르게 된다.

이렇게 우리가 에이징의 각 단계들을 누리지도 못한 채, 지금 여기(here and now)의 소중함을 향유하지도 못한 채, 앞만 보고 달리다 보면, 우리는 어느 틈엔가 죽음의 문턱에 이르게 된다. 마치 우리의 인생목표가 죽음인 듯 우리는 평생 바로 이 죽음을 향해 질주해 온 느낌이다. 앞서 언급한 듀이의 말처럼 인생은 결코 미래의 어떤 시점을 목표로 하는 것이 아니고 인생의 모든 순간마다 우리는 목표에 이르고 있는 것이 아닌가. 틱낫한 스님의 말처럼 우리는 언제나 목표에 도달하고 있으며(We've arrived), 따라서 앞을 향해 질주할 것이 아니라 언제나 바로 서 있는 지금 그 자리에서 마음의 평화를 누릴 수 있어야 하는 (Peace is every step) 것이 아닐까?

이미 지적했듯 이상에서 논의해 온 것은 결국 인생의 각 시기에 대한 시간 선호(time preference)의 문제라 할 수 있다. 한국인들은 언제나 미래의 어떤 시점에 목표를 두고 현재는 그 목표를 위해 희생하는 미래지향적 선호 체계를 지닌다. 그러나 과연 이 같은 시간 선호가 합리적이고 합당한지 재고되어야 할 것이다. 미래지향적 사고도 나름의 의미가 있고 발전적이며 생산적인 삶의 방식이기는 하나 또한 우리는 언제나 지금 여기 현재의 시간에서만 살 뿐 미래는 언제나 아직 오지 않은(not yet) 추상적 시간은 아닌지, 그래서 인생의 모든 시기가 나름의 고유한 가치를 지닌다고 생각하는 공평한 시간 선호를 대안으로 생각해 볼 여지가 있지 않은지, 다시 한 번 각성이 요구되는 시점이라 생각된다.

2. 도덕운과 인생의 성패: 공정사회와 운의 중화

우리가 이 세상에 태어나 생을 마감할 때까지 오랜 에이징의 과정을 거치면서 우리의 일생은 서로 경쟁관계에 있는 하나의 경기를 치르는 듯하다. 우리의 인생을 100미터 경주에 비유할 때 가장 심각한 문제는 우리가 모두 원점에서 동시에 출발하지 못하는 불공정 경기를 하고 있다는 점이다. 어떤 사람은 50미터 전방에서 시작하고, 심지어 90미터, 95미터 전방에서 출발하는 사람도 있으며, 대부분의 사람들은 원점에서 출발하고 있는 것으로 보인다. 물론 신체에 장애가 있어 경기에서 결정적인 불리함을 감수해야 하는 불운한 사람도 적지 않을 것이다. 이 같은 불평등과 불이익을 불가피한 것으로 받아들이고 운명으로 감수해야 할 사람들은 불공정하고 가혹한 운명에 대한 울분과 억울함을 뼈저리게 느끼기 마련이다.

물론 이 같은 태생적이고 원초적인 불평등은 그 자체가 정의롭거나 부정의한 것이라 할 수가 없다. 그것은 단지 자연적 사실에 불과하기 때문이다. 정의와 부정의의 문제는 우리가 그 같은 사실을 인간적으로 처리하는 태도나 방식과 관련된다. 우리가 모든 사람의 행운과 불운에 동참하고 서로를 운명 공동체의 일원으로 간주할 경우, 우리는 정의로운 사회 건설에 한 걸음 다가서게 된다 할 것이다. 서로의 행운과 불운을 공유하고 운명 공동체 의식을 갖는다는 것은 우리가 타고난 천부적 재능과 사회적 지위가 도덕적 관점에서 볼 때 정당한 근거가 없으며 (arbitrary from moral point of view), 그 같은 자원을 사회의 공유자산으로 보는 데서 정의 문제의 해법이 있다는 정의론자 존 롤스의 입장과도 상통한다고 생각된다.2)

우리는 가끔 운칠기삼(運七技三)이라는 말을 듣는다. 인생의 성공과 실패 여부는 70%의 운과 30%의 기술, 즉 능력에 달려 있다는 말이다. 그러나 사실상 우리의 능력 또한 상당한 정도로 행운과 불운 등 운명적인 요인들에 의존한다고 생각할 때, 인생의 성패에 있어 우리 자신의 기여분은 그다지 크지 않을 것으로 보인다. 우선 우리의 능력은 날 때부터 타고나는 태생운(constitutive luck)에 크게 의존하고 있다. 유전적 소인을 위시해서 우리의 성품, 기질 등도 이에 속한다 할 것이다. 나아가 이 같은 태생적 소인이 환경적 여건이나 부모 및 교사 등 갖가지

---

2) 위의 책, §17 참조.

340

조건들과 만나 발달 여부가 결정되는데 이 같은 후천적 요인들을 개발운(developmental luck)이라 할 수 있을 것이다. 또한 이같이 개발된 능력을 갖는다 할지라도 여러 가지 요인들의 그물망을 통해 그것이 성공혹은 실패로 귀결하게 되는데 우리는 이를 결과운(resultant luck)이라할 수 있다.3)

우리의 인생은 이 같은 운들을 잘 만나 성공가도를 달릴 수도 있고그렇지 못해 실패의 고초를 맛볼 수도 있다. 그런데 이 같은 우연적이고 운명적인 운의 요소들에만 의거해서 모든 것이 좌우되는 사회는 이른바 '복불복'의 사회라 할 수 있을 것이며, 또한 그러한 사회는 결코정의롭거나 공정한 사회라 하기 어렵다. 도덕적 관점에서 볼 때 정당근거가 없는 그같이 우연적이고 임의적인 요인들이 좌우하는 사회는살 만한 가치가 있는 사회라 하기는 어렵다 하겠다. 우리가 진정 공정하고 정의로운 사회를 건설하고자 한다면 그 같은 운의 위력을 약화시키거나 최소화하는, 그야말로 운의 중립화 내지 중화(中化)(neutralizing luck) 전략을 채택하지 않을 수 없는 것이다.4)

운의 지배를 최소화시키기 위해서는 이른바 형식적인 기회균등의원칙만으로는 충분하지가 않다. 타고난 원천적 불평등의 위력을 경감시키기 위해서는 전반적인 생활수준의 향상을 위한 복지정책이 마련되어야 하고 빈부에 상관없이 누구나 능력을 개발할 수 있는 공적 의무교육이 시행되어야 할 것이며, 사회의 모든 직책과 직위가 모든 이에게개방되어 있어야 할 것이다. 우리의 차세대가 이 같은 혜택을 향유할

---

3) Nafsika Athanassoulis, "Common-Sense Virtue Ethics and Moral Luck", *Ethical Theory and Practice*, p.266 참조.

4) S. L. Hurley, *Justice, Luck and Knowledge*, Harvard University Press, 2003, pp.133-135.

수 있게 하기 위해서는 근본적인 법제 및 구조 개혁이 단행되어야 할 것이고 최소 수혜자를 위시해서 서로를 운명 공동체의 일원으로 용납할 수 있는 의식 개혁 또한 동반되어야 할 것이다.

3. 생로병사와 자아실현: 입지에서 지천명까지

우리 선현들은 인생의 에이징(나이 듦)을 생로병사로 요약했다. 사실상 생(生)과 노(老) 사이에 성장을 의미하는 장(長)을 넣어 생장로병사(生長老病死)로 서술함이 더 적합할는지 모른다. 하지만 달리 보면 장(長)은 생(生)의 한 과정으로서 탄생의 연장선상에 있는 단계로 볼 수도 있고 또한 생명은 태어나자마자 노화가 진행된다 할 수 있으니 장(長)은 노(老)의 한 과정으로 볼 수도 있어 장(長)의 단계를 따로 설정하지 않아도 큰 무리는 없을 듯하다.

그런데 옛사람들은 탄생과 성장 이후 노병사의 문제로 고심했고 어떻게 하면 노병사의 고통을 회피할 수 있을까 하는 생각에 골몰한 듯하다. 그래서 진시황은 불로초(不老草)나 불사약(不死藥)을 구하고자 했고, 사람이면 누구나 불로장생을 노래했으며, 노인들의 장수를 축원했다. 화원의 그림뿐만 아니라 민화에도 십장생(十長生: 해, 산, 물, 돌, 구름, 소나무, 불로초, 거북, 학, 사슴)은 흔히 나오는 화제였다. 십장생 문양은 관복 등 궁중 문양을 위시해서 베갯잇, 수저집 등 갖가지 생활용품에서도 가장 흔한 문양이고 보면 불로장생이 얼마나 절실한 삶의 목표였는지 알 수 있다.

그러나 불로장생은 단지 허망한 꿈일 뿐 진시황같이 천하를 통일한 황제 또한 죽음에는 예외일 수 없었다. 따라서 사람들은 불사, 불로, 장생과 같은 물질적인 것보다는 정신적인 측면에서 진정한 자아실현의 목표를 설정, 추구하고자 했다. 이 같은 자아의 실현 내지 본성의 구현을 위해 사람들은 목표 설정, 즉 입지(立志)를 하고 그 목표를 향해 성실하게 수양과 수행을 하고자 했다. 물론 가장 이상적인 목표는 성인(聖人)이 되는 것이겠지만 현실적으로 실현 가능한 목표는 성인에 이르지는 못할지라도 현실사회에 유용한 지도자로서 군자(君子)가 되는 목표를 세우기도 했다. 그래서 배우고 공부하는 사람들은 보통사람들인 소인배로부터 벗어나 성인군자가 되기 위해서 배우는 일(學)과 반성하는 일(思), 그리고 이를 익히고 실행하는 일(習)을 게을리하지 않았다.

인생행로가 단지 생로병사로 이루어진 생물학적이고 평면적인 진행이 아니라, 뜻을 세워서 그것을 성취하는, 인간으로서의 자아실현을 위한 입체적인 전개가 되기 위해서는 목표를 설정하고 뜻을 세우는(立志) 출발점이 지극히 중요하다. 뜻을 세운다는 것은 인생이 어떤 가치와 의미를 지닌 목표를 향해 나아가는 지향성(志向性, intentionality)을 갖는다는 것이다. 공자도 평범한 일상으로부터 벗어나 15세에 이르러 학문에 뜻을 두었다고 말한다.

물론 공자에 따르면 타인들이 성취한 바를 배우는(學) 일과 자기 스스로 생각하고 반성하는(思) 일이 공부의 두 가지 수레바퀴로서 이 중 어느 하나만 결여되어도 균형 있는 학문의 길을 갈 수 없다.5) 그뿐만 아니라 공자의 학은 단지 이론적인 학이 아니고 인격 형성과 관련된 실천적인 학이기에 생활 속에서 배운 것을 익히고 습관화(習)하여 지식을 생활화, 내면화, 내재화할 필요가 있었다. 따라서 학(學)과 습(習)도 상호 보완적 두 축이라 할 수 있을 것이다.6)

---

5) 『論語』, 「爲政」 十五.
6) 『論語』, 「學而」 一.

학(學)과 사(思), 학(學)과 습(習)의 상호 보완적인 관계가 성실하게 수행되는 가운데 공자는 30에 이르러 입(立)의 단계에 이르렀다고 말한다. 입은 여러 가지로 해석될 수 있으나 우선 인간으로서 독립적 인격이 되었음을 의미하고 학자로서 자립할 수 있는 출발점에 섰으며 자신이 나아갈 길에 대해 대체로나마 그 윤곽이 정립되었음을 의미한다. 그러나 아직 목표가 대체적으로 정해졌을 뿐 디테일은 더욱 보완되어야 할 것이며 갖가지 유혹으로 인해 흔들릴 위험이 배제될 필요가 있다. 지속적인 학과 습, 그리고 사를 통해 이 같은 목표가 자신의 것으로 정착되는 데에는 더욱 시간이 필요하다. 공자는 40세 이르러서야 갖가지 유혹으로부터 어느 정도 해방될 수 있었다고 했다. 맹자 역시 40세가 되어서야 부동심(不動心)을 성취할 수 있었다고 하니 비슷한 맥락으로 이해해도 좋을 것으로 보인다.7)

이같이 지천명(知天命)하고 부동심을 성취함으로써 우리는 결국 인간으로서 자아를 실현하고 안심입명하는 가운데 행복한 인생을 영위할 수 있을 것이다. 그것은 또한 인간다운 고귀한 삶과 유덕한 인생을 향유하는 길이기도 하다. 이는 지혜와 행복과 유덕함을 두루 갖춘 지복덕(知福德) 합일의 인생이라 할 수 있고, 동서양의 선현들이 꿈꾸던 삶의 방식이라 생각한다. 인생은 정답이 없는 프로젝트이지만 어떤 그물을 드리우느냐에 따라 거두는 의미와 가치가 달라지는 사업으로 보인다. 단지 생로병사의 평면적 전개일 수도 있지만 더 높고 귀한 자아실현의 장이 될 수도 있다고 생각된다.

---

7) 『孟子』, 「公孫丑章句上」 二.

4. 원숙과 노욕의 갈림길: 도를 닦고 덕을 쌓자

공자는 나이 60에 이순(耳順)의 경지에 이르렀다고 한다. 물론 이는 공자와 같은 성인급의 인생행로를 말해 주는 것이긴 하나 이를 통해 전하고자 하는 공자의 진의는 보통 사람들도 누구나 성실히 수양(修養)하고 수행(修行)하면 60 정도에 이르러 귀가 순해질 수 있다는 수도(修道)의 목표를 일러 주는 데 있지 않을까 한다. 50의 지천명(知天命)을 지나 환갑이 넘은 어른이 되면 남들이 아부하고 아첨하는 말에도 솔깃하지 않겠지만 비방하고 비난하는 말에도 흥분하지 않을 것이며, 말의 시비곡직을 가리고 새겨서 들을 줄 아는 굿 리스너(good lis-tener)가 될 수 있다는 것이다. 그야말로 말하는 상대방의 숨겨진 본심을 잘 이해하고 소화하여 들음으로써 마음의 동요가 없다는 것이다.

누구나 젊은 시절에는 듣기 좋은 소리에 들뜨고 싫은 소리에 발끈하지만 60이 넘어서도 이런저런 소리에 부화뇌동하고 신경질적 반응을 보인다면 그것은 인생을 잘못 살아온 증좌의 하나로 봐도 무방할 것이다. 60이 넘어서도 사소한 일에 신경을 곤두세우고 이마에 내천자(川)를 그리고 다닐 정도로 옹졸하다면 이는 일대 반성이 요구되는 경우이다. 나이 들어서의 얼굴 모습은 본인의 책임이라는 말도 이런 관점에서 이해된다. 70이 넘게 되면 인품은 더욱 원숙하고 원만한 경지에 이르게 될 것이다. 그래서 공자는 70에는 "하고 싶은 대로 행해도 법도에 어긋나는 일이 없다(從心所欲 不踰矩)"고 했다.[8] 젊은 시절에는 많은 경우에 하고 싶은 대로 하게 되면 법도에 어긋나게 된다. 그러나 원숙한 인격에 이르게 되면 하고 싶은 것이 대체로 법도에 맞는 경

---

8) 『論語』, 「爲政」 四.

지에 이른다는 것이다. 사실상 젊은 시절과 달리 하고 싶은 일도 적어질 것이니 법도에 어긋나는 일이 적을 수밖에 없기도 하다.

아리스토텔레스는 유덕(有德)한 사람이 되기 위해서는 덕스러운 행위를 반복함으로써 그런 행위가 습관화되어 행위자의 지속적인 성향으로 내면화, 내재화되어야 한다고 했다.9) 우리의 행위는 행위자의 의도를 현실에 구현하는 수행적(performative) 기능도 갖지만, 다른 한편 행위의 결과는 그 행위자의 성품을 변화시키고 재구성하는 형성적(formative) 기능도 갖는다. 다시 말하면 행위는 그 결과가 피드백되어 돌아와 다시 그 행위자에게 영향을 미치게 된다는 것이다. 나아가 이 같은 수행과 형성의 과정이 반복됨으로써 그와 관련된 인지적 능력, 즉 실천적 지혜(practical wisdom)가 생겨난다는 점도 주목할 필요가 있다. 아는 행위를 통해 터득한 지혜이기에 무언가를 '할 줄 아는' 실천적 지혜라 함이 합당할 것이며, 지식과 행위의 결합물, 즉 지행합일의 산물이라 할 수 있을 것이다. 이런 의미에서 유덕한 행위는 단지 습관에 의한 기계적인 행위가 아니라, 상황에 따라 신축적이고 유기적인 반성적 행위라 할 것이다.10)

수행과 관련된 불교 문헌에는 "거거, 거중지, 행행, 행리각(去去, 去中知, 行行, 行裏覺)"이라는 말이 있다고 한다. 가고 가다 보면 알게 되고, 행하고 행하다 보면 행하는 가운데 깨치게 된다고 한다. 이 말 역시 아리스토텔레스의 덕론과 상통한다고 생각된다. 불교에서 말하는 마음공부법으로서 돈오점수(頓悟漸修) 또한, 일순간 깨달음을 얻더라도 그것이 진정 자기의 것이 되려면 오래 훈습된 습관들을 지워 내고 그로부터 자유롭게 되는 점진적인 수행의 기간이 필요함을 의미한다.

---

9) Aristotle, *Nicomachean Ethics*, BK III, ch. 3 참조.
10) 越智貢, 『德倫理學の現代的意義』, 日本論理學會編 참조.

또한 문득 깨치는 일 역시 은총처럼 저절로 오는 것이 아니고 오랜 수행의 공이 쌓여 그 누적된 성과로서 주어진다 할 것이다. 그래서 필자가 생각하기에 돈오와 점수는 선후를 따지기보다 진리를 깨치는 지성적인 작업과 그에 적합하게 정서와 의지를 조율하고 연마하는 수행적 작업의 공동작품으로서 인격의 원만한 형성이 이루어진다 하겠다.

유학의 가르침 중 하나는 마땅히 머무를 때와 장소를 알아차리는 지혜를 갖는 일이다.11) 이같이 멈출 때와 장소를 놓치게 되면, 즉 실기(失機)를 하게 되면 결례를 범하게 되고 잘못되면 화를 자초하게 된다. 『주역』에도 때 이른 잠룡은 쓰지 말라고 경고하고 실기한 항용은 후회함이 있다고 일러 주고 있다.12) 역시 상황에 적절하게 진퇴가 이루어져야 하니 상황 파악이 중요함을 말해 준다.

아무리 욕심이 날지라도 적절한 시기에 물러날 줄 알아야 하고, 그렇지 못할 때는 과욕을 부리게 되며 늙은이의 경우 노욕으로 지탄받게 된다. 인생이 덧없고 무상하기에 갖가지 욕심이 생기겠지만 많은 사람들의 박수 속에 물러남이 현명하다. 노욕만큼 추한 일이 없으니 이는 인생을 제대로 살지 못해 마무리를 그르친 것이다. 우리는 생물학적으로 자신의 수명을 다하는 일에 못지않게 사회학적으로도 자신의 소명을 다한 즉시 물러날 필요가 있다. 때늦은 주책은 집착을 낳고 집착은 노욕의 화를 자초할 수밖에 없다.

5. 죽음의 성찰과 웰다잉: 위대한 평균자, 죽음

에이징에 있어서 마지막 장은 죽음과의 대면이다. 그러나 우리는 죽

---

11) 『大學』, "大學之道, 在明明德 在親民 在止於至善".
12) 『周易』, 乾卦 참조.

음을 이쪽에서만 대면할 뿐 저쪽에 대해서는 아는 바가 전무하다. 그래서 막연히 두려워하고 불안해하기만 한다. 실존철학자들은 인간의 잠재의식 저변에 깔려 있는 기본적인 정서 중 하나를 불안(Angst)이라한다. 공포는 대상이 분명할 때 느끼는 정서라면, 불안은 대상이 막연하고 불확실할 때 느끼는 정서라고 한다. 그리고 인간의 기본 정조가 불안인 까닭은 인간이 '죽음에 이르는 존재'로서 죽음이라는 정체불명의 상황을 앞둔 막연한 두려움 때문이다. 일부 학자들이 임사 체험을 말하고 죽음의 세계를 증언하고자 하나, 소위 임사 경험이 이승의 경험인지 저승의 경험인지 입증하기가 쉽지 않은 터이다.

죽음이란 무엇인가? 적어도 경험상으로 우리는 결코 죽음의 전모를 볼 수도 알 수도 없는 까닭에 우리는 죽음에 대해 그다지 할 말이 많지가 않다. 이런 의미에서 "삶도 잘 모르거늘 죽음을 어찌 알겠는가"라고 말한 공자는 정직한 경험론자라 할 만하다. 우리는 죽음의 정체에 대해서 단지 근거가 불충분한 추정을 할 수 있을 뿐이고 그저 가설에 의거한 상상만으로 만족할 뿐이다. 우리가 죽음에 대한 성찰을 위해 화두로 이용할 수 있는 가설은 크게 두 가지로 생각해 볼 수 있다. 하나는 죽음을 우리가 부딪쳐 사멸하는 벽에 비유할 수 있는 것으로, 사후는 더 이상 아무것도 존재하지 않는 허무라는 가설이다. 다른 하나는 죽음이 문과도 같아서 우리의 삶은 죽는 것으로 끝나지 않고 또 다른 삶이 기다리고 있어 죽음은 이승의 삶에서 다른 삶으로 나아가는 통과의례에 불과하다는 가설이다.[13]

벽의 가설은 우리가 죽음으로써 모든 것이 끝난다는 것으로 일종의 허무주의를 함축한다. 인생은 덧없이 지나가는 일장춘몽에 불과하다는

---

13) 생명의료윤리에서 자주 쓰이는 죽음에 대한 두 가설 원용.

것이다. 그렇다면 우리는 죽음에 대해 준비할 아무것도 없으며, 단지 이 세상을 어떻게 살 것인가에 대해서만 고민해야 한다. 이는 탈종교적 성향을 갖는 현대사회에 지배적인 죽음관으로서 현세의 쾌락 추구를 구가하는 사상과도 일맥상통한다고 할 수 있다.

이에 비해 문의 가설은 대부분의 종교가 공유하고 있는 죽음관으로서 이승으로 모든 것이 종결되지 않고 현세의 삶과 행적에 의거해서 내세에 누리게 될 삶의 형태가 결정된다고 보는 입장이다. 기독교는 현세의 행적으로 인해 영원한 축복과 영원한 저주의 삶으로 이분화된다고 보며, 가톨릭은 이에 대하여 중간 지대인 연옥을 설정함으로써 양자택일에 제3의 여지를 두고자 한다. 다소 다르긴 하나 불교에서도 이승의 행적에 따라 육도윤회(六道輪廻)의 전생(轉生)의 삶이 기다리고 있으며 그 보상이 끝나는 대로 다시 인간세로 태어나 새로운 가능성을 시험하는바, 인간세는 윤회전생뿐만 아니라 그로부터 해방되는 부처의 가능성까지도 열려 있는 수행의 도장이라는 것이다.

한국인들은 일반적으로 죽음에 대한 성찰이 부족한 듯하다. 물론 인간은 죽음에 이를 수밖에 없는 존재이며, 그러기에 막연한 불안의 정서를 삼키면서도 불안 저 너머에 있는 죽음에 대한 직시를 두려워한다. 그래서 우리는 잡담, 호기심, 유행에 몰두하면서 애써 죽음을 외면하고자 한다. 그런데 이 같은 성향이 특히 우리 한국인의 생활문화 속에 두드러지게 반영되고 있는 듯함은 필자만의 소견은 아닐 것이다. 이는 우리의 전통이 지극히 현세 중심적인 점과도 무관하지 않은 듯하다. "개똥밭에 굴러도 이승이 더 낫다"는 말로 대변되듯 한국인들은 다소 힘겹고 고통스럽더라도 죽는 것보다 살아 있는 것을 선호해 왔다. 만일 내세가 있다고 생각하고 그에 대한 믿음이 절실했다면 죽음에 대한 우리의 태도가 다소 달랐을 터이고, 그에 따라 삶의 태도 또한 지금과 같지는 않았을 것이다.

우리는 죽음의 불가피성을 직시하고 그에 대한 성찰의 결과가 우리의 삶 속에 반영되도록 노력할 필요가 있다. 죽음에 대한 성찰이 깊을수록 우리의 삶 또한 보다 진지해지고 진실해질 것으로 생각된다. 잘 죽는 것(well dying)을 소중히 생각하는 것은 그것이 결국 잘 사는 것(well being)에 도움이 되기 때문이며, 사소한 일에 목숨을 걸지 않는 삶의 여유를 주기 때문이다. 그래서 철학자들은 "죽음에의 선구적 결단"(하이데거)을 말하기도 한다. 자신의 죽음을 미리 성찰함으로써 진실된 삶을 결단하라는 뜻이다.

일반적으로 죽음을 미리 직면해 보고 깊이 성찰하지 않음으로써 우리는 지나치게 삶에 소아병적으로 집착하는 경향이 있고, 그래서 우리의 의료제도 또한 일반적으로 치유 치료나 연명 치료에 편향적으로 의존하고 완화 치료나 호스피스 치료에 무관심하다. 이는 우리의 생사관이 그대로 현행 의료관이나 국가적인 의료정책에도 반영되고 있음을 의미할 것이다. 고래로 철학은 죽음의 연습이라 했다. 역설적이게도 이는 죽음에 대한 철학적 성찰이 잘 살기 위한 필수적 선결 요건임을 의미하는 것으로 생각된다.

『동의보감』의 의료철학이 지닌 미래적 가치:

심신의학의 선구로서의『동의보감』

1. 세계기록유산으로서의『동의보감』

우리나라의 의학 전통은 모두『동의보감』으로 흘러들어 갔다가 다시『동의보감』에서 흘러나왔다 해도 과언이 아닐 만큼『동의보감』은 역사적으로 중요한 비중을 차지하는 의서이다.『동의보감』은 허준의 대표적 저작이자 필생의 대작으로서 중국, 일본을 비롯한 아시아는 물론 멀리 유럽에까지 영향을 미친 위대한 고전이다. 오늘날 한의학계에서 1980년대 이전의 한방(漢方)이 아닌 한국의학으로서 한방의학(韓方醫學, Korean Medicine)으로 정립하고자 했던 학술운동의 기저에는『동의보감』이라는 찬란하고 귀중한 민족의학적 전통이 있었다고 할 수 있다.

---

* 보건복지부 주관, 한국유네스코 후원,『동의보감』유네스코 기록문화유산 등재를 위한 기초연구 및 국제학술대회, 학술원, 2012.

흔히들『동의보감』의 역사적 의의로서 전통의학의 통합, 실용의학의 대중화, 향약 자료의 집대성, 민족의학의 정립 등을 열거한다. 이같이 거론되는 항목들은 모두가 그 나름으로『동의보감』이 세계기록유산으로서 지니는 가치가 충분함을 말해 주고 있다고 생각한다. 이를테면 고래로 전해 온 한의학의 전통이 체계적으로 정돈되지 못한 채 각종 의서에 산재되어 있는 것을 체계적으로 통합하여 하나로 정리한 것은 한의학의 역사에 있어서 대서특필할 만한 쾌거가 아닐 수 없다. 이 점은 비단 국내에서 뿐만이 아니고 중국, 일본 등 한의학적 전통을 공유한 국제사회 일반에서 공인된 평가이기에 더욱 그러하다.

　　나아가『동의보감』은 단지 이론서에 그치는 것이 아니고 풍부한 임상 경험에 바탕한 실용의학을 목표로 했으며, 더욱이 그 실용성이 의사들만이 아니라 일반 대중들도 손쉽게 응용할 수 있도록 구성된 대중의학이라는 점에서도 세계적으로 유례를 찾기 어렵다. 또한『동의보감』은 한문 의서에 그치지 않고 일반 대중의 언어인 한글 언해를 부기하고 있다는 점에서 실용의학, 대중의학으로서의 성격을 더욱 뚜렷이 보여주고 있다.

　　『동의보감』은 대중적 실용의학의 연장선상에서 처방에 이용되는 약재를 우리 국토에서 손쉽게 구할 수 있는 향약으로 구성하고 있다는 점에서 신토불이(身土不二)라는 의료철학을 기반으로 하고 있으며, 나아가 이는 조선의 의학을 하나의 독립된 의학, 즉 민족의학으로 정립하고자 함에 있어서도 높이 평가할 만하다. 물론 의료의 기본원리는 보편적인 것일지라도 그 구체적 응용은 풍토적 자연과 문화적 요인, 환경적 요인에 바탕한 의학일 수밖에 없기 때문이다.

　　이상 모든 점에서『동의보감』은 세계기록유산으로서의 가치가 충분하다고 생각되나 이에 더하여『동의보감』은 단지 한의학의 역사에 있어서 그 독보적인 가치는 물론이고 오늘날 동서 통합의학을 지향하는 세계의 보편의학적 트렌드에 있어서도 선구적인 위치를 점하고 있다고 평가되는데, 그것은 바로 새로운 의료 패러다임으로서 전일적 심신의학(Holistic Mind-Body Medicine)의 추세라 할 수 있다. 심신의학은 전통적 서구 의학을 그 하위 부분으로 편입하면서 동양의 광범위한 대체의학적 지류들을 선별, 영입함으로써 동서 통합의학적 미래를 지향하고 있다.

물론 허준의『동의보감』이전에도 한의학의 전통은 심신 일원론 내지는 심신 상호작용론의 기초 위에서 심신의학을 겨냥하고 있었음은 사실이다. 그러나『동의보감』이전에는 이 같은 심신의학이 단지 직관적, 비체계적 수준에 머물고 있었다. 그러나 허준은 이 같은 한의학적 빌싱을 당시 도가 철학이나 유가 사상과 접목하여 몸과 마음을 통합적으로 접근함으로써 보다 온전한 의료가 이루어질 수 있음을 체계적으로 논의하고 있다.『동의보감』은 유불선(儒佛仙) 3교를 통합한 철학적 기반 위에 세워진 의학 체계를 의도한 것으로서 정기신(精氣神)의 삼위일체에 뿌리를 두고 내장기의 생리적 기능과 그 직접적인 병증을 일괄하여 내경편에 다루고 있는데, 이는 그야말로 현대 심신의학의 선구를 이루고 있다 할 것이다.

『동의보감』서문에서 의술의 기본은 정신수양과 섭생에 두고 보약과 치료는 이차적인 의의를 갖는다고 함으로써 이미 400여 년 전에 현대의학의 선구를 이룬 것은 실로 놀라운 사실이 아닐 수 없는 것이다. 우리는 바로 이 점에 세계기록유산으로서『동의보감』의 미래적 가치를 두고자 하며, 우선 현대 심신의학의 기본원리를 요약한 뒤『동의보감』과의 유사성을 살펴보고자 한다.

2. 심신의학의 기본원리

심신의학(Mind-Body Medicine)은 조만간 현대 건강 의료에 있어서 혁명을 가져올지도 모른다는 주장까지 제기되고 있다. 몸과 마음 간의 깊은 상호작용(profound interconnection), 몸의 태생적 치유 능력(innate healing capabilities), 치유 과정에 있어서 주체적 자기책임의 역할(role of self-responsibility) 등을 인정함으로써 심신의학은 생체 피드백(bio feedback), 심상법(imagery), 최면요법(hypnotherapy), 명상(meditation), 요가(yoga) 등 광범위한 치유 방식들을 활용한다.

지난 300여 년 동안 서구 문명은 합리적이고 과학적이며 기계론적인 세계관에 의거해서 형성되어 왔으며 이로 인해 거대한 기술적, 물질적 진보를 성취하게 되었다. 서양의학의 발전 또한 이 같은 사조를 반영하며 그것이 산출한 기술에 의존해 있다. 심신의학의 세계적 권위자인 조지타운 의과대학 고든(James S. Gordon) 교수에 따르면 "데카르트의 철학이 초경험적, 비물체적 정신을 물질적이고 기계적인 신체 활동으로부터 분리한 이래 과학은 줄곧 신체를 그 구성 부분들로 정확하게 환원하는 일에 몰두해 왔다." 이어서 그는 "이 같은 접근은 엄청난 성과를 가져왔는데, 특히 감염질환의 치료, 인슐린 등 절실히 필요한 물질의 합성, 생명을 구조하는 지극히 복잡한 외과적 절차의 창출 등을 성취하게 되었다"고 했다.1)

그러나 불행하게도 이 같은 생명의료적 모형의 성취는 오랫동안 인간의 시야를 좁게 만드는 경향을 갖게 되었다. 사람들은 모든 질병을 일차적으로 기계적인 신체 부위의 역기능이나 오작동으로 간주하고 의

---

1) *Alternative Medicine*, The Burton Goldberg Group, Washington: Future Medicine Publishing, Inc., 1994, p.346.

사는 그러한 부품을 수리하는 책임을 지는 기술자로 보았다. 첨단 의료기술의 발달을 대가로 사람들은 건강과 질병에 대해서 심리적, 사회적, 경제적, 환경적 영향력의 중대성과 정신 작용이 육체에 미치게 될 엄청난 힘을 시야에서 놓치게 된 것이다.

1) 심신의 상호관계

최근 의료의 한 가지 경향은 몸 따로 마음 따로가 아니라 몸과 마음을 통합적으로 접근하는 가운데 건강과 질병 그리고 치료와 예방을 생각한다는 점이다. 원래 서양의학은 근세 초기의 데카르트에서 유래되어 현대에 이르기까지 지배적인 사조를 이룬 심신 이원론(mind-body dualism)에 바탕을 두고 있다. 그래서 몸 따로 마음 따로 이원적으로 치료해 온 것이 전통을 이루고 있다. 그러나 현대에 이르러 이 같은 이원론이 강한 도전에 직면하면서 그에 따라 의료의 패러다임 또한 변하지 않을 수 없게 된 것이다.

데카르트의 심신 이원론에 대한 대안적 입장들로는 심신 동일론(identity theory), 심신 양면론(double aspects theory) 등이 있기는 하나 대체로 심(心)보다 신(身)에 우위를 둔다는 점에서 유물론(physicalism)적 경향이 우세를 점하고 있는 형국이다. 그런데 근래에 이르러 이 같은 신체 우위론을 다소 완화함으로써 정신의 부분적 자립성을 주장하는 심신 수반론(supervenience theory)이 제시되어 주목을 끌고 있으며, 이는 특히 한국인이면서 미국 철학자인 브라운 대학 김재권 교수에 의해 주장되고 있다는 점에서 흥미롭다.2)

---

2) 김재권 교수의 심신 수반론은 심신이론에 대한 현대 물리주의적 트렌드를 무시하지 않으면서도 정신의 자율성을 옹호하고자 하는 시도로서 높이 평가

김교수의 수반론의 특징은 신체 우위론의 경향을 수용하면서 정신의 독립성을 확보하고자 하는 시도로서 평가된다. 수반론에 따르면 심신의 관계에 있어서 신체적 사건이 선행하고 정신적 사건은 그에 이존해서 일어난다는 것이다. 그러나 일단 생겨난 정신적 사건은 다시 신체적 사건으로 온전히 환원될 수 없고 부분적 자립성(partial autonomy)을 갖게 되며 대체로 신체적 사건과 정신적 사건은 공변(covariation)하게 된다는 것이다. 결국 심신은 상호작용적 맥락 속에 존재하며 대체로 마음은 몸을 타고 간다는 것, 즉 수반(隨伴, supervene)한다는 것이 그의 이론이다.

원래 동양의학 특히 한의학에서는 심신의 구분이 불명하고 심신 일원론적인 경향을 강하게 나타내고 있다. 이 점은 우리말 표현에 있어서도 많은 정신적 현상들이 장부와 관련되어 표현되고 있는 점과 유관하다. 애를 태울 때 애간장이 녹는다고 하고, 허장성세하는 사람은 간땡이 부었다, 사촌이 논을 사면 배가 아프다, 못마땅하거나 아니꼬울 때 비위가 상한다, 겁에 질릴 경우 간이 콩알만 해진다, 허영에 들뜰 때 허파에 바람이 들었다 등등으로 표현한다.

이 점은 우리의 옛 글자에 대한 해석과 관련해서도 매우 시사적인 함축을 지니고 있다. 우리는 '몸'이라는 글자를 통해 몸과 맘 두 가지 모두를 나타내고자 했다. 몸이 곧 맘이고 맘이 곧 몸이라는 논리이며, 몸과 맘은 둘이면서 하나요 하나이면서 둘이라는 뜻에서 바로 심신 일체론 혹은 심신의 긴밀한 상호작용론을 함축한다고 할 수 있다.

결론적으로 우리는 데카르트 이래의 심신 이원론적 발상을 청산하고 심신 상호작용론 내지 심신 일원론적 관점에서 우리의 건강 개념을

되며, 그의 이론은 심리철학에서 Kim's Theory로서 인용되고 있다.

재정립해야 할 것이다. 나아가서 이 문제는 철학적으로 볼 때 건강 개념이 삶의 질, 웰빙 등의 개념을 넘어 심신 통합적인 관점에서 훌륭한 삶에 대한 철학적 성찰에까지 맞닿아 있다고 생각된다. 결국 철학자 소크라테스가 영혼과 마음의 의사였다면, 의사 히포크라테스는 신체와 몸의 철학자였다고 할 수 있을 것이다.

현대의학에 따르면 건강(health)이란 단지 질병의 부재가 아니라 그 이상의 무엇이다. 신체뿐만 아니라 감정과 정신, 가족, 직업, 수입, 식생활, 교육, 환경, 개인적 성취와 사회적 안전 등 많은 요인이 건강과 관련이 있기 때문이다. 삶의 질(quality of life)에 영향을 주는 모든 요소가 건강에 영향을 주며 질 높은 삶이 곧 건강한 삶이라고도 할 수 있다.[3) 질병의 치료를 우선적 목표로 삼아 온 서양의학은 근대에 이르러 질병을 물리적, 화학적 이상 상태로 파악하게 되었으며, 따라서 질병은 대부분 측정 가능한 실체로 간주하고 있다. 일반적으로 질병을 치료, 예방하는 것은 곧 건강을 회복, 유지하는 것이라 할 수 있다. 의료의 요체는 질병을 예방하고 치료할 수 있는 충분히 효과적인 방법이 있느냐 하는 것이며, 이런 점에서 현재 서양의학은 질병의 치료와 예방을 통해 건강을 유지할 수 있는 지식과 방법을 상당 수준 확보하고 있음도 사실이다.

동서 의학을 상대적으로 비교하면, 대체로 동양의학에서는 주목하는 대상이 건강이다. 건강이 무엇이며 어떻게 건강을 유지하고 상실하며 또 어떻게 하면 그것을 회복하는가에 관심을 갖는다. 또한 동양의학은 사람의 상태를 건강과 불건강으로 나눈다. 건강을 유지하기 위해 여러 섭생법이 발달하였으며 불건강에는 여러 가지 증상이 있어 이를 다스

---

3) 전세일, 「동서 의학의 만남과 삶의 질」, 제21회 동서 문명과 삶의 질 심포지엄, 아산복지재단, pp.17-36.

림으로써 건강을 회복하게 하는 것이 동양의학의 기본이다. 그래서 동양의학에서는 대부분의 불건강 상태를 기술할 때는 증(症, syndrome)으로 나타내고 구체적인 병명은 별로 없는 편이다.4)

반면 서양의학에서는 질병의 개념을 강조하는 쪽이다. 병이란 무엇이며 병이 어떻게 생겨 진행하고 어떻게 하면 없어지는가 하는 식의 병 중심의 의학이라 할 수 있다. 서양의학에서는 사람의 상태를 병석 상태와 무병의 상태로 나눈다. 따라서 병을 찾아내는 진단 방법이 상당히 발달하였고 또 병을 치료하는 방법도 수없이 개발되었으며 병명이 많고 다양하게 세분되어 있다.

2) 심신의학의 원리와 치료 과정

새로운 심신의학은 전통적인 심리학과 물리학의 경계를 넘어 에너지를 우주의 기본 유형으로 간주하며 이런 점에서 인간존재를 상호 연관된 우주적 에너지장의 일부로 보는 동양철학과의 유사성을 보이고 있다. 아유르베다, 기공, 요가 등 이들 아시아적 전통은 수세기 동안 의식이 심리적, 신체적 건강을 다스리는 데 있어 본질적 역할을 수행한다고 믿어 오고 있다. 심신의학은 다음과 같은 기본원리들을 망라하고 있는데, 이는 현대 서양의학에 의해 대체로 무시되거나 인정받지 못한 것이라 생각된다.5)

(1) 각 개인의 고유성(Individual Uniqueness)
(2) 만성적 스트레스(Chronic Stress)

---

4) 위의 논문 참조.
5) *Alternative Medicine*, p.350 참조.

(3) 치유를 위한 자기책임(Self-Responsibility)

(4) 신체의 내재적 치유 능력(Innate Healing Capabilities)

(5) 환자-의사의 상호관계(Client-Provider Relationship)

(6) 다원 요인의 체계적 접근(System Approach)

(7) 에너지장의 관점(Energy Field Perspective)

(8) 질병은 적이 아닌 메시지(Message, not Enemy)

심신의학은 대체로 심신의 이완을 증진하고 스트레스에 보다 잘 대처할 방법을 개발함으로써 시작된다. 이와 관련된 기술들에는 다양한 것들이 있는데, 명상, 생체 피드백, 최면요법, 심상요법, 신경언어 프로그램, 기공, 마사지, 체조, 요가, 호흡요법, 점진적 이완기술 등이 있다. 한방 탕약, 침구 등도 이완을 증진하는 데 이용될 수 있으며, 식이, 운동, 목욕 등 생활 스타일의 변화 또한 건강을 위한 전일적 접근에 있어서 요구된다.6)

(1) 건강은 정서적 균형 요구(Emotional Balance)

(2) 공유와 교류, 상호 지지(Sharing and Support)

(3) 치유의 심상으로 유도(Imagery in Healing)

(4) 이완을 위한 호흡 조절(Breathing for Relaxation)

3. 『동의보감』의 정기신(精氣神)과 심신의학

앞서 논의한 바와 같이 『동의보감』은 한의학이라는 전통의학적 측

---

6) *Alternative Medicine*, p.354 참조.

면과 유불선이라는 전통사상적 측면을 통합함으로써 그야말로 심신 전일적 진단과 치유를 겨냥하는 의료 체계라 할 수 있다. 좀 더 좁혀서 말하면『동의보감』은 유가의 관섬에서 도교와 한의학을 아우르는 방식을 채택하고 있다고 할 수 있을 것이다. 여기에서 유가적 관점이란 도교에 있어서 종교적인 관점을 배제한 양생법과 한의학적 체계를 접목, 이를 실용적으로 이용하려는 사고로서 일종의 유가적 계몽주의에서 나온 것으로 볼 수 있다. 그리고 심신이론에 있어 도교와 유가는 심신을 분리하지 않고 하나로 보려는 심신의학적 지향을 갖는 철학사상이라 할 수 있을 것이다.

이 점은 근대 이후 서양의학이 바탕을 두고 있는 데카르트 이래의 심신 이원론을 비판하고 심신 일원론 내지는 심신 상호작용론을 철학적 기반으로 하는 최근 심신의학적 경향과 허준의『동의보감』에 의해 이론적 체계를 얻게 된 한의학이 몸과 마음에 대한 동일한 철학적 배경에서 출발하고 있다고 할 수 있다.

특히『동의보감』에 있어서 정기신(精氣神) 사상은 심신이 불가분의 영향을 주고받는 상호작용적 일체임을 분명히 하고 있다. 또한 현대의 심신의학은 전통적인 심리학과 물리학의 경계를 넘어 에너지(氣)를 우주의 기본 유형으로 간주하며 이런 점에서 인간존재를 상호 연관된 우주적 에너지장의 일부로 보는『동의보감』의 철학적 기반과의 유사성을 보이고 있다.[7]

심신의학의 원리들 중 하나인 각 개인의 고유성(individual uniqueness)을 중요시하는 점도『동의보감』의 개인관과 일맥상통한다. 이 두 의료 체계는 어떤 두 사람도 똑같을 수는 없는 까닭에 비록 그들이 동

---

7) 조남호, 「『동의보감』의 의의: 도교와 유가의 측면을 중심으로」 참조.

일한 질병을 갖는다 해도 회복의 길이 서로 다를 수 있다고 본다. 동일한 질병도 서로 다른 사람의 경우에 있어서는 상이한 요인들의 결과일 수 있기 때문이다.

비록 이 같은 원리는 전통적인 한의학이나 아유르베다 의학에서는 인정된 지 오래지만 서양의학에서는 비교적 새로운 개념이라 할 수 있다. 예를 들어 동일한 질환도 사람에 따라 감염에 의한 것일 수도, 심리적 스트레스나 영양부족, 생리화학적 불균형에 의한 것일 수도 있는 것이다. 생화학자 윌리엄스(Roger Williams)는 이런 현상을 '생화학적 개체성(biochemical individuality)'이라 부르며 각 개인들이 유전적, 환경적 요인에 의해 유니크한 존재임을 말하고 있다. 『동의보감』이 이같이 질병의 개별성에 주목하는 것은 후일 이제마의 사상체질론 내지 체질의학론(constitution medicine)의 선구를 이루고 있다는 점에서 주목할 만하다.8)

심신의학에 있어서 기본적인 전제 중 하나는 만성적인 스트레스나 균형의 결여가 병을 유발하게 된다는 것이다. 또한 긴장의 이완이나 스트레스에 대처하는 적극적 방법과 균형의 회복이 건강을 결과한다고 한다. 스트레스 그 자체보다 더 중요한 것은 스트레스에 대처하는 각 개인의 자신감과 정신력 등 전반적인 능력이라 할 수 있다. 이 점에 있어서 『동의보감』 또한 불교의 수행이나 유교의 수행 혹은 도가의 양생법을 통해 심신의 기능을 사전에 강화해야 한다는 점을 강조하는 것에서 맥을 같이하고 있다. 이 같은 심신의학적 경향은 깊은 예방의학(preventive medicine)적 함축 또한 지니고 있음을 간과해서는 안 될 것이다.

---

8) *Nutrition Against Disease: Environmental Prevention*, New York: Bantam Books, 1972 참조.

영국의 심장의학 전문가인 닉슨(Peter Nixon)의 설명에 따르면, 증대되는 스트레스와 흥분은 신체기능에 다양한 변화를 유발함으로써 면역기능, 단백질 합성, 심장기능 등에 장애를 일으켜 결국 심장질환, 암, 우울증 등을 결과하게 된다는 것이다. 심신의학에서는 치유를 위한 스트레스 완화법으로서 각종 이완요법을 권장하고 있다. 심상지도, 생체피드백, 특히 명상수련은 심장박동 및 혈압의 안정 등에 도움을 줌으로써 질병 발생률을 감소시키고 건강을 증진하게 된다는 것이다.9)

또한 심신의학은 환자가 치료의 모든 단계에 있어 의료적 개입을 수동적으로 수용하는 데 그치지 않고, 능동적 파트너로서 환자의 적극적인 자기책임(self-responsibility)을 강조한다. 환자의 적극적이고 능동적인 자세는 질병에 수반하는 두려움과 우울증을 감소시키고 무력감과 절망감으로부터 스스로를 통제할 수 있다는 자신감을 증대시키게 된다. 이 같은 과정으로 인해 실제로 면역력과 치유력을 증대시키는 각종 실험 보고가 있다.

이와 상관된 것으로서 심신의학은 신체의 타고난 치유력(innate healing capabilities)을 전제한다는 점에서 자생력을 가정하는 동양의학의 전통과 유사성을 보인다. 이 점은 "의사는 치료하고 자연은 치유한다"는 격언 속에 담긴 동양철학적 사유를 잘 말해 주고 있다. 신체는 건강과 균형을 향해 움직이는 타고난 생물학적 성향을 지니고 있으며, 이는 신체가 자율적으로 상처를 아물게 한다는 사실이나 플라시보 효과(placebo effect)에 의해서도 잘 설명되고 있다. 또한 플라시보 효과는 환자 자신의 치유에 대한 긍정적 태도에 의해서도 크게 달라지는 것으로 보고되고 있다.10)

---

9) D. Seedhouse and A. Cribb, eds., *Changing Ideas in Health Care*, New York: John Wiley & Sons, 1990 참조.

물론 이상에서 논의한 바와 같이 현대 심신의학은 한의학이나 아유르베다 의학 등 동양의학 전반과의 상당한 가족 유사성(family resemblance)을 보이고 있는 것은 사실이다. 그러나 이 같은 심신의학적 체계를 의학 이론상 가장 주제적으로 확립한 것은 허준의 『동의보감』의 기여라 할 만하다. 이를 위해 그는 80-90여 편에 달하는 전통 한의서를 하나의 체계로 통합하는 것은 물론, 유불선 3교에 관류하는 심신의학적 맥락과 한의학을 접목시킴으로써 그야말로 이미 400여 년 전에 거대한 통합의학적 체계를 확립한 것이다. 『동의보감』은 세계기록유산으로서 충분히 가치 있는 문건이며, 더욱이 그것이 단지 과거의 유산으로서가 아니라 오늘날에도 유효하게 작동하고 있는(working) 한의학 지침서로서 그리고 서구에서도 다시 미래의학으로서 각광받고 있는 심신의학의 선구라는 점은 높이 평가되고도 남을 만큼 가치 있는 점이라 사료된다.

4. 가장 한국적이고 가장 세계적인 기록유산

『동의보감』은 가장 한국적이면서도 가장 세계적인 기록유산이라 할 만하다. 우선 『동의보감』은 그 당시까지 중국 전래의 한의학에만 의존하던 한국이 의료 종속적인 위치에서 벗어나서 독자적인 의료 체계를 정립한 의서이다. 한국 한의학사는 일단 『동의보감』으로 종합된 후 그로부터 다시 분기되는바, 『동의보감』은 그야말로 한국 한의학의 저수지에 비견할 만하다. 나아가 『동의보감』은 신토불이(身土不二)의 정신에 입각하여 한국에서 자생하고 널리 구할 수 있는 향약 자료에 의거,

---

10) J. Achterberg, *Imagery in Healing: Shamanism and Modern Medicine*, Boston MA: Shambala, 1985 참조.

처방을 제시하고 있다는 점에서도 향약의학, 민족의학의 성격을 지닌 지극히 한국적인 한의학의 효시라 할 수 있다. 또한『동의보감』은 당시 양대 전란으로 피폐한 민생과 열악한 의료를 구원하고자 일반 민중이 쉽게 이해하고 실제로 이용할 수 있게 서민의 복지를 염두에 둔 민중의학, 대중의학이라는 점에서도 세계에서 유래를 찾기가 어렵다.

그러나『동의보감』은 단지 특정한 시대나 장소에 국한되는 의의와 가치를 지닌 의서가 아니다. 당시 한국, 중국, 일본을 위시한 동양 의료권은 한의학이 주도하고 있었다. 이러한 한의학의 역사에 있어『동의보감』의 기여는 그야말로 한국, 중국, 일본 3국이 그 가치를 높이 평가하고 인정하는 그야말로 국제적으로 공인된 권위를 지닌 의학 고전이라 할 수 있다.

한의학의 역사는 학술 유파의 논쟁을 바탕으로 구성되어 온 역사라 할 수 있다. 그 당시 학술 유파를 대표하는 집단은 김원사대가(金元四大家)로 대변되는데,『동의보감』은 당시까지 존재했던 이들 여러 학술 유파의 논쟁들을 하나의 체계로 엮어 냈다는 평가를 받고 있다. 당시 의학자들은 나름의 임상 경험과『황제내경』의 기초이론을 결합하여 각기 독창적인 의학 이론과 치료 방법을 발전시켰으나 지리적 특색이나 개인적 임상에 따라 각양각색의 의학 이론이 백가쟁명으로 전개된 것이 금원시대의 난맥상이었다. 허준의『동의보감』은 이 같은 다양한 의학 이론과 처방전을 통합하고 체계화하는 데 크게 기여한 것으로 평가된다.『동의보감』은 국내에 다양한 판본이 나와 있고 중국에서도 수십 종의 판본이 나왔으며, 그리고 일본에서도 다수의 판본과 더불어 주석서, 연구서, 번역서들이 나온 것을 보면 가히 한 시대를 획하는 의료 고전으로서 공인되었다고 할 만하다.

또한『동의보감』은 단지 박물관에 보관될 과거의 유적으로서만 의미를 지닌 것이 아니다. 전래의 의학과 유불선 3교의 철학을 집대성하여 정기신(精氣神) 삼위일체론을 기본 개념으로 체계화한 『동의보감』의 의학 이론은 그야말로 현대의 대체의학에서 각광받고 있는 심신의학(Mind-Body Medicine)의 선구로서 오늘날에도 유효할 뿐만 아니라 미래 의료의 패러다임으로서도 유망한, 그야말로 살아 있는 의료 체계라 할 수 있을 것이다. 인간은 심신 이원론적 존재가 아니라 마음과 몸이 상호작용하는 유기적 전일체인 까닭에 진단에 있어서나 처방에 있어서 심신의학적인 접근이 필수적이라는 것이 400여 년 전 『동의보감』이 우리에게 전하는 메시지요, 그것이 서구의 최근 의료 경향과도 합치한다는 점은 놀랄 만한 역사적 사례가 아닐 수 없는 것이다.

또한 『동의보감』이 제시하는 체질론적 변증 이론 역시 오늘날의 심신의학적 경향과 일맥상통하는 바이다. 사람을 획일적인 잣대가 아니라 개체의 고유성에 따라 차별적으로 다루는 것을 체질론이라 부른다. 서양의학에서는 고대로부터 히포크라테스, 갈렌 등에서 전형적으로 제시되며 조선 말기 이제마가 사상체질이라는 고유한 체질론을 주장한 데 이르기까지, 중국의학에서는 미미한 잔재만이 남아 있는 체질의학이 『동의보감』의 또 한 가지 자랑이며 탁월한 독창성이라 할 만하다. 허준은 사람을 구별하여 치료해야 할 이유를 몇 가지로 나누어 설명하고 있다. 상중하기론, 비수론, 흑백론, 장단론, 남녀노소론, 용겁론, 직업론 등이 그것이다.

물론 『동의보감』이라는 의서와 그 저자인 허준을 따로 떼어놓고 논할 수는 없다. 『동의보감』이 기록유산으로서 대단한 가치가 있음은 물론이지만 허준이라는 의료인 또한 대서특필할 만한 존재라 생각된다. 허준은 당시 양대 전란을 겪고서 피폐한 민생을 수습하기 위해 선조로부터 명을 받고 『동의보감』의 집필 프로젝트에 착수하긴 했으나, 그

집필 과정이나 내용에 있어 의사로서, 또한 의료인으로서 허준이 보인 전범은 높이 평가되어 마땅하다. 그래서 이미 한국에서는 『동의보감』이나 허준을 주제로 한 역사 드라마를 수차례 제작, 방영했을 뿐만 아니라, 경기도 양주시 MBC 테마파크 공원에 있는 허준 드라마 세트장에는 중국, 일본을 위시해서 세계 각국의 관광객들이 연일 답지하고 있는데, 이는 기히 허준의 역사적 가치를 상징적으로 말해 주고 있다 할 것이다.

『동의보감』의 기록유산적 가치를 요약하면 다음과 같다.

(1) 전통 한의학의 통합을 통한 이론적 체계화
(2) 향약 자료의 집대성에 의한 민중의학, 민족의학의 정립
(3) 체계적, 실용적 의료 이론서로 국제적 공인(한중일의 판본, 번역서, 주석서 출간)
(4) 심신 전일론에 의거한 심신의학의 선구
(5) 살신성인하는 의성으로 상징되는 허준

자원봉사의 철학적 기초

1.

우선 봉사와 관련된 가장 중요한 문제 ─ 적어도 철학적, 윤리적으로는 ─ 로서 우리는 왜 봉사해야 하나, 다시 말하면 봉사의 당위성에 대한 설득의 논리를 제대로 이해할 필요가 있다. 우리가 봉사의 정당 근거에 대해 어떻게 이해하는가에 따라 봉사는 반드시 수행해야 할 도덕적 의무(moral duty)일 수도 있고, 해도 그만 안 해도 그만인, 도덕적으로 무관한 사항일 수도 있다. 그래서 봉사는 도덕적으로 반드시 요구되는 의무나 당위일 수도 있고, 바람직한 것이긴 하나 안 해도 그만인 시혜나 자선에 그칠 수도 있는 것이다. 우리는 이 점에 대해 중점적으로 생각해 보고자 한다.

또한 우리는 봉사의 대상과 관련해서도 논의해 볼 필요가 있다. 봉

---

* 자원봉사, 발런티어의 이념과 실제 기조발표, 경기문화원, 2014.

사의 대상은 여유 시간을 투입함은 물론이고, 육체적 봉사만이 아니라 재화나 재능을 나누는 봉사도 가능할 것이다. 이는 불교에서 보시를 논의할 때 육(肉) 보시나 재(財) 보시, 나아가 신지어 법(法) 보시를 말하는 것과도 유사하다.

이같이 다양한 형태의 봉사 행위와 더불어 특히, 우리는 자주 자원에 의한 봉사, 즉 자원봉사를 이야기하게 된다. 이는 글자 그대로 자발적인 의지(voluntary)나 자유로운 선택(free choice)에 의한 봉사를 의미한다. 물론 여기에서 자율적인 봉사는 타율적인 봉사를 통한 교육과정이 선행될 수 있음을 배제하지는 않는다.

그런데 오늘날과 같이 자신의 이익을 극대화시키기 위해 숨 가쁜 경쟁 내지 심지어 투쟁에까지 치닫고 있는 사회적 분위기 속에서 무보수의 봉사를 자발적으로 유도하고 동기화한다는 것은 지난한 과제가 아닐 수 없다. 고귀함(noble)과 보람(worth)에 맛들이지 못하고 쾌락(pleasure)과 이득(benefit)에 길들여진 사람들에게 자원봉사를 기대한다는 것은 연목구어나 다름없다 할 것이다. 고귀하고 보람된 일을 통해 즐거움을 느끼고 행복을 누릴 수 있는 품성은 어린 시절부터 혹은 반복적인 훈련을 통해 습관화, 내면화, 내재화되지 않는다면 다른 방도가 없다 하겠다. 다른 윤리설에 비해 덕의 윤리가 강조하고자 하는 핵심이 바로 이 점에 있다 할 것이다.

그러나 다른 한편 자원봉사를 유도하기 위해서는 동기화에 못지않게 인지적으로 합리적인 설득 또한 중요하다. 왜 우리가 봉사를 자발적으로 기꺼이 해야 하는지, 왜 봉사가 의무를 넘어선(beyond duty) 시혜가 아니라 우리가 마땅히 해야 할 기본적인 의무인지 이해하고 납득하는 인지적 과정이 요구된다. 이를 위해서는 숨찬 일상의 전장에서 다소간 비판적 거리를 두고서 철학적 성찰의 여유를 가질 필요가 있다. 성찰을 통해 주어지는 인식의 전환 내지 봉사에 눈을 뜨는 개안(開眼)의 과정에 의거한 자기설득이 긴요하다 할 것이다.

2.

우리의 인생은, 상징적으로 말하자면 거인의 어깨 위에서 대부분 이루어진다고 할 수 있으나 불행히도 우리는 그 거인의 존재를 볼 수가 없다고 생각한다. 내가 이룩한 대부분의 성취가 나의 부모, 주어진 환경적 여건, 나의 이웃, 그리고 내가 속한 공동체 등 크고 작은 네트워크에 의존해 있으며, 순전히 나 자신에게만 의거하고 있는 것이 그다지 많지 않다는 점을 유념해야 할 것이다. 흔히들 운칠기삼(運七技三)이라고 한다. 우연히 운명적으로 주어진 것이 7이라면 나의 재능과 기술에 의거한 성공이 3이라는 것이다. 그런데 바로 이 같은 나의 재능과 기술 또한 나 이외의 여러 복합적 요인에 나의 능력과 노력이 더해진 결과이고 보면 순수한 나 자신만의 몫이나 기여의 비중은 더욱 작아진다는 귀결에 이르게 된다.

운명적으로 주어진, 그래서 내 힘으로 좌우할 수 없는 것을 운(運)이라 한다면 이에는 또한 행운도 있고 불운도 있다 할 것이다. 현재 우리의 성품, 재능, 소유 자산은 우리 자신의 힘만으로 이룩된 것이 아니고 다양한 우연적 변수들의 복합물이라 할 수 있다. 각종 지능, 재능, 건강, 질병을 좌우하는 유전적 소인을 중심으로 한 천부적인 출생의 운도 있고, 각종 물질적, 문화적 환경의 요인, 부모 친지 및 다양한 스승과 멘토의 영향과 더불어 나의 노력이 더해진 개발과 발달의 운, 그리고 이렇게 성취된 성품, 재능이 다양한 연고적 그물망 속에서 취사선택되는 성공과 실패의 운 등 모든 것의 복합물로서 현재 나의 성품, 재능,

소유 자산 등이 성립되었다 할 것이다.

이상과 같이 생각할 때 현재 나에게 배속된 성품, 재능, 소유 자산 등은 엄밀히 말해서 내가 배타적으로 소유권을 주장할 수 있는 사적 소유물이라기보다는 정의론자 존 롤스의 표현대로 공유자산(common asset)의 측면이 있음을 부인할 수 없다고 생각된다. 이를 좀 더 달리 서술하면 나 자신이 타고난 능력 및 노력과 더불어 공동체로부터 많은 것을 잠시 빌려와서(임대해서) 복합적으로 성취한 것이 바로 현재 나의 재능, 소유 자산 등이라 할 수 있다. 이때 사회적 공유물로부터 빌린 지분, 즉 임대 지분은 내가 적정 임대료를 지불함으로써 사회에 다시 상환해야 할 부채라고도 할 수 있을 것이다. 그래서 나는 사회적 부채에 대해 상환의 도덕적 의무를 갖게 되며 이것이 바로 봉사의 철학적 근거라 할 수 있다는 생각이다.

개발이나 발달을 좌우한 환경적 여건들이나 그 밖에 성공과 실패에 영향을 준 다양한 변수들만이 아니라 타고난 우리의 지능이나 재능 등 출생의 조건들 역시 도덕적 관점에서 볼 때 그래야 할 정당 근거가 없는 우연적 요인들이고 그래서 내가 책임질 수 없는 운명적 변수들이라 할 수 있다. 그것은 정당성 여부를 넘어 행운이고 불운인 자연적 사실들에 불과하다. 우리는 이 같은 운명에 대해 점유의 기득권을 내세울 수도 있으나 도덕적으로 볼 때 그것은 우리 자신의 배타적 소유권을 주장하기 어려운바, 우리가 속한 공동체의 공유자산이라 함이 합당하다. 이런 관점을 받아들일 경우 우리는 자신을 포함한 이웃 모두를 아우르는 하나의 운명 공동체에 동참하게 되며 그로부터 나눔이나 봉사의 도덕적 근거를 이끌어 낼 수 있을 것이다.

이 같은 관점 아래 깔려 있는 철학은 사회를 공동체적 시각에서 보는 사회적 연대주의(social solidarism)라 할 수 있다. 이는 근세 이후 주류를 이루어 온, 개체의 이기적 욕구에 기반을 두고 생존경쟁과 적자생존을 정당화해 온 사회적 다윈주의(social Darwinism)와는 또 다른 전통으로서 근래에 이르러 더 주목의 대상이 되고 있는 듯하다. 사회적 다윈주의가 소유적 개인주의(possessive individualism)와 친화성이 있다면, 사회적 연대주의는 유기적 공동체주의와 쉽게 어울린다. 사회적 다윈주의에 못지않게 사회적 연대주의 역시 그 설명의 근거를 사실적이고 과학적인 기반 위에 두고 있다. 또한 사회적 연대주의는 단지 인간 사회에 대한 설명을 넘어 전 우주적 생태주의와도 쉽사리 만날 수 있다 할 것이다.

요약하면 나에게 주어져 있는 지능이나 재능 혹은 소유물은 꼭 여기에 있어야 할 필연이기보다는 우연히 여기에 있게 될 행운이 나에게 주어진 것이다. 그래서 우리는 잠시 나에게 주어진 이 행운을 누리는 대가로 이 사회에 대해 소정의 임대료를 지불하고 부채를 상환할 상당한 도덕적 의무가 있는 것이다. 그런 의미에서 봉사는 결코 가난한 사람을 불쌍히 여겨 마지못해 적선하는 시혜일 수 없으며, 우리에게 주어진 가장 의미 있고 고귀한 도덕적 의무라 할 수 있을 것이다.

3.

불교에서는 고래로부터 무소유(無所有)와 더불어 아낌없는 봉사, 즉 보시를 강조해 왔다. 그런데 우리가 보시할 수 있는 항목에는 물질적인 보시, 즉 재(財) 보시가 주종을 이루겠지만 몸으로 때우는 봉사, 즉 육(肉) 보시도 가능할 것이며 다양한 무형의 보시, 즉 법(法) 보시도 있다. 법 보시에는 진리를 설파하는 일, 후학들을 가르치는 일, 나아가서는 갖가지 전문직에서 베풀 수 있는 서비스도 이에 속할 것이며 재능 나누기 역시 이 같은 부류의 봉사에 속한다 할 것이다.

필자를 포함해서 우리 학자들은 예부터 가진 것이 별로 없으니 재보시에 있어서는 소심하고 인색할 수밖에 없다. 하지만 자기가 아는 바를 사회에 환원, 봉사하는 법 보시에 있어서도 지극히 이해타산적이고 인색한 것이 큰 문제가 아닐 수 없다. 툭하면 강사료를 따지고 분에 차지 않으면 아예 강의할 의욕이 없는 것이 현실이다. 사실상 우리가 뽐내고 있는 지식은 그 소스가 대부분 학문 공동체와 그 전통에 뿌리를 두고 있으며 실상 우리가 보탠 것은 지극히 미미한 일부에 불과하다. 그런데도 불구하고 우리는 그 많은 지식이 마치 자신의 것인 양 교만 방자한 것이 사실이며 타인에게 베풀고 사회에 환원하는 데 인색한, 그야말로 소유적 개인주의 내지 천민자본주의의 전형을 보이고 있어 일대 반성적 성찰이 요구된다고 본다. 우리 학자들 역시 사회적 부채에 대해 상환의 의무를 지니고 있으며 성공(success)도 중요하지만 봉사(service)에로 관심의 전환을 통해 인생의 의미에 대한 성찰이 필요할 때이다.

산업화와 정보화의 급속한 진전으로 우리 사회에는 다양한 소외 집단들이 출현하고 있으며, 근래에는 소외 집단의 상대적 박탈감이 지나치게 확대되어 사회의 지속 가능성까지 위협하는 단계에 이르고 있다. 현재 사회복지단체뿐만 아니라 기업, 종교계 등을 중심으로 사회적 약자들을 위한 다양한 봉사활동을 수행하고 있지만 이들의 욕구를 충족시키기에는 여전히 역부족이어서 사회 변화에 따른 새로운 형태의 봉사가 요구되고 있다. 특히, 우리 사회에 있어서는 자원봉사 참여율의 한계와 참여자의 속성(학생, 주부 위주)으로 인해, 또한 갈수록 심화되고 있는 상대적 빈곤으로 인해 새로운 형태의 자원봉사가 요청되는 것이다.

소외 계층들의 다양한 욕구를 해결하기 위해 최근 활발하게 논의되고 있는 것이 재능 나눔 운동이다. 이는 개인이나 기업이 갖고 있는 재능을 마케팅이나 기술 개발에만 사용하는 것이 아니라 이를 활용해 사회에 기여하는 새로운 봉사 형태를 말한다. 재능 나눔 운동 가운데서도 요즘 새롭게 주목받는 것이 프로보노 운동이다. '공익을 위하여'라는 뜻의 라틴어 'pro bono publico'의 줄임말인 프로보노는 자신이 가진 전문적인 재능이나 지식을 가지고 도움을 준다는 것으로서 변호사들이 시작했으나 최근에는 의사, 세무사, 경영 컨설팅, 예술, 교육 분야에서도 활발하게 전개되고 있다.

이처럼 봉사나 자원봉사 활동은 21세기에 맞는 새로운 접근방식이 필요하다. 지금까지 흔히 알려진 것과 같은, 가진 자가 덜 가진 자에게 일방적으로 나누어 주는 자선에는 한계가 있다. 비록 지금은 사회경제적으로 어려워서 도움을 받는 사람들이지만 그들의 잠재력을 인식하고 그들의 역량을 강화시키기 위해서 전문적인 지식이나 재능을 소유한 사람들의 능력을 나누는 새로운 형태의 봉사가 필요한 것이다. 이 새로운 봉사에서는 봉사하는 사람이 봉사받는 사람에 대한 긍정적인 인식을 갖는 것이 필요함과 동시에, 봉사받는 사람의 적극적인 노력과 참여도 필요하다. 이런 노력이 바탕이 될 때 봉사받는 사람이 바람직한 방향으로 변화하고 나아가 이러한 봉사 행위가 지역사회를 변화시키는 매개체가 되는 것이다.

다시 말하면, 재능 나눔이나 프로보노 운동과 같은 새로운 형태의 봉사에서는 봉사 행위 자체에 관심을 두기보다는 봉사 행위로 인하여 봉사받는 사람이 변화하고 이 변화를 바탕으로 지역사회에 영향력을 끼치는 봉사가 중요시되고 있다. 그렇기 때문에 과거의 봉사 형태인 자선에 있어서와 같이 일방적 종속 개념의 봉사가 아닌 쌍방적인 파트너

십 개념이 필요하며 이것이 바로 프로보노 운동의 바탕이 되는 것이다. 향후 프로보노 운동을 '제3세대 시민운동'으로 승화시킬 필요가 있다는 주장도 제기되고 있다. 전문가 시대를 지향하는 사회적 추세와 노블레스 오블리주의 가치 지향에 부합하는 프로보노 운동이 새로운 자원봉사 활동의 주도적 흐름이 될 것이라는 예측이 나오고 있기 때문이다.

4.

끝으로 봉사 중 가장 가볍고 손쉬운 봉사라 할 만한 친절을 행해야 할 이유와 그것이 우리 주변과 사회를 변화시키는 연유를 성찰해 보면 더 크고 무거운 자원봉사를 해야 할 이유와 그것이 갖는 사회적 영향력을 이해하는 데 도움이 될 것으로 생각된다.

우리가 통념적으로 생각해 오듯 사실상 친절의 최초, 최대의 수혜자는 타인이 아니라 친절을 행하는 자신임을 깊이 이해할 필요가 있다. 우선 친절을 행하면 행하는 자신이 먼저 흐뭇하고 보람찬 행복을 경험하게 된다. 이같이 흐뭇하고 보람찬 행복감이 우리의 육체 및 정신 건강에 어떤 영향을 미치게 될지는 두말할 필요가 없을 것이다. 물론 친절은 베푸는 자신을 넘어 누리는 타인들을 기분 좋게 하고 행복감에 젖게 한다. 이같이 친절과 행복은 상승작용을 하면서 주변에 전염되고 파급됨으로써 세상을 변화시키게 된다. 친절이나 행복뿐만 아니라 불행이나 우울한 감정 역시 쉽사리 감염되고 전파된다. 그래서 우울한 사람 가까이 있으면 어딘가 우울한 감정의 동조 현상이 생겨나는 것을 경험하게 된다.

우리가 행할 수 있는 가장 가벼운 서비스인 친절과 마찬가지로 자원봉사도 일차적으로 그것을 행하는 주체에게 삶의 보람과 변화를 경험하게 하고, 그것을 수용하는 사람에게 이 세상에 혼자 내버려진 것이 아니라 의지하고 믿을 수 있는 이웃 속에 자신이 소속해 있음을 알게 함으로써 삶의 보람과 행복감을 주게 되며, 이것이 씨앗이 되어 또 다른 자원봉사의 싹이 돋아나게 한다. 이로써 자원봉사는 어느덧 우리의 일상이 되고 그래서 사회는 모두 함께하는 하나의 운명 공동체로 결속될 날이 올 것이라 확신한다.

참고문헌

John Rawls, *A Theory of Justice*, Cambridge University Press, 1971.
이만식, 「왜 재능나눔인가」, 기부와 재능나눔 활성화 방안 토론, 2010.
황경식, 『시민공동체를 향하여』, 민음사, 1997.

황경식

서울대학교 철학과를 졸업하고 동대학원에서 철학 박사 학위를 받았다. 미국 하버드대학교 대학원 철학과 객원 연구원, 동국대학교와 서울대학교 철학과 교수를 지냈으며, 현재 서울대학교 철학과 명예교수이자 명경의료재단 이사장으로 있다. 한국철학회, 철학연구회, 한국윤리학회 회장을 역임하였고, 국가생명윤리심의위원을 지냈다.

주요 저서로 『사회정의의 철학적 기초』, 『개방사회의 사회윤리』, 『시민공동체를 향하여』, 『이론과 실천』, 『자유주의는 진화하는가』, 『철학과 현실의 접점』, 『덕윤리의 현대적 의의』, 『정의론과 덕윤리』 등이 있고, 역서로 존 롤스의 『정의론』 등이 있다.

법치사회와 예치국가

1판 1쇄 인쇄	2017년 2월 20일
1판 1쇄 발행	2017년 2월 25일
지은이	황 경 식
발행인	전 춘 호
발행처	철학과현실사
등록번호	제1-583호
등록일자	1987년 12월 15일

서울특별시 종로구 동숭동 1-45
전화번호 579-5908
팩시밀리 572-2830

ISBN 978-89-7775-798-1 93190
값 20,000원